독자의 1초를 아껴주는 정성!

세상이 아무리 바쁘게 돌아가더라도

책까지 아무렇게나 빨리 만들 수는 없습니다.

인스턴트 식품 같은 책보다는

오래 익힌 술이나 장맛이 밴 책을 만들고 싶습니다.

길벗이지톡은 독자여러분이 우리를 믿는다고 할 때 가장 행복합니다.

나를 아껴주는 어학도서, 길벗이지톡의 책을 만나보십시오.

독자의 1초를 아껴주는 정성을 만나보십시오.

———

미리 책을 읽고 따라해본 2만 베타테스터 여러분과

무따기 체험단, 길벗스쿨 엄마 2% 기획단,

시나공 평가단, 토익 배틀, 대학생 기자단까지!

믿을 수 있는 책을 함께 만들어주신 독자 여러분께 감사드립니다.

홈페이지의 '독자광장'에 오시면 책을 함께 만들 수 있습니다.

(주)도서출판길벗 www.gilbut.co.kr

길벗이지톡 www.eztok.co.kr

길벗스쿨 www.gilbutschool.co.kr

mp3 파일 다운로드 안내

길벗이지톡(www.gilbut.co.kr) 회원(무료 가입)이 되시면 오디오 파일을 비롯하여 다양한 자료를 이용할 수 있습니다.

1단계	로그인 후 홈페이지 가운데 화면에 있는 SEARCH [ ] 검색 에서 찾고자 하는 책이름을 입력하세요.
2단계	검색한 도서에 대한 자료를 다운로드 받으세요.

토막강의 & MP3 이용 방법

스마트 폰에서 토막강의나 MP3를 바로 실행하는 방법

1 《시나공 토익 BASIC》 모바일 페이지에 접속합니다.

모바일 웹브라우저(chrome, safari) 주소 입력 창에 www.toeicbasic.co.kr을 입력해 접속하거나, 다음 QR 코드를 스캔해 바로 접속합니다.

2 책에 표시된 MP3나 토막강의의 파일 번호를 확인합니다.

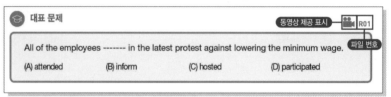

🎓 대표 문제

동영상 제공 표시 ▶ R01

All of the employees ------- in the latest protest against lowering the minimum wage. **파일 번호**

(A) attended   (B) inform   (C) hosted   (D) participated

3 사이트 검색 창에 파일 번호를 입력합니다.

READING

책 자세히 보기
MP3 다운로드
(PC 버전)

문법특강   토막강의

R01   ✕   🔍 ← **파일 번호 입력**

4 강의를 선택해 실시간으로 토막강의를 보거나 MP3를 들을 수 있습니다.

문법특강   토막강의

R01   🔍

Unit01 문장의 기본 형식 5가지 - 1형식   P26 ▶

↑ **강의 선택**

▶

R01   Unit 01 대표문제

All of the employees in the latest protest against lowering the minimum wage.

(A) attended   (B) informed
(C) hosted   (D) participated

데스크탑(PC)를 이용해 토막강의를 보는 방법

1 http://www.gilbut.co.kr (길벗 출판사 홈페이지)에 접속해 로그인합니다.
(비회원은 회원가입 권장)

2 상단 메뉴의 〈동영상 강의〉 → 〈어학/제2외국어〉로 이동합니다.

3 《시나공 토익 BASIC》 동영상 강좌의 수강 신청을 클릭하면 바로 볼 수 있습니다. (무료 제공)

MP3 & 실전 모의고사 1세트 다운로드 방법

1 http://www.gilbut.co.kr (길벗 출판사 홈페이지)에 접속해 로그인합니다.
(비회원은 회원가입 권장)

2 상단 메뉴의 검색 창에 《시나공 토익 basic》을 입력합니다.

3 도서를 선택한 후 '부록, 학습자료'를 클릭하고 원하는 자료를 다운로드 받습니다.

[부록, 학습자료 종류]

《시나공 토익 BASIC LISTENING》 : LC 실전 모의고사 1세트, 책 전체 MP3 파일
《시나공 토익 BASIC READING》 : RC 실전 모의고사 1세트, 〈파트 5&6 VOCABULARY〉의 단어 MP3

열정적인 토이커들을 위한 특별한 지원!

"시나공 토익 카페"에서 확인하세요

시나공 토익 카페에 무료로 회원 가입하고, 구매한 시나공 토익책을 등록하세요.
다양한 무료 콘텐츠 제공은 물론, 모르는 문제에 친절히 답해 드립니다.

시나공 도서관

시나공 토익책과 관련된 MP3 및 학습자료를
무료로 다운받을 수 있습니다.

묻고 답하기

모르는 부분이 있으면 자유롭게 질문해 주세요.
저자가 직접 친절하게 답해 드립니다.

토익 만점 공부방

토익 모의 실전 문제와 필수 단어, 시험장 정보,
학습법 등 시험에 필요한 유익한 자료가 가득합니다.

커뮤니티

시나공 토이커들의 자유로운 대화 공간입니다.
재미있는 설문조사, 푸짐한 이벤트에도 참여해보세요.

자세한 내용은 시나공 토익 카페에서 확인하세요.   www.sinagongtoeic.co.kr

BASIC

시나공 토익연구소, 김부로(피터), 조강수 지음

RC

시나공 토익 BASIC READING

초판 1쇄 발행 · 2018년 6월 18일
초판 2쇄 발행 · 2018년 7월 20일

지은이 · 시나공 토익연구소, 김부로, 조강수
발행인 · 김경숙
발행처 · 길벗이지톡
출판사 등록일 · 2000년 4월 14일
주소 · 서울시 마포구 월드컵로 10길 56 (서교동)
대표전화 · 02) 332-0931 | **팩스** · 02) 322-6766
홈페이지 · www.gilbut.co.kr | **이메일** · eztok@gilbut.co.kr

기획 및 책임편집 · 유현우(yhw5719@gilbut.co.kr) | **디자인** · 황애라 | **제작** · 이준호, 손일순, 이진혁
영업마케팅 · 김학흥, 정태웅 | **웹마케팅** · 이승현, 차명환 | **영업관리** · 심선숙 | **독자지원** · 송혜란, 정은주
전산편집 · 도설아 | **CTP 출력 및 인쇄** · 예림인쇄 | **제본** · 신정문화사

▶ 잘못된 책은 구입한 서점에서 바꿔 드립니다.
▶ 이 책에 실린 모든 내용, 디자인, 이미지, 편집 구성의 저작권은 길벗 이지톡과 지은이에게 있습니다.
   허락 없이 복제하거나 다른 매체에 옮겨 실을 수 없습니다.
▶ 이 도서의 국립중앙도서관 출판예정도서목록(CIP)은 서지정보유통지원시스템 홈페이지(http://seoji.nl.go.kr)와
   국가자료공동목록시스템(http://www.nl.go.kr/kolisnet)에서 이용하실 수 있습니다. (CIP제어번호: CIP20180166)

ISBN 979-11-5924-182-6 03740
(이지톡도서번호 000985)

가격 15,000원

독자의 1초를 아껴주는 정성 길벗출판사

(주)도서출판 길벗 | IT실용, IT/일반수험서, 경제경영, 취미실용, 인문교양(더퀘스트) www.gilbut.co.kr
길벗이지톡 | 어학단행본, 어학수험서 www.eztok.co.kr
길벗스쿨 | 국어학습, 수학학습, 어린이교양, 주니어 어학학습, 교과서 www.gilbutschool.co.kr
독자 서비스 이메일 | service@gilbut.co.kr | **페이스북** · www.facebook.com/hontoeic

700점을 보장하는 '실전형' 이론서!

'실전'에 바로 적용되는 이론을 배웁니다.

토익은 본인의 수준을 파악하고 원하는 점수를 확실히 정하여 단기간에 집중 공략해야 합니다. 실력이 부족한 초보 수험생들은 무엇부터 시작할지 몰라 이론부터 차근차근 공부하는 경향이 있는데, 이는 시간 낭비일 수 있습니다. 토익은 시험이고 시험은 이론이 아니라 '실전'이기 때문입니다. 문제 풀이에 어떻게 적용되는지 보여주지 않고 무작정 외우는 이론은 실전 감각을 키워주지 못합니다. 그런 점을 보완하기 위해 이 책은 문제 풀이를 통해 이론을 배우도록 했으며, 이론과 실전을 이어주는데 초점을 맞췄습니다. 그리고 어떤 초급 이론서보다 풍부한 실전 문제를 제공합니다.

'혼자' 학습하는 수험생들을 위한 책입니다.

이 책은 학원이나 동영상 강의 수강의 도움 없이 혼자 공부하려는 수험생들을 완벽하게 배려했습니다. 독학에 최적화된 학습 절차와 이해가 잘되는 명쾌한 설명을 담았습니다. 모바일에서 바로 볼 수 있는 토막 강의를 무료로 제공하며, 모르는 것을 물어보면 홈페이지에서 자세하게 답변해 줍니다.

단기간에 400점대에서 '700점대'로 급상승합니다.

토익 문제가 풀리지 않는 것은 이론이 부족해서 그런 것도 있지만, 토익이 요구하는 기출 패턴을 간파하지 못했기 때문입니다. 토익은 항상 나오는 패턴이 있고, 이것만 숙지하면 700점은 거뜬히 받을 수 있습니다. 이 책은 초보 토이커들이 기본 실력을 기르면서 기출 패턴 및 경향을 익힐 수 있도록 했습니다. 10년간의 정기 토익 출제 경향을 완벽히 분석해 700점을 받을 수 있는 '이론 + 실전'의 엑기스만 뽑아 담았습니다.

문법의 기본 실력을 향상시키는 〈문법 특강〉 강의를 활용하세요.

이 책은 실전 감각을 키우는데 초점을 맞춤과 동시에 문법의의 기본기 또한 기를 수 있도록 문법에 대한 〈문법 특강〉 강의를 제공합니다. 본격적인 토익 문법 학습에 앞서 〈문법 특강〉 강의를 통하여 문법의 기초 개념을 확실하게 익히고 넘어가세요.

시나공 토익 연구소

문제 푸는 자신감이 생겼어요!

모든 내용을 유형별로 분류한 후 완벽히 분석한 구조가 좋았습니다. 기본기에 충실하고 내용도 알차네요. 책에서 이론과 함께 문제에 적용하는 법을 알려주기 때문에 저 같은 초보 수험생도 문제가 풀리면서 자신감이 생겼어요. 토익 입문자나 400~500점대 수험생들에게 강추합니다!

김무원 (회사원)

실전에 쉽게 적응할 수 있었어요!

'시나공 풀이법'에서 문제의 단서를 얻을 수 있는 방법을 쉽게 풀이해 주어 실전에 적응할 수 있게 해주네요. 저처럼 토익 점수가 급하게 필요한 입문자도 문제가 풀리는 요령을 알 수 있어서 좋습니다. 또한 단어 정리 코너는 따로 단어를 정리하지 않아도 예문을 풀며 단어를 학습할 수 있도록 해 줘서 큰 도움이 됐습니다.

배혜연 (대학생)

'토익의 정석'이라고 불릴 만한 책!

수학의 '정석'이 있다면, 토익은 이 책이라고 생각해요. 그만큼 토익 최신 경향을 잘 반영했고, 유형을 세분화해 필요한 내용만 수록했습니다. 토익과 관련이 없는 자질구레한 내용은 조금도 찾아볼 수 없네요. 빠른 기간 안에 700점을 획득하는데 적합한 책인 것 같습니다.

황인덕 (대학생)

독학하기에 좋은 책입니다!

처음 토익을 시작하는 사람이나 토익 기본기가 조금 부족하거나 독학으로 가볍게 토익을 시작하고 싶은 분들에게 적합한 책입니다. 유형별로 세부적으로 분류해 놓았고, 시험에 필요한 중요 풀이 포인트와 기출 단어, 핵심 이론, 기출 패턴들이 체계적으로 잘 정리되어 있습니다.

이석호 (대학생)

실전 감각이 없는 사람들에게 적합한 책!

학원에 갈 시간적 여유가 없어 독학으로 공부하고 있는데, 학습했던 이론이 문제 풀이에 적용되지 않아 성적이 쉽게 오르지 않았습니다. 이 책은 저와 같이 실전 감각이 없는 사람들에게 적합한 책인 것 같습니다. 기존에 봤던 책과는 다르게 문제 풀이 위주로 설명되어 있어서 토익에 바로 적용할 수 있다는 점이 가장 큰 장점입니다. 또한 군더더기 없는 핵심 설명과 딱딱하지 않은 디자인이 학습을 지루하지 않게 해주네요. 이 책을 가지고 공부하면 점수가 어디까지 상승할지 무척 기대됩니다.

조아람 (대학생)

'기본 개념 + 실전 요령'을 동시에!

《시나공 토익 베이직》은 '기본 개념 + 실전 요령'으로 토익에 대한 개념을 확실히 심어주는 책입니다. 한 파트가 끝나면 실전 문제를 풀면서 공부한 내용을 정리해 볼 수 있어서 더욱 좋았습니다. 몇 장을 풀다 보면 개념이 잘 정리된 노트를 보는 것 같은 기분이 듭니다. 핵심이 한눈에 쏙쏙 들어오네요. 이론만 강조한 시중의 기본서가 싫증 난다면 이 책을 보세요.

이소정(직장인)

'토막 강의'로 혼자서도 쉽게 이해했어요!

대표 문제를 통해 문제 풀이 포인트를 먼저 보고 이론을 학습하는 흐름이 좋았습니다. 이해가 가지 않거나 더 공부하고 싶은 내용은 무료로 제공되는 '토막 강의'를 참고하면 되니 혼자서도 어렵지 않게 토익 공부를 할 수 있었습니다. 독학하는 학습자를 배려한 흔적이 곳곳에 보이는 책입니다. 시중에 토익 초보자들을 위한 많은 책들이 있지만, 그중에서도 이렇게 쉽고 친절하게 쓰인 책은 없을 거예요.

조아라(대학생)

혼자 공부하는데도 족집게 선생님한테 배우는 것 같네요!

처음 학습하는 분들이 어느 곳에서 주의해야 하는지 잘 풀이되어 있어요. 또한 문제를 푸는 단계가 체계적으로 설명되어 저같이 토익을 처음 공부하는 사람도 문제 푸는 법을 쉽게 알 수 있네요. 같은 문제를 계속 틀리는 분들도 이 책으로 공부하시면 좋을 듯합니다. 혼자 공부하는 데도 족집게 선생님한테 배우는 것 같이 문제 유형마다 주의할 점과 문제를 접근하는 방법을 자세히 알려주어 실전 감각을 키우는데 도움이 되었습니다. 어휘, 기본기, 실전 문제까지 한번에 해결할 수 있으니 앞으로 토익 시험 걱정 없을 것 같아요.

김윤희(직장인)

이론과 함께 문제를 푸는 스킬을 배울 수 있어서 좋았어요!

베이직이라는 책 제목처럼 입문자에게 초점이 맞춰져 있어 문제에 대한 해설이 매우 상세합니다. 같은 패턴이 반복되어 독학을 해도 무리 없이 따라갈 수 있었습니다. 시중에 있는 다른 토익 책보다 예제 문제도 많이 수록되어 있고, 무엇보다도 문법 외에도 문제를 푸는 스킬을 배울 수 있어서 좋았습니다.

김하련(대학원생)

토익뿐만 아니라 제 영어 실력도 올라간 것 같네요!

시간이 촉박해서 책을 읽기만 했는데도 실전에 큰 도움이 됐습니다. 이 책을 끝내고 보니 토익 문제 풀이 실력뿐만 아니라 제 영어 실력도 올라간 것 같네요. 초보 수험생도 쉽게 따라올 수 있게 필요한 부분만 뽑아서 잘 정리한 책입니다. 이 책으로 여러분도 영어에 자신감이 생기기를 바랍니다.

박남주(공무원)

그리고 함께 만들어 주신 분들 임병석, 강성모, 채수연, 이찬우, 서우진, 배지현, 정수진, 강민, 서유라, 김소이, 임은희, 정은주, 김성록, 이인선, 김수정, 이슬기, 박지현, 최현호, 연정모

이론 쌓기가 아닌
문제 푸는 능력을 길러주는 기본서!

《시나공 토익 BASIC》을 개정하면서 100명이 넘는 초급 토이커들과 인터뷰를 진행했습니다. 대부분의 토이커들이 남들이 좋다는 이론서를 종일 보고 외워도 정작 문제가 풀리지 않는다는 고민을 호소했습니다. 문제에 적용되지 않는 이론만 달달 외우는게 무슨 의미가 있을까요? 이론을 배우는 것도 중요하지만 '문제가 술술 풀리게 하는 것'이 학습하는 이유겠죠.

그래서 《시나공 토익 BASIC》에서는 실전에 적용되는 이론을 공부하도록 초점을 맞췄습니다. 문제를 풀면서 이론이 문제에 적용되는 프로세스를 살펴본 후, 필요한 이론만 공부하도록 구성했죠. 잘 안 나오는 이론은 솎아내고 시험에 나오는 핵심적인 이론만 담았습니다. 이 과정을 따라가면 초급 토이커도 문제가 풀리는 재미를 느끼면서 단기간에 큰 점수 향상을 기대할 수 있을 겁니다.

1. 문제부터 풀고 이론을 배우는 구성!

이 책은 초급 수험생들이 이론만 학습하기 보다는 문제 푸는 능력을 키우는데 초점을 맞춘 책입니다. 그래서 문제를 먼저 풀고, 시나공이 제안하는 풀이법을 통해 문제를 푸는 감을 잡고, 그 문제에서 필요한 이론이 무엇인지를 알아가는 순서로 구성했습니다. 거기에 실전 문제를 추가적으로 풀면서 배운 이론과 풀이법 적용해 보도록 했습니다.

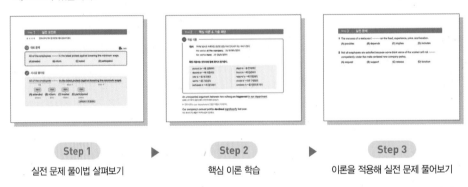

Step 1 ▶ Step 2 ▶ Step 3

실전 문제 풀이법 살펴보기   핵심 이론 학습   이론을 적용해 실전 문제 풀어보기

2. 장황한 이론 설명은 NO! 문제 풀이로 직결되는 핵심 이론만 간략히 학습한다!

이 책은 기초를 쌓는다 하고 엄청난 양의 이론을 외우게 하지 않았습니다. 초급자에게 그렇게 많은 이론이 필요하지도 않을뿐더러 외운다고 해도 문제에 적용되지 않으면 아무 소용이 없기 때문이죠. 이 책은 초급 토이커가 700점을 넘기기 위해 꼭 필요한 알짜배기 이론만 한 페이지 내외로 간략하게 담았습니다. 이론을 짧게 담은 대신 초급자가 충분히 이해할 수 있도록 토막 동영상 강의를 제공합니다. 동영상 전용 모바일 페이지에서 필요할 때마다 동영상을 보면서 공부하세요.

3. 풍부하고 적중률 높은 실전 문제 + 오답까지 파헤치는 친절한 해설
+ 실전모의고사 1세트 무료 다운로드

이 책은 초급 토이커도 '문제를 푸는 재미를 느껴야 한다'라는 의도로 기획되었습니다. 그래서 다른 토익 초급서보다 풍부한 문제를 담았습니다. 물론 모든 문제는 최신 출제 경향이 그대로 담긴 문제들이죠. 책으로 제공하는 문제 외에도 실전 모의고사 1회분을 무료로 다운받을 수 있습니다. www.gilbut.co.kr을 방문하여 다운로드 받으세요.

모든 문제는 혼자 풀어도 완벽하게 이해할 수 있도록 정답과 오답까지 분석해 자세하게 설명했습니다.

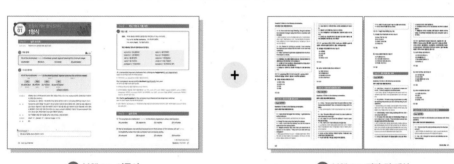

본책 1 : 이론서   본책 2 : 정답 및 해설

4. 문법의 기초 개념을 잡아주는 '개념 익히기'

본격적인 토익 문법 학습에 앞서 각 문법 사항을 확실하게 이해하고 넘어갈 수 있는 '개념 익히기' 코너를 제공합니다. 이 코너를 통해 각 품사의 개념들을 확실하게 이해하고 넘어가야만 토익에서의 문법 문제가 확실하게 이해될 수 있습니다. 확실하게 이해가 안 되는 수험생들을 위해 별도의 문법 강의를 무료로 제공합니다. 교재의 내용과 강의를 통해 문법에 대한 개념을 확실히 이해하고 넘어가세요.

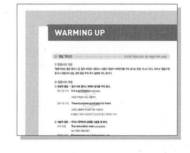

토익이란?

TOEIC은 Test Of English for International Communication의 약자로 영어가 모국어가 아닌 사람들을 대상으로 언어의 주기능인 '커뮤니케이션' 능력을 중심으로 업무나 일상 생활에 필요한 실용 영어 능력을 평가하는 시험입니다. 비즈니스와 일상 생활에서 쓰이는 실용적인 주제들을 주로 다루고 있습니다.

시험의 출제 분야 및 특징

전문적인 비즈니스	연구, 제품 개발
제조	투자, 세금, 회계, 청구
금융과 예산	업무상 모임, 회식, 만찬, 예약
개발	영화, 음악, 예술, 박물관, 대중 매체
사무실	임원회의, 위원회의, 편지, 메모, 전화, 팩스, E-mail, 사무 장비와 가구
인사	구인, 채용, 퇴직, 급여, 승진, 취업 지원과 자기소개
주택 /기업 부동산	건축, 설계서, 구입과 임대, 전기와 가스 서비스
여행	기차, 비행기, 택시, 버스, 배, 유람선, 티켓, 일정, 역과 공항 안내, 자동차, 렌트, 호텔, 예약, 연기와 취소

토익에서는 특징 문화에민 해당되는 내용은 출제를 피하고 있으며 여러 나라 인명, 지명 등이 골고루 등장합니다. 그리고 미국, 영국, 캐나다, 호주, 뉴질랜드 발음과 악센트를 골고루 출제하고 있습니다.

시험의 구성

구성	Part	내용		문항 수	시간	배점
Listening Comprehension	1	사진 묘사		6		
	2	질의 응답		25		
	3	짧은 대화		39	100개	45분	495점
	4	설명문		30			
Reading Comprehension	5	단문 공란 채우기 (문법/어휘)		30		
	6	장문 공란 채우기		16	100개	75분	495점
	7	독해	단일 지문	29			
			복수 지문	25			
Total		7 Parts		200	120분	990점

시험 시간 안내

시간	내용
9:30 ～ 9:45	답안지 배부 및 작성 Orientation
9:45 ～ 9:50	휴식 시간
9:50 ～ 10:05	1차 신분증 검사
10:05 ～ 10:10	문제지 배부 및 파본 확인
10:10 ～ 10:55	LC 시험 진행
10:55 ～ 12:10	RC 시험 진행(2차 신분 확인)

토익 접수 방법

접수 기간 및 접수처 확인 : TOEIC 위원회 홈페이지(www.toeic.co.kr) / **응시료** : 44,500원
방문 접수 가능 / 사진 필수

* **특별 추가 접수**   특별 접수 기간 내에 인터넷 접수로만 가능하며 응시료는 48,900원입니다.

시험 준비 사항

- 규정 신분증   주민등록증, 운전면허증, 공무원증, 여권, 초·중·고생의 경우는 TOEIC 정기시험 신분 확인 증명서, 학생증, 청소년증을 인정합니다. 신분증이 없으면 절대 시험을 볼 수 없습니다. 꼭 챙기세요! (대학생 학생증은 인정되지 않습니다.)

- 필기 도구   컴퓨터용 연필(굵게 만들어 놓으면 편합니다. 일반 연필이나 샤프도 가능하지만 사인펜은 사용 불가능합니다), 지우개 필수적으로 가져가세요.

성적 확인 및 성적표 수령

성적은 정해진 성적 발표일 오전 6시부터 토익위원회 홈페이지와 ARS 060-800-0515를 통해 조회할 수 있습니다. 성적표는 본인이 선택한 방법으로 수령이 가능하며 최초 발급만 무료입니다.

Part 5 단문 공란 채우기(30문제)

문장의 빈칸에 알맞은 단어를 채우는 유형이며, 크게 문법, 어형, 그리고 어휘를 물어보는 유형으로 나뉜다.

출제 샘플

1. 문법 문제

> ------- we need to do is contact our regular customers and let them know about the new refund policy.
>
> (A) When   (B) Where   (C) What   (D) That

해석   우리가 해야 할 일은 정기고객들에게 연락을 취해 그들에게 새로운 환불정책에 대해서 알려주는 것이다.

해설   두 개의 절을 이어주는 적절한 접속사를 묻는 질문이다. 빈칸 뒤의 절의 구조는 목적어가 보이지 않는 불완전한 구조이므로, 명사인 목적어의 역할을 행함과 동시에 두 절을 이어주는 접속사의 역할을 해줄 수 있는 What을 정답으로 선택해야 한다.   정답 (C)

2. 어형 문제

> ------- are the results of the latest residents' survey on the proposed shopping mall construction project.
>
> (A) Enclose   (B) Enclosed   (C) Enclosure   (D) Enclosing

해석   제시된 쇼핑몰 건설안에 대한 거주민들의 최근 설문조사 결과가 동봉되어 있다.

해설   be동사 앞자리는 일반적으로 주어 자리이므로 명사인 Enclosure를 정답으로 선택하기 쉽다. 그러나 실제로는 be 동사 뒤에 오는 the results가 주어이며 be 동사 앞에는 설문조사 결과가 동봉되었음을 뜻하는 주격보어인 enclosed가 와야 한다. 결과적으로 길어진 주어가 문미로 이동하며 발생하는 도치구문이라 할 수 있으며, 특히 enclose, attach 그리고 include란 동사가 등장하는 경우 문두에 과거분사 형태가 오는 도치구문에 주의해야 할 필요가 있다.   정답 (B)

3. 어휘 문제

> Bain Management Systems, one of the global management consulting firms, ------- new personnel polices on hiring last month.
>
> (A) performed   (B) implemented   (C) achieved   (D) convinced

해석   세계적인 경영 컨설팅 회사 중 한 곳인 Bain Management Systems는 지난달에 채용과 관련된 새로운 인사방침을 시행하였다.

해설   빈칸에 적절한 동사 어휘를 묻는 질문으로 빈칸 뒤에는 새로운 인사방침, 즉, new personnel polices가 위치하고 있으므로 동사는 새로운 인사방침을 시행한다는 implemented가 적절하다.   정답 (B)

Part 6 장문 공란 채우기(16문제)

문장의 빈칸에 알맞은 단어를 채우는 유형은 Part 5와 동일하나, 지문 속에서 문제가 제시된다는 점이 다르다. 또한 지문의 어느 공간에 빈칸을 두고 알맞은 문장을 고르게 하는 유형은 Part 6만의 독특한 문제 유형이다.

출제 샘플

Questions 135-138 refer to the following announcement.

Rodrigo Seria Exhibition

------- on May 15, the Bledgile Gallery will be exhibiting a selection of
135.
paintings by Rodrigo Seria. The exhibit will showcase Seria's recent
series of portraits and also provide an overview of his earlier works. The
exhibit is ------- by loans from the artist, the Veril Foundation, and the
136.
Metro Art Museum. -------. Discussions with the curator will be held
137.
every Thursday evening, with topics ranging from Seria's inspiration to
the recent spotlight on Latin American art. The exhibit will run -------
138.
June 29 and will be located on the first floor of the gallery on Rumdau
Street.

---

135. (A) Started
(B) Starting
(C) Starter
(D) Start

136. (A) contacted
(B) nominated
(C) supported
(D) proposed

137. (A) A book featuring Seria's portraits will be available for sale at the gallery.
(B) The Bledgile Gallery building was previously a French restaurant.
(C) The gallery's exhibit that attracted the most attention this year was Andy Vardy's.
(D) Mr. Gagliardi, the gallery's curator, is new to the style of Rodrigo Seria.

138. (A) by
(B) on
(C) after
(D) until

정답 및 해설

로드리고 세리아 전시회

5월 15일부터 Bledgile 갤러리는 로드리고 셀리아의 많은 그림들을 전시할 것입니다. 전시회는 그의 초기작품들에 관한 개괄을 제공함과 더불어 최근의 초상화들도 선보이게 됩니다. 본 전시회는 세리아 자신, 베릴 재단 그리고 메트로 아트 뮤지엄으로부터 작품들을 지원받아 열립니다. 위의 세리아의 초상화를 담은 책이 갤러리에서 판매될 것입니다. 큐레이터와의 대담도 매주 목요일 저녁에 있을 예정인데, 세리아가 받은 영감에서부터 라틴 아메리카 미술이 최근 조명 받는 것에 관한 내용까지 토픽들이 다양합니다. 전시회는 6월 29일까지 지속될 것이며, 럼다우 스트릿에 위치한 갤러리의 1층에 위치할 것입니다.

---

135. 어형 - 분사

해설 흔히 '(날짜)로부터'의 관용적 표현으로, 'starting (from) + 날짜'의 형태를 쓸 수 있다. 따라서 정답은 (B)가 알맞다.　　　　　**정답 (B)**

135. 어휘 - 동사

해설 선택지들이 빈칸에 들어가면 수동형(be동사 + p.p)을 이루는데, 이럴 때는 능동형으로 고쳐보면 이해가 빠르다. 따라서, 'Loans supports the exhibit ~' 정도의 의미가 나타나므로 문맥상 적합한 (C)가 정답이다. 참고로, (A)는 주어와 목적어로 '사람/회사/기관' 등이, (B)는 주어나 목적어로 '사람/작품' 등이 그리고, (D)는 주어로 '사람'이 나와야 하므로 어색하다.　　　　　**정답 (C)**

137. 문맥상 적합한 문장 넣기

해설 빈칸 앞뒤 문장이 일관적으로 로드리고 세리아의 전시회에 관한 내용만을 다루고 있으므로, 빈칸도 이를 벗어나지 않는 내용인 (A)가 문맥상 적합하다.　　　　　**정답 (A)**

(A) 위의 세리아의 초상화를 담은 책이 갤러리에서 판매될 것입니다.
(B) Bledgile 갤러리 건물은 예전에 프랑스 레스토랑이었습니다.
(C) 올해 가장 많은 관심을 끈 갤러리 전시회는 앤디 바르디의 전시회였습니다.
(D) 갤러리의 큐레이터인 게그리아디 씨는 로드리고 세리아의 스타일이 익숙치 않습니다.

138. 문법 - 전치사

해설 빈칸 뒤의 6월 29일은 그 앞의 동사 run(달리다, 운영하다, 지속하다)의 뜻을 감안할 때, 전시회의 마지막 날짜로 볼 수 있다. 따라서, '~까지'라는 의미가 들어가는 것이 적당하며, 이에 부합하는 선택지는 (A)와 (D)이다. 그런데 그 앞의 동사의 성격이 run, stay, continue, keep 등의 지속성을 나타내면 until, 반면에 finish, complete, break, arrive 등의 완료성을 나타내면 by를 쓴다. 따라서 정답은 (D)가 된다.　　　　　**정답 (D)**

Part 7 지문을 읽고 문제 풀기(54문제)

이메일, 기사, 광고, 정보, 메시지대화문, 공지 등 다양한 형식의 지문을 읽고 문제를 푸는 유형으로 지문의 종류와 문제 유형은 다음과 같다.

1. 지문의 종류

1) **단일지문** : 1개의 지문에 2 ~ 4개의 문제가 묶여 출제되며, 시험에서는 총 29문제이다.

2) **이중지문** : 2개의 지문에 5개의 문제가 묶여 출제되며, 시험에서는 총 10문제이다.

3) **삼중지문** : 3개의 지문에 5개의 문제가 묶여 출제되며, 시험에서는 총 15문제이다.

2. 문제유형

1) **주제 찾기** : 지문이 쓰인 목적이나 의도를 묻는 유형이다.
ex) Why was the e-mail sent? 이메일이 보내진 이유는?

2) **세부사항** : 지문의 내용에 대한 세부적인 사항에 대해 묻는 유형이다.
ex) Who has to pay for the ordered items? 누가 주문서에 대해 지불해야 하는가?
ex) When did Ms. Taylor make her purchase? 테일러 씨는 언제 구매했는가?

3) **유추, 추론** : 지문에 직접적인 언급은 없으나, 여러 정황으로 특정 사항을 추정하는 유형이다.
ex) According to the e-mail, who most likely is Mr. Brian? 이메일에 따르면 브라이언 씨는 누구일 것 같은가?

4) **사실파악** : 지문에 언급된 내용에 대한 사실 여부에 대해 묻는 유형이다.
ex) What is mentioned about the meeting? 그 미팅에 대해 언급된 내용은 무엇인가?

5) **동의어 파악** : 지문에 있는 특정한 단어와 뜻이 비슷한 단어를 묻는 유형이다.
ex) The word "contribution" in paragraph 2, line 2 is closest in meaning to
두 번째 단락, 두 번째 줄의 "contribution"과 의미가 가장 가까운 것은 무엇인가?

6) **요청, 제안** : 요청이나 제안 받은 사항이 무엇인지 묻는 유형이다.
ex) What is Mr. Hong asked to do? 홍 씨는 무엇을 요구받았는가?

7) **의도 파악** : 특정한 문장이 어떤 의미를 함축하고 있는지 묻는 유형이다.
ex) At 2:21 P.M., what does Ms. Jane mean when she writes, "I'll find out."?
오후 2시 21분에 Jane 양이 "I'll find out."이라고 썼을 때, 그녀가 의도한 것은?

8) **문장 넣기** : 문제에서 주어진 문장이 지문의 어디에 들어가야 하는지 묻는 유형이다.
ex) In which of the positions marked [1], [2], [3], and [4] does the following sentence best belong?
[1], [2], [3], 그리고 [4]로 표시된 것 중에서 다음 문장이 들어가기에 가장 적절한 곳은 어디인가?

"The yacht was renovated to reflect the iconic Lamada Hotel's facilities and service."
"요트는 라마다 호텔을 상징하는 시설과 서비스를 반영하여 개조되었다."

PART 5&6 VOCABULARY

PART 6 연결어 넣기 & 알맞은 문장 고르기

PART 7 지문 주제별 분석

|2권| 정답 및 해설

8주 코스(일주일 5일, 40일 기준)

토익을 처음 시작하는 분, 300점대 수험생 중 꼼꼼히 공부하고 싶은 수험생에게 권장합니다. 토익에 나오는 표현들이 생소하고 의미도 거의 파악되지 않는 수험생에게 추천합니다. 또한 이 책의 난이도가 조금 어렵다고 느껴진다면 아래의 계획표대로 따라주세요. 2달에 이 책을 끝내고 토익의 기초를 쌓을 수 있습니다.

	Day 1	Day 2	Day 3	Day 4	Day 5
1주차	UNIT 01 - 02 UNIT 73	UNIT 03 - 04 UNIT 73	UNIT 05 - 06 UNIT 74	UNIT 07 -08 UNIT 74	UNIT 09 - 10 UNIt 75
	Day 6	**Day 7**	**Day 8**	**Day 9**	**Day 10**
2주차	UNIT 11 - 12 UNIT 75	UNIT 13 - 14 UNIT 76	UNIT 15 - 16 UNIT 76	UNIT 17 - 18 UNIT 77	UNIT 19 - 20 UNIt 77
	Day 11	**Day 12**	**Day 13**	**Day 14**	**Day 15**
3주차	UNIT 21 - 22 UNIT 78	UNIT 23 - 24 UNIT 78	UNIT 25 - 26 UNIT 79	UNIT 27 - 28 UNIT 79	UNIT 29 - 30 UNIt 80
	Day 16	**Day 17**	**Day 18**	**Day 19**	**Day 20**
4주차	UNIT 31 - 32 UNIT 80	UNIT 33 - 34 UNIT 81	UNIT 35 - 36 UNIT 81	UNIT 37 -38 UNIT 82	UNIT 39 - 40 UNIt 82
	Day 21	**Day 22**	**Day 23**	**Day 24**	**Day 25**
5주차	UNIT 41 - 42 UNIT 83	UNIT 43 - 44 UNIT 83	UNIT 45 - 46 UNIT 84	UNIT 47 -48 UNIT 84	UNIT 49 - 50 UNIt 85
	Day 26	**Day 27**	**Day 28**	**Day 29**	**Day 30**
6주차	UNIT 51 - 52 UNIT 85	UNIT 53 - 54 UNIT 86	UNIT 55 - 56 UNIT 86	UNIT 57 -58 UNIT 87	UNIT 59 - 60 UNIT 87
	Day 31	**Day 32**	**Day 33**	**Day 34**	**Day 35**
7주차	UNIT 61 - 62 UNIT 88	UNIT 63 - 64 UNIT 88	UNIT 65 - 66 UNIT 89	UNIT 67 -68 UNIT 89	UNIT 69 - 70 UNIt 90
	Day 36	**Day 37**	**Day 38**	**Day 39**	**Day 40**
8주차	UNIT 71 - 72 UNIT 90	복습 (01 ~ 18) UNIT 91	복습 (19 ~ 36) UNIT 91	복습 (37 ~ 54) UNIT 92	복습 (55 ~ 72) UNIT 93

4주 코스(일주일 5일, 20일 기준)

토익을 공부한 적이 있으나 중도에 포기했던 분, 400~500점대 수험생에게 권장합니다. 토익에 나오는 표현을 조금은 아는 수험생에게 추천합니다. 또한 이 책의 난이도가 본인에게 적당하다고 느껴지면 아래의 계획표대로 따라주세요. 4주면 이 책을 끝내고 실전 감각을 키울 수 있습니다.

	Day 1	Day 2	Day 3	Day 4	Day 5
1주차	UNIT 01 - 04 UNIT 73	UNIT 05 - 08 UNIT 74	UNIT 09 - 12 UNIT 75	UNIT 13 - 16 UNIT 76	UNIT 17 - 20 UNIt 77
	Day 6	**Day 7**	**Day 8**	**Day 9**	**Day 10**
2주차	UNIT 21 - 24 UNIT 78	UNIT 25 - 28 UNIT 79	UNIT 29 - 32 UNIT 80	UNIT 33 - 36 UNIT 81	UNIT 37 - 40 UNIt 82
	Day 11	**Day 12**	**Day 13**	**Day 14**	**Day 15**
3주차	UNIT 41 - 44 UNIT 83	UNIT 45 - 28 UNIT 84	UNIT 49 - 52 UNIT 85	UNIT 53 - 56 UNIT 86	UNIT 57 - 60 UNIt 87
	Day 16	**Day 17**	**Day 18**	**Day 19**	**Day 20**
4주차	UNIT 61 - 64 UNIT 88	UNIT 65 - 68 UNIT 89	UNIT 69 - 72 UNIT 90	복습 (01 – 36) UNIT 91	복습 (37 – 72) UNIt 92 - 93

《시나공 토익 BASIC》은 혼자서 학습하기 어려운 부분을 선별하여 '토막 동영상 강의'를 제공합니다. RC에서는 WARMING UP에서 〈02 예제 풀어보기〉의 문제들을 풀면서 문법의 기본 개념까지 함께 익힐 수 있는 16강의 강의와 〈PART 5&6〉의 GRAMMAR 파트에서 각 Unit의 대표 문제들에 대한 해결 방법을 익힐 수 있는 72강의 강의를 합쳐 총 88강의 강의를 제공합니다.

PART
5&6

GRAMMAR

유형 분석 1

문장의 5형식

동사에 따라 반드시 들어가야 하는 문장의 요소가 있고, 그 요소에 따라 문장의 종류를 구분한 것을 문장의 형식이라 한다. 영어에서는 문장의 형식을 크게 다섯 가지로 분류한다.

WARMING UP

1) 문장의 주요소: 주어, 동사, 목적어, 보어

문장 성분은 문장을 구성하면서 일정한 역할을 하는 요소를 말하며, 문장의 주요소는 다음과 같다.

문장 요소	뜻	해당 품사	예시
주어	문장의 주체를 나타냄	명사, 대명사	They are students. 그들은 학생이다.
동사	주어의 동작이나 상태를 나타냄	be동사, 일반동사	I study English. 나는 영어를 공부한다.
목적어	주어의 대상을 나타냄	명사, 대명사	He has a car. 그는 자동차를 가지고 있다.
보어	주어의 뜻을 보충함	명사, 대명사, 형용사	He became an engineer. 그는 엔지니어가 되었다.

2) 문장의 부가 요소 : 수식어

문장의 주성분인 주어, 목적어, 동사를 꾸며주는 말을 수식어라고 한다. 수식어에는 부사, 전치사구등이 있는데, 문장을 더 상세히 설명해 주는 역할을 하며, 문장의 형식과는 상관 없이 쓰일 수 있다.

수식어	역할
부사	Tom runs fast. (부사인 fast가 동사인 run을 수식)
전치사구(전치사 + 명사)	Linda lives in Canada. (전치사구인 in Canada가 동사인 live를 수식)

3) 문장의 5형식

영어의 문장은 문장의 주요소 배열에 따라 다음의 5가지 형식을 갖추고 있다.

① 1형식 : 주어(S) + 완전자동사(V)
주어와 동사만으로도 최소한의 의미를 전달할 수 있는 문장이다.
ex) I work. 나는 일한다.
　　주어 동사

② 2형식 : 주어(S) + be동사 + 보어(C)
주어와 동사만으로는 뜻이 불충분하여 주어를 보충해주는 보어가 와야만 뜻이 전달되는 문장이다.
ex) He is a doctor. 그는 의사이다.
　　주어 동사 보어

③ 3형식 : 주어(S) + 완전타동사(V) + 목적어(O)
주어와 동사만으로는 뜻이 불충분하여 동사의 대상이 되는 목적어가 와야만 뜻이 전달되는 문장이다.
ex) Mike loves his family. 마이크는 그의 가족을 사랑한다.
　　주어　동사　　목적어

④ 4형식 : 주어(S) + 수여동사 + I.O(간접목적어) + D.O(직접목적어)
동사의 성격상 '간접목적어(~에게)'와 '직접목적어(~을, ~를)가 와야 완전한 뜻이 전달되는 문장이다.
ex) I gave his wife some money. 나는 그의 아내에게 약간의 돈을 주었다.
　　주어 동사 간접목적어　　직접목적어

⑤ 5형식 : 주어(S) + 불완전타동사(V) + 목적어(O) + 목적보어(O.C)
목적어를 좀 더 보충해주는 말이 올 수 있는 문장이다. 이 때 목적보어에는 (대)명사나 부정사, 또는 형용사나 분사가 와야만 한다.
ex) He made his family happy. 그는 그의 가족을 행복하게 만들었다.
　　주어　동사　　목적어　　목적보어

02 예제 풀어보기

다음 문장들의 형식과 밑줄 친 단어들의 역할을 괄호 안에 쓰시오.

1 Tom came into the office.
(주어)(동사)

1　형식

2 Mr. Medvedev is sincere.
(　　)(　)(　　)

형식

3 He has made a significant contribution to the program.
(　　　　　　　　　)

형식

4 You must give me your comment.
(　　　)(　)(　　　　)

형식

5 We considered him a manager.
(　　)(　　)(　　　)

형식

03 예제 확인하기

1 Tom came into the office.　Tom이 사무실로 들어 왔다.
　주어　동사　　전치사구

▶ 이 문장의 기본 구조는 '주어 + 동사'로 구성된 1형식 문장이다. 동사 came은 자동사이며, 자동사 뒤에는 전치사구 (into the office) 또는·부사 등이 온다.

2 Mr. Medvedev is sincere.　Mr. Medvedev는 성실하다.
　　　주어　　동사　보어

▶ 이 문장의 기본 구조는 '주어 + 동사 + 보어'로 구성된 2형식 문장이다. 자동사인 is는 주어(Mr. Medvedev)를 보충해 줄 수 있는 보어(sincere)와 함께 쓰여야 한다.

3 He has made a significant contribution to the program.　그는 프로그램에 상당한 기여를 했다.
주어　동사　　　　목적어　　　　　전치사구

▶ 이 문장의 기본 구조는 '주어 + 동사 + 목적어'로 구성된 3형식 문장이다. 필수 요소인 명사(contribution), 대명사(He)와 부가 요소인 형용사(significant), 전치사(to) 등이 3형식 문장 안에 모두 포함되어 있다.

4 You must give me your comments.　당신은 저에게 당신의 의견을 제시해야 합니다.
주어　동사　간접목적어　**직접목적어**

▶ 이 문장의 기본 구조는 '주어 + 동사 + 간접목적어 + 직접목적어'로 구성된 4형식 문장이다. 타동사 중에는 목적어를 두 개 갖는 동사가 있다. 주로 '~에게 ~해 주다'는 의미를 갖기 때문에 수여동사라고도 한다.

5 We considered him a manager.　우리는 그를 매니저로 간주했다.
주어　동사　목적어　목적보어

▶ 이 문장의 기본 구조는 '주어 + 동사 + 목적어 + 목적보어'로 구성된 5형식 문장이다. 이때 목적어와 목적보어 사이에는 주어와 술어 관계가 성립된다.

Unit 01

문장의 기본 형식 5가지 –
1형식

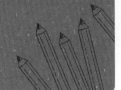

풀 이 전 략   전치사구나 부사 앞 빈칸엔 자동사를 고른다.

 대표 문제   R01

> All of the employees ------- in the latest protest against lowering the minimum wage.
>
> (A) attended   (B) informed   (C) hosted   (D) participated

 시나공 풀이법

All of the employees ------- (in the latest protest) (against lowering the minimum wage).
            주어   전치사 구   전치사 구

| 타동사 | 타동사 | 타동사 | 자동사 |

(A) attended   (B) informed   (C) hosted   (D) participated
   참석하다   알리다   주최하다   참석하다

participate in ~에 참석하다

문 장 분 석   문장에는 반드시 주어와 동사가 있어야 한다. 문장의 주어는 All of the employees이며, 문장에 동사가 없으므로 빈칸은 동사 자리이다. 'participate in + 명사'는 '~에 참석하다'라는 뜻으로 알아두자. 빈칸 뒤 전치사구는 문장의 필수 요소가 아니다.

해   설   엇비슷하거나 같은 의미를 가진 동사가 한 쌍 있으면 한 쌍으로 묶어서 풀어야 한다. 선택지 중 셋은 타동사이고 남은 하나는 자동사이다. 빈칸 뒤에 목적어가 없으면 자동사, 목적어가 있으면 타동사를 고르는 문제로 출제된다. 따라서 빈칸 뒤에 전치사구(in the latest protest)가 왔으므로, 자동사인 (D) participated가 정답이다. 참고로 같은 의미인 타동사 attend와 구별해서 알아둔다.

해   석   모든 직원들이 최근 최저 임금을 낮추는 것에 반대하는 시위에 참석했다.

표 현 정 리   latest 최근 protest 시위 minimum wage 최저 임금

정   답   (D)

✏ 시나공 POINT
┌───┐
│ 1형식 동사 다음에는 부사나 전치사구가 온다.   │
└───┘

핵심 이론

1형식 주어와 동사로 이루어진 완전한 문장 뒤에 전치사구 또는 부사가 온다.

He works **at the company**. 그는 회사에서 일한다.

He works **hard**. 그는 열심히 일한다.

특정 자동사는 전치사와 함께 묶어서 암기한다.

account for ~을 설명하다	object to ~을 반대하다
depend on ~에 의존하다	focus on ~에 집중하다
refer to ~을 참고하다	respond to ~에 반응하다
wait for ~을 기다리다	consist of ~으로 구성되다
participate in ~에 참가하다	specialize in ~을 전문으로 하다

An unexpected argument between two colleagues **happened** in our department.
동료들 간의 예기치 않은 논쟁이 우리 부서에서 일어났다.

▶ 전치사구(in our department) 앞은 자동사 자리이다.

Our company's annual profits **declined** significantly last year.
우리 회사의 연간 매출이 작년에 상당히 감소했다.

▶ 부사(significantly) 앞은 자동사(decline) 자리이다.

▶ 토익에 출제되는 대표적인 1형식 자동사들로는 'go 가다, come 오다, work 일하다, happen 발생하다, arrive 도착하다, disappear 사라지다, proceed 나아가다, fall 하락하다, rise 오르다, function 기능을 발휘하다, deteriorate 악화되다, decline 감소하다' 등이 있다.

Mr. Martin **participated** in the company's professional development seminar.
Martin 씨는 회사가 제공하는 직업 교육 세미나에 참석했다.

▶ 일부 자동사는 'participate in ~에 참석하다'처럼 특정 전치사와 함께 암기해 둔다. 같은 의미의 타동사 attend가 있다는 것도 알아 둔다.

1 The success of a restaurant -------- on the food, experience, price, and location.

(A) provides   (B) depends   (C) implies   (D) includes

2 Not all employees are satisfied because some think some of the women will not ------- competently under the male-centered new company policy.

(A) request   (B) support   (C) release   (D) function

▶ 정답 및 해설은 해설집 4쪽 참고

Unit 02

문장의 기본 형식 5가지 –
2형식

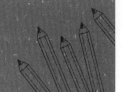

Step 1 | 실전 포인트

풀 이 전 략   2형식 동사 뒤 빈칸에는 명사나 형용사가 온다.

 대표 문제

 R02

The company is largely ------- for educating and training its employees to develop their skills.

(A) responsible   (B) response   (C) responsibility   (D) respond

 시나공 풀이법

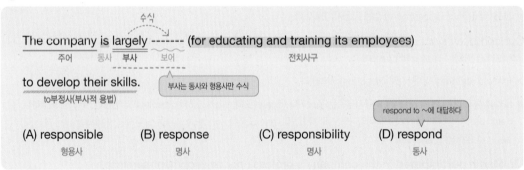

문장분석   'be responsible for + 명사'는 '명사에 책임이 있다/명사를 담당하다'라는 뜻으로 알아두자. to부정사(to develop)는 '~하기 위해'로 해석되며 부사 역할을 한다.

해   설   빈칸 앞뒤 부사(largely)는 늘 함정으로 제시되는 품사이므로 소거 후 푼다. be동사 뒤 빈칸은 보어 자리이다. 보어 자리에 형용사나 명사를 쓸 수 있지만 명사 보어를 쓰는 경우는 거의 출제되지 않으며, 주어와 동격일 때만 사용 가능하다. 따라서 be동사 뒤 빈칸은 형용사가 와야 하므로 (A)가 정답이다.

해   석   기업은 직원들의 능력을 향상시키기 위해 직원들에 대한 교육과 훈련을 주로 책임진다.

표현정리   largely 주로   develop 발전시키다

정   답   (A)

✎ 시나공 POINT
be동사 뒤 빈칸은 형용사 자리이다.

핵심 이론

2형식 'A + 동사(be 포함) + B'의 형태이며, B에는 주로 형용사가 온다.

He became **smart**. 그는 똑똑해졌다.

She is **happy**. 그녀는 행복하다.

대표적인 2형식 동사

❶ ~이다	be동사 + 보어
❷ ~가 되다	become, get, grow, go, turn, run + 보어
❸ ~인 것 같다	seem, appear + 보어
❹ ~인 상태로 있다	remain, stay + 보어
❺ ~하게 느껴지다, 보이다, 들리다	feel, look, sound + 보어

Your account information <u>is</u> **available** online so you can access it now.
귀하의 계좌정보는 온라인으로 확인이 가능하니 지금 접속하시면 됩니다.

▶ be동사 뒤는 형용사(available) 자리이다. 참고로 online(온라인상에서)은 부사로 쓰였다.

The company executives expect to <u>become</u> **profitable** within three years.
회사 중역들은 3년 안에 수익이 날 것으로 예상하고 있다.

▶ become 뒤는 형용사(profitable) 자리이다.

The building <u>remained</u> **unoccupied** during the construction period. 공사 기간 동안 그 빌딩은 빈 채로 있었다.

▶ remained 뒤는 형용사(unoccupied) 자리이다.

Sonoma Company <u>is</u> a leading **manufacturer** of commercial kitchen appliances.
Sonoma 사는 상업용 주방 기구의 선두적인 제조업체다.

▶ be동사 뒤 명사(manufacturer) 자리이다. (Sonoma Company = a leading manufacturer)

Step 3 | 실전 문제

1 The company held the charity event, which was extremely ------- thanks to the substantial contributions that were made.

(A) successfully   (B) succession   (C) success   (D) successful

2 After the factory in China was finally completed after a long period of construction, the production line became fully -------.

(A) operational   (B) operation   (C) operationally   (D) operating

Unit 03
문장의 기본 형식 5가지 –
3형식

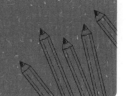

풀 이 전 략   목적어 앞 빈칸에는 자동사가 올 수 없고 타동사가 와야 한다.

 대표 문제

 R03

All of the staff members ------- the auditorium to hear the announcement concerning the next year.

(A) looked   (B) prospected   (C) reached   (D) arrived

 시나공 풀이법

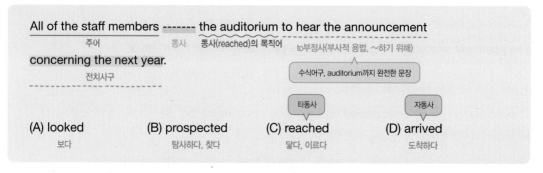

문장분석   완전한 절 '주어(All of the staff members) + 동사(reached) + 목적어(the auditorium)' 뒤에 오는 to부정사는 부사적 용법으로 '목적(~하기 위해)'의 뜻을 갖는다.

해 설   엇비슷하거나 같은 의미를 가진 동사가 한 쌍 있으면 한 쌍으로 묶어서 풀어야 한다. 이때 둘 중 하나는 자동사이고 남은 하나는 타동사이다. 빈칸 뒤에 목적어가 있으면 타동사, 목적어가 없으면 자동사를 고르는 문제로 출제된다. 따라서 타동사 (C)와 자동사 (D) 중 하나를 선택한다. 빈칸 뒤에 목적어(the auditorium)가 왔으므로 타동사인 (C) reached가 정답이다. arrive 다음에는 at이나 in이 자주 같이 온다. (A)는 뒤에 전치사가 오는 자동사이고 문장의 의미와 맞지 않으며, (B)도 문맥에 맞지 않다.

해 석   전 직원들이 내년도 사업 발표회에 참석하기 위해 강당에 도착했다.

정 답   (C)

✎ 시나공 POINT

선택지에 비슷한 뜻을 가진 동사가 한 쌍 있는 경우 하나는 자동사이고, 다른 하나는 타동사인데, 이 중 타동사를 고르는 문제이다.

핵심 이론

자동사로 착각하기 쉬운 타동사

타동사	뜻	주의
approach	~로 접근하다	전치와 to와 같이 쓰지 않음
access	~에 접근하다	전치와 to와 같이 쓰지 않음
mention	~에 대하여 언급하다	전치와 about과 같이 쓰지 않음
discuss	~에 관해 토론하다	전치와 about과 같이 쓰지 않음
attend	~에 참석하다	전치와 in / into와 같이 쓰지 않음
enter	~에 들어가다	전치와 in / into와 같이 쓰지 않음
contact	~에게 연락하다	전치와 to / with와 같이 쓰지 않음

If you have any questions about our products, please **contact** me.
저희 제품에 문의 사항이 있으시면 저에게 연락 주십시오.

▶ 대명사 목적어(me) 앞은 타동사(contact) 자리이다.

The personnel manager is going to **attend** the meeting on Wednesday.
인사 부장은 수요일 회의에 참석할 것이다.

▶ 명사(meeting) 목적어 앞은 타동사(attend) 자리이다.

All employees should **follow** the safety regulations while on duty.
모든 직원들은 근무 중에 안전 규정을 따라야 합니다.

▶ 복합명사(the safety regulations) 목적어 앞은 타동사(follow) 자리이다.

The company **announced** that its sales revenue rose considerably.
회사는 판매 수익이 상당히 증가했다고 발표했다.

▶ 명사절(that) 목적어 앞은 타동사(announced) 자리이다. 명사절은 타동사의 목적어 역할을 할 수 있다.

1 The hotel will ------- them with a banquet hall, free drinks, and telephone service for the meeting tomorrow.

(A) function   (B) wait   (C) comply   (D) provide

2 According to the most recent financial report, reducing the employees' salaries will not ------- the problem concerning the company's deficit.

(A) deal   (B) address   (C) follow   (D) participate

▶ 정답 및 해설은 해설집 4쪽 참고

Unit 04

문장의 기본 형식 5가지 –
4형식

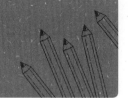

Step 1 　 실전 포인트

풀 이 전 략 　 '사람(간접목적어) + 사물(직접목적어)' 앞 빈칸은 4형식 동사로 채운다.

 대표 문제

 R04

All candidates must directly ------- the human resources manager their applications or send them by e-mail.

(A) sell　　　　　　　(B) supply　　　　(C) give　　　　　(D) manage

 시나공 풀이법

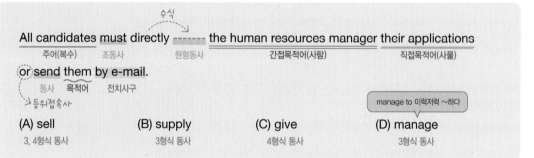

문장분석 　 4형식 동사(give) 뒤에는 '간접목적어(the human resources manager) + 직접목적어(their applications)'가 와야 한다. 또한 '동사구(give the human resources manager their applications)'와 동사구(send them)는 등위접속사 (or)로 병렬되었다.

해　설 　 4형식 동사 give(~에게 ~을 주다)는 '간접목적어(사람) + 직접목적어(사물)'를 취한다. 따라서 빈칸 뒤에 '간접목적어(사람) + 직접목적어(사물)' 덩어리가 왔다면 빈칸은 4형식 동사를 써야 하므로 정답은 (C) give가 된다. 4형식 동사는 '사람 + 사물'로 이루어진 두 개의 목적어를 취한다는 것을 기억하자.

해　석 　 모든 지원자들은 지원서를 인사담당자에게 직접 전달하거나 이메일로 보내야 한다.

표현정리 　 candidate 지원자, 후보자　directly 직접　application 지원(서), 신청(서)

정　답 　 (C)

★시나공 POINT

4형식 동사는 그 뒤에 '사람 + 사물'로 이루어진 두 개의 목적어를 취한다.

핵심 이론

4형식은 '~에게(간접목적어) ~를(직접목적어) (동사)하다'로 해석된다.

4형식 대표 동사

give 주다	offer 제공하다	send 보내다
grant 수여하다	award 수여하다	issue 발행해주다

that절(명사절)을 직접목적어로 취하는 4형식 동사

inform 사람 that S + V	사람에게 S가 V하다는 것을 알리다
notify 사람 that S + V	사람에게 S가 V하다는 것을 알리다
advise 사람 that S + V	사람에게 S가 V하다는 것을 충고하다
remind 사람 that S + V	사람에게 S가 V하다는 것을 상기시키다
assure 사람 that S + V	사람에게 S가 V하다는 것을 보장하다
convince 사람 that S + V	사람에게 S가 V하다는 것을 확신시키다

The company **gives** <u>excellent employees</u> <u>bonus</u> at the end of the year.

= The company **gives** <u>bonus</u> <u>to excellent employees</u> at the end of the year.

회사는 연말에 우수한 직원에게 보너스를 준다.

▶ 4형식 대표 동사 give, send, offer, show, award 등은 '사람 + 사물' 덩어리를 취하거나 '사물 + to + 사람' 덩어리를 취한다.

I am pleased to inform <u>you</u> that <u>I am able to attend your party</u>. 당신의 파티에 참석할 수 있음을 알리게 되어 기쁩니다.

           간접목적어   직접목적어

The manager reminded <u>all workers</u> that <u>they should wear safety gear</u>.

           간접목적어   직접목적어

매니저는 모든 직원들에게 안전장비를 착용하라고 상기시켰다.

▶ 4형식 대표 동사 inform, notify, remind, assure, convince, advise 등은 '사람 + that(명사절)'을 취한다.

1 Since I am not in my office right now, Victoria will ------- David the contracts soon.

  (A) negotiate   (B) change   (C) proceed   (D) send

2 By Monday, I will be able to ------- the plans to you about the new brand launching.

  (A) assign   (B) show   (C) apply   (D) commence

▶ 정답 및 해설은 해설집 4쪽 참고

Unit 05

문장의 기본 형식 5가지 –
5형식

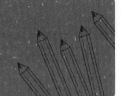

풀 이 전 략   '목적어 + 목적보어' 덩어리 앞 빈칸은 make, keep, find, leave, consider 중 하나를 고른다.

 대표 문제

 R05

> Ms. Nelson ------- the conference room empty because she has heard from Fred.
>
> (A) prepared   (B) appeared   (C) found   (D) supervised

 시나공 풀이법

Ms. Nelson ------- the conference room empty because she has heard from Fred.

| 주어 | 동사 | 동사(found)의 목적어 | 목적보어 | 접속사 | 주어 | 동사 | 전치사구 |

빈칸 앞은 주어, 뒤는 명사이기 때문에 빈칸은 동사

형용사

hear from + 사람
~로부터 듣다

(A) prepared   (B) appeared   (C) found   (D) supervised
3형식 동사   1형식 동사   5형식 동사   3형식 동사

문장분석   find는 5형식 동사로 그 뒤에는 '목적어(the conference room) + 목적보어(empty)'가 와야 한다.

해   설   5형식 대표 동사 find는 '목적어 + 목적보어(형용사/명사)'를 취한다. 선택지에 make, find, keep, consider 등
의 5형식 동사가 등장하고 빈칸 뒤에 '목적어 + 목적보어(형용사/명사)' 덩어리가 왔다면 빈칸은 5형식 동사 자리
이다. 빈칸 뒤에 '목적어(the conference room) + 목적보어(empty)'가 왔으므로 (C) found가 정답이다.

해   석   프레드에게 연락을 받았기 때문에 넬슨 씨는 회의실이 텅 비었다는 것을 알았다.

표현정리   empty 빈, 비어 있는

정   답   (C)

✗ 시나공 POINT

'목적어 + 목적보어' 덩어리 앞의 빈칸은 5형식 동사 자리이다.

핵심 이론

> 5형식은 '(목적어)를 (목적보어)하게 (동사)하다'로 해석된다.
>
> > She made me happy.
> > 그녀는 만든다 나를 행복하게
> >
> > **5형식** 대표 동사
> > make, keep, find, leave, consider 등

The president found the merger agreement successful.

사장은 그 합병 계약이 성공적이라는 것을 알았다.

▶ successful(성공적인)은 목적어인 '합병 계약'을 보충설명해주고 있다. 이렇게 목적어를 보충설명해주는 단어인 '목적보어'가 있는 문장을 5형식이라고 한다.

The manager told the employees to keep the project secret.

매니저는 직원들에게 프로젝트를 비밀로 유지하라고 말했다.

▶ 5형식 동사 make, keep, find, leave, consider 뒤는 '목적어(the project) + 목적보어(secret)' 덩어리가 와야 한다.

The company considers him one of its top experts.

회사는 그를 최고의 전문가들 중 한 사람으로 간주한다.

▶ 5형식 동사 make, keep, find, leave, consider 뒤는 '목적어(him) + 목적보어(one of its top experts)' 덩어리를 쓴다. 이때 목적어와 목적보어는 동격 관계가 성립된다.

Step 3 | 실전 문제

1 Changes to financial markets have ------- investors even more dependent on quality information.

(A) taken   (B) worked   (C) needed   (D) made

2 The success that he has had in sales makes him ------- to his company.

(A) specialize   (B) special   (C) speciality   (D) specially

▶ 정답 및 해설은 해설집 4쪽 참고

REVIEW TEST

1. The manager ------- the employees inspired to be sure that their organization is the best in the hospitality industry.
   (A) damages
   (B) holds
   (C) expires
   (D) keeps

2. Jenny ------- everyone a copy of the report, which she worked on all last week at the meeting.
   (A) gave
   (B) forwarded
   (C) delayed
   (D) distributed

3. We must hire more employees to serve at the hall before the customers become ------- with the slow service.
   (A) anger
   (B) angry
   (C) angrily
   (D) to anger

4. Located in the central part of Shanghai's old city, the Shanghai Tourism Board makes local history ------- to everyone.
   (A) accessible
   (B) access
   (C) accessibly
   (D) accesses

5. The company announced that it will ------- responsibility for any problems that occur when people use its products.
   (A) assume
   (B) search
   (C) register
   (D) hand

6. We will ------- last year's sales record to that of this year and discover the differences between the two of them in order to draw up a new plan.
   (A) offer
   (B) convince
   (C) match
   (D) allow

7. The responses on the questionnaires that the company used to get information about the new product it had created ------- from country to country.
   (A) varied
   (B) improved
   (C) suggested
   (D) advised

8. The company ------- the new uniform, which was made by a foreign designer, to all of its employees, and it received a positive response.
   (A) presented
   (B) showed
   (C) noticed
   (D) proposed

9. I would like to ------- you that the president of the international association is looking forward to the special presentation that you have prepared for the seminar.
   (A) speak
   (B) announce
   (C) inform
   (D) mention

10. We ------- in networks and software, and we train people to utilize the software.
    (A) predict
    (B) agree
    (C) face
    (D) specialize

▶ 정답 및 해설은 해설집 5쪽 참고

유형 분석 2

명사

명사는 사람(Tom)이나 사물(office) 등의 이름을 나타내는 품사를 말한다. 이때 명사는 주로 -sion, -tion, -ance, -ment 등의 모양으로 끝나며, 명사 자리에 동사, 형용사, 부사 등은 올 수 없다.

WARMING UP

1) 명사란?

명사는 어떤 대상의 이름을 가리키는 말이다. 여기서 그 대상에는 사람이나 동물, 사물뿐만 아니라 눈에 보이지 않는 추상적인 생각 등도 포함되며, 문장 내에서 주어, 보어, 목적어의 역할을 수행한다.

2) 명사의 종류

명사는 그 성질에 따라 크게 5가지 종류로 나눌 수 있다.

❶ 보통명사: 눈에 보이는 사람, 동물 또는 사물의 이름

ex) cat 고양이   hand 손   fruit 과일   desk 책상

❷ 집합명사: 개개의 사람이나 집단이 모여 있는 집합체에 붙여진 이름

ex) police 경찰   furniture 가구   family 가족   class 반

❸ 고유명사: 사람이나 지역의 이름, 요일 등 특정한 사람이나 사물에 붙여진 이름이며 항상 대문자로 시작

ex) Tom 톰   Sunday 일요일   Mt. Everest 에베레스트 산   the Themes 템즈강

❹ 추상명사: 눈에 보이지 않는 추상적인 것의 이름

ex) love 사랑   conversation 대화   courage 용기

❺ 물질명사: 눈에 보이지만 일일이 셀 수 없는 것의 이름

ex) salt 소금   sugar 설탕   coffee 커피

3) 명사의 역할

문장을 구성하는 데 있어서 절대적인 품사인 명사는 문장에서 주어, 목적어, 보어 역할을 한다.

❶ 주어 역할

Production will be significantly increased next year.
내년에는 생산(량)이 엄청나게 늘어날 것이다.

❷ 타동사의 목적어 역할

They can't handle the demands of all of the divisions.
그들은 모든 부서의 요구를 다 처리할 수는 없다.

❸ 전치사의 목적어 역할

You have the right qualifications for the job.
당신은 그 직업에 알맞은 자격 요건을 갖추고 있다.

❹ 보어 역할

She is the right person for this position.   ▶ 주격보어
그녀는 이 자리에 적합한 사람이다.

The president considered Mr. James a competent employee.   ▶목적격보어
사장은 James 씨를 능력 있는 직원으로 여겼다.

02 예제 풀어보기

괄호 안에 있는 두 단어 중 문장에 알맞은 명사를 고르시오.

1 The (transact / transaction) between the UK and Japan has been approved.

2 The employee usually thoroughly follows his manager's (instructions / instruct).

3 The manager summarized the feedback from the (customers / customizing).

4 A persuasive (argue / argument) was made at the conference.

5 Our new products will be on (display / to display) for the next three weeks.

03 예제 확인하기

1 The ~~transact~~ (between the UK and Japan) has been approved.
   transaction

영국과 일본 간의 거래가 승인되었다.

▶ 동사(has been approved)가 왔고, 문두 빈칸은 주어 자리이므로 명사를 써야 한다. 접미사 -tion은 명사형 접미사이다. 따라서 주어 자리이므로 동사(transact)는 쓸 수 없고, -tion으로 끝난 명사 transaction을 골라야 한다.

2 The employee usually thoroughly follows his manager's ~~instruct~~.
                                                              instructions

직원은 보통 그의 매니저의 지시사항을 철저하게 이행한다.

▶ 명사는 목적어 자리에 올 수 있다. 동사 follow의 목적어가 instructions이다.

3 The manager summarized the feedback from the ~~customizing~~.
                                                   customers

매니저는 고객들의 피드백을 요약했다.

▶ 전치사(from) 뒤는 명사 자리이므로 customers가 와야 한다.

4 A persuasive ~~argue~~ was made at the conference.
                   argument

회의에서 설득력 있는 논쟁이 벌어졌다.

▶ 형용사(persuasive) 뒤는 명사 자리이므로 명사형 접미사(-ment)를 사용한 argument가 와야 한다.

5 Our new products will be on ~~to display~~ for the next three weeks.
                                   display

우리의 신제품이 다음 3주간 전시될 것이다.

▶ 명사는 전치사의 목적어 자리에 올 수 있다. 전치사 on의 목적어 display가 와야 한다.

Unit 06 명사의 위치 ①

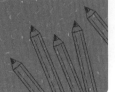

실전 포인트

풀 이 전 략 맨 앞에 빈칸이 있고, 그 뒤에 동사가 있다면 빈칸은 주어 자리이므로 명사를 고르는 문제이고, 타동사 뒤에도 빈칸이 있다면, 목적어 자리이므로 명사를 고르면 된다.

🎓 대표 문제

🎥 R06

------- about the upcoming event at the conference center will be given to all employees.

(A) Inform   (B) To informing   (C) Information   (D) Informed

✏️ 시나공 풀이법

┄┄┄→ 전치사   ┄┄┄→ 전치사
(-------) (about the upcoming event at the conference center) will be given
　주어　　　　　　　　명사(Information)를 수식하는 전치사구　　　　　　동사(4형식, 수동)
(to all employees.)
　전치사구
┄→ 주어 자리에는 명사 또는 명사상당어구만 올 수 있다.

(A) Inform   (B) To informing   (C) Information   (D) Informed
　　동사　　　　　　 to + 동명사　　　　　　　명사　　　　　 동사(과거), 과거분사

문장분석 주어(Information)와 동사(will be given) 사이 전치사구(about the upcoming event at the conference center)와 동사 뒤 전치사구(to all employees)는 모두 수식어로 문장 구조에 영향을 주지 않는다.

해   설 맨 앞에 빈칸이 있고, 빈칸 뒤에 동사가 왔다면 빈칸은 주어 자리이다. 주어 자리에는 명사가 와야 하므로 선택지에서 명사를 선택해야 한다. 따라서 (C) Information이 정답이다. 명사 자리에 (A) 동사, (B) to + 동명사, (D) 동사 또는 과거분사 등은 올 수 없으므로 오답이다. 즉 '------- + 수식어 + 동사' 구조에서 빈칸은 명사 주어 자리라는 것을 기억한다.

해   석 다가오는 컨퍼런스 센터 행사에 관한 정보가 모든 직원들에게 제공될 것이다.

표현정리 upcoming 다가오는 conference 회의, 회담 employee 직원

정   답 (C)

📌 시나공 POINT
'------- + 수식어 + 동사' 구조에서 빈칸에는 명사가 와야 한다.

핵심 이론

명사는 문장 안에서 주어, 목적어, 보어 자리에 위치한다.

> Many people enjoyed the show. (Many people = 주어, the show = 목적어)
>
> Ms. Chastain is an accountant. (Ms. Chastain = 주어, accountant = 보어)
>
> 명사 역할을 하는 명사 상당어구는 다음과 같다.
> (1) 명사절 접속사   (2) to부정사   (3) 동명사   (4) 대명사

• **주어 자리**

A subscription (to the magazine, Childcare Service) is necessary.
　　주어　　　　　　　수식어(전치사구)　　　　　　동사

Childcare Service라는 잡지 구독은 필수이다.

▶ '------- + 수식어 + 동사' 구조라면 빈칸은 명사 주어 자리이다. 이때 빈칸 바로 앞에는 한정사(a/the)가 없다는 것을 꼭 기억한다.

• **타동사 뒤 목적어**

The manager explained the terms of the contract carefully.　매니저는 계약 사항을 주의 깊게 설명했다.
　　　　　　　동사　　　목적어

▶ '타동사 + -------' 구조라면 빈칸은 목적어 자리이다.

• **명사 주격보어**

Mr. Gorman is a technician to repair your fax machine.　Gorman 씨는 당신의 팩스기를 고쳐줄 기술자입니다.
　주어　　　　보어

▶ be/become 동사 뒤는 주격보어 자리이다. 이때 보어 자리에 명사가 올 수 있는 조건은 주어와 동격일 때만 가능하다.

1 Supervisors who want to register for the workshop should make ------- of the fees promptly.

(A) pays　　　　　(B) payable　　　　　(C) payably　　　　　(D) payments

2 ------- to the Walk to Work campaign are honored, and the CEO will announce the employee of the year at the year-end dinner.

(A) Contribute　　　　(B) Contributions　　　　(C) Contributed　　　　(D) To contribution

▶ 정답 및 해설은 해설집 6쪽 참고

Unit 07 명사의 위치 ②

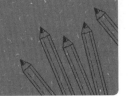

Step 1 | 실전 포인트

풀 이 전 략   한정사 뒤에 온 빈칸은 명사를 고르는 문제이며, 매월 2~3문제가 출제된다.

🎓 대표 문제

One of the most important responsibilities for this position is to follow specific -------.

(A) instruct   (B) instructions   (C) instructed   (D) instructing

✏️ 시나공 풀이법

One (of the most important responsibilities) (for this position) is to follow specific -------.
주어   대명사(One)를 수식하는 전치사구   전치사구   동사 is의 보어(to부정사의 명사적 용법)

one (+ 복수명사) 뒤에는 단수동사.

to부정사도 목적어를 가짐.
specific은 명사를 수식하는 형용사

(A) instruct   (B) instructions   (C) instructed   (D) instructing
동사   명사   동사(과거), 과거분사   동명사, 현재분사

문 장 분 석   'One of the + 복수명사'는 '~중에 하나는'이라는 뜻의 주어이다. 이 주어는 단수로 취급되어 단수동사(is)가 온
            것이다. be동사 뒤 to부정사는 주어와 동격으로 '~중에 하나는 ~하는 것' 등으로 해석한다.

해   설   한정사(specific) 뒤는 명사 자리이다. 한정사(형용사) 뒤 빈칸을 고르는 문제는 매월 출제되는 문제로 틀려서는
            안 되는 토익 문제 중 하나이다. 하지만 위치 문제는 해석 문제가 아니기 때문에 간혹 까다로운 어휘가 출제되기도
            한다. 이 문제의 경우 형용사(specific) 뒤에 빈칸이 왔으므로 명사인 (B) instructions가 정답이 되어야 한다. 명
            사 자리에 (A) 동사, (C) 과거(분사), (D) 현재분사 등은 올 수 없다.

해   석   이 직책의 가장 중요한 업무들 중 하나는 구체적인 지시사항을 준수하는 것이다.

표 현 정 리   responsibility 책임, 직무 follow 준수하다, 따르다 specific 구체적인, 특정의

정   답   (B)

✏️ 시나공 POINT

형용사 뒤 빈칸은 100% 명사 자리이다.

핵심 이론

한정사 뒤는 명사 자리이다. 매월 출제되는 가장 기초적인 문제라는 것을 기억해 두자.

명사의 위치

관사, 형용사/분사, 소유격, 명사   +   명사

- **a/the + 명사**(+ 전치사)   The report is about <u>the</u> **importance** <u>of</u> teamwork.
  보고서는 팀워크의 중요성에 관한 것이다.

- **형용사 + 명사**   We can't avoid making a <u>serious</u> **decision**.
  우리는 중대한 결정을 피할 수 없다.

- **분사 + 명사**   Most of our clients prefer the <u>finished</u> **product**.
  대부분의 고객들은 완제품을 선호한다.

- **소유격 + 명사**   <u>His</u> **explanation** was clear enough.
  그의 설명은 충분히 명료했다.

- **명사 + 명사**   We checked the <u>safety</u> **procedures** on the board.
  우리는 게시판에서 안전 수칙을 확인했다.

▶ 밑줄 부분의 a/the, 형용사. 분사, 소유격, 명사 등은 모두 한정사이다. 한정사 뒤 빈칸은 명사 자리로 명사를 고르는 문제가 출제된다. 한정사 중 관사(a/the), 형용사는 매월 출제되고, 분사, 소유격은 1년에 1문제 정도 출제된다. 복합명사(명사 + 명사) 구조에서 명사 뒤의 빈칸의 정답을 고르는 문제는 1년에 6문제 이상 출제된다.

복합명사는 명사 뒤에 명사가 합쳐진 하나의 표현으로 자주 출제된다.

account information 계좌 정보	delivery service 배송 서비스	insurance coverage 보험 보상
job announcement 구인 공고	job opportunity 일자리	job performance 직무 수행
keynote speaker 기조 연설자	registration form 등록 신청서	renovation plan 보수공사 계획
safety precaution 안전 조치	sales figure 판매 수치	work environment 근무 환경

1 Until the employees get final ------- from the manager at the head office, they have to postpone the decision.

(A) approve   (B) approving   (C) approved   (D) approval

2 Customer ------- with our service will be evaluated regularly by conducting surveys at both the restaurant and on the website.

(A) satisfied   (B) satisfaction   (C) satisfactory   (D) satisfying

▶ 정답 및 해설은 해설집 6쪽 참고

Unit 08 명사의 형태

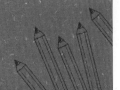

풀 이 전 략   명사를 만드는 접미사에는 -er, -or, -ant, -ent, -ist, -(a)tion, -ance, -ence, -(e)ty, -ity, -ment, -(a)cy 등이 있다.

대표 문제

R08

If you have any further questions or need special -------, feel free to contact Mr. Davidson.

(A) assistance   (B) assists   (C) assisting   (D) assisted

시나공 풀이법

If you have any further questions or need special -------, feel free to contact Mr. Davidson.
주어   동사   동사(have)의 목적어   동사   동사(need)의 목적어   동사구   농사(contact)의 목적어

any futher questions와 special -------을 연결하는 등위접속사 or

접속사

feel free to + 동사
자유롭게 ~하다

(A) assistance   (B) assists   (C) assisting   (D) assisted
명사   동사   동명사, 현재분사   동사(과거), 과거분사

문 장 분 석   등위접속사(or)가 동사구(have any further questions)와 동사구(need special assistance)를 병렬로 연결 시키고 있다. 'comma + 동사원형(feel)'은 명령문으로 '~하세요' 정도로 해석하면 된다.

해 설   한정사(형용사) 뒤 빈칸은 명사 자리이다. 형용사(special) 뒤에 빈칸이 왔으므로 빈칸엔 명사를 채워 넣어야 한 다. (A)의 접미사 -ance는 명사를 만드는 접미사이므로 (A) assistance가 정답이다. 명사 자리에 (B) 동사, (C) 현재분사, (D) 과거(분사) 등은 올 수 없다.

해 석   그것들에 대한 추가 질문이나 특별한 도움이 필요하면, 언제든지 데이비드슨 씨에게 연락 주십시오.

표 현 정 리   further 추가의, 추후의   feel free to 편하게 ~하다   contact 연락하다

정 답   (A)

> 시나공 POINT
> 명사형 접미사를 알아두면 모르는 어휘가 출제될 때 정답을 고르는 힌트가 된다.

핵심 이론

토익에 출제되는 명사형 접미사

1. **사람:** -er, -ee, -or, -ant, -ent, -ist, -ive, -ary

   예 employer 고용주, employee 피고용인, investor 발명가, assistant 보조자, artist 예술가

   ▶ 접미사 -ant와 -ive는 형용사형 접미사로도 쓰인다.

2. **행위, 성질, 상태:** -ion, -(a)tion, -ance, -ence, -(e)ty, -ity, -(r)y, -al, -ure, -ment, -ness, -(a)cy

   예 introduction 소개, appearance 외모, ability 능력, discovery 발견, approval 승인, failure 실패

3. **자격, 특성:** -ship

   예 leadership 통솔력

4. **시대, 관계:** -hood

   예 childhood 유년기, neighborhood 이웃

5. **주의, 특성:** -sm

   예 criticism 비평, enthusiasm 열정

The **objective** of this project is to stimulate the local economy.

이 프로젝트의 목적은 지역 경제를 활성화시키는 것이다.

▶ 관사(the) 뒤는 명사 자리이므로 명사형 접미사 –ive로 끝난 objective를 쓸 수 있다.

We requires all applicants to have at least 3 years' experience in **management**.

우리는 모든 지원자들이 최소 3년간의 관리 능력을 갖도록 요구합니다.

▶ 전치사(in) 뒤에는 명사 자리이므로 명사형 접미사 –ment로 끝난 management를 쓸 수 있다.

New employees took part in the orientation program with **enthusiasm**.

신규 직원들이 열정적으로 오리엔테이션 프로그램에 참가했습니다.

▶ 형용사(new) 뒤는 명사 자리이므로 명사형 접미사 –sm으로 끝난 enthusiasm을 쓸 수 있다.

Step 3 | 실전 문제

1 Despite the sales representative's explanation, Alice couldn't see any ------- between the two models.

(A) differencing   (B) different   (C) differs   (D) difference

2 His ------- for the film has encouraged the young directors to dedicate themselves to their work.

(A) enthusiastic   (B) enthusiasm   (C) enthusiastically   (D) enthuse

▶ 정답 및 해설은 해설집 7쪽 참고

Unit 09 가산명사 vs 불가산명사 구분

풀 이 전 략   명사가 네 개 있는 선택지에 뜻이 비슷한 명사 한 쌍이 있다면 하나는 가산명사이고 다른 하나는 불가산명사이다. 따라서 빈칸 앞에서 부정관사(a/an)가 왔는지를 확인한 후, a/an이 있으면 가산명사를, a/an이 없으면 불가산명사로 고르는 문제로 판단한다.

 대표 문제

 R09

> To have ------- to the internet for free, guests should fill out the registration card.
>
> (A) approach   (B) plan   (C) access   (D) standard

 시나공 풀이법

To have ------- (to the internet) (for free), guests should fill out the registration card.
부정사 to have의 목적어   전치사구   전치사구   주어   동사   동사(fill out)의 목적어

to부정사의 부사적 용법
~하기 위해서   수식어구   완전한 문장

(A) approach   (B) plan   (C) access   (D) standard
      명사   동사, 명사   명사   동사(과거)

문 장 분 석   to부정사가 문두에 오고 그 뒤에 'comma + 주어 + 동사'로 이어지면 to부정사는 부사적 용법이다. 부사적 용법 중에서도 목적에 해당하며, '~하기 위해서'라는 뜻으로 해석한다.

해   설   타동사 뒤에 빈칸이 왔으므로 빈칸은 명사 자리이다. 선택지가 모두 명사로 구성되어 있고, 그 중 한 쌍의 명사가 뜻이 같거나 비슷하면 둘 중 하나는 가산명사이고 남은 하나는 불가산명사라는 것을 기억한다. 따라서 빈칸 앞에 a/an이 있는지를 확인한 후, a/an이 있으면 가산명사를, a/an이 없으면 불가산명사를 고른다. (A)는 가산명사이고, (C)는 불가산명사이다. 따라서 빈칸 앞에 a/an이 없고 의미가 맞는 불가산명사인 (C) access가 정답이다. 또한 빈칸 뒤에 오는 전치사 to와 어울리는 것도 (C) access 뿐이다.

해   석   무료로 인터넷에 접속하기 위해서 방문객들은 등록카드를 작성해야 한다.

표 현 정 리   for free 무료로   fill out 작성하다

정   답   (C)

✎ 시나공 POINT

선택지 네 개 모두 명사로 구성되어 있고, 비슷한 뜻을 가진 명사가 한 쌍 있는 경우 가산명사와 불가산명사를 구분하는 문제이다.

핵심 이론

가산명사와 불가산명사를 구분하는 핵심 패턴을 정확히 알아두자.

토익에 자주 출제되는 불가산명사

consent 승낙	advice 조언	information 정보	approval 승인
plan 계획	access 접근	luggage 수하물	equipment 장비
permission 허가	furniture 가구	notice 통지	purchase 구입

You must obtain ~~permit~~ from your supervisor. 당신은 상관으로부터 허가를 받아야 한다.
　　　　　　　　　permission

▶ 선택지에 등장한 명사 한 쌍의 뜻이 비슷하거나 같으면 둘 중 한 개는 가산명사이고, 다른 한 개는 불가산명사이다. 이때 빈칸 앞에서 a/an을 확인한 후, a/an이 있으면 빈칸은 가산명사가 와야 하고, a/an이 없으면 불가산명사가 와야 한다. permit과 permission은 의미가 비슷하다. 그런데 permit은 가산명사(허가서), permission은 불가산명사(허가)이다. 즉, 명사 앞에 부정관사(a/an)가 없으면 불가산명사인 permission이 와야 한다.

The city council approved a construction ~~plans~~. 시위원회는 건설계획을 승인했다.
　　　　　　　　　　　　　　　　　　　plan

▶ 선택지에 단수명사와 복수명사가 왔다면 빈칸 앞에서 a/an을 확인한 후 풀어야 한다. a/an이 있다면 빈칸은 단수명사를 써야 하고, a/an이 없다면 빈칸은 복수명사를 써야 한다. 셀 수 있는 명사는 명사 앞에 a/an을 쓰거나 복수형 접미사 -s를 써야 하기 때문이다. 단, 불가산명사라면 단수 형태를 써야 한다.

1 If you are anxious about the security of your computer, please visit our website for more -------.

(A) information　　　(B) detail　　　(C) entrance　　　(D) management

2 We should consider ------- of up to 70% since our competitors have started an aggressive sales plan.

(A) discount　　　(B) discounts　　　(C) discounted　　　(D) discounting

▶ 정답 및 해설은 해설집 7쪽 참고

Unit 10 | 기타 자주 출제되는 명사

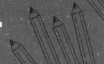

Step 1 | 실전 포인트

풀 이 전 략 사람 명사는 셀 수 있는 가산명사이지만, 사물 명사는 셀 수 있는 명사와 셀 수 없는 명사 모두 가능하다. 토익시험에서는 대부분 셀 수 없는 사물 명사로 출제된다. 따라서 빈칸 앞에 a/an이 있으면 사람 명사를, a/an이 없으면 사물 명사를 선택한다.

🎓 **대표 문제**

 R10

> Technicians in the warehouse are advised to report directly to an immediate -------.
>
> (A) supervise   (B) supervision   (C) supervisor   (D) supervisory

 시나공 풀이법

Technicians (in the warehouse) are advised to report directly (to an immediate -------.)

| 주어 | 명사(Technicians)를
수식하는 전치사구 | 동사
(be advised to
~하기로 요구받다) | 보어 | 부사
(수식) | 전치사구 |

(A) supervise   (B) supervision   (C) supervisor   (D) supervisory
    동사   명사   명사   형용사

문장분석   advise는 '목적어 + to부정사'를 취하는 동사이다. 이때 to부정사는 목적보어이다. 목적어(Technicians)가 주어 자리로 빠지면서 수동태(are advised)와 to부정사(to report)가 만난 것이다. 즉 원래 문장은 advise technicians to report였던 것이 technicians are advised to report인 수동태 문장이 된 것이다.

해 설   사람은 셀 수 있는 가산명사이지만 사물은 가산명사, 불가산명사 모두 가능하다. 따라서 빈칸 앞에서 a/an을 확인한 후, a/an이 있으면 사람 명사를, 없으면 사물 명사를 고르는 문제이다. 형용사(immediate) 뒤 빈칸은 명사 자리이므로 사물인 (C)와 사람인 (B) 중에서 고민한다. 그런데 형용사(immediate) 앞에 an이 왔으므로 사람 명사인 (C) supervisor가 정답이다.

해 석   창고에 근무하는 기술자들은 직속상관에게 직접 보고할 것을 요구받는다.

표현정리   technician 기술자   warehouse 창고   be advised to ~할 것을 요구받다   directly 직접, 바로   immediate supervisor 직속상관   supervise 감독하다

정 답   (C)

✎ **시나공 POINT**

선택지에 사람 명사와 사물 명사가 등장한 경우 빈칸 앞에 a/an이 있으면 사람 명사를, a/an이 없으면 사물 명사를 고른다.

핵심 이론

사람 명사와 사물 명사를 구분하고, 복합명사 패턴을 알아두자.

사람 명사와 사물 명사

employee 직원	employment 고용	technician 기술자	technique 기술
supervisor 감독관	supervision 감독	consultant 상담가	consultation 상담
accountant 회계사	accounting 회계	analyst 분석가	analysis 분석

복합명사

application form 신청서	pay increase 급여 인상
performance appraisal 업무 평가	production facility 생산 설비
customer satisfaction 고객 만족	replacement part 교체 부품

James Halt is now looking for a promising ~~employment~~ to work in the new division.
employee

James Halt는 지금 새 부서에서 일할 유능한 직원을 찾고 있다.

▶ 선택지에 사람 명사와 사물 명사가 등장한 경우 빈칸 앞에 a/an을 찾는다. a/an이 있으면 빈칸은 사람 명사를 고르는 문제이고, a/an이 없으면 빈칸은 사물 명사를 고르는 문제이다. 'a promising + _____'으로 왔으므로 빈칸은 사람 명사인 employee를 써야 한다.

We have not fully completed the production ~~facilitated~~ in China.
facility

우리는 중국에 있는 생산 시설 준비를 완전히 끝마치지 못했다.

▶ 다른 뜻을 가진 두 개의 명사가 결합하여 하나의 명사처럼 쓰이는 것을 '복합명사'라고 한다. 이때 명사 앞 또는 명사 뒤 빈칸을 고르는 문제로 출제되는데 꽤 까다로운 편에 속한다. 복합명사 '명사 1 + 명사 2' 구조에서 '명사 1을 위한 명사 2' 또는 '명사 1을 명사 2하다'로 해석이 가능하다면 빈칸은 복합명사 자리이다.

1 The latest report suggests that the new system has improved employee -------.

(A) produce   (B) produced   (C) producing   (D) productivity

2 The ------- at Femi Business Institute helped Burn Gorman improve his communication skills.

(A) instruct   (B) instructive   (C) instructors   (D) instruction

▶ 정답 및 해설은 해설집 7쪽 참고

REVIEW TEST

1. Mr. Harris wanted to find a more persuasive ------- than the previous one to quickly finish the negotiations with the agency.

   (A) arguably
   (B) argue
   (C) arguable
   (D) argument

2. BST Guide assures you that our professional agents will take care of all the travel ------- that you request.

   (A) arrangements
   (B) arrange
   (C) arranging
   (D) arranged

3. The head chef will make ------- in the menu after he develops new vegetarian dishes which customers have requested for a few months.

   (A) changing
   (B) changes
   (C) changed
   (D) change

4. Jessica noticed that a defective ------- had been delivered, so she had to find the receipt in order to exchange it.

   (A) product
   (B) products
   (C) produced
   (D) productive

5. The instructions on the bulletin board explain how to leave ------- about the project online.

   (A) suggestions
   (B) suggesting
   (C) suggest
   (D) suggested

6. Judge Judy, a famous American TV show, provides viewers with opportunities to hear specific ------- from lawyers.

   (A) cost
   (B) hint
   (C) advice
   (D) procedure

7. The ------- of Australia has been growing extremely fast due to the increasing number of immigrants.

   (A) population
   (B) populate
   (C) popular
   (D) popularly

8. For further -------, it is advisable for accounting clerks to duplicate some important documents when filing them.

   (A) refer
   (B) reference
   (C) referred
   (D) referencing

9. ------- for the secretary position have to be submitted by next week.

   (A) Applying
   (B) Applied
   (C) Applications
   (D) Applies

10. It is mandatory for staff members to receive ------- covered by the company for any injuries they suffer at work.

    (A) compensate
    (B) compensating
    (C) compensated
    (D) compensation

유형 분석 3

동사

수일치라 함은 주어와 동사 간의 단수, 복수 형태를 일치시키는 것을 의미한다.

WARMING UP

01 개념 익히기 ·· 본격적인 학습에 앞서 기본 개념을 익혀 보세요.

1) 수일치

주어가 단수이면 동사도 단수 형태, 주어가 복수이면 동사도 복수 형태가 와야만 한다. 이렇게 주어의 수에 따라 동사의 수를 반드시 일치시켜야 하는데, 이를 '수일치'라 한다.

① be동사의 수일치

주어	시제	단수	복수	시제	단수	복수
1인칭		am			was	
2인칭	현재	are	are	과거	were	were
3인칭		is			was	

Tom is our new manager.   탐은 우리의 새로운 관리자이다.
We are working together.   우리는 함께 일하고 있다.

② have 동사의 수일치

주어	시제	단수	복수	시제	단수	복수
1인칭		have				
2인칭	현재	have	have	과거	had	had
3인칭		has				

He has received an invitation to the party.   그는 파티에 초대를 받았다.
The goods have not arrived yet.   제품들이 아직 도착하지 않았다.

③ 일반 동사의 수일치

주어	시제	단수	복수	시제	단수	복수
1인칭		동사원형				
2인칭	현재	동사원형	동사원형	과거	과거형	과거형
3인칭		동사원형+(e)s				

She handles customer complaints.   그녀는 고객의 불만을 처리한다.
Our Marketing plan succeeded.   우리의 마케팅 계획이 성공했다.

2) 수동태

수동태는 행위를 받는 사람이나 사물이 주체가 되어 주어로 나올 때 사용하는 동사의 형태이며, 'be동사 + 과거분사'의 형태로 써야 한다. 그리고 그 뒤에 'by + 행위자'를 쓸 수 있는데, 상황에 따라 생략 가능하다.

Tom trains his manager.   탐은 그의 매니저를 훈련시킨다.

His manager is trained by Tom.   탐은 그의 매니저에 의해서 훈련받는다.

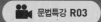

02 예제 풀어보기

괄호 안에 있는 동사 중 문장에 알맞은 동사를 고르시오.

1 Everyone (was / were) preparing for the conference.

2 Each member (is / are) important to this project.

3 Some information (do / does) not help us.

4 Several agencies (has / have) similar proposals.

5 All employees (works / work) on the weekend.

03 예제 확인하기

1 Everyone ~~were~~ preparing for the conference.   모두가 회의를 준비하고 있었다.

▶ 주어(Everyone)가 단수이므로 동사도 단수인 was로 와야 한다.

2 Each member ~~are~~ important to this project.   각 구성원은 이 프로젝트에서 중요하다.
              is

▶ Each와 주어(member)가 단수이므로 동사도 단수인 is로 와야 한다.

3 Some information ~~do~~ not help us.   일부 정보는 우리에게 도움이 되지 않습니다.
                    does

▶ 주어(information)이 단수이므로 동사로 단수인 does를 써야 한다.

4 Several agencies ~~has~~ similar proposals.   몇몇 업체들이 비슷한 제안을 갖고 있다.
                   have

▶ 주어(agencies)가 복수이므로 동사도 복수인 have로 와야 한다.

5 All employees ~~works~~ during on the weekend.   모든 직원들이 주말에 근무한다.
                work

▶ 주어(All employees)가 복수이므로 동사도 복수인 work로 써야 한다.

동사는 주어의 종류에 따라 단수, 복수의 형태가 변하며, 주어와 동사의 수일치는 거의 매월 출제되는 가장 기본적인 문제 유형이다.

Unit 11 주어와 동사의 일치 ①

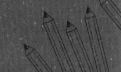 R11

Step 1 실전 포인트

풀 이 전 략   동사 어형 문제는 '태 – 시제 – 수일치' 순으로 풀어야만 실수를 줄일 수 있다.

대표 문제

All of the managers ------- on the revision of the policy covering health insurance.

(A) are working   (B) works   (C) has worked   (D) are worked

🖊 시나공 풀이법

All of the managers ------- on the revision of the policy covering health insurance.

주어	동사	전치사구	전치사구	관계사절

all of the + 명사는 복수

work on은 붙어서 같이 쓰임

which covers health insurance인데 which가 생략되고 covers가 현재분사 covering으로 쓰임

(A) are working   (B) works   (C) has worked   (D) are worked
복수 현재분사   현재 단수동사   단수 현재완료   복수 과거분사

문 장 분 석   자동사(work)로 인해 전치사구(on the revision of the policy)가 왔으며, 관계사절(covering health insurance)은 주어가 빠진 주격관계대명사로 사용되어 선행사(the revision of the policy)를 수식하고 있다.

해   설   동사 어형 문제는 '태 – 시제 – 수일치' 순으로 푸는 것을 꼭 기억해야 한다. 순서대로 풀어 보자. 자동사(work)는 수동태를 만들 수 없으므로 (D)부터 소거한다. 다음은 시제이다. 그런데 시제에 대한 단서가 없으므로 세 번째 단계인 수일치 순으로 넘어간다. 주어(managers)가 복수로 왔으므로 동사도 복수로 와야 한다. 단수 동사인 (B)와 (C)를 소거한다. 따라서 복수 동사인 (A) are working이 정답이다.

해   석   모든 매니저들은 건강보험에 관한 정책을 수정하느라 애쓰고 있다.

표 현 정 리   revision 개정   cover 다루다   insurance 보험

정   답   (A)

✍ 시나공 POINT

동사 어형 문제는 '태 → 시제 → 수일치' 순으로 푼다는 것을 기억한다.

핵심 이론

동사 어형 문제는 문장을 볼 때 '태 – 시제 – 수일치' 순으로 푼다.

> He (has / had) a great time last night.
>
> 그는 지난밤에 좋은 시간을 보냈다.
>
> **1. 태** 동사 자리 뒤에 a great time이라는 목적어(명사)가 있으므로 능동태
>
> **2. 시제** last night(지난 밤)이라는 과거시제를 나타내는 말이 있으므로 과거형
>
> **3. 수일치** 주어가 He(3인칭 단수)이기 때문에 has 또는 과거형 had만 올 수 있음

He ~~ask~~ about the new schedule.   그는 새로운 일정 변경을 요구한다.
  asks

▶ 3인칭 단수 주어(He, She, It)의 동사에는 -s 또는 -es를 붙여야 한다.

I/You ~~asks~~ the manager for a new uniform.   나는/당신은 매니저에게 새 유니폼을 요청한다.
    ask

▶ 1(I)/2인칭(You) 주어의 동사는 동사 형태를 그대로 유지한다.

Many attendees ~~asks~~ the CEO questions about the seminar.
           ask
많은 참석자들이 CEO에게 세미나와 관련해 많은 질문을 한다.

▶ 복수 주어(attendees)의 동사는 동사 형태를 그대로 유지한다.

1 The company ------- the most competitive food distributor since it carefully selects its supplies and concentrates on developing new services.

(A) become   (B) is become   (C) becoming   (D) has become

2 Employees of Wowmart, one of the largest retail corporations in the world, ------- to participate in the strike against tax increases on major supermarkets starting next quarter.

(A) plan   (B) plans   (C) planning   (D) are planned

▶ 정답 및 해설은 해설집 9쪽 참고

Unit 12 주어와 동사의 일치 ②

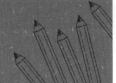

Step 1 | **실전 포인트**

풀 이 전 략   주어와 동사 사이에 낀 거품 수식어를 소거한 후 수를 일치시키는 연습을 해야 한다.

대표 문제

R12

> The project, which still needs written approval, ------- a highly controversial topic.
>
> (A) including   (B) are included   (C) includes   (D) have included

시나공 풀이법

The project, which still needs written approval, ------- a highly controversial topic.
선행사(단수)   관계사절(삽입구)   동사   동사(includes)의 목적어

선행사(The project)를 꾸며 주는 관계사절   관사 + 부사 + 형용사 + 명사

(A) including   (B) are included   (C) includes   (D) have included
동명사   수동태   단수 동사   복수 현재완료

문 장 분 석   관계대명사는 주어나 목적어가 빠진 불완전한 절로 온다. 주격관계대명사인 which절은 동사(needs)의 주어가
              빠진 불완전한 절로 선행사(project)를 수식한다.

해   설   빈칸 앞 거품 수식어인 관계사절(which still needs written approval)을 제외시키면, 빈칸 앞뒤에 정동사가 없
              으므로 빈칸은 정동사 자리이다. 따라서 (A)는 소거한다. 빈칸 뒤에 목적어(a highly controversial topic)가 왔
              으므로 (B) 수동태도 소거한다. (C)는 단수 동사, (D)는 복수 동사로 왔으므로 곧바로 수일치에 들어간다. 문장의
              주어(The project)가 단수로 왔으므로 단수 동사인 (C) includes가 정답이다.

해   석   아직 서면 승인이 필요한 프로젝트는 꽤 논란이 될 만한 주제를 포함하고 있다.

표 현 정 리   approval 승인 highly 매우 controversial 논란이 되는 topic 주제

정   답   (C)

✎ 시나공 POINT

거품 수식어들을 소거한 후 빈칸이 정동사 자리로 결정되면 '태 – 시제 – 수일치' 순으로 푼다.

Step 2 ┊ 핵심 이론 & 기출 패턴

핵심 이론

동사의 수는 주어와 일치시켜야 하는데, 수식어구를 걷어내고 주어와 동사를 제대로 파악해야 한다.

> **The man,** who has a car, **needs a book** in the library.
> 접속사절   전치사구

- **주어 + (전치사 + 명사) + 동사**

  The final reports (for the seminar) ~~was~~ well prepared.
  주어(복수)   were

  세미나에서의 최종 보고서는 마침내 잘 준비되었다.

  ▶ 거품 수식어인 전치사구(for the seminar)를 소거한 후 주어와 동사를 수일치시켜야 한다.

- **주어 + (관계대명사 + 불완절한 문장) + 동사**

  Ms. May, (who visited with the staff) ~~are~~ the new manager.
  주어(단수)   is

  직원들과 함께 방문한 May 씨가 새로운 관리자이다.

  ▶ 거품 수식어인 관계사절(who visited with the staff)을 소거한 후 주어와 동사를 수일치시켜야 한다.

- **주어 + (현재분사/과거분사) + 동사**

  The schedule (explained in detail) ~~satisfy~~ the French buyer.
  주어   satisfied

  자세하게 설명된 일정이 프랑스인 바이어를 만족시켰다.

  ▶ 거품 수식어인 분사구(explained in detail)를 소거한 후 주어와 동사를 수일치시켜야 한다.

Step 3 ┊ 실전 문제

1 Only the board members ------- access to the database containing the company's most important secrets.

  (A) have   (B) has been   (C) was   (D) is

2 The manager who is overseeing the construction project ------- a sick leave, and he will be off from March 21-31.

  (A) is taken   (B) has taken   (C) take   (D) taking

▶ 정답 및 해설은 해설집 9쪽 참고

Unit 13 동사의 능동태와 수동태

실전 포인트

풀 이 전 략   목적어 앞 빈칸에는 능동태를, 목적어가 없는 빈칸 앞에는 수동태를 넣는다.

 대표 문제

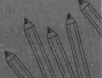 R13

The copies of your rental agreement ------- on time, so you can move into your new apartment.

(A) were submitted   (B) submit   (C) have submitted   (D) will submit

 시나공 풀이법

The copies of your rental agreement ------- on time, so you can move
주어(복수)   The copies를 꾸며주는 전치사구   동사   전치사구   주어   동사
into your new apartment.
전치사구   절을 연결하는 접속사 so   submit은 목적어를 가지는
                                                              3형식 타동사

(A) were submitted   (B) submit   (C) have submitted   (D) will submit
복수 수동태   복수 동사   복수 현재완료   미래

문 장 분 석   so는 절과 절을 연결하는 등위접속사로 사용되었으며, 보통 절의 뒤에 위치한다. 이러한 종류의 접속사로는 so, for, yet 등이 있다.

해   설   동사 어형 문제이므로 '태 – 시제 – 수일치' 순으로 풀어야 한다. 4형식 동사(give, send, offer)와 5형식 동사(make, find, keep, consider)를 제외한 나머지는 모두 3형식 동사라고 생각해야 한다. 3형식 동사 태 문제는 단순히 목적어 유무에 따라 결정한다. 능동태에서 반드시 목적어를 가지는 타동사의 경우 수동태에서는 목적어를 가지지 않는다. 따라서 목적어를 갖춘 빈칸은 능동태, 목적어가 없는 빈칸은 수동태 자리가 되는 것이다. 따라서 이 문제의 경우 빈칸 뒤에 목적어가 없으므로 수동태인 (A) were submitted가 정답이 된다.

해   석   귀하의 임대계약서 사본이 새 아파트로 이사하실 수 있도록 제때 제출되었음을 확인했습니다.

표 현 정 리   copy 사본; 복사하다   rental agreement 임대계약서   on time 제때, 정각에   move into(= to) ~로 이전하다

정   답   (A)

시나공 POINT
목적어 앞 빈칸에는 능동태가, 목적어가 없는 빈칸에는 수동태가 온다.

핵심 이론

능동태(일반 문장)에서 수동태로 바뀌면 기본적으로 의미는 같지만 문장의 주체가 다음과 같이 바뀐다.

He wrote the book. 그는 책을 썼다.

▶ The book was written by him. 책은 그에 의해 쓰였다.

★ 능동태를 수동태로 바꾸는 3단계

❶ 능동태의 목적어(the book)를 수동태의 주어로 보낸다.
❷ 능동태의 동사(wrote)를 [be + p.p.]인 was written으로 바꾼다.
❸ 능동태의 주어(He)를 [by + 목적격]에 맞게 by him으로 바꾼다.

- **수동태**

  The foundation was established by Judy Hall.
  이 재단은 Judy Hall에 의하여 설립되었다.

  ▶ 동사(establish) 뒤에 목적어가 없으므로 수동태를 써야 한다.

- **진행형 수동태**

  The theater is being prepared for the next performance.
  영화관은 다음 영화 상영을 위해 준비 중이다.

  ▶ 동사(prepare) 뒤에 목적어가 없으므로 수동태를 써야 한다. 진행형(be + V-ing)과 수동태(be + 과거분사)를 합쳐 놓은
  것이 진행형 수동태(be being + 과거분사)이다.

- **완료형 수동태**

  Our schedules have been changed significantly.
  우리의 일정이 완전히 바뀌었다.

  ▶ 동사(change) 뒤에 목적어가 없으므로 수동태를 써야 한다. 완료형(have + 과거분사)과 수동태(be + 과거분사)를 합쳐
  놓은 것이 완료형 수동태(have been + 과거분사)이다.

Step 3 | 실전 문제

1 Steak & Lobster Marble Arch will be temporarily ------- while its remodeling work is taking place.

(A) close   (B) closing   (C) closed   (D) closure

2 It's likely that the stock price of Ashley Printers ------- due to the release of its brand-new photocopier with various functions.

(A) had been risen   (B) have risen   (C) rise   (D) has risen

▶ 정답 및 해설은 해설집 9쪽 참고

Unit 14 4형식 수동태

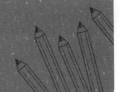

 Step 1 | 실전 포인트

풀 이 전 략   4형식 동사의 수동태의 경우 빈칸 뒤에 '사람+사물'이 있으면 능동태 자리이고, 없으면 수동태 자리이다.

🎓 **대표 문제**

 R14

> The workers who were recruited recently ------- a document about the regulations at the construction site.
>
> (A) was given   (B) have given   (C) will be given   (D) gave

 시나공 풀이법

> The workers who were recruited recently ------- a document about the regulations
> 주어(복수)   주어(The workers)를 수식하는   부사   동사   목적어   전치사구
>   관계사절
>
> (give는 대표적인 4형식 동사)
>
> at the construction site.
> 전치사구
>
> (A) was given   (B) have given   (C) will be given   (D) gave
> 단수 수동태   복수 현재완료   미래 수동태   동사(과거)

문 장 분 석   명사(workers)는 관계사절(who were recruited recently)의 선행사인 동시에 동사(will be given)의 주어로 사용되었다. give the workers a document였던 능동태 문장이 the workers will be given a document 형태의 수동태로 바뀐 것이다.

해   설   우선 선택지에 등장한 동사가 4형식 동사인지를 확인해야 한다. 4형식 동사는 '주어 + 동사 + 간접목적어(사람) + 직접목적어(사물)' 구조이다. 이때 두 개의 목적어 중 한 개라도 빠지면 수동태가 되어야 한다. 따라서 '사람 + 사물' 앞 빈칸은 능동태 자리이지만, '사람 + 사물'이 없는 빈칸은 수동태 자리라는 것을 기억한다. 빈칸 뒤에 '사람 + 사물'이 없으므로 4형식 동사는 수동태인 (C) will be given이 정답이다. (A)는 주어(workers)가 복수로 왔는데, 단수 동사(was)를 사용한 오답 선택지이다.

해   석   최근에 고용된 직원들은 공사현장 규정에 관한 문서를 받게 될 것이다.

표 현 정 리   recruit 고용하다 recently 최근에 regulation 규정 construction site 건설현장

정   답   (C)

✘ 시나공 POINT

> 4형식 동사(give, send, offer)의 태를 묻는 문제라면 빈칸 뒤에 '사람 + 사물'이 있는지를 확인한다. '사람 + 사물' 앞 빈칸은 능동태가 되지만, '사람 + 사물'이 없는 빈칸은 수동태가 된다.

핵심 이론

4형식 수동태	주어 + 동사 + 간접목적어(사람) + 직접목적어(사물)
	3형식 수동태와 비슷하지만 간접목적어(사람) 또는 직접목적어(사물) 중 하나가 주어로 가고,
	나머지 하나는 그 자리에 남아 있다.
4형식 ▶ 3형식	주어 + 4형식 동사(수동형) + 전치사 + 사람
	➡ 주어 + 4형식 동사(능동형) + 사물 + 전치사 + 사람

시험에 자주 나오는 4형식 동사 형태

사람 + be sent 받다	사물 + be sent to ~에게 보내지다
사람 + be awarded 받다	사물 + be awarded to ~에게 주어지다
사람 + be given 받다	사물 + be given to ~에게 주어지다
사람 + be offered 받다	사물 + be offered to ~에게 제공되다

- **4형식 능동태**
  The store offered new customers a 10% discount coupon.   가게는 신규 고객들에게 10% 할인 쿠폰을 제공했다.
  간접목적어 / 직접목적어
  ▶ 4형식 동사는 목적어가 2개(간접목적어, 직접목적어)가 온다.

- **4형식 수동태**

  1. 간접 목적어가 주어로 간 경우
  New customers were given a 10% discount coupon (by the store).   신규 고객은 10% 할인 쿠폰을 제공받았다.
  ▶ 간접 목적어(new customers)가 주어로 간 경우로 "be given N"의 형태로 쓴다. 'be given'은 '받다'로 해석한다.

  2. 직접 목적어가 주어로 간 경우
  A 10% discount coupon was given to new customers (by the store).
  10% 할인 쿠폰은 신규 고객들에게 제공되었다.
  ▶ 직접목적어(a 10% discount coupon)가 주어로 간 경우에는 간접목적어(new customers) 앞에 전치사(to)가 쓰인다.

Step 3 | 실전 문제

1 Electricians working at Walton's Warehouse ------- all of the details about the new procedure from the head of the Management Department.

(A) sent   (B) has been sent   (C) have sent   (D) were sent

2 Ms. MacDowell was ------- a special bonus in recognition of her constant contribution to the project.

(A) award   (B) awarding   (C) awarded   (D) awards

▶ 정답 및 해설은 해설집 9쪽 참고

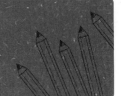

Unit 15 · 5형식 수동태

풀 이 전 략   5형식 문장의 수동태에서는 동사 뒤에 목적보어를 그대로 써준다.

 대표 문제   R15

> James Badge Dale ------- Best Emerging Journalist for his writing on the recent election.
>
> (A) was named   (B) has named   (C) named   (D) are naming

 시나공 풀이법

> James Badge Dale ------- Best Emerging Journalist for his writing on the recent election.
>   주어(단수)   목적보어   전치사구   전치사구
>
> name은 대표적인
> 5형식 동사
>
> (A) was named   (B) has named   (C) named   (D) are naming
>   단수 수동태   단수 현재완료   동사(과거)   복수 능동태

문장분석   명사 James Badge Dale은 동사 was named의 주어로 사용되었다. named James Badge Dale Best Emerging Journalist였던 문장이 James Badge Dale was named Best Emerging Journalist의 수동태 문장으로 바뀐 것이다.

해 설   우선 선택지에 등장한 동사가 5형식 동사인지를 확인해야 한다. 5형식 동사는 '주어 + 동사 + 목적어 + 목적보어' 구조이다. 이 때 수동태가 되면 '수동태 + 명사' 구조가 된다는 것을 기억한다. 빈칸 뒤에 명사(Best Emerging Journalist)가 있으므로 수동태인 (A) was named가 정답이다. 참고로 동사 name은 목적보어를 명사로 취하는 5형식 동사로, 'name A B'가 'A를 B로 임명하다'임을 기억한다.

해 석   James Badge Dale은 최근 선거에서 그의 글로 가장 저명한 언론인으로 선정되었습니다.

표현정리   journalist 기자 writing 글 recent 최근의 election 선거

정 답   (A)

> **시나공 POINT**
>
> 5형식 문장이 수동태가 되면 목적보어가 남는다. 이때 남는 목적보어는 어떤 5형식 동사냐에 따라 형태가 달라진다.

핵심 이론

> **5형식 수동태** 주어 + 동사 + 목적어 + 목적보어
>
> 3형식 수동태와 비슷하지만 목적어가 주어로 오고, 목적보어는 그 자리에 남아 있다.

1) 목적보어로 명사가 남는 경우	**2) 목적보어로 형용사가 남는 경우**	**3) 목적보어로 to부정사가 남는 경우**
be considered N 'N'으로 여겨지다	be considered 형용사 '형용사'하게 여겨지다	be required to ~하도록 요구되다
be called N 'N'으로 불리다	be made 형용사 '형용사'하게 만들어지다	be advised to ~하도록 조언 받다
be appointed N 'N'으로 임명되다	be found 형용사 '형용사'하게 알게 되다	be asked to ~하도록 요청되다
be elected N 'N'으로 선출되다	be kept 형용사 '형용사'하게 유지되다	be allowed to ~하도록 허락되다

- **5형식 동사의 능동태와 수동태**

  He considers <u>Mark</u> the most competent employee. (능동태) 그는 마크를 가장 유능한 직원으로 여긴다.

목적보어

  Mark is **considered** the most competent employee (by him). (수동태) 마크는 가장 유능한 직원으로 간주된다.

목적보어

  The company will make <u>a selected list of applicants</u> available on the web. (능동태)

  회사는 지원자들의 목록을 웹상에서 볼 수 있도록 할 것이다.　목적보어

  A selected list of applicants will **be made** available on the web (by he company). (수동태)

  선별된 지원자들의 목록을 웹상에서 볼 수 있게 될 것이다.　목적보어

  We allow <u>only authorized employees</u> to enter the office for security reasons. (능동태)

목적보어

  우리는 오직 승인을 받은 직원들에게 보안상의 이유로 그 사무실에 들어가는 것을 허락한다.

  Only authorized employees **are allowed** to enter the office for security reasons (by us). (수동태)

목적보어

  오직 승인을 받은 직원들만이 보안상의 이유로 그 사무실에 들어가는 것이 허용된다.

1 Unauthorized workers are not ------- to access confidential customer information without manager's approval.

(A) permitted　　　(B) permitting　　　(C) permit　　　(D) permittance

2 Chris Jeong, the winner of the employee of the year award, ------- the leading authority in the field of corporate communication strategy.

(A) have appointed　(B) has been appointed　(C) will appoint　(D) had appointed

▶ 정답 및 해설은 해설집 10쪽 참고

Unit 16 수동태+전치사의 형태

Step 1 | 실전 포인트

풀 이 전 략　　전치사와 연관된 수동태 관용/숙어 표현을 최대한 많이 숙지해 두어야 한다.

🎓 대표 문제

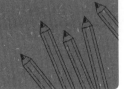 R16

The attractions near the Eiffel Tower have been ------- for a lot of street artists seen around it.

(A) dedicated　　　(B) believed　　　(C) known　　　(D) received

✏️ 시나공 풀이법

The attractions near the Eiffel Tower have been ------- for a lot of street artists
　주어　　　　　　　전치사구　　　　　　동사　　　　　　　전치사구

seen around it.
관계사절

> 뒤에 명사가 없고 전치사구가 오므로
> 빈칸은 수동태

(A) dedicated　　　　(B) believed　　　　(C) known　　　　(D) received
to와 함께 쓰임　　　수동형 불가　　　be known for로 쓰임　　주어와 의미가 맞지 않음

문 장 분 석　　전치사구(near the Eiffel Tower)는 문장에 아무런 영향을 미치지 않으므로 주어는 명사 The attractions이며, 주어와 수의 일치를 맞추기 위해 동사도 복수 동사(have)로 왔다. the Eiffel Tower를 주어로 혼동하지 않도록 주의한다.

해 　 설　　수동태의 관용/숙어 문제들은 be동사와 전치사 사이 빈칸을 고르는 문제 중심으로 출제되기 때문에 전치사에 주의해서 암기해 두어야 한다. 이때 4개의 선택지에는 각각 다른 과거분사를 제시하고 빈칸 뒤 전치사와 어울리는 과거분사를 선택하는 문제로 출제된다. 이 문제의 경우 빈칸 뒤 전치사(for)와 어울리는 과거분사인 (C) known을 선택하는 문제이다.

해 　 석　　에펠탑 근처의 관광명소들은 주변의 수많은 거리 예술가들로 유명하다.

표 현 정 리　　attraction 관광명소　be known for ~로 유명하다

정 　 답　　(C)

 시나공 POINT

> 수동태의 관용/숙어 표현은 주로 전치사 앞 빈칸에 맞는 것을 고르는 문제가 출제되므로 전치사와의 연관성에 주의해야 한다.

핵심 이론

4형식 동사 수동태 뒤는 목적어 한 개 남고, 5형식 동사 수동태 뒤는 보어가 남는다. 반드시 암기하자!

수동태 관용 표현 – 감정

* be pleased with ～에 기쁘다, ～에 만족하다
* be satisfied with ～에 만족하다
* be amazed at ～에 깜짝 놀라다
* be disappointed at ～에 실망하다
* be amused at ～에 즐거워하다

* be contented with ～에 만족하다
* be shocked at ～에 깜짝 놀라다
* be alarmed at ～에 깜짝 놀라다
* be interested in ～에 관심을 갖다
* be worried about ～을 걱정하다

수동태 관용 표현 – 상태

* be tired with ～로 피로하다
* be fatigued with ～로 지치다

* be exhausted with ～로 지쳐버리다
* be worn with ～로 약하게 하다, 지치다

수동태 관용 표현 – 기타

* be absorbed in ～에 열중하다
* be indulged in ～에 몰두하다
* be dressed in ～을 차려입다
* be crowded with ～로 붐비다
* be worn out 완전히 피로하다
* be annoyed at ～에 성가시다, ～에 짜증이 나다
* be convinced in(of) ～을 확신하다

* be involved in ～에 말려들다(관여하다)
* be based on ～를 근거로 하다
* be covered with ～로 덮여있다
* be possessed of ～을 소유하다
* be devoted to ～에 헌신하다
* be committed to ～에 헌신/전념하다

Neal **is absorbed in** conducting the experiment. Neal은 실험을 진행하는데 열중하고 있다.

TJ Ltd. **is devoted to** the development of new materials. TJ 유한회사는 신소재 개발에 헌신한다.

1 The pay raise is ------- on the employees' performances and the bimonthly evaluations submitted by their supervisors.

(A) introduced   (B) entitled   (C) avoided   (D) based

2 Since its foundation, Animals' Friends has been committed to ------- the importance of animal protection worldwide and helping people to adopt abandoned dogs.

(A) promoted   (B) promoting   (C) promote   (D) be promoted

▶ 정답 및 해설은 해설집 10쪽 참고

REVIEW TEST

1. The instructions on making copies ------- above the copy machine, and if you need any help, you can dial the number next to it.

   (A) have posted   (B) are posted
   (C) post   (D) posted

2. The two companies must ------- contracts to expedite the merger between them before their competitors dominate the American market.

   (A) be signed   (B) signs
   (C) signature   (D) sign

3. The executives involved in production management ------- to keep up to date with new technology and trends all over the world so that they do not get left behind.

   (A) tries   (B) have tried
   (C) has been tried   (D) be trying

4. We assure you that sensitive information such as contact details and ID numbers ------- secure with no exceptions.

   (A) are keeping   (B) kept
   (C) is kept   (D) to keep

5. Usually, John Harrison's research results ------- online, not in journals, so that he can get prompt feedback and people can easily access the information.

   (A) are published   (B) published
   (C) have published   (D) publish

6. The meal that will be served to passengers ------- beverages and a main dish with soup or salad, and there is an additional charge for other options.

   (A) include   (B) has been included
   (C) includes   (D) are being included

7. Those who were randomly selected by lot ------- a discounted rate on the Deluxe Suite Package at our hotel in addition to two round-trip tickets to Rome.

   (A) has offered   (B) offered
   (C) offers   (D) have been offered

8. The limited edition toys released by Playtime ------- by people around the world, and the sales volume rose extraordinarily during the Christmas season.

   (A) ordered   (B) are being ordered
   (C) have ordered   (D) orders

9. They all agreed to ------- their primary goals before the evaluation, which is scheduled in two weeks' time.

   (A) have examine   (B) be examined
   (C) examining   (D) examine

10. William and Alice, the new editors, ------- to our department since we are having difficulty meeting our deadline due to the staff shortage.

    (A) have been added
    (B) added
    (C) has added
    (D) are adding

▶ 정답 및 해설은 해설집 10쪽 참고

유형 분석

시제

시제는 특정한 시간에 발생한 일이나 상태를 시간의 변화에 따라 현재, 과거, 미래
등으로 나타내는 것을 말한다.

WARMING UP

1) 시제의 개념

'시제'란 어떤 사건이나 사실이 일어난 시점을 나타낼 때 쓰는 표현으로, 우리말과 달리 영어는 시간과 관련된 표현이 매우 세밀하게 묘사된다. 우리말은 크게 '과거, 현재, 미래, 과거진행, 현재진행, 미래진행'의 6가지 시제로 모든 시간 표현들을 다 다룰 수 있지만, 영어는 여기에 더해 '완료'라는 독특한 형태의 시제를 쓴다는 것이 가장 큰 특징이다.

2) 시제의 종류

① 현재시제 : 동사원형 / 동사원형 + -(e)s
일반적인 사실 및 규칙적이거나 습관적인 행동을 언급할 때 쓴다.
This price includes **service charges.** 이 가격은 봉사료를 포함하고 있다.　▶ 일반적인 사실

② 과거시제: 동사원형 + -ed / 불규칙 동사의 과거형
과거시제는 과거에 일어난 사건이나 상태를 나타내며, 주로 문장 내에서 명백하게 과거를 나타내는 부사(구)와 어울려 쓰인다.
I attended **the meeting yesterday.** 나는 어제 회의에 참석했다.

③ 미래시제: will(be going to) + 동사원형
미래에 일어날 사건이나 상태를 표현할 때 미래 시제를 쓴다. 주로 미래를 나타내는 부사(구)와 어울려 쓰인다.
A reception will be held **next month.** 다음 달에 리셉션이 열릴 것이다.

④ 현재완료: have(has) + P.P.(과거분사)
현재완료시제는 과거에 일어난 사건이 현재까지 영향을 미칠 때 쓴다.
I have worked **for the company since 2001.** 나는 2001년 이래로 그 회사에서 근무해왔다.

⑤ 과거완료: had + P.P.(과거분사)
과거에 발생한 어떤 일보다 먼저 일어난 일을 나타낼 때 과거완료시제를 쓴다.
Before I arrived at the venue, the meeting had started. 내가 회의 장소에 도착했을 때 회의는 이미 시작되었다.

⑥ 미래완료: will have + P.P.(과거분사)
과거나 현재부터 시작된 일이 미래에 어떤 상황이 될 것이라고 상상할 때 미래완료시제를 쓴다.
I will have finished **it by the time she comes back.** 그녀가 돌아올 때까지는 나는 그것을 끝내게 될 것이다.

02 예제 풀어보기

괄호 안에 있는 두 단어 중 문장에 알맞은 동사를 고르시오.

1 They always (work / worked) on weekends.

2 They (work / worked) last weekend.

3 They (will work / worked) next weekend.

4 They (have worked / worked) since last weekend.

5 They (have worked / had worked) for a long time when I arrived.

03 예제 확인하기

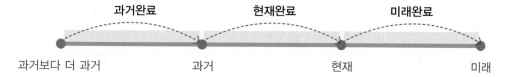

과거완료　　　　　　현재완료　　　　　　미래완료

과거보다 더 과거　　　　　　과거　　　　　　현재　　　　　　미래

▶ 단, 미래완료는 현재시점 이전에 발생한 일도 포함될 수 있다.

1 They always **work** on weekends.　그들은 항상 주말에 일한다.

▶ 평상시에 발생하는 일에는 단순현재(work)를 사용한다. always, usually 등과 같이 쓰인다.

2 They **worked** last weekend.　그들은 지난 주말에 일했다.

▶ 과거 특정 시점에 발생했던 일에는 단순과거(worked)를 사용한다.

3 They **will work** next weekend.　그들은 다음 주말에 일할 것이다.

▶ 미래의 특정 시점에 발생할 일에는 단순미래(will work)를 사용한다.

4 They **have worked** since last weekend.　그들은 지난 주말부터 계속 일했다.

▶ 과거 어느 시점부터 현재까지 지속되는 행위 또는 상태를 가리킬 때 현재완료를 사용한다.

5 They **had worked** for a long time when I arrived.　그들은 내가 도착했을 때까지 오랫 동안 일했다.

▶ 과거보다 앞선 어느 시점부터 어느 과거 시점까지 일을 나타낼 때 과거완료를 쓴다.

Unit 17 현재시제

풀 이 전 략   일반적인 습관 또는 사실 등을 표현할 때 현재시제를 쓰며, 보통 부사 usually, often, every day, every year 등과 어울려 출제된다.

🎓 대표 문제

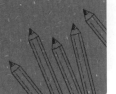 R17

According to the report, people know that Miss Mason usually ------- high fees for her services.

(A) charges   (B) charged   (C) had charged   (D) will charge

✏️ 시나공 풀이법

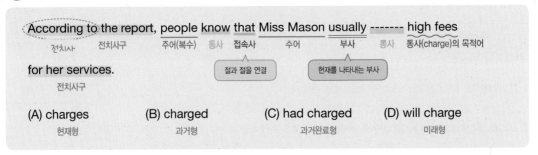

According to the report, people know that Miss Mason usually ------- high fees
전치사   전치사구   주어(복수)   동사   접속사   수어   부사   동사   동사(charge)의 목적어
for her services.
전치사구
절과 절을 연결   현재를 나타내는 부사

(A) charges   (B) charged   (C) had charged   (D) will charge
현재형   과거형   과거완료형   미래형

문 장 분 석   동사 know는 be known for, be known that 형태로 자주 사용된다. be known for는 '~으로 유명하다,' be known that은 '~라는 사실로 유명하다'는 정도로 해석한다.

해 설   빈칸 앞 현재시점 부사(usually)는 현재시제와 자주 어울려 출제된다. 따라서 빈칸 앞에 usually가 오면 현재시제가 정답이라는 것을 기억한다. 따라서 (A) charges가 정답이다.

해 석   보고에 따르면, 메이슨 양은 자신의 서비스에 대해 높은 수수료를 부과하는 것으로 알려져 있다.

표 현 정 리   according to ~에 따르면   charge 부과하다   fee 수수료

정 답   (A)

✏️ 시나공 POINT
현재 시점 부사 usually, generally, often, every day/month/year는 현재시제와 어울려 출제된다.

핵심 이론

현재시제는 빈칸 앞뒤 또는 문두나 문미의 현재시점 부사와 어울려 매회 평균 1문제가 출제된다.

• **대표적인 시점 부사들**

usually, often, every/each year, at the moment 등의 시점부사

now, today, nowadays, at present, each year(day, month) 등의 부사

The company <u>usually</u> **hires** new employees at the beginning of the year.
회사는 주로 연초에 신입 직원들을 고용한다.

<u>Each year</u>, many regions in Africa **suffer** from famines.
매년, 아프리카의 많은 지역들이 기근을 겪는다.

• **시간이나 조건 부사절에서는 현재시제가 미래를 대신한다.**

시간부사절 접속사	when ~할 때 after ~후에 before ~이전에 as soon as ~하자마자 until ~할 때까지
조건부사절 접속사	If 만약 ~라면 once 일단 ~하면 unless ~이 아니라면 providing / provided 만약 ~라면

When she comes to the party, I will talk with her.   그녀가 파티에 오면, 나는 그녀와 대화 나눌 것이다.

▶ 시간의 부사절에는 주절이 미래이더라도 부사절에는 현재시제를 쓴다.

If an accident **happens**, the emergency center will help.   사고가 나면, 응급센터에서 도와줄 것이다.

▶ 조건의 부사절에는 주절이 미래이더라도 부사절에는 현재시제를 쓴다.

1 All of the three service elevators in the Francis Coast Hotel ------- out of order at the moment.

(A) were   (B) are   (C) had been   (D) will be

2 Customers in the shop often ------- about what free gift is given on that day and how much they have to spend in order to be eligible for it.

(A) inquires   (B) had inquired   (C) will inquire   (D) inquire

▶ 정답 및 해설은 해설집 12쪽 참고

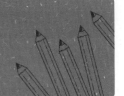

과거시제

Step 1 | 실전 포인트

풀 이 전 략   과거시제는 주로 문두나 문미에 과거시점을 나타내는 부사와 함께 쓰인다.

 대표 문제

 R18

> The Eco-Friend Foundation ------- an awards banquet to celebrate its 10th anniversary last week.
>
> (A) had held   (B) will hold   (C) holds   (D) held

 시나공 풀이법

The Eco-Friend Foundation ------- an awards banquet to celebrate its 10th anniversary
 　　　　주어　　　　　　　　동사　　　동사(held)의 목적어　　　　부정사구(부사적 용법, ~하기 위해)

last week. [과거를 나타내는 부사]
　부사

(A) had held   (B) will hold   (C) holds   (D) held
　　과거완료형　　　　　　　미래형　　　　　　　현재형　　　　　　　과거형

문장분석   주어와 목적어를 모두 갖춘 완전한 절(The Eco-Friend Foundation held an awards banquet)뒤에 나오는 to부정사는 부사적 용법으로 목적(~하기 위해)의 뜻을 갖는다.

해   설   절이 한 개인 문장의 경우 시제 문제로 문두, 문미, 빈칸 앞뒤에서 단서를 찾는다. 동사가 한 개인 경우 반드시 문두, 문미, 빈칸 앞뒤에서 시제에 대한 단서가 제시되기 때문이다. last 등의 과거를 나타내는 시점 부사가 나오면 과거시제가 정답이다. 따라서 (D) held가 정답이다.

해   석   Eco-Friend Foundation은 지난주에 10주년을 축하하기 위한 시상식 연회를 개최했다.

표현정리   foundation 단체, 재단 awards banquet 시상식 연회 celebrate 축하하다, 기념하다

정   답   (D)

✗ 시나공 POINT
문두나 문미에 과거시점 부사가 있으면 빈칸은 과거시제를 필요로 한다.

핵심 이론

과거시제는 다음과 같은 과거시점 부사와 같이 쓰인다.

> yesterday 어제   recently 최근에   시간 표현 + ago   last + 시간표현   in + 과거년도

My supervisor **finished** reviewing the financial budget yesterday.

나의 상관은 어제 재정 예산 검토를 끝냈다.

▶ 문미에 과거시점 부사(yesterday)가 왔으므로 과거동사(finished)를 쓴다.

My first exhibition at Gallery M ended two weeks ago.

Gallery M에서 나의 첫 전시회가 2주 전에 끝났다.

▶ 문미에 과거시점 부사(two weeks ago)가 왔으므로 과거동사(ended)를 쓴다.

Nicholas was expected to attend university last year.

니콜라스는 작년에 대학에 입학할 예정이었다.

▶ 문미에 과거시점 부사(last year)가 왔으므로 과거동사(was)를 쓴다.

The system errors occurred while Jack was away.

Jack이 외출 중일 때 시스템 오류가 발생했다.

▶ 절(주어 + 동사)이 두 개인 시제 문제는 동사끼리 시제를 일치시킨다. 두 개의 동사 중 어느 한쪽이 과거이면 나머지 한쪽은 과거 또는 과거완료를 쓴다.

1 According to some recent research results, the number of travelers using Delot Air, a low-cost airline, ------- its peak last year.

(A) will reach   (B) have reached   (C) had reached   (D) reached

2 Even though Mr. Henry Kim earned an engineering degree at the University of Florida, he ------- to work as a film director or film scriptwriter.

(A) wants   (B) wanted   (C) will want   (D) have wanted

▶ 정답 및 해설은 해설집 12쪽 참고

미래시제

풀 이 전 략   문두나 문미에 미래시점 부사가 오면 빈칸에는 미래시제가 들어가야 한다.

🎓 **대표 문제**

 R19

A new policy on the company dress code ------- to improve the work environment beginning next week.

(A) will be implemented   (B) implemented   (C) implements   (D) is implemented

✏️ **시나공 풀이법**

A new policy on the company dress code ------- to improve the work environment
　　　주어　　　　　　　전치사구　　　　　　동사　　　　to부정사(부사적 용법 – 목적)
- -
beginning next week.　　　　　　(완전한 문장)
　　부사구(미래를 나타냄)

(A) will be implemented   (B) had been implemented
　　　미래형 수동태　　　　　　　　　　　　　과거완료형 수동태
(C) was implemented   (D) is implemented
　　　과거형 수동태　　　　　　　　　　　　　현재형 수동태

문 장 분 석   3형식 동사 수동태는 완전한 절로 간주한다. 완전한 절(A new policy on the company dress code will be implemented) 뒤 to부정사는 부사적 용법으로 사용된다.

해　　설   절(주어 + 동사)이 한 개인 경우 문두나 문미에 시제에 대한 단서가 꼭 제시된다는 것을 기억한다. 절이 한 개이고 문미에 미래시점 부사(beginning next week)가 왔으므로 (A) will be implemented가 정답이다.

해　　석   근무 환경을 향상시키기 위해 회사의 복장규정에 관한 새로운 정책이 다음 주부터 시행될 것이다.

표 현 정 리   policy 정책 dress code 복장 규정 implement 시행하다 work environment 근무 환경 beginning ~를 시작으로

정　　답   (A)

✖시나공 POINT

미래시제는 주로 미래시점을 나타내는 부사와 어울려 쓰인다.

핵심 이론

미래시제는 다음과 같은 미래시점을 나타내는 표현과 함께 쓰인다.

| soon | shortly | next + 미래시점 | as of + 미래시점 | when/if + 주어 + 현재동사 |

Some properties near City Hall will be available soon.
시청 옆에 있는 일부 부지가 곧 이용 가능해질 것이다.

▶ 미래시점 부사(soon)가 왔으므로 미래시제(will be)가 된다.

Many employees will soon enjoy a new environment.
많은 직원들이 조만간 새로운 환경을 즐길 것이다.

▶ 주어진 시제가 부사 어휘문제의 단서가 될 수 있다.

All employees will wear protective clothing next Monday.
모든 직원들은 다음 주 월요일에 방호복을 입을 것이다.

▶ 미래시점 부사(next Monday)가 왔으므로 미래시제(will wear)를 쓴다.

A new return policy will come into effect as of next month.
새로운 환불 정책이 다음 달부터 시행될 것이다.

▶ 미래시점 부사(as of next month)가 왔으므로 미래시제(will come)를 쓴다.

If I meet him, I will give him this note.
내가 그를 만난다면, 이 쪽지를 그에게 전해줄 것이다.

▶ If절에서 현재시제가 미래시제를 대신하므로 주절에서 미래시제(will give)를 쓴다.

1 The guidelines revised by the technical support team ------- into effect next year.

(A) had come   (B) comes   (C) came   (D) will come

2 Many temporary employees ------- in the job fair hosted by the Ministry of Employment and Labor shortly.

(A) had participated   (B) will participate   (C) participate   (D) participated

▶ 정답 및 해설은 해설집 12쪽 참고

Unit 20 현재완료시제

풀 이 전 략   문두나 문미에 'since + 과거시점'이 왔다면 빈칸은 현재완료를 고른다.

🎓 대표 문제

 R20

> The workers at B&G, Inc. ------- the construction of the fountains since they got
> permission from the city council.
>
> (A) will finish   (B) finishing   (C) have finished   (D) finish

✏️ 시나공 풀이법

The workers at B&G, Inc. ------- the construction of the fountains since
　　　주어　　　　　전치사　　　동사　　　　　동사(finish)의 목적어

they got permission from the city council.
　　since+주어+과거동사　　　　　전치사구

현재 완료를 나타내는
접속사 since

(A) will finish   (B) finishing   (C) have finished   (D) finish
　　미래형　　　　　　　현재분사형　　　　　　　현재완료형　　　　　　　현재형

문장분석   시간 접속사 since는 'since + 주어 + 과거동사' 형태로 현재완료(have finished)와 어울려 사용된다. 이때
　　　　　 since는 '〜이래로, 〜이후, 〜부터' 등의 뜻으로 해석한다.

해   설   절(주어 + 동사)이 두 개인 경우 두 개의 동사와 시제를 일치시키는 문제이다. 'since + 과거시점(since they
　　　　　 got)'은 현재완료와 단짝으로 출제된다. 이때 since는 전치사, 접속사에 모두 쓰이고 '〜이래로, 〜이후로, 〜부터'
　　　　　 라는 뜻으로 쓰인다. 따라서 정답은 (C) have finished이다.

해   석   B&G, Inc. 직원들은 시 의회로부터 승인을 받은 이후 분수 건설을 마쳤다.

표현정리   construction 공사 fountain 분수 since 〜이후로 permission 허락, 승인 city council 시 의회

정   답   (C)

시나공 POINT

'since + 과거시점, for/in/over + 기간'은 현재완료와 어울려 출제된다.

핵심 이론

현재완료는 과거에 행한 동작이 현재까지 계속되거나 완료될 때 사용한다. 따라서 과거의 의미를 가진 부사와 함께 어울려 출제된다. 특히 현재완료시제와 함께 쓰이는 since(~이래로)의 경우 반드시 'since + 과거시점' 형태로 써야 한다는 것을 기억해 두자.

> since + 과거   in the last(past) + 기간   for/over the + 기간   recently

We **have planned** the travel schedule <u>since yesterday</u>.
우리는 어제부터 여행일정을 계획했다.

Working conditions **have improved** <u>since the new CEO joined Grolano Groups</u>.
신임 CEO가 Grolano Groups 사에 합류한 이후로 근무환경이 훨씬 좋아졌다.

The revenue of the company **has risen** considerably <u>in the past ten years</u>.
회사 수익이 지난 10년 간 상당히 올랐다.

<u>For the last three years</u>, Mr. James **has been participating** in a variety of seminars.
지난 3년간 James 씨는 다양한 세미나에 참석했다.

The editors **have changed** the draft <u>over the weeks</u>.
편집자들은 여러 주 동안 초안을 변경했다.

He **has** <u>recently</u> **been promoted** to a senior marketing director.
그는 최근에 수석 마케팅 이사로 승진했다.

1 His latest album, Feel Your Move with James, ------- at the top on the Billboard Chart as well as the UK pop charts during the past three months.

(A) will rank   (B) ranks   (C) ranked   (D) has ranked

2 Tamia's credit card ------- since the company failed to withdraw the payment from her bank account.

(A) was suspended   (B) has been suspended

(C) is valid   (D) had been invalid

▶ 정답 및 해설은 해설집 12쪽 참고

과거완료시제

Step 1 | 실전 포인트

풀 이 전 략   두 개의 동사 중 어느 한쪽의 동사가 과거시제로 왔다면 빈칸엔 과거완료시제를 고른다.

대표 문제
 R21

> The organizer ------- an ideal place for the party before his assistants reserved a room
> at the nearby hotel.
>
> (A) will book   (B) books   (C) had booked   (D) has booked

시나공 풀이법

The organizer ------- an ideal place for the party before his assistants reserved a room
　　　　　주어　　　　　동사　　　동사(book)의 목적어　　　전치사구　　　접속사　　　시간부사절(주어+과거동사+목적어)
at the nearby hotel.

> his assistants가 과거시점에 한 일 이전(before)
> 이기 때문에 주절에 과거완료가 와야 한다.

(A) will book   (B) books   (C) had booked   (D) has booked
　　미래형　　　　　　　　현재형　　　　　　　　과거완료형　　　　　　　　현재완료형

문 장 분 석   before는 시간접속사로 그 뒤에 주어와 동사를 갖춘 절 '주어(his assistants) + 동사(reserved)'로 와야 한다.

해   설   절(주어 + 동사)이 두 개인 경우 동사끼리 시제를 일치시켜야 한다. 그런데, 두 문장 모두 과거의 일이지만 어느 한쪽이 먼저 벌어진 일이라면 한쪽은 과거형을 쓰고 나머지 한쪽은 과거완료형을 쓴다. 과거완료는 둘 중 한쪽의 동사가 과거 이전에 발생한 동작에 사용하기 때문이다. 따라서 (C) had booked가 정답이다.

해   석   준비 요원은 그의 보조직원들이 인근 호텔을 예약하기 전에 파티를 위한 이상적인 장소를 예약했다.

표 현 정 리   organizer 주최자, 준비자   book 예약하다   ideal for ~에 이상적인   assistant 보조직원

정   답   (C)

✗시나공 POINT
> 과거완료시제는 두 개의 절이 모두 과거의 일을 나타내고, 어느 한쪽이 먼저 벌어진 일일 때 쓴다.

핵심 이론

과거완료는 과거의 어떤 시점에 발생한 일보다 더 앞선 시간에 발생된 일을 나타낸다.

> 부사절 접속사 + 주어 + 과거시제, 주어 + had p.p.
>   과거의 일   과거보다 먼저 일어난 일

> 주어 + had p.p. 부사절 접속사 주어 + 과거시제
> 과거보다 먼저 일어난 일   과거의 일

> 주어 + 과거시제 명사절 접속사 주어 + had p.p.
>   과거의 일   과거보다 먼저 일어난 일

The train to London **had already left** before <u>our team arrived</u> at the station.
런던행 기차는 우리 팀이 역에 도착하기 전에 이미 떠났다.

▶ 과거의 특정 시점(도착한 시점) 이전에, 기차가 떠났으므로 과거완료시제를 쓴다.

I <u>was relieved</u> that the mechanic **had already tested** my car.
나는 직원이 이미 차를 검사해 준 것에 안심이 되었다.

▶ 절(주어 + 동사)이 두 개인 경우 둘 중 어느 한쪽이 과거이면 남은 한쪽은 과거 또는 과거완료를 써야 한다. 이때 과거완료는 과거의 특정 시점 이전에 발생한 일에 쓴다. 과거의 특정 시점(안심이 된 시점) 이전에, 이미 차량 검사를 했음을 의미하므로 과거완료시제가 된다.

The Angle Corporation <u>announced</u> that its quarterly sales **had increased**.
앵글 사는 회사의 분기별 판매실적이 증가했다고 발표했다.

▶ 과거의 특정 시점(발표한 시점) 이전에, 판매실적이 증가했으므로 과거완료시제를 쓴다.

Step 3 | 실전 문제

1 The attendees were informed that their ID badges -------.

  (A) are already issued   (B) will already be issued

  (C) have already been issued   (D) had already been issued

2 Sales representatives at Smart Connection ------- to welcome their foreign buyers half an hour before their planes turned up at the international airport.

  (A) arrive   (B) had arrived   (C) will arrive   (D) have arrived

▶ 정답 및 해설은 해설집 13쪽 참고

Unit 22 미래완료시제

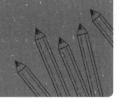

Step 1 | 실전 포인트

풀 이 전 략   부사절이 'by the time + 주어 + 현재동사'로 왔다면 주절의 빈칸에는 미래완료가 와야 한다.

 대표 문제

R22

> The personnel director ------- searching for a replacement for Andrew by the time he transfers to the head office in September.
>
> (A) finished   (B) finishes   (C) will have finished   (D) had finished

 시나공 풀이법

The personnel director ------- searching for a replacement (for Andrew) by the time
주어 / 동사 / 목적어(동명사구) / 전치사구 / 접속사

빈칸 뒤가 동명사구이기 때문에
빈칸은 동명사를 목적어로 취하는 동사

he transfers (to the head office) (in September).
주어 동사 전치사구 전치사구
수식어구
부사절

by the time + 주어 + 동사
~하는 시점에는

(A) finished   (B) finishes   (C) will have finished   (D) had finished
과거형   현재형   미래완료형   과거완료형

문 장 분 석   동명사구를 목적어로 가지는 동사 finish가 있는 구절과 접속사 by the time으로 시작하는 부사절로 구성되어 있다. 부사절의 transfer는 자동사를 목적어로 가지지 않는다. 나머지 부분은 모두 전치사구로 수식어구이다.

해   설   'by the time + 주어 + 현재동사'가 부사절인 주절의 시제에는 미래시제가 온다. 따라서 부사절이 'by the time(~할 때) + 주어 + 현재동사' 덩어리로 왔다면 빈칸은 (C) 미래완료시제(will have + 과거분사)가 정답이다.

해   석   인사부장은 Andrew가 9월에 본사로 이동할 때쯤 그의 후임을 찾는 일을 끝낼 것이다.

표 현 정 리   personnel 인사과 search 찾다 replacement 후임, 교체품 by the time ~할 때쯤 transfer 전근가다, 환승하다, 송금하다 head office 본사

정   답   (C)

시나공 POINT

미래완료시제는 현재나 과거의 동작이 미래의 어느 시점까지 영향을 미칠 경우에 쓴다.

80   PART 5&6 Grammar

핵심 이론

> 미래완료시제는 현재나 과거에 발생한 동작이 미래의 어떤 시점까지 관련이 되어 있는 경우에 쓴다. 보통 부사구 by next month, by the end of the week 또는 부사절 접속사 by the time과 함께 출제된다.

They **will have finished** the job completely <u>before the general manager arrives</u>.
그들의 부장이 도착하기 전에 그들은 자신들이 맡은 업무를 완전히 마칠 것이다.

▶ 도착 전에 일을 완료하게 되는 것이므로 미래완료가 답이다.

<u>By next year</u>, Mr. Smith **will have served** as the CEO for 10 years.
Smith 씨는 내년이면 사장의 역할을 한지 10년이 된다.

Mr. Benkovic **will have worked** here for 10 years <u>by the end of next year</u>.
내년 말 쯤이면 Benkovic 씨가 여기서 10년을 일하게 되는 셈이다.

Her colleagues **will have been waiting** for her for two hours <u>by the time she comes back</u>.
그녀가 돌아올 때쯤, 그녀의 동료들은 그녀를 기다린지 두 시간쯤이 되었을 것이다.

▶ 부사절이 'by the time(~할 때) + 주어 + 현재동사' 또는 'as of(~부로, ~부터) + 미래시점'으로 왔다면 주절의 빈칸은 미래완료를 쓴다. 토익은 주로 by the time이 출제되고 있으며, 최근에는 미래완료뿐만 아니라 접속사 'by the time(~할 때)'을 묻는 문제도 출제되고 있다.

1 The special promotional event held by Fly Walk ------- by the time it launches its new line of women's walking shoes.

(A) had ended   (B) ended   (C) have ended   (D) will have ended

2 The budget problems of a few divisions will have been solved ------- the negotiations between JC Sesco and Betty Patisserie come to an end next quarter.

(A) by the time   (B) no later than   (C) at the latest   (D) no more than

▶ 정답 및 해설은 해설집 13쪽 참고

가정법

풀 이 전 략   조건절에 'had + 과거분사'가 오면, '조동사 과거 + have + 과거분사'를 답으로 고른다.

 대표 문제

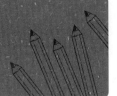 R23

If the artist had accepted the proposal by the museum, his works ------- in the main hall.

(A) had been displayed

(B) were displayed

(C) would have been displayed

(D) have been displayed

✎ 시나공 풀이법

If the artist had accepted the proposal by the museum, his works ------- in the main hall.
접속사   주어   동사   accept의 목적어   전치사구   주어   동사   전치사구

➔두 문장을 연결

> 가정법 과거완료 주절에는 would/could/
> should/must + have + p.p.를 쓴다.

(A) had been displayed
과거완료 수동태

(B) were displayed
과거 수동태

(C) would have been displayed
조동사 + 과거완료 수동태

(D) have been displayed
현재완료 수동태

문장분석   명사 proposal은 보통 뒤에 전치사(from)를 동반하여 '~로부터의 제안'이라는 뜻으로 자주 쓰인다. display 뒤
에는 목적어가 없으므로 수동태이다.

해   설   가정법은 시제를 묻는 문제와 같이 주절과 조건절에 있는 두 개의 동사를 일치시키는 문제이다. 선택지든, 빈칸 앞
뒤 문장이든 조동사 과거(would, could, should, might)가 왔다면 가정법 문제이다. 조건절이 'If + 주어 + 과거
동사'로 왔다면, 주절에는 조동사 과거(would/could + 동사원형)를 써야 하고, 조건절이 'If + 주어 + had + 과
거분사'로 왔다면, 주절에는 조동사 과거완료(would/could have + 과거분사)를 써야 한다. 이 문제의 경우 조
건절이 'If + 주어 + had + 과거분사'로 왔으므로 가정법 과거완료 문장이다. 따라서 조동사 과거완료(would/
could have + 과거분사)를 써야 하므로 (C) would have been displayed가 정답이다.

해   석   예술가가 박물관으로부터의 제안을 받아들였다면, 그의 작품들은 정문에 전시되었을 텐데.

정   답   (C)

✏ 시나공 POINT

If절에 'If + 주어 + 과거동사'가 오면, 가정법 과거, 'If + 주어 + had + 과거분사'가 오면 가정법 과거완료이다.

핵심 이론

가정법은 현실에서 벌어지는 일을 반대적인 상황으로 가정한 것을 말한다.

> **가정법 과거** 현재와 반대되는 상황을 가정할 때 쓴다.
> If + 주어 + 과거동사, 주어 + (would/could/should/might) + 동사원형
>
> **가정법 과거완료** 과거와 반대되는 상황을 가정할 때 쓴다.
> If + 주어 + had p.p., 주어 + (would/could/should/might) + have + p.p.
>
> **가정법 미래** 미래의 불확실한 상황을 나타낼 때 쓴다(발생할 가능성이 낮음).
> If + 주어 + should + 동사원형, 명령문 또는 주어 + (will/shall) + 동사원형

- **가정법 과거**

  If the magazine **were published**, it **would** be a sensation. 잡지가 출판되면, 선풍적인 인기를 끌텐데.

  ▶ 'If + 주어 + were/과거동사, 주어 + would/could + 동사원형'을 쓴다.

  If 생략 ▶ Were the magazine published, it would be a sensation.

- **가정법 과거완료**

  If he **had canceled** the trip, he **would have met** Eve. 그가 여행을 취소했다면, Eve를 만났을 텐데.

  ▶ 'If + 주어 + had + 과거분사, 주어 + would/could have + 과거분사'를 쓴다.

  If 생략 ▶ Had he canceled the trip, he would have met Eve.

- **가정법 미래**

  If you **should ask** for an estimate, it **will be free** of charge. 견적서를 요청하면, 무료로 제공해 드립니다.

  ▶ 'If + 주어 + should + 동사원형, 주어 + will/may + 동사원형 또는 please + 동사원형'을 쓴다.

  If 생략 ▶ Should you ask for an estimate, it will be free of charge.

1 If the posters had been posted in conspicuous places, more customers ------- the upcoming sale at our shopping complex.

(A) had noticed   (B) noticed   (C) had noticed   (D) would have noticed

2 Had they fixed the heavy machinery used at the construction site at the right time, the repairs cost ------- that costly.

(A) haven't been   (B) wouldn't have been   (C) hadn't been   (D) will have been

▶ 정답 및 해설은 해설집 13쪽 참고

REVIEW TEST

1. If the musician ------- to lend the Luise Concert Hall situated in downtown, she will use it at a reduced price and will receive additional hours.
   - (A) decided
   - (B) had decided
   - (C) will decide
   - (D) decides

2. Some members of the administrative team ------- together to discuss a few possible changes as soon as they heard that the final draft could be modified.
   - (A) will gather
   - (B) gathers
   - (C) have gathered
   - (D) gathered

3. City officials in Singapore usually ------- to work in their own cars rather than using public transportation in spite of the extremely high gas prices.
   - (A) will commute
   - (B) commute
   - (C) had commuted
   - (D) have commuted

4. The unnecessary labels on the shipment had been removed before the inspectors ------- during the examination.
   - (A) find
   - (B) found
   - (C) had found
   - (D) will find

5. If you were to call the real estate agency early this morning, Mr. Taylor ------- you a tour of the property and nearby facilities.
   - (A) would give
   - (B) gave
   - (C) gives
   - (D) had given

6. To prepare for the demonstration of the new laser printer, the representatives ------- it next week.
   - (A) had rehearsed
   - (B) rehearsed
   - (C) will rehearse
   - (D) rehearse

7. About three weeks ago, specially designed security software ------- on all of the computers to keep them from getting infected with viruses.
   - (A) installed
   - (B) will be installed
   - (C) had installed
   - (D) was installed

8. The staff member informed the participants that the free consultation sessions with business leaders ------- earlier than expected.
   - (A) had been booked
   - (B) are booked
   - (C) booked
   - (D) have booked

9. If Ms. Turner had checked the weather conditions ahead of time, she ------- the outdoor flea market in Rosa County on a snowy day.
   - (A) had attended
   - (B) wouldn't have attended
   - (C) attended
   - (D) have attended

10. By the time there is a thirty-minute intermission for the musical, The Titanic, the actors ------- for an hour.
    - (A) performed
    - (B) will have performed
    - (C) had performed
    - (D) have performed

▶ 정답 및 해설은 해설집 13쪽 참고

유형 분석 5

형용사

형용사는 사람이나 사물의 성질, 상태를 나타내는 품사를 말하며, 명사를 수식하거나 보어로 쓰인다.

WARMING UP

본격적인 학습에 앞서 기본 개념을 익혀 보세요.

01 개념 익히기

1) 형용사의 개념

'형용'이라는 말은 말이나 글, 몸짓 따위로 사람이나 사물의 모양이 어떠한지를 꾸며 준다는 뜻을 지니고 있다. 따라서 '형용사'란 명사나 대명사의 성질, 상태 등을 꾸며 주고 설명해 주는 말이다.

2) 형용사의 역할

① 한정적 용법 → 명사 바로 앞이나 뒤에서 명사를 꾸며 준다.

명사 앞 수식   It is a <u>profitable</u> business.

그것은 수익성이 있는 사업이다.

명사 뒤 수식   It is a business <u>profitable</u> for them.

그것은 그들에게 수익성이 있는 사업이다.

▶ 형용사 뒤에 수식어구가 있으면 명사 뒤에서 수식

② 서술적 용법 → 주어나 목적어의 상태를 서술할 때 쓴다.

주어 보충   The renovation was complete.

보수 작업이 완료되있다.

목적어 보충   Please keep your belongings safe.

자신의 소지품들은 안전하게 보관하세요.

3) 형용사의 형태

형용사는 '명사 또는 동사 + 접미사'의 형태로 만들어 진 것이 많으며, 대개 아래와 같은 어미의 형태를 취한다.

어미 형태	단어
단어	considerable 상당한, 중요한 payable 지불해야 할
-ible	accessible 이용할 수 있는 possible 가능한
-al	environmental 환경의 formal 공식적인
-sive	expansive 광대한, 확장적인 impressive 인상적인
-tive	protective 보호하는 attractive 마음을 끄는
-ic	economic 경제의, 경제학의 realistic 실제적인, 현실주의
-ical	economical 절약하는 historical 역사에 관한
-ful	beautiful 아름다운 respectful 공손한
-ous	conscious 알고 있는 numerous 다수의, 수많은
-ent	confident 확신하는, 자신만만한 different 다른
명사 + ly	costly 비용이 드는 friendly 친절한

02 예제 풀어보기

괄호 안에 있는 두 단어 중 문장에 알맞은 단어를 고르시오.

1 All (document / documents) are stored in the cabinets.

2 He is dedicated to preparing for (this / these) event.

3 Instruction manuals will be distributed to each (division / divisions).

4 A (large / several) variety of tools are required for this job.

5 The product will become (available / availability) next month.

03 예제 확인하기

1 **All** documents are stored in the cabinets.   모든 문서들은 캐비닛 안에 보관된다.

▶ 형용사 all은 가산 복수명사 앞에 사용한다.

2 He is dedicated to preparing for **this** event.   그는 이번 이벤트 준비에 전념하고 있다.

▶ 지시형용사 this는 가산 단수명사 앞에 사용한다.

3 Instruction manuals will be distributed to **each** division.   취급설명서가 각 부서에 배부될 것이다.

▶ 형용사 each는 가산 단수명사 앞에 사용한다.

4 A **large** variety of tools are required for this job.   이 작업을 위해서는 다양한 종류의 도구가 필요하다.

▶ 형용사 large, wide, broad는 명사 variety와 단짝으로 출제된다.

형용사의 종류는 전치한정사(all, both, double, twice), 지시형용사(this, that, these, those), 부정형용사(each, every, any, no), 성질형용사(크기, 모양, 색깔, 재료, 신구) 등이 있으며, 이들의 어순은 전치한정사, 지시형용사, 부정형용사, 성질형용사 순이지만 반드시 지켜지는 것은 아니다.

5 The product will become **available** next month.   그 제품은 다음 달에 이용 가능할 것이다.

▶ 형용사는 2형식 동사(become) 다음에 보어로 쓰인다.

Unit 24 형용사의 위치

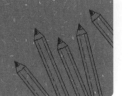

Step 1 | 실전 포인트

풀 이 전 략   be, become 동사 뒤에 온 빈칸에는 형용사를 답으로 고른다.

 대표 문제

 R24

All of the computers in the city library are ------- to the public, but there are fines for using them roughly.

(A) availability   (B) availably   (C) available   (D) avail

 시나공 풀이법

All of the computers in the city library are ------- to the public, but there are fines
　　주어(복수)　　　　　선치사구　　동사　보어　　전치사구　　　　주어　동사 보어(명사)
for using them roughly.
전치사구　목적어　부사

> 보어 자리에는 형용사와 명사만 올 수 있음

> 수식어구를 모두 제거하면 All of the computers are available, but there are fines.

(A) availability   (B) availably   (C) available   (D) avail
　명사(의미상 맞지 않음)　　　부사　　　　　　형용사　　　　　　　동사

문 장 분 석 　전치사구(in the city library)는 문장 구조에 전혀 영향을 끼치지 않으므로 전치사구를 주어로 착각하는 일이 없어야 한다. 주어는 All of the computers이며, 복수로 왔으므로 복수동사(are)를 써야 한다.

해 　설 　2형식 자동사 be, become, remain, stay 다음의 빈칸은 형용사 보어 자리이다. 토익에는 주로 be, become 중심으로 출제되고 있다. 따라서 'be/become(+부사) + -------' 구조에서 빈칸은 형용사를 고르는 문제이므로 정답은 (C) available이다.

해 　석 　시립도서관에 있는 모든 컴퓨터는 대중들이 이용이 가능하고, 그들이 그것들을 험하게 사용할 경우 벌금을 내야 한다.

표 현 정 리 　available 이용 가능한 public 대중 fine 벌금 roughly 거칠게, 대략

정 　답 　(C)

📌 *시나공 POINT*

형용사는 be동사나 become 뒤에서 보어 역할을 수행한다.

---

88   PART 5&6 Grammar

핵심 이론

형용사는 명사를 수식하거나 보어 자리에 온다.

> 동사 + **형용사** + 명사
>
> 주어 + be/become + **형용사(보어)**
>
> 주어 + 5형식 동사 + 목적어 + **형용사(목적보어)**

The human department spent a **considerable** time training new employees.
인사부는 새로운 직원들을 훈련시키는데 상당히 많은 시간을 할애했다.

▶ 명사(time) 앞은 형용사(considerable) 자리이다.

According to a recent survey, our customer service is the most **reliable**.
최근 조사에 따르면, 우리의 고객 서비스가 가장 신뢰할 만하다.

▶ be/become 뒤는 형용사(reliable) 자리이다.

The entertaining advertisement made our new products **popular**.
재미있는 광고는 저희의 신상품들을 인기 있게 만들었다.

▶ 목적보어 자리에 형용사(popular)가 올 수 있다.

1 Since the article about the presidential election by Janet Ayre is -------, it is expected to draw more readers to the website than before.

(A) excluding   (B) exclusion   (C) exclusively   (D) exclusive

2 The ------- booklet helps you to learn about scholarships, tuition, and exchange student programs, and it provides many helpful tips for new students.

(A) informatively   (B) informative   (C) information   (D) informing

Unit 25 형용사의 형태

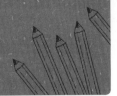

Step 1 | **실전 포인트**

풀 이 전 략   형용사를 만드는 대표적인 접미사들을 꼭 익혀둔다.

 대표 문제　　　　　　　　　　　　　　　　　　　　　　 R25

> It is obvious that the success of the system remains ------- on employee productivity.
>
> (A) contingently　　　(B) contingence　　　(C) contingent　　　(D) contingenting

 시나공 풀이법

It is obvious that the success of the system remains ------- on employee productivity.
주어 동사 보어   접속사+주어+동사   보어   전치사구
→가주어 it

> 2형식 동사 remain 뒤에는
> 주로 형용사가 온다.

(A) contingently　　　(B) contingence　　　(C) contingent　　　(D) contingenting
　　부사　　　　　　　　　명사　　　　　　　　형용사　　　　　　　동명사

문 장 분 석   두 개의 명사가 결합된 '명사 + 명사'를 복합명사라고 한다. employee productivity는 '직원 생산성'이라는 뜻으로 가장 많이 사용되는 복합명사이다. 가주어 it은 that 이하를 나타내지만 주어는 짧아야 하기 때문에 it을 쓴다.

해　 설   2형식 자동사(remain) 뒤는 형용사 보어 자리이다. 선택지에 언급된 contingent는 흔히 볼 수 있는 어휘가 아니다. 하지만 빈칸이 형용사 자리라는 것과 접미사 '-ent'가 형용사를 만드는 접미사임을 알고 있다면 쉬운 문제가 될 수 있다. 따라서 (C) contingent가 정답이다.

해　 석   시스템의 성공 여부는 직원 생산성에 달려있다는 것은 명백하다.

표 현 정 리   obvious 명백한 remain ~인 채로 남아 있다 contingent on ~여하에 달린 employee productivity 직원 생산성

정　 답   (C)

시나공 POINT

형용사를 만드는 접미사를 알고 있어야 까다로운 형용사 문제를 어렵지 않게 풀 수 있다.

핵심 이론

다음 형용사를 만드는 접미사들을 알아두자.

> -tive, -ive, -tile, -ous, -ful, -ing, -ed, -ate, -ary, -ar,
> -ory, -ical, -ial, -ic, -id, -ish, -ant, -ent, -able, -ible

We are currently interviewing candidates for the **vacant** position.
우리는 공석인 자리에서 일할 후보자들을 인터뷰하고 있다.

▶ 접미사 –ant는 형용사를 만든다.

Mr. Robert in the marketing department was considered a **versatile** candidate.
마케팅 부서의 Robert 씨는 다재다능한 후보자로 여겨졌다.

▶ 접미사 –tile은 형용사를 만든다.

The company has served only **healthy** food to its customers for over 10 years.
그 회사는 10년이 넘게 고객들에게 몸에 좋은 음식만을 제공해오고 있다.

▶ 접미사 –y는 형용사를 만든다.

The interior design company located in the heart of downtown remains **authentic**.
시내 중심가에 있는 그 인테리어 회사는 믿을 만하다.

▶ 접미사 –ic은 형용사를 만든다.

Our product catalog is **available** upon request without any charge.
저희 제품의 카탈로그는 요청하시면 무료로 드립니다.

▶ 접미사 –able은 형용사를 만든다.

Step 3 | 실전 문제

1 The purpose of this outdoor event is to give ------- clients chances to try our new cosmetics and to provide feedback.

(A) potentialize   (B) potentiality   (C) potentially   (D) potential

2 The process of the company reimbursing all business travel expenses after the receipts are submitted is now -------.

(A) prevalency   (B) prevalent   (C) prevalently   (D) prevalencies

▶ 정답 및 해설은 해설집 15쪽 참고

Unit 26 형용사+명사 형태

풀 이 전 략   자주 출제되는 '형용사 + 명사' 표현들을 모두 암기한다.

🎓 대표 문제

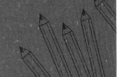

The CEO emphasized that the sales of the newly released car have exceeded those of former models thanks to the company's ------- employees.

(A) reliable   (B) satisfying   (C) rapid   (D) real

✏️ 시나공 풀이법

The CEO emphasized that the sales of the newly released car have exceeded those of
주어   동사   접속사   주어   동사   록적어

동사(emphasized)의 목적어(명사절)

former models thanks to the company's ------- employees.
       전치사   전치사(thanks to)의 목적어

the company's(소유격)와 employees(명사) 사이에
올 수 있는 것은 형용사나 명사밖에 없음

(A) reliable   (B) satisfying   (C) rapid   (D) real
    믿을 만한   만족스러운   신속한   실제의

문 장 분 석   that은 명사절 접속사이다. 명사절은 '주어 + 동사 + 목적어'를 갖춘 완전한 절로 와야 한다.

해   설   빈칸 뒤 명사(employees)와 어울리는 형용사는 (A) reliable이다. reliable employee는 '믿을 만한 직원'이라는 뜻으로 자주 어울려 출제된다. reliable은 이외에도 analysis(분석), products(제품) 등의 명사와도 어울려 출제된다.

해   석   CEO는 새로 출시한 차량의 판매량이 믿을 만한 직원들 덕분에 이전 모델들을 넘어섰다고 강조했다.

표 현 정 리   **emphasize** 강조하다 **sales** 판매(량) **newly** 새로 **release** 출시하다 **exceed** 초과하다 **former** 이전의 **thanks to** ~덕분에 **reliable** 믿을 수 있는

정   답   (A)

 시나공 POINT

명사와 함께 단짝으로 어울려 쓰이는 형용사를 필히 암기해 두어야 한다.

핵심 이론

자주 출제되는 '형용사 + 명사' 표현

additional information 추가적인 정보	adequate component supply 충분한 부품 공급
prior notice 사전 통지	affordable price 저렴한 가격
annual budget 연간 예산	comparable experience 비교할 만한 경험
complete list 완성된 목록	comprehensive knowledge 종합적인 지식
confidential information 기밀 정보	considerable amount/effect 상당한 양/영향
continuous improvements 지속적인 개선	discontinued appliances 단종된 가전제품
drastic changes 극적인 변화	economic progress 경제적 발전
effective technique 효과적인 기술	exact shipment date 정확한 배송 날짜
excellent service 우수한 서비스	exceptional contributions 특별한 기부
extensive damage 광범위한 피해	favorable circumstance 호의적인 상황
final approval 최종 승인	financial analysts 재정 분석
further details 추가적인 세부사항	general contractor 일반 계약자
high temperatures 높은 기온	immediate supervisors 직속상관
important consideration 중요한 고려	impressive qualifications 인상적인 자격
improper transaction 부적절한 거래	inclement weather 험한 날씨

WalMeat is well-known for its **affordable prices** and good quality.
월미트 사는 합리적인 가격과 좋은 품질로 잘 알려져 있다.

Without **prior notice**, we cannot provide enough information for the event.
사전 공지가 없다면, 우리는 이벤트에 관한 충분한 정보를 제공할 수 없다.

1 The record-breaking rain in Queensland also resulted in ------- damage to residential areas and plenty of farmhouses in the region.

(A) useful   (B) careful   (C) coming   (D) extensive

2 One of the reasons why the AOS Shopping Mall has become the best shopping center on Maple Street is that customers can purchase high-quality goods at ------- prices there.

(A) annual   (B) affordable   (C) discontinued   (D) inclement

▶ 정답 및 해설은 해설집 15쪽 참고

Unit 27 be+형용사 형태

풀 이 전 략   'be동사 + 형용사 + 전치사' 표현에서는 주로 형용사를 묻는 문제가 출제된다.

 대표 문제 R27

> Apart from cooking, all chefs at Blue Wave are ------- for following sanitary standards.
>
> (A) clear   (B) true   (C) responsible   (D) active

 시나공 풀이법

Apart from cooking, all chefs at Blue Wave are ------- for following sanitary standards.
전치사구   주어   전치사구   동사   보어 전치사   동명사   동명사(following)의 목적어

전치사 뒤에는 명사나 동명사가 주로 온다.

(A) clear   (B) true   (C) responsible   (D) active
명확한   사실인   책임지고 있는   활동적인

문 장 분 석   apart from은 전치사로 '~외에도'라는 뜻을 갖는다. 전치사(for)와 목적어(sanitary standards) 사이는 동명사(following) 자리이다.

해   설   빈칸 뒤에 전치사가 있을 경우 전치사와 관련된 형용사를 선택한다는 문제임을 기억한다. 전치사 for를 사용하는 형용사는 responsible 뿐이다. 나머지 선택지는 의미가 맞지 않고, 같이 쓰이지도 않는다. 따라서 (C) responsible이 정답이다. be responsible for는 '~에 책임이 있다'는 뜻이다.

해   석   요리 외에도 Blue Wave에서 일하는 요리사들은 위생기준을 준수할 책임이 있다.

표 현 정 리   apart from ~외에도 chef 요리사 be responsible for ~에 책임이 있다 follow 따르다, 준수하다 sanitary standard 위생 기준

정   답   (C)

✗ 시나공 POINT
'be동사 + 형용사 + 전치사' 단짝 표현들을 암기하되 전치사에 주의해야 한다.

핵심 이론

자주 출제되는 '형용사 + 전치사' 표현을 알아 두자.

be **associated with** ~와 관련되다	be **complete with** ~을 갖추다, 완비하다
be **comparable with** ~와 비교하다	be **compatible with** ~에 부합하다, 호환되다
be **consistent with** ~와 조화를 이루다	be **consonant with** ~와 일치하다
be **correspondent with** ~와 일치하다	be **faced with** ~에 직면하다
be **pleased with** ~에 기쁘다	

be **accessible to** ~에 접근 가능하다	be **accustomed to** ~에 익숙하다
be **adjacent to** ~에 인접하다	be **affordable to** ~을 감당할 수 있다
be **attractive to** ~에 매력적이다	be **available to** ~에 이용 가능하다
be **beneficial to** ~에 이득이 되다	be **close to** ~에 가깝다
be **comparable to** ~에 필적하다	be **comprehensible to** ~가 알기 쉽다
be **devoted to** ~에 헌신하다	be **entitled to** ~할 자격이 있다
be **equal to** ~와 동등하다	be **equivalent to** ~에 상응하다
be **exposed to** ~에 노출되다	be **harmful to** ~에 해롭다
be **integral to** ~에 필수적이다	be **liable to** ~에 책임이 있다
be **responsible for** ~를 책임지다	be **aware of** ~을 알다

The chief manager of the assembly line **is** fully **responsible for** finding defective parts.
조립라인의 최고 관리자가 결함 부품을 찾아내는 일에 전적인 책임이 있다.

They **are faced with** a new problem.　그들은 새로운 문제에 직면해 있다.

Step 3 | 실전 문제

1 Some confidential documents, such as lists of customers and financial statements, are only
------- to the agents in charge.

(A) eager　　　　　(B) accessible　　　　　(C) willing　　　　　(D) instructive

2 Through a continuous effort over a long period of time, GNS Health's brand power is now
------- with all of its competitors in Australia.

(A) liable　　　　　(B) capable　　　　　(C) responsive　　　　　(D) comparable

▶ 정답 및 해설은 해설집 15쪽 참고

REVIEW TEST

1. Considering her ------- knowledge and four years of experience, Ms. Anna Paulson would be best suited for the open position in Sales.

   (A) compulsory   (B) comprehensive
   (C) respective   (D) elegant

2. The top priorities of the shipping company are to pick up and deliver products on their ------- shipment dates and to deliver parcels without any breakage or loss.

   (A) exactly   (B) exact
   (C) exacted   (D) exactness

3. The personnel director is currently seeking candidates with ------- qualifications and willingness to travel on short notice.

   (A) impressive   (B) impressed
   (C) impression   (D) impressing

4. The results of the study conducted at the Ailack Lab showed that workers who take short breaks are more ------- than those who don't.

   (A) creativity   (B) creation
   (C) create   (D) creative

5. Whenever you transfer money by mobile phone, checking your application for security is ------- to preventing hacking problems.

   (A) integral   (B) compliant
   (C) easy   (D) ready

6. The wage cuts at many firms and rising unemployment rates might be ------- with the recent failure of the country's trade policy with Australia.

   (A) punctual   (B) specific
   (C) associated   (D) equivalent

7. If any employee wants to take paid leave this month, download the necessary form from the intranet and e-mail it to your ------- supervisor.

   (A) immediately   (B) immediate
   (C) immediacies   (D) immediacy

8. Despite the fact that the TLS Agency is ------- with financial troubles, it is aggressively advertising the TLS Turbo on major portal sites.

   (A) faced   (B) official
   (C) successive   (D) indicative

9. All arrangements for the company picnic, which most employees are supposed to attend, will be ------- sooner than we estimated.

   (A) completion   (B) complete
   (C) completed   (D) to complete

10. Unlike many professors, who argue that it is not timely, a few market experts are still ------- about the Middle East investment.

    (A) aware   (B) complete
    (C) proficient   (D) optimistic

▶ 정답 및 해설은 해설집 16쪽 참고

유형 분석 6

부사

부사는 문장 구조에는 영향을 주치 않으므로 없어도 문장 구조 자체가 깨지는 것은 아니지만 부사가 있으면 문장의 뜻이 좀 더 정확하고 풍부해진다. 부사는 형용사, 부사, 동사, 혹은 문장 앞에 위치하는데, 동사를 수식하는 경우에는 동사 뒤에 올 수도 있다.

WARMING UP

1) 부사의 개념

부사는 흔히 문장 내에서 '어떻게'에 대한 묘사를 해주는 품사이다. 따라서 문장 내에서 일부 예외 사항만 제외하고는 굳이 생략해도 문장이 성립하는 데에는 아무런 지장을 주지 않는다.

2) 부사의 역할

형용사가 명사를 꾸며주는 반면에 부사는 동사, 형용사, 또는 다른 부사를 꾸며주는 역할을 한다.

① 동사를 수식

ex) run 달리다 → **run** fast 빨리 달리다

▶ 부사가 동사를 수식할 때는 주로 동사 뒤에 온다.

② 형용사를 수식

ex) pretty 예쁜 → very **pretty** 매우 예쁜

③ 다른 부사를 수식

ex) always 항상 → nearly **always** 거의 항상

3) 부사의 형태

모든 부사가 다 그러한 것은 아니지만, 주로 형용사 뒤에 ‑ly를 붙이면 부사가 된다.

부사의 형태	예
형용사 + ly	final + ly → finally 마침내 current + ly → currently 현재 rapid + ly → rapidly 빨리, 급속히 short + ly → shortly 즉시
‑le + ly → ‑ly	simple + ly → simply 간단하게 flexible + ly → flexibly 유연하게
‑y + ly → ily	necessary + ly → necessarily 반드시 temporary + ly → temporarily 일시적으로

02 예제 풀어보기

괄호 안에 있는 두 단어 중 문장에 알맞은 단어를 고르시오.

1 This place can (easy / easily) accommodate over 10,000 people.

2 The company hired (approximate / approximately) 30 new employees.

3 We should make a decision about the issue (immediate / immediately).

4 The conference was (quite / quitely) successful and very useful.

5 All of our employees work (very / well) hard.

03 예제 확인하기

1 This place can **easily** accommodate over 10,000 people.

이 장소는 10,000명 이상을 충분히 수용할 수 있다.

> ▶ 부사는 동사, 형용사, 다른 부사를 수식하는데 문장에 절대적으로 필요한 필수요소는 아니며, 다만 이들 품사들 앞에서 그 뜻을 강조하거나 의미를 더해 주는 역할을 한다. 부사 easily는 동사 accommodate의 뜻을 더해 주기 위해서 사용되었다.

2 The company hired **approximately** 30 new employees.

회사는 대략 30명 정도의 신입사원을 고용했다.

> ▶ 여기서 approximately는 특수 부사인데, 특수 부사는 일반 부사와는 달리 특정 어휘만을 수식해 주는 것을 말한다.

3 We should make a decision about the issue **immediately**.

우리는 그 문제에 대해 즉시 결정을 내려야 한다.

> ▶ 문장의 끝에서 문장 전체를 수식해 주고 있다.

4 The conference was **quite** successful and **very** useful.

회의는 매우 성공적이었고 유용했다.

> ▶ quite(부사)가 successful(형용사)을 수식하고, very(부사)가 useful(형용사)을 수식하고 있다. quitely는 존재하지 않는 단어이다.

5 All of our employees work **very** hard.

우리 직원들은 모두 매우 열심히 일한다.

> ▶ very(부사)가 hard(부사)를 수식한다.

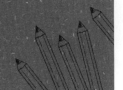

Unit 28 부사의 위치 ①

Step 1 | 실전 포인트

풀 이 전 략　선택지에 부사가 있을 때, 완전한 절 뒤 또는 '주어 + be + 과거분사' 뒤 빈칸엔 100% 부사를 고른다.

 대표 문제

 R28

> According to the quarterly statistical report, our income has decreased ------- compared to that of last year.
>
> (A) consideration　　(B) considerable　　(C) considerably　　(D) considerate

 시나공 풀이법

According to the quarterly statistical report, our income has decreased
　　　　　　전치사구　　　　　　　　　　　　　　　　　　수어　　　동사
------- compared to that of last year.　　　　　　　　　　　　완전한 절
　부사　　　전치사구(수식어구)

> 문장이 완전하고 앞뒤에 수식어구만 있으니 동사를 꾸며주는 부사만 올 수 있다.

(A) consideration　　(B) considerable　　(C) considerably　　(D) considerate
　　명사　　　　　　　　　형용사　　　　　　　　부사　　　　　　　　형용사

문 장 분 석　decrease는 목적어를 가지지 않는 자동사이다. 문장의 핵심은 our income has decreased이다. 나머지는 모두 수식어구이다.

해　　설　완전한 절 뒤의 빈칸은 부사 자리이다. 완전한 절이란 주어와 동사를 모두 갖춘 문장을 말하는 것으로 3형식 문장의 수동태도 완전한 절에 속한다. '주어 + 동사 + 목적어'의 능동태 문장이 '주어 + be동사 + 과거분사' 문장으로 바뀌었기 때문이다. 따라서 완전한 절 뒤 또는 '주어 + be동사 + 과거분사' 뒤 빈칸은 100% 부사가 정답이다. 따라서 정답은 (C) considerably가 된다.

해　　석　분기별 통계 보고서에 따르면, 우리의 수입은 작년의 그것과 비교했을 때 상당히 감소하였다.

표 현 정 리　according to ～에 따르면　quarterly 분기별　statistical 통계적인　income 수입　decrease 감소하다　compare to ～와 비교하여　consideration 사려, 숙고　considerable 상당한　considerate 사려 깊은

정　　답　(C)

 시나공 POINT

> 완전한 절 뒤, 자동사 앞뒤, 동사 + 목적어 덩어리 앞뒤, 동사와 동사 사이 빈칸은 모두 부사 자리이다.

핵심 이론

부사는 문장을 이루는 요소에 따라 다음과 같은 위치에 존재한다.

- **부사** + 타동사 + 목적어
- 자동사 + **부사**
- be동사 + 과거분사 + **부사**
- 타동사 + 목적어 + **부사**
- be동사 + **부사** + 현재/과거분사
- have + **부사** + 과거분사

You should **carefully** <u>review your submissions</u>. 당신은 당신의 제출물을 신중히 검토해야 한다.

▶ '동사(+ 목적어)' 앞 빈칸은 100% 부사 자리이다.

Please <u>report the matter</u> **immediately** to your supervisor. 당신의 상관에게 문제를 즉시 보고하시오.

▶ '동사 + 목적어' 뒤 빈칸은 100% 부사 자리이다.

The total income <u>rose</u> **dramatically**. 총수입이 급격히 증가했다.

▶ 자동사 뒤 빈칸은 100% 부사 자리이다.

This data <u>was</u> **continually** <u>updated</u>. 이 자료는 지속적으로 업데이트되었다.

▶ be동사와 과거분사 사이 빈칸은 100% 부사 자리이다.

Our most recent order <u>was delivered</u> **promptly**. 우리가 최근 주문한 물건이 즉시 배달되었다.

▶ 'be동사 + 과거분사' 뒤 빈칸은 100% 부사 자리이다.

The companies <u>have</u> **recently** <u>modernized</u> their systems. 회사들은 새 시스템을 최근에 현대화했다.

▶ have와 과거분사 사이 빈칸은 100% 부사 자리이다.

1 Fortunately, our hotel is close to the station, which is ------- located for us to transfer, so we don't have to worry about traffic jams.

(A) convenient   (B) convenience   (C) conveniently   (D) inconvenient

2 We have been concerning about the company's current situation, but as the country's economy stabilizes, it will also ------- stabilize.

(A) eventual   (B) eventually   (C) eventuality   (D) eventuate

▶ 정답 및 해설은 해설집 17쪽 참고

Unit 29 부사의 위치 ❷

풀 이 전 략　선택지에 부사가 있을 때, 형용사 앞 빈칸엔 100% 부사를 고른다.

🎓 대표 문제

 R29

As we mentioned before, this contract is ------- beneficial to both of our companies and will not harm any employees.

(A) mutuality　　　(B) mutualism　　　(C) mutually　　　(D) mutual

✏️ 시나공 풀이법

As　we mentioned before, this contract is ------- beneficial (to both of our companies)
접속사　주어　　동사　　　부사　　　주어　　동사　　　형용사(보어)　　　전치사구

and ( ) will not harm any employees.
등위　　　　동사　　목적어
접속사　➔ this contract가 생략

be동사 + 부사 + 형용사

(A) mutuality　　　(B) mutualism　　　(C) mutually　　　(D) mutual
　명사　　　　　　　명사　　　　　　　부사　　　　　　형용사

문 장 분 석　두 절을 연결하는 접속사로 as가 왔고, 주절에 동사구를 연결하는 등위접속사 and가 쓰인다.

해　　설　부사는 형용사나 분사를 수식한다. 형용사(beneficial) 앞 빈칸은 100% 부사 자리이므로 (C) mutually가 정답이다.

해　　석　우리가 앞서 언급했듯이, 이 계약은 근로자들에게 아무런 피해를 주지 않고 우리 회사 모두에게 상호 이익이 될 것이다.

표 현 정 리　mention 언급하다　contract 계약　be beneficial to ~에 이득이 되다　mutually 상호간에, 서로　mutuality 상호 관계　mutualism 상호성　mutual 상호간의, 서로의

정　　답　(C)

✏️ 시나공 POINT
'형용사(+ 명사)'와 '분사(현재분사/과거분사) + 명사' 앞 빈칸은 부사 자리이다.

핵심 이론

> 부사는 주로 형용사와 분사 앞에서 수식한다.
>
> **부사** + 형용사(+ 명사)
>
> **부사** + 현재분사 + 명사
>
> **부사** + 과거분사 + 명사

The amended traffic regulations were **extremely** complex.

개선된 교통 규정이 매우 복잡했다.

Dr. Rivera gave a **highly** interesting presentation.

Rivera 박사는 매우 흥미로운 발표를 했다.

This project was done by a **newly** hired employee.

이번 프로젝트는 새로 고용된 직원에 의해 진행되었다.

▶ 부사는 형용사와 분사를 수식할 수 있다. 따라서 '과거분사 + 명사(hired employee)' 앞 빈칸은 부사 자리이다.

Step 3 │ 실전 문제

1 With help from the real estate investment group, he is investing in a ------- emerging real estate market.

(A) rapidities   (B) rapidity   (C) rapid   (D) rapidly

2 The city's Urban Development Department came up with the idea of luring residents from other areas with ------- new luxury apartment complexes.

(A) related   (B) relatively   (C) relation   (D) relative

▶ 정답 및 해설은 해설집 17쪽 참고

Unit 30 빈출 부사 ①

풀 이 전 략 '수사 + 명사' 앞 빈칸엔 approximately, nearly, almost 등의 부사가 온다.

 대표 문제

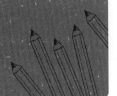 R30

> The corporation's new policy on the environment can provide town residents with job
> opportunities and can even help save ------- 3 - 3.50 million dollars a year.
>
> (A) approximately   (B) approximate   (C) approximation   (D) approximative

 시나공 풀이법

The corporation's new policy (on the environment) can provide town residents (with job
　　　　주어　　　　　　　　　　　전치사구　　　　　　　동사　　　　목적어　　　　선치사구
　　　동사구 덩어리

opportunities) and can even help save ------- 3 - 3.50 million dollars a year.
　　　　　　　등위접속사　동사　　　　　부사　수사(형용사)　　　　　　　동사구 덩어리
　　　　　　　　　　　　　　　　　　　　　　　　　　　　　↘ 수사는 형용사취급
　　　동사구 덩어리를 잇는　　　　동사구 덩어리
　　　등위접속사　　　　　　　　　　　↳ help 뒤에 온
　　　　　　　　　　　　　　　　　　　원형부정사

(A) approximately   (B) approximate   (C) approximation   (D) approximative
　　　부사　　　　　　　　형용사　　　　　　　　명사　　　　　　　　형용사

문 장 분 석　동사구를 연결하는 등위접속사 and가 쓰인다. help는 원형부정사 save를 목적어로 가지고 save도 뒤에 목적어를 따로 가진다.

해　　설　수사는 형용사 혹은 명사로 쓰인다. 토익에서 수사는 '수사 + 명사' 구조로 사용되어 형용사로만 출제된다. 형용사는 부사에 의해서만 수식되기 때문에 '수사 + 명사' 앞에 빈칸이 있으면 100% 부사가 정답이다. 따라서 정답은 (A) approximately가 된다.

해　　석　환경에 대한 회사의 새로운 정책은 마을 주민들에게 취업 기회를 제공할 수 있고, 심지어는 3백만에서 3백 50만 달러를 절약할 수도 있다.

표 현 정 리　provide A with B A에게 B를 제공하다　resident 거주자, 주민　job opportunity 취업 기회　approximately 대략, 어림잡아　approximate 근사치인　approximation 근사치　approximative 대략의

정　　답　(A)

 시나공 POINT
수사는 형용사이며, '형용사 + 명사' 앞 빈칸은 부사 자리이다.

Step 2 | **핵심 이론 & 기출 패턴**

📖 **핵심 이론**

'수사 + 명사'를 수식하는 부사들에 대해 알아두자.

promptly 정확히	almost(= nearly) 거의	at least 최소한
more than(= over) ~이상	up to 최대 ~까지	approximately 대략

This year's annual employee awards banquet will begin **promptly** <u>at 6:00</u>.

올해의 직원상 수상을 위한 연회는 여섯시 정각에 시작할 것이다.

Almost <u>25 commuters</u> use nothing other than public transportation.

거의 25명의 통근자들이 대중교통 외에 다른 수단을 이용하지 않는다.

All candidates must submit their resumes **at least** <u>7 days</u> before their job interviews.

모든 후보자들은 적어도 인터뷰 7일 전에 이력서를 제출해야 한다.

To get your passport, you have to wait **more than** <u>3 days</u>.

여권을 받으려면 3일 이상을 기다려야 합니다.

The installation of new computer programs is scheduled to start at **approximately** <u>9:00 a.m.</u>

새로운 컴퓨터 프로그램의 설치가 대략 9시에 시작될 것이다.

Step 3 | **실전 문제**

1 His company has been doing business in Singapore for ------- six years which has been a great help to his own e-commerce.

(A) ever since   (B) and then   (C) more than   (D) even though

2 We are truly sorry to inform you that out of 1,000 applicants, we will only choose ------- 20 participants to take part in this project.

(A) furthermore   (B) at times   (C) not more   (D) up to

▶ 정답 및 해설은 해설집 18쪽 참고

Unit 31 빈출 부사 ❷

Step 1 | 실전 포인트

풀 이 전 략   마침표(.)와 콤마(,) 사이의 빈칸에는 접속부사를 골라야 한다.

 대표 문제   R31

> In comparison with your last performance, this number seems to be reasonable. -------,
> you will still have to work to increase the sales.
>
> (A) Because   (B) In addition   (C) However   (D) But

 시나공 풀이법

> In comparison with your last performance, this number seems to be reasonable. -------,
> 　　　　　　전치사구　　　　　　　　　　　　　　주어　　　동사　　　부정사구　　　부사
> you will still have to work (to increase the sales).
> 주어 조동사 부사　　동사　　　　부정사구(부사적 용법, 목적)
> 　　　　동사구
>
> seem to be 형용사
> ~해 보이는
>
> (A) Because   (B) In addition   (C) However   (D) But
> 　접속사　　　　　　　접속부사　　　　　　　접속부사　　　　　　　접속사

문 장 분 석   in comparison with는 전치사이고, seem to be~는 '~처럼 보이다'라는 의미로 쓰인다.

해   설   마침표(.)와 콤마(,) 사이 빈칸은 접속부사 자리이다. 접속사는 접속부사 자리에 들어갈 수 없다는 것을 꼭 기억한다. 따라서 접속사인 (A), (D)부터 소거한다. (B)는 앞 문장에 대한 첨가, (C)는 앞 문장에 대한 대조로 쓰인다. 빈칸 앞(이 수치는 합리적이다.)과 뒤의 내용(당신들은 그것을 높이기 위하여 여전히 노력해야 한다.)이 대조의 관계이므로 (C) However가 정답이다. 특히 부사 still은 대조와 자주 어울려 출제된다는 것도 기억한다.

해   석   여러분들의 지난 실적과 비교할 때, 이 수치는 합리적으로 보입니다. 하지만 여러분들은 성과를 높이기 위해 여전히 노력해야 합니다.

표 현 정 리   in comparison with ~에 비교하면 reasonable 합리적인

정   답   (C)

🖋 시나공 POINT
> 접속부사 자리에 접속사가 올 수 없다는 것을 기억하고 접속부사와 접속사 자리를 구분할 수 있어야 한다.

핵심 이론

| 접속부사 | 앞뒤 문장이 인과, 대조 또는 첨가의 관계인지를 파악하여 접속부사로 두 문장을 잇는데, 접속부사 앞에는 마침표 또는 (세미)콜론을, 뒤에는 콤마를 찍는다. |

양보	however 그러나 nevertheless 그럼에도 불구하고 nonetheless 그럼에도 불구하고
대조	on the other hand 다른 한편으로, 반면에 in contrast 대조적으로
인과	therefore 그러므로 thus 이와 같이 as a result 결과적으로 consequently 결과적으로
시간	meanwhile 그 동안에 at the same time 그와 동시에
첨가	furthermore 더욱이 moreover 게다가, 더욱이 in addition 게다가 besides 게다가

틀린 예	옳은 예
접속부사 + 주어 + 동사, 주어 + 동사	주어 + 동사. 접속부사, 주어 + 동사
주어 + 동사 + 접속부사 + 주어 + 동사	주어 + 동사; 접속부사, 주어 + 동사

The stock price decreased, **however**, the emergency protocol initiated today stabilized it.
주가가 하락했으나, 오늘 시행된 비상대책이 그것을 안정시켜 주었다.

We won first prize at the trade fair. **In addition**, we have the dominant position in the market.
우리는 무역 박람회에서 일등을 차지했다. 게다가, 우리는 무역시장에서 우위를 차지하고 있다.

We are unable to repair the machine **and therefore** will provide a replacement.
우리가 기계를 수리할 수 없으므로 교체해 드리겠습니다.

1 Our sales team set a remarkable record last week. -------, the president will designate us as the team of the year.

(A) Instead of   (B) Otherwise   (C) Though   (D) Moreover

2 It might be a good idea to call the Security Department in advance; -------, it might take days for you to get a pass card.

(A) but   (B) otherwise   (C) although   (D) therefore

▶ 정답 및 해설은 해설집 18쪽 참고

Unit 32 빈출 부사 ③

풀 이 전 략 부정어 뒤 빈칸은 yet 자리이다.

 대표 문제

 R32

Even though he claimed that he had gotten approval on the team project, we can't start it as the official document is not ready -------.

(A) already   (B) still   (C) yet   (D) never

 시나공 풀이법

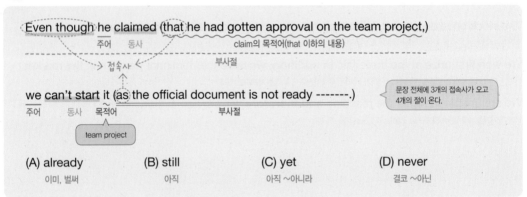

(A) already   (B) still   (C) yet   (D) never
이미, 벌써   아직   아직 ~아니라   결코 ~아닌

문장분석 even though, that, as가 모두 접속사로 쓰인다. 이런 복잡한 문장은 수식어구를 모두 제거하고 분석하면 좀더 명확해진다.

해 설 부사 yet은 부정문에 쓰이는 것으로 알고 있지만 이는 정확한 사실이 아니다. 부정문이라도 부정어 앞 빈칸에는 올 수 없기 때문이다. 따라서 yet은 부정문이 아니라 부정어 뒤 빈칸에 오는 것으로 알고 있어야 실수를 줄일 수 있다. 따라서 정답은 (C) yet이다.

해 석 그가 팀 프로젝트의 승인을 받았다고 주장했지만, 우리는 공식 문서가 없기 때문에 그것을 아직 시작할 수가 없다.

표현정리 even though ~함에도 불구하고 claim 주장하다 approval 승인, 허가 as ~ 때문에 official 공식적인

정 답 (C)

시나공 POINT

still, yet, already, finally 등의 특수 부사끼리 구분하는 문제로 출제되므로 이 부사들의 특징들을 알아두어야 한다.

핵심 이론

빈출 접속부사

	특수 부사의 특징
still 아직, 여전히	부정은 still not이며, 부사로는 '그러나'의 의미로 쓰이기도 함
yet 아직 ~아닌	주어 + not yet + 동사(주로 부정의 의미) cf) have yet to 아직 ~아니다
already 이미, 벌써	have already p.p. 형태로 자주 쓰임
finally 마침내	연속적인 동작, 상황 뒤에 나와 문장 전체를 수식

We have <u>not</u> **yet** decided on a place for the company outing.
우리는 아직 회사 야유회 장소를 결정하지 못했다.

We are waiting for the results of the last board meeting, but they have not come out yet.
우리는 지난 이사회의 결과를 기다리고 있지만, 결과는 아직 나오지 않았다.

She has yet to do anything to rectify the problem.   그녀는 문제를 개선할 어떠한 조치도 취하지 않고 있다.

▶ yet (아직)은 부정어 뒤 혹은 has to do 사이 빈칸에 위치한다.

He went to London on a business trip, and he is still in London.
그는 출장 차 런던에 갔는데, 아직도 런던에 있다.

▶ still (아직도)은 주로 긍정문에 쓴다.

The committee has already accepted his letter of resignation.   위원회는 이미 그의 사직서를 수리했다.

▶ already(이미)는 have(had)와 과거분사 사이에 위치한다.

The government finally enacted some new regulations.   정부는 마침내 새 법률을 제정했다.

▶ finally(마침내)는 주로 과거동사와 자주 어울려 출제된다.

Step 3 | 실전 문제

1 The committee has ------- not decided whether or not Mr. Jenkins will get promoted.

(A) once   (B) already   (C) still   (D) yet

2 The general meeting will begin in a few hours, but several teams have ------- to do any research on the session's agenda.

(A) already   (B) yet   (C) still   (D) finally

▶ 정답 및 해설은 해설집 18쪽 참고

Unit 33 빈출 부사 ④

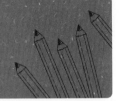

Step 1 | 실전 포인트

풀 이 전 략   부사와 자주 어울려 쓰이는 기출 패턴들을 알아두면 3초 안에 답을 고를 수 있다.

 대표 문제   R33

> The reason for the export decline is ------- that the cost of oil and shipping has increased greatly in the past two months.
>
> (A) intentionally   (B) radically   (C) primarily   (D) substantially

 시나공 풀이법

The reason (for the export decline) is -------
　　주어　　　　　전치사구　　　　　동사
(that the cost of oil and shipping has increased greatly in the past two months.)
　접속사　　　　주어　　　　　　　　동사　　　　부사　　　　전치사구
　　　　　　　　　　　　　명사절

(A) intentionally   (B) radically   (C) primarily   (D) substantially
　　고의적으로　　　　　급격하게　　　　　주로　　　　　크게, 상당하게

문 장 분 석   The reason + (전치사구) + be동사 + primarily + that… '~의 주된 이유는 that 이하이다'라는 의미로 알아두도록 하자.

해 설   primarily, mainly, chiefly(주로) 등의 부사는 이유접속사, 이유전치사, rely on(~에 의지하다), depend on(~에 달려 있다), responsible for(~에 대해 책임 있는) 등과 자주 어울려 출제되므로 한데 묶어서 외워 두어야 한다.

해 석   수출이 감소한 주된 원인은 지난 두 달 동안 터무니없이 오른 유료비와 운송비 때문이다.

표 현 정 리   decline 감소 primarily 주로 cost 비용 greatly 크게

정 답   (C)

시나공 POINT
> primarily는 이유접속사나 이유전치사와 자주 어울려 출제된다.

핵심 이론

다음 빈출 및 기출 부사 어휘들은 반드시 알아 두자.

briefly	간략하게	originally	애초에
carefully	주의 깊게, 세심하게	perfectly	완벽하게
clearly	명확하게	permanently	영구적으로
closely	가까이, 세심하게	previously	이전에
considerably	상당히	primarily	주로
consistently	일관되게	promptly	즉시
continuously	지속적으로	properly	적절하게
conveniently	편리하게도	quickly	신속하게
directly	직접	quite	매우, 꽤
easily	수월하게	rapidly	급격하게
exactly	정확하게	rarely	드물게
exclusively	단독으로, 오로지	recently	최근에
extremely	매우, 대단히	relatively	상대적으로
frequently	빈번하게	routinely	일상적으로
generously	관대하게	seldom	거의 ~하지 않는
gradually	점진적으로	severely	심각하게
heavily	심하게, 상당히	shortly	(앞으로) 곧
highly	매우, 대단히	specially	특히
immediately	즉시	suddenly	갑작스럽게
mainly	주로	thoroughly	꼼꼼하게
moderately	적당히, 적절하게	tightly	단단히, 꽉
mutually	(둘 사이에) 상호 간에	unexpectedly	예상치 못하게

Be sure to submit them **immediately** to the general manager. 부장님한테 즉시 그것들을 제출하세요.

The unemployment rate among graduates is **especially** high. 졸업생들의 실업율이 특히 높다.

1 Workers ------- experience confusion when there is a change in the work system even if it does not occur suddenly.

(A) originally   (B) normally   (C) accessibly   (D) conveniently

2 The company's success is ------- due to the president's philosophy, which is his constant persistence on the quality of the company's products.

(A) allegedly   (B) formerly   (C) tightly   (D) mainly

▶ 정답 및 해설은 해설집 18쪽 참고

REVIEW TEST

1. We are truly sorry that the particular service you asked about is ------- unavailable.

   (A) permanently (B) permanent
   (C) permanence (D) permanences

2. This product is ------- recommended to people who need fresh food ingredients every week.

   (A) hard (B) high
   (C) hardly (D) highly

3. After Mr. Rouja finished reading the woman's resume and letters of recommendation, he hired her -------.

   (A) immediate (B) immediacy
   (C) immediately (D) to immediate

4. We provide tax refunds for card purchases -------- due to the new legislation enacted by the government.

   (A) very (B) only
   (C) once (D) quite

5. On the contract above, the company ------- agreed to lead a balanced management by extensively reflecting the opinions of all boards members.

   (A) original (B) originally
   (C) origin (D) originality

6. Several corporations in the industry have ------- not recovered from last month's walkouts by their employees.

   (A) yet (B) already
   (C) besides (D) still

7. The company is planning to go public this year; -------, it is unusual for a company structured like this to succeed.

   (A) though (B) however
   (C) thus (D) in case

8. Due to the strike in New York in 2017, ------- half of our market share remained frozen until last year.

   (A) unusually (B) nearly
   (C) quietly (D) randomly

9. The program was ------- easy both to upload and download, but now, due to the changed policy on piracy, people cannot do either action with a simple click of the mouse.

   (A) generously (B) previously
   (C) carefully (D) mainly

10. Currently, the position is permanently assigned to a well-qualified applicant. -------, there will not be any recruitment until further notice.

    (A) Unless (B) Otherwise
    (C) Therefore (D) Then

▶ 정답 및 해설은 해설집 18쪽 참고

유형 분석

대명사

대명사는 앞에 나온 명사를 반복해서 사용하지 않기 위해 명사를 대신해 쓰는 품사이다.

WARMING UP

1) 대명사의 개념

사람이나 사물, 동물 등의 이름을 대신해서 부르는 말을 '대명사'라고 한다. 예를 들어, 우리 주위에는 수많은 남자 이름들이 있지만 이를 단순하게 'He(그)'라고 나타낼 수 있다.

2) 대명사의 종류

대명사는 그 특징에 따라 아래처럼 그 종류를 나눌 수 있다.

① 인칭대명사

인칭대명사는 문장 내에서 주어 역할을 하는 주격, 형용사 역할을 하는 소유격, 목적어 역할을 하는 목적격으로 나뉜다.

주격   주어 자리에 사용하며 '～은/는/이/가'로 해석한다.
He is qualified for this position. 그는 이 직책에 적격이다.

소유격 명사 앞에 쓰여 '소유격 + 명사'의 형태로 사용하며 '～의'로 해석한다.
Please confirm **your** reservation. 예약을 확인해 주세요.

목적격 타동사의 목적어 자리, 전치사의 목적어 자리에 사용하며 '～을[를], ～에게'로 해석한다.
We will provide **you** with a full refund. 귀하께 전액 환불해 드리겠습니다. ▶ 타동사의 목적어
He is afraid of **them**. 그는 그들을 두려워 한다. ▶ 전치사의 목적어

② 재귀대명사

재귀대명사는 인칭대명사의 소유격 또는 목적격에 -self / -selves를 붙여 주어 자신을 나타내거나 강조할 때 쓴다.

Mr. Miller showed **himself** to be a dependable person. ▶ 주어 자신을 나타냄
Miller 씨는 자신이 신뢰할 만한 사람임을 입증했다.

The manager **herself** reviewed the document. ▶ 주어를 강조
매니저가 직접 그 문서를 검토했다.

③ 부정대명사

특정한 사람이나 사물을 가리키지 않고, 막연히 어떤 사람이나 사물 또는 수량을 나타낼 때 쓴다.

부정대명사	뜻	부정대명사	뜻
both either neither none	둘 다 둘 중의 하나 둘 다 아님 아무도 ～않은	some any all each	어떤 (것) (긍정) 어떤 (것) (부정이나 의문) 모든 (것) 각자

* one, the other, another, the others, others의 차이

02 예제 풀어보기

괄호 안에 있는 두 단어 중 문장에 알맞은 단어를 고르시오.

1 Most employees complained that (their / they) didn't have time to examine the document.

2 I saw a fashion show yesterday, and (it / its) was amazing.

3 The firm has designed (its / it) newest product.

4 He always works hard so asked his manager to give (his / him) a raise.

5 Their proposal for the project was very smart, but (us / ours) needs to be revised.

03 예제 확인하기

1 Most <u>employees</u> complained that **they** didn't have time to examine the document.

대부분의 직원들은 그들이 서류를 검토할 시간이 없다고 불평했다.

▶ 앞에 쓴 명사(employees)를 대신해서 대명사(they)를 사용했다.

2 I saw a <u>fashion show</u> yesterday, and **it** was amazing.

나는 어제 패션쇼를 봤는데, 그것은 정말 멋졌다.

▶ 앞에 쓴 명사(a fashion show)를 대신해서 대명사(it)를 사용했다.

3 The <u>firm</u> has designed **its** newest product.

회사는 신제품을 디자인했다.

▶ 앞에 쓴 명사(firm)를 대신해서 대명사(its)를 사용했다.

4 <u>Mr. Lamb</u> always works hard so asked his manager to give **him** a raise.

Lamb 씨는 항상 열심히 일해서 그의 매니저에게 봉급인상을 요청했다.

▶ 앞에 쓴 명사(Mr. Lamb)를 대신해서 대명사(him)를 사용했다.

5 <u>Their proposal</u> for the project was very smart, but **ours** needs to be revised.

프로젝트에 대한 그들의 제안은 매우 훌륭했다. 하지만 우리 것은 수정이 필요하다.

▶ 앞에 쓴 'Their(소유격) + proposal(명사)'처럼 ours는 'our(소유격) + proposal(명사)'을 줄인 소유대명사다.

Unit 34 대명사의 위치 ①

 풀 이 전 략   선택지에 대명사의 격들이 나와 있으면 명사 앞 빈칸은 소유격으로 고른다.

대표 문제

 R34

> All employees must first meet ------- supervisors to fill out the application forms.
>
> (A) they   (B) themselves   (C) their   (D) them

시나공 풀이법

All employees must first meet ------- supervisors to fill out the application forms.
주어 ‧‧‧‧‧‧‧‧‧ 동사 ‧‧‧‧‧‧‧‧‧ 동사(meet)의 목적어 ‧‧‧‧‧‧‧‧‧ 부정사구(부사적 용법, ~하기 위해)
부사 ‧‧‧‧‧‧‧‧‧ 동사 + 소유격 + 명사
완전한 문장

(A) they   (B) themselves   (C) their   (D) them
주격   재귀대명사   소유격   목적격

문 장 분 석   형용사 all은 긍정문에 사용되면 '모든'이라는 뜻을 가지고 주로 가산 복수명사(employees) 앞에 사용한다.

해   설   선택지에 대명사의 격들이 나와 있고, 명사(supervisor) 앞에 빈칸이 왔다면 소유격을 빈칸에 넣어야 한다. 타동사(meet)만 보고 목적격(them)을 선택하지 않도록 주의한다. 따라서 정답은 (C)가 된다.

해   석   모든 직원들은 지원서를 작성하기 위해 먼저 그들의 관리자를 만나야 한다.

표 현 정 리   fill out 작성하다   application form 지원서

정   답   (C)

✎ 시나공 POINT

선택지에 대명사의 격들이 나와 있으면 명사 앞 빈칸은 소유격 자리이다.

핵심 이론

대명사의 종류

인칭	수	주격	소유격	목적격
1인칭	단수	I	my	me
	복수	we	our	us
2인칭	단수/복수	you	your	you
3인칭	단수	he	his	him
		she	her	her
		it	its	it
	복수	they	their	them

- **주격** **He** didn't realize that **he** had forgotten his file.

  그는 파일을 빠뜨리고 왔다는 것을 알지 못했다.

  ▶ 동사(didn't, had forgotten) 앞 주어 자리에는 주격(He)을 쓴다.

- **소유격** **Her** position offers a lot of possibilities for advancement.

  그녀의 지위는 많은 승진의 기회를 제공한다.

  ▶ 명사(position) 앞에는 소유격을 쓴다.

- **목적격** The manager instructed **them** to work.

  매니저는 그들에게 일을 하도록 지시했다.

  ▶ 동사(instructed) 뒤 목적어 자리에는 목적격(them)을 쓴다.

- **전치사의 목적어** Most of the employees agreed with **them**.

  대부분의 직원들은 그들의 의견에 동의했다.

  ▶ 전치사(with) 뒤 목적어 자리에는 목적격(them)을 쓴다.

Step 3 실전 문제

1 His passport was confiscated by the police in an attempt to prevent ------- from leaving the country.

(A) he   (B) his   (C) himself   (D) him

2 The employees are able to look beyond ------- own jobs.

(A) they   (B) their   (C) them   (D) theirs

▶ 정답 및 해설은 해설집 20쪽 참고

Unit 35 대명사의 위치 ❷

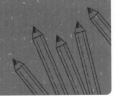

Step 1 실전 포인트

풀 이 전 략 주어, 목적어, 보어 자리에 빈칸이 있고, 선택지에 소유대명사가 있다면 소유대명사가 정답이다.

🎓 대표 문제

 R35

> The executives of the company forgot to bring the contract, so the secretary who was
> ------- sent it by facsimile.
>
> (A) them　　　　(B) they　　　　(C) theirs　　　　(D) themselves

✏️ 시나공 풀이법

The executives of the company forgot to bring the contract, so the secretary
　　　주어　　　　　　　동사　　　동사(forgot)의 목적어　　접속사　　선행사

who was ------- sent it by facsimile.
선행사를 꾸미는 관계사절 동사 목적어　전치사구　　　　　　　their secretary

(A) them　　　　　(B) they　　　　　(C) theirs　　　　　(D) themselves
　목적격　　　　　　　주격　　　　　　　소유대명사　　　　　　재귀대명사

문 장 분 석 관계대명사절(who 이하) 앞에는 반드시 선행사(secretary)가 와야 한다. 선행사가 사람으로 왔으므로 관계대명
사는 who를 써야 한다.

해　　설 be(was) 동사 뒤 빈칸은 보어 자리이다. 보어 자리에는 주격(they), 목적격(them), 소유격(their), 재귀대명
사(themselves) 등은 올 수 없으며, 소유대명사(theirs)만 올 수 있다. 따라서 be동사 뒤 보어 자리에 빈칸이 오
면 소유대명사만 정답이 될 수 있으므로 (C) theirs가 정답이다.

해　　석 회사 간부들이 계약서 가져오는 것을 잊었으나, 그들의 비서가 팩스로 보내주었다.

표 현 정 리 executive 간부, 임원 bring 가져오다 secretary 비서

정　　답 (C)

시나공 POINT

> be동사 뒤 보어 자리에는 주격, 목적격, 소유격, 재귀대명사 등은 올 수 없다.

핵심 이론

소유대명사의 종류

인칭	수	주격	소유격	목적격	소유대명사
1인칭	단수	I	my	me	mine
	복수	we	our	us	ours
2인칭	단수/복수	you	your	you	yours
3인칭	단수	he	his	him	his
		she	her	her	hers
		it	its	it	
	복수	they	their	them	theirs

- **주어 자리**

  Your work is very dangerous. **Mine** isn't as dangerous as yours.

  당신의 일은 매우 위험합니다. 저의 일은 당신의 일만큼 위험하지 않습니다.

  ▶ 소유대명사(Mine)는 주어 자리에 올 수 있으며, '소유격 + 명사'를 줄여 쓴 것으로 여기서 mine은 my work이다.

- **목적어 자리**

  I forgot to bring my towel, but William and Kate were kind enough to lend me **theirs**.

  나는 수건을 가지고 오는 것을 잊어버렸지만, William과 Kate가 친절하게도 그들의 것을 빌려주었다.

  ▶ 소유대명사(theirs)는 목적어 자리에 올 수 있으며, '소유격 + 명사'를 줄여 쓴 것으로 여기서 theirs는 their towel이다.

- **보어 자리**

  That opportunity for advancement <u>was</u> **yours**. 승진의 기회는 당신의 것이었다.

  ▶ 소유대명사(yours)는 보어 자리에 올 수 있으며, '소유격 + 명사'를 줄여 쓴 것으로 여기서 yours는 your opportunity이다.

1 The accommodation service the customers found more attractive was -------, for we provided free breakfast.

(A) we　　　　　　(B) us　　　　　　(C) our　　　　　　(D) ours

2 The company tried to make a new product before the competing company could, but ------- have already been launched.

(A) them　　　　　(B) theirs　　　　　(C) their　　　　　(D) themselves

▶ 정답 및 해설은 해설집 20쪽 참고

Unit 36 재귀대명사

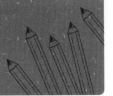

 풀 이 전 략   재귀대명사는 인칭대명사에 '-self(단수), -selves(복수)'를 붙여 '~자신'이라는 뜻을 가지며, 선택지에 재귀대명사가 있고, 완전한 절에 빈칸이 오면 재귀대명사를 고른다.

🎓 대표 문제

 R36

The mayor welcomed the guests ------- until the last day of the city festival.

(A) himself   (B) he   (C) him   (D) his

✏️ 시나공 풀이법

The mayor welcomed the guests ------- until the last day of the city festival.

| 주어 | 동사 | 목적어 | 전치사구 | 전치사구 |

완전한 문장   수식어구

⤷ = himself

빈칸에는 부서의 역할을 하는 재귀대명사가 들어가 주어를 강조

(A) himself   (B) he   (C) him   (D) his
재귀대명사   주격   목적격   소유격

문 장 분 석   앞의 절이 완전하고 뒤에는 수식어구만 있기 때문에 빈칸은 완전한 문장 뒤에 오는 부사가 와야 한다.

해   설   주어와 목적어를 모두 갖춘 완전한 절로 끝난 문장에 빈칸이 있으면 빈칸은 100% 재귀대명사 자리이다. 위 문장의 구조는 '주어(The mayor) + 동사(welcomed) + 목적어(the guests)'로 이루어진 완전한 절로 끝났다. 그리고 바로 뒤에 빈칸이 왔으므로 재귀대명사인 (A) himself가 정답이다. 이때 재귀대명사(himself)는 주어(The mayor)와 동격이며, 주어를 강조하는 부사의 역할을 한다.

해   석   시장은 시의 축제가 끝나는 마지막 날까지 직접 내빈들을 맞이했다.

표 현 정 리   welcome 맞이하다, 환영하다   until ~까지   festival 축제

정   답   (A)

✍ 시나공 POINT

완전한 절 뒤에 빈칸이 오면 주어와 목적어 뒤에 재귀대명사를 써야 한다.

핵심 이론

재귀대명사의 종류

인칭	수	주격	소유격	목적격	소유대명사	재귀대명사
1인칭	단수	I	my	me	mine	myself
	복수	we	our	us	ours	ourselves
2인칭	단수/복수	you	your	you	your	yourself
3인칭	단수	he	his	him	his	himself
		she	her	her	hers	herself
		it	its	it		itself
	복수	they	their	them	theirs	themselves

- **재귀 용법**: 주어와 목적어가 같은 대상을 가리킬 때는 재귀대명사를 쓴다.

He recently introduced **himself** to all of the senior employees.
그는 최근에 모든 상사들에게 그 자신을 소개했다.

▶ 주어(he)와 동사의 목적어(him)가 같은 대상이면 재귀대명사(himself)를 쓴다.

Ms. Connelly prefers to work by **herself** rather than with a team.
Connelly 양은 팀과 함께 일하기보다는 혼자서 일하는 것을 선호한다.

▶ 주어(Ms. Connelly)가 전치사(by)의 목적어와 같은 대상이면 재귀대명사(herself)를 쓴다. 참고로 by oneself는 '혼자서' 라는 의미로 시험에 자주 출제된다.

- **강조 용법**: 주어나 목적어를 강조하기 위해 주어나 목적어 바로 뒤나 문장 맨 뒤에 재귀대명사를 쓴다.

Subscribers should fill out the forms themselves. 구독자들 자신이 양식을 작성해야 한다.
<u>완전한 절</u>

▶ 빈칸을 제외한 문장이 완전한 절이면 빈칸엔 100% 재귀대명사를 쓴다.

1 All the employees decided that we should move the office equipment ------- when we move to the new office.

(A) our (B) ours (C) us (D) ourselves

2 The company prohibits its employees from attempting to make electrical repairs -------.

(A) they (B) themselves (C) their (D) them

▶ 정답 및 해설은 해설집 20쪽 참고

Unit 37 부정대명사 ①

 Step 1 **실전 포인트**

풀 이 전 략   선택지에 some이 있고, 빈칸이 막연한 사람이나 사물을 나타낼 때는 some을 쓴다.

🎓 대표 문제
 R37

------- of the most important people at our company attended the conference to discuss buying land.

(A) Few   (B) Every   (C) Some   (D) Much

✏️ 시나공 풀이법

------- of the most important people at our company attended the conference
　　　　　　주어　　　　　　　　　　　전치사구　　　　　동사　　동사(attended)의 목적어

to discuss buying land.
　　부정사구

　　　　　　　　　some of the + 명사
　　　　　　　　　셀 수 있는 몇몇의 명사

　　　　　　every of라는 표현은 없음　　　　　　　　　　　불가산명사에만 씀

(A) Few　　　　　　(B) Every　　　　　(C) Some　　　　　(D) Much
거의 ~없는　　　　　　모든　　　　　　몇몇의　　　　　　많은

문장분석   부정대명사(Some)는 가산명사와 불가산명사를 모두 취하므로 'some of the' 뒤 명사는 가산명사와 불가산명사에 모두 올 수 있다.

해   설   선택지는 모두 부정대명사이다. Few는 '거의 ~없는'이라는 부정의 의미가 있으며, 의미상 어울리지 않아 (A)는 정답이 될 수 없다. Every of라는 표현은 없고, 형용사이므로 (B)도 정답에서 제외된다. Much는 주로 셀 수 없는 것들을 나타낼 때 쓰이므로 (D)도 정답이 될 수 없다. 위 문제의 경우 긍정문이고, of 뒤 people이 막연한 사람들을 가리키므로 (C) Some이 적합하다.

해   석   우리 회사 고위 간부들 중 일부가 토지 매입 건을 논의하기 위해 회의에 참석했다.

표현정리   **attend** 참석하다 **discuss** 논의하다

정   답   (C)

✎ 시나공 POINT

막연한 사람이나 사물을 나타낼 때는 대명사 some을 쓴다.

핵심 이론

> **some과 any의 차이**
>
> > 두 대명사 모두 '몇 개, 일부'의 뜻이지만 some은 주로 긍정문에, any는 부정문에 쓰인다.
> >
> > The company donated **some** money to charity.
> > 회사는 자선단체에 약간의 돈을 기부했다.
> >
> > There is no difference in salary between **any** of the employees.
> > 직원들 간의 급여 차이는 없다.

Some of the workers at the plant have been working there for at least 10 years.
공장의 직원 중 일부는 거기서 일한지 최소 10년이 넘었다.

▶ some은 '몇몇, 일부'라는 의미로 쓰이며, 'some + 명사' 형태로도 쓴다.

Any of our factories will not be closed despite the serious recession.
심각한 경기 침체에도 불구하고 우리 공장 중 어느 곳도 폐쇄하지 않을 것이다.

▶ any 는 '어떤 ~라도'라는 의미로 쓰이며, 'any + 명사' 형태로도 쓴다.

Most of the employees have problems with the new reporting system.
대부분의 직원들이 새로운 보고 시스템으로 문제에 직면했다.

▶ most는 '대부분'이라는 의미로 쓰이며, 'most + 명사' 형태로도 쓴다.

All of the seats in the meeting room are full.
회의장의 모든 좌석이 꽉 찼다.

▶ all은 '모든'이라는 의미로 쓰이며, 'all + 명사' 형태로도 쓴다.

위의 대명사들은 형용사로도 쓰인다는 것을 기억하자.

Step 3 | **실전 문제**

1 ------- of the employees at our company have excellent educations.

(A) Every   (B) Much   (C) Each   (D) Most

2 He was late for another meeting, so there were ------- of his colleagues left after the meeting.

(A) much   (B) no   (C) nothing   (D) none

▶ 정답 및 해설은 해설집 20쪽 참고

부정대명사 ②

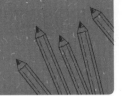

 실전 포인트

풀 이 전 략 선택지에 another와 other가 나와 있으면 가산 단수명사 앞 빈칸엔 another를, 가산 복수명사 앞 빈칸엔 other를 쓴다.

🎓 대표 문제

R38

------- stockholders need to collaborate on developing safer alternatives.

(A) Other   (B) The another   (C) Another   (D) The other

✏️ 시나공 풀이법

------- stockholders need to collaborate on developing safer alternatives.

주어 → 복수형 동사 / 동사 / on의 목적어 / 동명사(developing)의 목적어

(A) Other   (B) The another   (C) Another   (D) The other

복수   단수   단수   복수(불가산)

문 장 분 석 일반명사 앞에 빈칸이 오면 관사나 형용사, 대명사 등의 한정사가 온다. other 다음에는 단수, 복수 모두 올 수 있고, another 뒤에는 단수만 올 수 있다. 동사 collaborate는 on과 같이 쓴다.

해   설 명사 앞에 빈칸이 오면 other와 another 둘 중 하나만 선택하는 문제이다. 이때 빈칸 뒤 명사가 단수이면 another를, 복수이면 other를 쓴다. 위 문제의 경우 복수명사(stockholders) 앞에 빈칸이 왔으므로 (A) Other를 써야 한다.

해   석 다른 주주들은 좀 더 안전한 대책들을 마련하는데 협력할 필요가 있다.

표 현 정 리 stockholder 주주 collaborate on ~에 협력하다 safe 안전한 alternative 대안

정   답 (A)

시나공 POINT
another 다음의 명사는 단수를, other 다음의 명사는 복수를 써야 한다.

핵심 이론

부정대명사 other의 구분

1개 (one)	the other	다른 마지막 하나
	another	또 다른 하나
	the others	나머지 모두

another vs. other

	가산명사	불가산명사
another	O(단수)	×
other	O(복수)	O

cf. other는 another와는 달리 대명사로 쓸 수 없다.
cf. another 뒤에 시간, 무게, 금액이 올 때는 복수명사가 가능하다.
ex) for another two weeks(앞으로 2주 동안), another 2 kilograms(2kg 더), another 10 dollars(10달러 더)

There is not **another** editor at the company. 회사에는 더 이상 다른 편집자가 없다.

▶ 단수명사(editor) 앞에는 another를 쓴다. 간혹 기간(two weeks) 앞에서 '추가로'란 뜻으로 출제되기도 한다.

Other facilities at the company were also destroyed. 회사 내 다른 시설물들 역시 파괴되었다.

▶ 복수명사(facilities) 앞에서는 other를 쓴다. 간혹 불가산명사 앞 빈칸을 고르는 문제로도 출제된다.

If you have a problem with the copier, we will exchange it for **another**.
만약 복사기에 문제가 있다면, 우리는 그것을 다른 것으로 교체해 드리겠습니다.

▶ 언급된 것 외에 막연한 또 다른 하나를 나타낼 때 another를 쓴다.

Of the two copy machines, one is too expensive and **the other** is relatively affordable.
두개의 복사기 중 하나는 너무 비싸고 나머지는 상대적으로 저렴합니다.

▶ 정해진 두 개 중 하나는 one, 나머지는 the other를 쓴다.

1 The employees are able to go to ------- branch offices located overseas and have a wide variety of experiences.

(A) one   (B) another   (C) others   (D) other

2 This internship will broaden your knowledge of the field and help you to be active in ------- organization.

(A) each other   (B) another   (C) himself   (D) other

▶ 정답 및 해설은 해설집 20쪽 참고

Unit 39 기타 빈출 대명사

Step 1 | 실전 포인트

풀 이 전 략   빈칸에 채워 넣어야 할 대명사는 of the 뒤에 온 명사와 수를 일치시켜야 한다.

 대표 문제 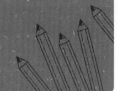 R39

------- of the employees are being forced to move to the new office far from the city.

(A) Much　　　　(B) Little　　　　(C) Some　　　　(D) Every

 시나공 풀이법

------- of the employees are being forced to move (to the new office far from the city.)
　　주어　　　　　　　　　동사　　　　　보어　　　　　수식어
　　　↓
　복수

(A) Much　　　　(B) Little　　　　(C) Some　　　　(D) Every
불가산명사 수식　　불가산명사 수식　　가산, 불가산명사 수식　　형용사

해　설   대명사의 수일치 문제는 자주 출제된다. '------- + of the 명사' 구조에서 빈칸에 들어갈 대명사는 of the 뒤 명사와 수를 일치시켜야 한다. 명사가 복수로 왔다면 복수대명사를, 명사가 불가산명사로 왔다면 불가산대명사를 빈칸에 넣어야 한다. 위 문제의 경우 명사가 복수(employees)로 왔으므로 (C) Some을 쓴다. Some은 가산명사와 불가산명사를 모두 취한다. (A)와 (B)는 불가산명사와 일치시켜야 한다. (D)는 형용사이므로 대명사 자리에 올 수 없다.

해　석   직원들 중 일부는 도시로부터 멀리 떨어진 새로운 사무실로 옮기도록 강요받고 있다.

표현정리   be forced to ～하도록 강요받다 far 먼

정　답   (C)

시나공 POINT
'------- + of the 명사' 구조에서 빈칸에 채워 넣어야 할 대명사는 of the 뒤에 온 명사와 수일치시킨다.

핵심 이론

대명사의 단수, 복수 구분

단수 취급하는 대명사	one, either, neither, each, another, the other, much, little, someone, something, nobody, nothing, this, that 등
복수 취급하는 대명사	both, several, few, others, those, these, the others, many 등
단수/복수 모두 취급하는 대명사	most, some, any, all 등

Little <u>has</u> been done to reduce the difference.　차이를 줄이기 위해 어떤 조치도 취해지지 않았다.

▶ little은 형용사와 대명사가 모두 가능하며, 주어(대명사)로 쓰일 때 동사는 단수 취급한다.
　 cf. little + 불가산명사 + 동사 단수 / little of the(소유격) + 불가산명사 + 동사 단수

Much of the success <u>is</u> due to the sales team.　성공의 많은 부분은 영업부 덕분이다.

▶ much는 형용사와 대명사가 모두 가능하며, 대명사로 쓸 경우 'much of the + 불가산 명사'의 형태로 쓸 수 있다. 이 때 동사는 단수 취급한다.
　 cf. much + 불가산명사 + 동사 단수 / much of the(소유격) + 불가산명사 + 동사 단수

All of our salespeople always <u>try</u> to exceed sales targets.
우리 영업 사원 모두는 항상 판매 목표를 넘기려고 애쓴다.

▶ all은 형용사와 대명사가 모두 가능하며, 대명사로 쓸 경우 'all of the(소유격) + 가산명사 복수/불가산명사'의 형태로 쓸 수 있다. 이 때 of the 뒤에 오는 명사의 수에 동사를 수일치시킨다.

One of the employees <u>is</u> on sick leave because of health problems.
직원 중 한명이 건강 문제로 병가 중이다.

▶ one은 형용사와 대명사가 모두 가능하며, 대명사로 쓸 경우 'one of the + 가산명사 복수'의 형태로 쓸 수 있다. 이때 동사는 무조건 단수로 쓴다.
　 cf. one + 단수명사 + 동사 단수 / one of the + 가산 복수명사 + 동사 단수

1 ------- of the employees want to request time off this summer.

(A) Another　　　(B) Anyone　　　(C) Much　　　(D) Some

2 In those times, ------- of the company's products were manufactured domestically.

(A) much　　　(B) most　　　(C) plenty　　　(D) almost

▶ 정답 및 해설은 해설집 21쪽 참고

REVIEW TEST

1. Please let me know your phone number or email address if ------- has changed.
   (A) whatever (B) nowhere
   (C) others (D) either

2. Sometimes there are situations in which employees have difficulty expressing themselves during ------- presentations on stage.
   (A) theirs (B) them
   (C) they (D) their

3. The companies rehired ------- old staff members after getting over its financial difficulties.
   (A) theirs (B) their
   (C) they (D) them

4. He didn't want to give up on the project, but ------- admitted that he could not finish it by the end of the month.
   (A) he (B) his
   (C) himself (D) him

5. The manager was always eager to help ------- as much as she could.
   (A) their (B) they
   (C) them (D) theirs

6. Of the two prototypes of the new product, one was disqualified, but ------- was qualified for sales.
   (A) another (B) the other
   (C) ones (D) both

7. When she finishes the course, Mary must return all the office equipment except the stapler, which is ------- to keep.
   (A) hers (B) her
   (C) she (D) herself

8. Salaries are consistently higher for night shift workers than the salaries of ------- who work the day shift.
   (A) that (B) whoever
   (C) those (D) such

9. ------- of the workers agreed that they should hold another meeting about the customer's complaint.
   (A) Much (B) Most
   (C) Each (D) Nothing

10. ------- of the candidates is having an interview with five interviewers in the Personnel Department.
    (A) Each (B) Most
    (C) Every (D) Much

▶ 정답 및 해설은 해설집 21쪽 참고

유형 분석 8

전치사

전치사는 명사 앞에서 시간, 장소, 위치, 방향 등의 의미를 나타낸다. 전치사에는 한 단어로 된 단일전치사, 두 단어로 된 이중전치사, 세 단어로 된 구 전치사 등이 있다.

WARMING UP

1) 전치사의 개념

전치사는 극히 예외적인 경우를 제외하고는 단독으로 쓰일 수 없고, 명사나 명사형 앞에 쓰여 시간이나 장소, 방향 등과 관련된 일정한 의미를 나타낸다. 예를 들어 the desk라는 명사 앞에 on이 쓰이면 on the desk가 되어 '책상 위에'라는 장소를 나타내는 일정한 의미가 형성된다.

ex) Tuesday 화요일 → on Tuesday 화요일에
    a house 집 → in a house 집 안에서
    a mountain 산 → to a mountain 산으로, 산을 향해

2) 전치사의 역할

전치사는 문장에서 명사나 명사형과 결합하여 크게 형용사와 부사의 역할을 수행한다.

① 형용사 역할을 하는 전치사구(전치사 + 명사)

명사 뒤에 놓여 명사를 꾸며주거나 be동사 뒤에 놓여 보어의 역할을 한다.

I want some information about the item.   그 상품에 관한 정보를 얻고 싶습니다.

▶ 명사 수식

The copier is out of order.   복사기가 고장 났다.

▶ 주어(명사) 서술

② 부사 역할을 하는 전치사구(전치사 + 명사)

동사, 형용사, 부사를 수식하거나 문장 전체를 수식하는 역할을 한다.

She called me after lunch.   그녀는 나에게 점심 후에 전화했다.

▶ 동사 수식

Breakfast is available for free.   아침 식사는 공짜로 이용할 수 있다.

▶ 형용사 수식

In the end, we agreed the proposal.   결국 우리는 그 제안에 동의했다.

▶ 문장 전체 수식

02 예제 풀어보기

괄호 안에 있는 두 전치사 중 문자에 알맞은 전치사를 고르시오.

1 I have an appointment with Mr. Brown (at / in) 3 o'clock.

2 It was usually used (in / on) the offices.

3 James has left (for / by) the U.S.

4 (According to / Despite) the report, SAM showed an increase its profits.

5 (In addition to / In accordance with) teaching yoga, David films yoga DVDs.

03 예제 확인하기

한 단어로 된 전치사

1 I have an appointment with Mr. Brown **at** 3 o'clock.　나는 브라운 씨와 3시에 약속이 있다.

▶ 전치사(at)는 목적어(3 o'clock) 앞에서 시간을 나타낸다.

2 It was usually used **in** the offices.　그것은 주로 사무실에서 사용되었다.

▶ 전치사(in)는 목적어(the offices) 앞에서 장소를 나타낸다.

3 James has left **for** the U.S.　James는 미국으로 떠났다.

▶ 전치사(for)는 목적어(the U.S.) 앞에서 방향을 나타낸다.

두 단어로 된 전치사

4 **According to** the report, SAM showed an increase its profits.

보고서에 따르면 SAM은 수익 증가를 보였다.

▶ 전치사(according to)는 목적어(the report) 앞에서 출처를 나타낸다.

세 단어로 구성된 전치사

5 **In addition to** teaching yoga, David films yoga DVDs.

David는 요가를 가르치는 일 외에도 요가 DVD를 만든다.

▶ 전치사(in addition to)는 목적어(teaching) 앞에서 추가를 나타낸다.

Unit 40 전치사의 위치

풀 이 전 략　선택지에 전치사가 있고 명사나 동명사 앞에 빈칸이 있으면 전치사 자리이다.

 대표 문제

 R40

All the employees came ------- the convention to attend the seminar this morning.

(A) shortly　　　　　(B) there　　　　　(C) to　　　　　(D) when

 시나공 풀이법

All the employees came ------- the convention to attend the seminar this morning.
　　　주어　　　　동사　　　전치사구(for + 목적)　　　　부정사구(부사적 용법, 목적)
　　　완전한 문장

> All the employees came까지 완전한 문장이기 때문에 빈칸엔 수식어구가 와야 한다.

(A) shortly　　　　　(B) there　　　　　(C) to　　　　　(D) when
　　부사　　　　　　　부사　　　　　　　전치사　　　　　　접속사

문 장 분 석　형용사 all은 'all the + 명사' 형태로 사용하고, 'the all + 명사' 형태로 쓰지 않도록 주의한다.

해　　　설　선택지에 전치사가 나와 있으면 명사, 동명사, 대명사 앞은 전치사 자리이다. 빈칸 뒤에 명사 목적어(the convention)가 왔으므로 전치사인 (C) to를 써야 한다. (A) 부사, (B) 부사, (D) 접속사 등은 전치사 자리에 쓸 수 없다.

해　　　석　모든 직원들은 오늘 오전에 세미나에 참석하기 위해 총회에 왔다.

표 현 정 리　convention 총회　attend 참석하다

정　　　답　(C)

✏ 시나공 POINT

명사나 동명사 앞에는 전치사가 오며, 이때 명사나 동명사는 전치사의 목적어 역할을 한다.

핵심 이론

전치사의 위치와 역할

1. 전치사 + 명사 상당어구(명사, 대명사, 동명사)
   ▶ 전치사는 명사 앞에 오며, 여기서 명사는 전치사의 목적어이다.

2. 전치사에 명사가 붙은 〈전치사 + 명사〉는 문장에서 형용사, 부사 역할을 한다.
   형용사 역할: I bought a **car** for the event. (앞의 car를 꾸며줌)
   나는 행사를 위한 차를 구입했다.

   부사 역할: He **takes the subway** due to the heavy traffic.
   그는 교통체증 때문에 지하철을 탄다. (앞의 takes the subway를 꾸며줌)

The employees usually use the reference books <u>at</u> the library.
직원들은 보통 도서관에서 참고도서를 이용한다.

▶ 명사 목적어(the library) 앞은 전치사(at) 자리이다.

I wonder if it would be possible <u>for</u> you to meet him this coming Monday.
저는 당신이 다가오는 월요일에 그를 만나실 수 있는지 궁금합니다.

▶ 대명사 목적격(you) 앞은 전치사(for) 자리이다.

The company solved the problem <u>by</u> expanding its use of waste paper.
회사는 폐지 사용을 늘림으로써 문제를 해결했다.

▶ 동명사(expanding) 앞은 전치사(by) 자리이다.

1 He cannot apply for the job ------- getting a medical examination.

(A) even   (B) though   (C) unless   (D) without

2 She wants to be friendly to the customers ------- the other members of the Sales Department.

(A) similarly   (B) like   (C) for instance   (D) together

▶ 정답 및 해설은 해설집 22쪽 참고

Unit 41 시간 전치사

풀 이 전 략   시간 전치사는 각각의 시간 전치사별로 용법을 잘 정리해서 알아두어야 혼동을 줄일 수 있다.

🎓 대표 문제

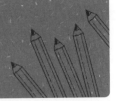 R41

The meeting for the employees to discuss the new project will start ------- 10 o'clock.

(A) on   (B) for   (C) at   (D) in

✏️ 시나공 풀이법

The meeting (for the employees) (to discuss the new project) will start (------- 10 o'clock).
주어   전치사구   부정사구(형용사적 용법)   동사   at + 시점
          수식   시간을 나타내는 전치사 at

(A) on   (B) for   (C) at   (D) in
위치, 요일   목적, 용도   시간   장소, 시간(~동안, ~후에)

문 장 분 석   전치사 for는 목적의 의미로 '~을 위해'라는 뜻으로 가장 많이 사용된다.

해   설   시간 전치사는 시간을 나타내는 전치사들을 서로 구별하여 빈칸을 고르는 문제로 출제된다. (A), (C), (D)는 모두
          시간 전치사들이다. (A)는 날짜, 요일 앞에 써야 하고, (C)는 정확한 시점 앞에 써야 하고, (D)는 '월, 연도, ~시간
          후에'에 써야 한다. 따라서 빈칸 뒤에 정확한 시점(10 o'clock)이 왔으므로 (C) at을 써야 한다. 이처럼 전치사 학
          습은 시간전치사 at, on, in 식으로 학습하는 것이 아니라 정확히 어떤 종류의 시간과 어울려 쓰는가를 알고 있어
          야 한다.

해   석   새로운 프로젝트를 논의하기 위한 전 직원을 대상으로 한 회의가 10시에 시작할 예정이다.

표 현 정 리   meeting 모임, 미팅 discuss 논의하다

정   답   (C)

✄ 시나공 POINT

on은 '날짜, 요일', at은 '정확한 시점', 그리고 in은 '월, 연도, ~시간 후에'를 나타낼 때 각각 쓴다.

핵심 이론

시간을 나타내는 전치사의 구분

시간	시점	~동안
at 짧은 시간, 시각 on 날짜, 요일 in 연도, 계절 등	since ~이래로 by/until ~까지	for + 기간 during + 행사, 사건 등

The interview will start **at** six o'clock.

면접은 6시에 시작될 예정이다.

▶ at(~에)은 정확한 시점(six o'clock, the end/beginning 등) 앞에 쓴다.

He has been working at this company **since** last year.

그는 작년부터 이 회사에서 근무하고 있다.

▶ since(~이래로)는 과거시점(last year, last week 등) 앞에 쓴다.

You should complete the budget report **by** the end of this month.

당신은 예산 보고서를 이달 말까지 끝마쳐야 합니다.

▶ 'by + 시점(늦어도 ~까지 완료)'은 완료동사(complete, finish, submit, inform 등)와 어울려 출제된다.

They have to postpone the employee training session **until** June.

그들은 직원교육을 6월까지 연기해야 했다.

▶ 'until + 시점(~까지 계속)'은 계속 동사(stay, remain), 연기 동사(postpone, delay) 등과 어울려 출제된다.

1 All the candidates must submit their application forms to the Personnel Department ------- September 10.

(A) for   (B) in   (C) with   (D) on

2 They have been working at this company ------- last year.

(A) toward   (B) since   (C) for   (D) on

▶ 정답 및 해설은 해설집 22쪽 참고

Unit 42 장소 전치사

Step 1 | 실전 포인트

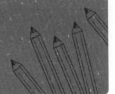

풀 이 전 략 　선택지에 전치사가 나와 있고, 고유명사 앞에 빈칸이 있으면 at을 고른다.

 대표 문제　　　　　　　　　　　　　　　　　　　　　　　　　　　　 R42

> The site of the conference has been changed, so it will be held ------- Wall Street next Monday.
>
> (A) at　　　　　(B) from　　　　　(C) throughout　　　　(D) after

 시나공 풀이법

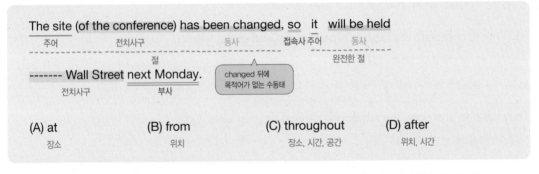

문 장 분 석 　목적어가 없는 타동사(change, hold)는 수동태를 써야 하므로 두 개의 동사 모두 수동태를 사용했다.

해 　 설 　전치사는 번지, 거리(Wall Street), 건물(academy building), 회사(trading company), 장소(press conference) 등 구체적인 장소 앞에 쓴다. 따라서 이들 구체적인 장소 앞 빈칸은 장소 전치사 at(~에)을 써야 한다. 따라서 (A) at이 정답이다.

해 　 석 　회의 장소가 변경되었으며, 회의는 다음 주 월요일 Wall Street에서 열릴 예정이다.

표 현 정 리 　change 변경하다　hold 개최하다

정 　 답 　(A)

✏ 시나공 POINT

구체적인 장소(특히 고유명사) 앞에는 at을 쓴다.

핵심 이론

빈출 장소 전치사 정리

at	on	in
특정 지점	(어떤) 표면 위에	(어떤) 공간 안에

throughout	within
~동안 내내, ~전역에	~내에

She applied for a position **at** a trading company.

그녀는 무역회사에 지원하였다.

▶ at(~에)은 구체적인 장소(고유명사, 회사, 건물 등) 앞에 쓴다.

The company is expected to establish a new branch **in** Europe.

회사는 유럽에 새로운 지점이 개설되기를 기대하고 있다.

▶ in은 나라(Europe), 도시(New York) 등의 장소 앞에 쓴다.

They export their products to markets **throughout** the world.

그들은 전 세계 시장으로 상품을 수출한다.

▶ throughout은 '전역에, 도처에'라는 뜻으로 the world, the city, the country 등과 어울려 쓴다.

He has an important position **within** the company.

그는 회사 내에서 중요한 자리에 있다.

▶ within은 '~내에'라는 뜻으로 the company, the firm 등과 어울려 출제된다.

1 Businesses such as restaurants and hotels are now a common sight ------- the country.

(A) next to   (B) into   (C) except   (D) throughout

2 Those wishing to transfer to different teams ------- the firm are asked to contact their supervisors first.

(A) on   (B) within   (C) beyond   (D) across

▶ 정답 및 해설은 해설집 22쪽 참고

Unit 43 구 전치사

Step 1 │ 실전 포인트

풀 이 전 략   2개 이상 단어가 모여 하나의 의미를 이루는 전치사로, 구 전치사와 의미가 같은 접속사와 구별해서 암기해 두자.

🎓 대표 문제

 R43

------- its failure to launch the new product, the company still remains in first place in the steel industry.

(A) While   (B) Due to   (C) In spite of   (D) Although

✏️ 시나공 풀이법

```
------- its failure to launch the new product, the company still remains in first place
              명사구                                          주어      부사  동사(2형식)   보어(형용사 역할)
양보를 나타내는 전치사
in spite of

in the steel industry.
     전치사구
```

(A) While   (B) Due to   (C) In spite of   (D) Although
접속사(~ 동안)   전치사(~ 때문에)   전치사(~에도 불구하고)   접속사(~에도 불구하고)

문 장 분 석   [전치사 + 명사구, 주어 + 동사]의 구조로 시험에 매달 출제되는 구조이다.

해   설   같은 의미를 가진 접속사와 전치사는 한데 묶어서 풀어야 한다. 전치사 뒤에는 목적어가 와야 하고, 접속사 뒤에는 절(주어 + 동사)이 와야 한다. 빈칸 뒤에 목적어(the failure)가 왔으므로 전치사인 (B) Due to와 (C) In spite of 중에 해석을 통해 풀어야 한다. 문맥상 신제품 출시에 실패했지만 여전히 선두자리를 유지한다는 내용이 어울리므로 '~에도 불구하고'라는 의미를 가지고 있는 (C) In spite of가 정답이다.

해   석   신제품 출시에 실패했음에도 불구하고, 회사는 아직 철강업계 선두 자리를 유지하고 있다.

표 현 정 리   failure 실패   in first place 1등의, 우승의   steel 철강

정   답   (C)

시나공 POINT

전치사 다음은 명사(구), 대명사, 동명사가 오고, 접속사 다음은 문장(주어 + 동사 + ~)이 온다.

핵심 이론

자주 나오는 구전치사

in case of ~의 경우에	as a result of ~의 결과로
instead of ~대신에	regardless of ~에 상관없이
on behalf of ~을 대신(대표)하여	such as ~와 같은
in addition to ~에 덧붙여	in recognition of ~을 인정하여
along with ~와 함께	according to ~에 따르면
in[with] regard to ~에 관하여	except for ~을 제외하고

같은 의미의 접속사와 전치사의 구별

의미	접속사	전치사(구)
접속사	because, since, as, now that	because of, due to, owing to
전치사(구)	(al)though, even though, even if	in spite of, despite
~한 경우에	in case (that), in the event (that)	in case of, in the event of

We have received many questions **in regard to** the new safety regulations.

우리는 새로운 안전 규정에 관한 많은 질문을 받았다.

▶ in regard to는 구 전치사로 '~관한'이라는 의미를 갖는다. 동의어로는 as to / regarding / concerning 등이 있다.

The company canceled the outdoor exhibition **because of** the bad weather.

회사는 나쁜 날씨 때문에 야외 전시회를 취소했다.

▶ 뒤에 명사구가 왔으므로 전치사가 와야 한다. 같은 의미의 접속사 because, since 등이 오답 선택지로 제시된다.

Step 3 ┊ 실전 문제

1 ------- building environmentally friendly facilities, the BICCO Center monitors all of its buildings' energy usage.

(A) In addition to (B) Regardless of (C) Furthermore (D) Due to

2 The company is currently seeking applicants who are bilingual in English and Spanish ------- the new overseas expansion project.

(A) in spite of (B) since (C) owing to (D) because

▶ 정답 및 해설은 해설집 23쪽 참고

Unit 44 전치사 숙어

풀 이 전 략   전치사 관련 숙어 및 관용 표현은 단지 전치사 문제뿐 아니라 다른 문제들을 해결하는데도 중요한 연관성이 있으므로 반드시 알고 있어야 한다. 전치사에 주의해서 관련 표현들을 암기해 두자.

대표 문제

 R44

The meeting will be held soon because the increase ------- prices has driven away customers.

(A) for   (B) with   (C) in   (D) to

시나공 풀이법

수식

The meeting will be held soon (because the increase ------- prices has driven away
　　주어　　　　　　동사　　　부사　　접속사　　　주어　　　　　　　　　　　　동사
　　　　　　　완전한 절　　　　　　　　　　　　　　　부사절

customers.)
　　　　　→ driven away의 목적어

(A) for   (B) with   (C) in   (D) to
목적, 용도   동반   증감   방향

문장분석   이유접속사(because)는 부사절 접속사로, 주어와 목적어를 모두 갖춘 완전한 절로 와야 한다.

해   설   증감 명사(increase, rise, decline)는 전치사 in과 어울려 '~의 증가, 상승, 하락'이라는 뜻으로 쓰이므로, 증감 명사 뒤 빈칸에는 전치사 in을 쓴다. 따라서 (C) in이 정답이다.

해   석   가격 인상으로 손님이 줄어들었기 때문에, 곧 회의가 열릴 것이다.

표현정리   drive away ~을 쫓아버리다

정   답   (C)

시나공 POINT
증감 명사는 전치사 in과 어울려 '~의 증가, 상승, 하락'이라는 뜻을 나타낸다.

핵심 이론

〈동사 + 전치사〉 관용 표현

account for ~을 설명하다
register for ~에 등록하다
apply for ~에 지원하다
add to ~을 더하다
refer to ~을 참조하다
subscribe to ~을 구독하다
contribute to ~에 공헌하다

comply with ~을 지키다, 준수하다
interfere with ~을 방해하다
deal with ~을 다루다, 처리하다
refrain[abstain] from ~을 삼가다
depend[rely, count] on ~에 의존하다
concentrate[center] on ~에 집중하다
enroll in ~에 등록하다

〈동사 + A + 전치사 + B〉 관용 표현

add A to B A를 B에 더하다
attribute A to B A를 B의 탓으로 돌리다
return A to B A를 B에 반환하다
transfer A to B A를 B로 옮기다
provide A with B A에게 B를 공급하다

replace A with B A를 B로 대체하다
compare A with B A와 B를 비교하다
compensate A for B A에게 B를 보상하다
congratulate A on B A에게 B를 축하하다
prevent[prohibit] A from B A가 B를 못하게 하다

〈명사 + 전치사〉 관용 표현

access to ~에 접근
reaction to ~에 대한 반응
confidence in ~에 대한 자신감
increase[rise] in ~의 증가
advances in ~의 진보

demand for ~에 대한 수요
information about(on) ~에 관한 정보
take advantage of ~을 이용하다
at the latest 늦어도
upon request 요청 시

All applicants are required to **fill out** this form. 모든 후보자들은 이 양식을 작성해야 한다.

We are planning to visit your office **at your convenience**. 귀사가 편리한 시간에 방문하려고 계획 중입니다.

---

1 The manager trains the staff and keeps saying, "Do your best to keep our customers satisfied ------- all times."

(A) in   (B) from   (C) with   (D) at

2 He complained to the manager that she was interfering ------- his project, and asked her to stop doing that.

(A) to   (B) in   (C) from   (D) for

▶ 정답 및 해설은 해설집 23쪽 참고

REVIEW TEST

1. All employees are asked to attend the meeting ------- 7 o'clock in order to discuss the new project.
   (A) in
   (B) on
   (C) for
   (D) at

2. Except for those in the first and second rows, which are reserved for the presenters, employees may choose any of the seats ------- the auditorium.
   (A) to
   (B) in
   (C) of
   (D) by

3. The application of the company's newly changed policy concerning better employee benefits will start ------- Monday.
   (A) at
   (B) on
   (C) for
   (D) since

4. The manager is will soon be replaced to a new position, but he will remain with the Sales Department ------- next week.
   (A) by
   (B) at
   (C) until
   (D) from

5. When you take a flight to go to an overseas branch, all of your luggage should be stored ------- the seat in front of you.
   (A) beneath
   (B) over
   (C) next
   (D) under

6. Our company will open its third branch ------- the Walden Square, which will be the biggest trading company building in that area.
   (A) from
   (B) about
   (C) in
   (D) at

7. All employees in the Sales Department should finish their projects ------- the next two weeks.
   (A) within
   (B) along
   (C) into
   (D) through

8. The executive meetings concerning emergency situations usually occurs more than four times ------- the year.
   (A) throughout
   (B) except for
   (C) between
   (D) except

9. Anyone interested in this position should submit a resume to the human resources manager ------- next Monday.
   (A) during
   (B) by
   (C) up
   (D) until

10. The study suggests a number of possible solutions to the conflict ------- the fields of environmental and competition law.
    (A) among
    (B) of
    (C) below
    (D) between

▶ 정답 및 해설은 해설집 23쪽 참고

유형 분석

9

to부정사

부정사는 문장에서 어떤 품사로 사용될지 정해져 있지 않다는 의미에서 부정사라고
부른다. 부정사는 문장의 쓰임에 따라 명사, 형용사, 부사로 쓰인다.

WARMING UP

1) 부정사의 개념

우리말에서 '가다'는 동사이다. 그런데 이 동사 '가다'를 우리말의 명사형으로 바꿔 보면 '가는 것'이 되고, 형용사형은 '갈', 그리고 부사형은 '가기 위해' 등으로 나타낼 수 있다. 그렇다면 영어에서는 '가는 것', '갈', ' 가기 위해'를 어떻게 표현할 수 있을까? 바로 동사 앞에 to를 붙여 주면 된다. 이렇듯 문장 내에서 어떤 동사가 명사나 형용사처럼 쓰이기도 하며, 또는 부사처럼 쓰이는 등 쓰임새가 다양하여 일정한 품사를 정할 수 없기 때문에 '정해지지 않은 품사'라는 뜻을 지니고 있는 것을 '부정사'라 한다.

2) 부정사의 역할

① 명사 역할

to부정사가 문장에서 명사처럼 쓰여 주어, 목적어, 보어 역할을 하는 경우에 해당하며 '～하는 것', '～하기' 등으로 해석한다.

To go shopping is fun. 쇼핑가는 것은 재미있다.
▶ 문장의 주어

I want to go shopping with you. 나는 너와 쇼핑가기를 원한다.
▶ 타동사의 목적어

Our next schedule is to go shopping. 우리의 다음 계획은 쇼핑가는 것이다.
▶ be동사의 보어

② 형용사 역할

to부정사가 형용사처럼 쓰여 명사를 뒤에서 수식하는 경우에 해당하며, '～할, ～하는'으로 해석한다.

I need a room to rest. 나는 쉴 수 있는 방이 하나 필요하다.

③ 부사 역할

to부정사가 부사처럼 쓰여서 형용사, 부사, 동사, 또는 문장 전체를 수식하는 경우에 해당한다. 주로 '～하기 위해, ～하게 되어' 등으로 해석한다.

He works to provide for his family. 그는 가족을 부양하기 위해서 일한다.

We are pleased to announce the news. 우리는 그 소식을 알려 드리게 되어 기쁩니다.

02 예제 풀어보기

다음 문장과 해석을 보고, 밑줄 친 부분이 문장에서 어떤 역할을 하는지 고르시오.

1 He promised <u>to call me often</u>.   (주어 / 목적어 / 보어)

그는 나에게 자주 전화하겠다고 약속했다.

2 <u>To obey the business's bylaws</u> is every employee's duty.   (주어 / 목적어 / 보어)

비즈니스 규정을 준수하는 것은 모든 직원들의 의무이다.

3 Her job is <u>to research the market condition</u>.   (주어 / 목적어 / 보어)

그녀의 일은 시장 상황을 조사하는 것이다.

4 He has the right <u>to terminate the agreement</u>.   (부사 / 형용사)

그는 계약을 종료할 권리가 있다.

5 We decided to install an automatic system <u>to save time</u>.   (부사 / 형용사)

우리는 시간을 절약하기 위해 자동화 시스템을 설치하기로 결정했다.

03 예제 확인하기

1 He promise to call me often.   그는 나에게 자주 전화하겠다고 약속했다.
          ~~목적어~~

▶ 위 문장에서 to call은 동사 call에 to가 붙어 '전화하는 것'이라는 의미로 목적어 역할을 하고 있다. 이처럼 to와 동사(call)가 결합하여 to부정사(to call)를 만드는 것을 부정사라고 한다.

2 To obey the business's bylaws is every employee's duty.   비즈니스 규정을 준수하는 것은 모든 직원들의 의무이다.
    주어

▶ 부정사가 주어 자리에서 명사 역할을 하고 있다.

3 Her job is to research the market condition.   그녀의 일은 시장 상황을 조사하는 것이다.
          ~~보어~~

▶ 부정사가 be동사 뒤에서 보어 역할을 하고 있다.

4 He has the right to terminate the agreement.   그는 계약을 종료할 권리가 있다.
              형용사

▶ 부정사가 명사 뒤에 놓여 명사를 수식할 때 형용사적 용법이라 한다.

5 We decided to install an automatic system to save time.
    주어   동사   목적어   부사

                완전한 절
우리는 시간을 절약하기 위해 자동화 시스템을 설치하기로 결정했다.

▶ to부정사가 주어와 동사, 목적어를 모두 갖춘 완전한 절 앞 또는 뒤에 놓일 때 부사적 용법이라 한다.

Unit 45 부정사의 위치 ①

Step 1 실전 포인트

 풀 이 전 략   to부정사는 주어와 보어 자리에는 거의 출제되지 않으며, 대부분 목적어 자리로 출제된다.

🎓 대표 문제

R45

> I want ------- you a chance to stay at your present job, but at a higher salary.
>
> (A) offered   (B) offering   (C) to offer   (D) offers

✏️ 시나공 풀이법

I (want)------- you a chance to stay at your present job, but at a higher salary.
주어 / 동사   간목   직목   부정사   전치사구   전치사구
           4형식(offer는 4형식 동사)
      →to부정사를
      목적어로 가지는 동사

(A) offered   (B) offering   (C) to offer   (D) offers
동사(과거), 과거분사   동명사   to부정사   동사, 명사

문 장 분 석   등위접속사(but)는 구와 구를 병렬시킬 수 있다. 따라서 전치사구(at your present job)와 전치사구(at a higher salary)끼리 병렬되었다.

해   설   선택지에 to부정사와 동명사가 등장하면 둘 중 하나를 선택하는 문제이다. 동사 want는 to부정사를 목적어로 취하는 동사이다. 따라서 빈칸 앞에 want가 왔으므로 to부정사인 (C) to offer가 정답이다.

해   석   나는 당신이 현재 있는 직책에 더 높은 급여를 받고 근무하기를 원한다.

표 현 정 리   offer 제공하다   chance 기회   present 현재의

정   답   (C)

📌 시나공 POINT
> 선택지에 to부정사의 동명사가 나와 잇으면 둘 중 하나를 선택하며, 동사가 무엇을 목적어로 취하는지 파악하면 된다.

핵심 이론

to부정사는 명사처럼 주어, 목적어, 보어 자리에 온다.

명사: ～하는 것	주로 주어, 목적어 자리에 쓰인다.
형용사: ～할	주로 명사 뒤에서 명사를 수식한다.
부사: ～하기 위해	동사, 형용사, 부사를 수식한다.

To buy a car is easy. 차를 구입하는 일은 쉽다.

I bought a book to read. 나는 읽을 책을 구입했다.

I worked hard to buy a house. 나는 집을 사기 위해 열심히 일했다.

- **주격 보어 역할**

  The aim of companies is **to maximize** their profits.

  기업들의 목적은 이익을 극대화하는 것이다.

  ▶ 목적의 뜻을 가진 purpose, aim, goal과 임무의 뜻을 가진 mission 등은 'be + to부정사'와 동격으로 어울려 출제된다.

- **목적어 역할**

  The manager refused **to offer** special discounts for some products.

  매니저는 일부 제품에 대해서는 특별 할인을 제공하기를 거절했다.

  ▶ to부정사는 명사처럼 목적어 자리에 온다.

- **목적격 보어 역할**

  The manager encouraged all the employees **to attend** the seminar.

  매니저는 모든 직원이 세미나에 참석하도록 독려했다.

  ▶ to부정사는 명사처럼 목적보어 자리에 올 수 있다.

* 주어 역할을 하는 to부정사는 토익 시험에 출제되는 경우가 극히 드물기 때문에 기출 패턴으로는 다루지 않는다.

1 The donation from the United Hospital Fund will allow Baltimore Children's Hospital ------- 6 more doctors to its current staff of 32.

(A) additional   (B) addition   (C) adding   (D) to add

2 The purpose of the letter is ------- membership to those who wish to join our club.

(A) to offer   (B) offering   (C) offer   (D) offered

▶ 정답 및 해설은 해설집 24쪽 참고

Unit 46 부정사의 위치 ❷

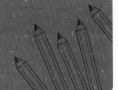

 Step 1 **실전 포인트**

풀 이 전 략   문두에 빈칸이 있고, 그 뒤에 'comma + 완전한 절'로 오면 빈칸은 to부정사를 고른다.

🎓 대표 문제

 R46

------- strong relationships between its employees, the company had a two-day, one-night workshop.

(A) Established   (B) Establish   (C) To establish   (D) Establishment

🖊 시나공 풀이법

<u>-------</u> <u>strong relationships</u> <u>between its employees,</u> <u>the company</u> <u>had</u>
　부정사구(~하기 위해)　　　　　　　　　전치사구　　　　　　　　주어　　　동사
<u>a two-day, one-night workshop.</u> ──➤ To establish의 목적어
　　　동사(had)의 목적어

(A) Established   (B) Establish   (C) To establish   (D) Establishment
　동사(과거), 과거분사　　　현재 복수동사　　　　　to부정사　　　　　　명사

문 장 분 석   to부정사(To establish)가 타동사로 사용되어 그 뒤에 목적어(strong relationships)가 왔다.

해　　설   문두에 빈칸이 있고, 그 뒤에 'comma + 완전한 절'이 뒤따르면 빈칸은 to부정사 자리이다. 이때 to부정사는 목적(~하기 위해서)의 뜻으로 부사적 용법에 속한다. (A)가 과거분사라면, 빈칸에 쓸 수는 있지만 과거분사는 목적어 없이 써야 하므로 오답이다. 따라서 (C) To establish가 정답이다.

해　　석   직원들간의 관계를 돈독히 하기 위해 회사는 1박 2일간의 워크숍을 가졌다.

표 현 정 리   establish 설립하다, 확립하다   two-day, one-night 1박 2일

정　　답   (C)

 시나공 POINT

'------- + 목적어/수식어, 완전한 문장' 구조에서 빈칸은 to부정사 자리이다.

핵심 이론

완전한 절 앞 또는 뒤 빈칸을 고르는 문제는 to부정사의 1순위 문제 중 하나이다.

to부정사의 부사 역할

특징	to부정사구를 빼면 문장에 있어야 할 요소를 모두 갖추고 있다.
위치	문장의 맨 앞(~, 절), 문장의 끝
해석	~하기 위해서, ~하게 되어

We need a sufficient number of samples **to give** a reliable analysis.

주어 동사   목적어

          완전한 절

우리는 신뢰할 만한 분석을 하기 위해 충분한 표본이 필요하다.

▶ 주어와 목적어를 모두 갖춘 완전한 절 뒤 빈칸은 to부정사 자리이다. 이때 to부정사는 '목적'의 의미로 쓰인다.

To gain recognition, Kentanawa carved a unique image in its products.

          주어   동사   목적어

                   완전한 절

인지도를 얻기 위해, 켄타나와는 제품에 독특한 이미지를 새겨 넣었다.

▶ 문두에 빈칸이 있고 그 뒤에 'comma + 완전한 절'로 왔다면 빈칸은 to부정사 자리이다.

In order to work efficiently, establish a schedule. 효율적으로 일하기 위해, 일정을 짜세요.

▶ 동사원형 앞 빈칸은 in order to를 쓴다. in order to부정사는 to부정사를 강조하는 표현으로 '목적'의 의미로 쓰인다.

1 ------- receive the best service, a customer must be polite and patient.

(A) In addition to   (B) As if   (C) So that   (D) In order to

2 The Maintenance Department has been working hard for weeks ------- its internal network system.

(A) update   (B) to update   (C) updated   (D) updates

▶ 정답 및 해설은 해설집 24쪽 참고

부정사를 취하는 동사 ①

Unit 47

풀 이 전 략   to부정사를 목적어로 취하는 빈출/기출 동사들을 모두 암기해 두어야 한다.

🎓 대표 문제

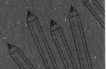 R47

Despite the rainy weather, Allegheny County intended ------- the project on time.

(A) to finish   (B) finishing   (C) to be finished   (D) finishes

---

✏️ 시나공 풀이법

Despite the rainy weather, Allegheny County intended ------- the project on time.

    despite + 명사   전치사구   주어   동사   동사의 목적어 finish의 목적어   전치사구

to부정사를 목적어로 가지는 동사

(A) to finish   (B) finishing   (C) to be finished   (D) finishes
   to부정사   동명사   to부정사 수동형   현재 단수동사

문장분석   intend는 to부정사 외에도 '목적어 + to부정사' 모두 사용하는 동사라는 것을 기억한다.

해   설   선택지에서 to부정사가 오답인 경우는 드물다. 따라서 선택지에 to부정사가 등장하면 우선순위 정답 후보로 고려
해야 한다. 특히 to부정사가 동명사와 함께 선택지에 등장한다면 이는 더 말할 것도 없다. to부정사를 목적어로 취
하는 동사는 암기해서 푸는 문제이므로 기출/빈출 동사들을 필히 암기한다. 빈칸 앞 intend는 to 부정사를 목적
어로 취하는 동사이므로 (A), (C) 중에 고민한다. 그러나 빈칸 뒤에 목적어(project)가 왔으므로 능동태인 (A) to
finish가 정답이다. 이처럼 부정사를 이용한 태 문제도 출제된다는 것을 기억한다.

해   석   비가 오는 날씨에도 불구하고, Allegheny County는 프로젝트를 일정대로 완공할 의도였다.

표현정리   intend to ～할 의도이다   on time 제 때에, 시간에 맞춰

정   답   (A)

✏ 시나공 POINT
'원하다, 계획하다, 약속하다' 등 미래의 일을 나타내는 동사 뒤에는 to부정사가 목적어로 쓰인다.

핵심 이론

1. to 부정사를 목적어로 취하는 동사

want to	~하는 것을 원하다	refuse to	~하는 것을 거절하다	strive to	~하려고 애쓰다
decide to	~하는 것을 결정하다	intend to	~하는 것을 의도하다	plan to	~할 계획이다
fail to	~하는 것을 실패하다	ask to	~하는 것을 요구하다	promise to	~할 약속하다

2. 'be동사 + 형용사 + to부정사' 덩어리 표현

be able to	~할 수 있다	be pleased to	~을 기쁘게 생각하다
be likely to	~할 것 같다	be willing to	기꺼이 ~하다
be proud to	~을 자랑스럽게 여기다	be eligible to	~할 자격이 있다
be ready to	~할 준비가 되다	be eager to	~하고 싶어하다

The company **decided** to reduce its employees to save labor costs.

회사는 인건비를 줄이기 위해 직원을 줄이기로 결심했다.

The company **plans** to increase productivity and efficiency by using new technology.

회사는 새로운 기술을 사용함으로써 생산성과 효율성을 높일 계획이다.

The company **was able** to complete the construction project in time.

회사는 제때에 건축 프로젝트를 끝낼 수 있었다.

We **are pleased** to introduce our new products in the market this week.

우리는 이번 주에 시장에 자사의 신제품을 발표할 수 있어서 기쁘다.

1 Idenis Pharmaceuticals will attempt ------- to any questions or complaints in a timely manner.

(A) responded   (B) respond   (C) response   (D) to respond

2 Some customers are willing ------- some products at significantly discounted prices.

(A) purchase   (B) purchasing   (C) to purchase   (D) to be purchased

▶ 정답 및 해설은 해설집 24쪽 참고

Unit 48 부정사를 취하는 동사 ❷

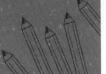

풀 이 전 략   선택지에 to부정사가 있고, '동사 + 목적어 + ────' 구조라면 to부정사를 고른다.

 대표 문제   R48

> Since Miguel Perez objected to the previous budget, he has prepared a speech -------
> his support of the revisions.
>
> (A) explains   (B) explanation   (C) to explain   (D) explained

 시나공 풀이법

Since Miguel Perez objected to the previous budget,
접속사   주어   자동사 덩어리   목적어

> '자동사 + 전치사'는 타동사처럼
> 뒤에 목적어를 가진다.

────────────── 부사절 ──────────────

he has prepared a speech (------- his support of the revisions.)
주어   동사   목적어   to부정사구(부사적 용법)

──── 완전한 절 ────

(A) explains   (B) explanation   (C) to explain   (D) explained
현재 단수동사   명사   to부정사   동사(과거), 과거분사

문 장 분 석   'since + 주어(Miguel Perez) + 과거동사(objected)'는 현재완료(has prepared)와 어울려 쓴다.

해   설   to부정사가 오답인 문제는 드물다. 따라서 선택지에 to부정사가 있으면 단서가 될 만한 것들을 찾아야 하는데, to 부정사의 단서는 모두 빈칸 앞쪽에 있다는 것을 기억한다. 동사(prepare)는 '목적어 + to부정사'를 취하는 동사이 므로 (C) to explain이 정답이다.

해   석   미구엘 페레즈가 이전 예산안을 반대한 후로, 그는 수정안에 대한 그의 지지를 설명하기 위해 발표를 준비했다.

표 현 정 리   object to 명사 ~에 반대하다 support 지지하다, 지탱하다 revision 수정

정   답   (C)

시나공 POINT

to부정사는 목적어뿐만 아니라 목적보어에도 쓰인다.

핵심 이론

to부정사를 목적보어로 취하는 동사

to부정사를 목적보어로 취하는 빈출 동사(동사 + 목적어 + to부정사)

require ~하라고 요청하다	allow ~하게 허락하다
invite ~하게 초대/권장하다	remind ~하라고 상기시키다
advise ~하라고 조언하다	ask ~하라고 요청하다
expect ~하기를 기대하다	prepare ~을 준비하다
enable ~을 가능하게 하다	permit ~을 허락하다

목적어와 목적보어로 to부정사를 취하는 동사

want ~하기를 원하다	need ~를 필요로 하다
expect ~을 기대하다	ask ~하라고 요청하다

The company **asked the customers** <u>to fill out</u> the online survey.

회사는 고객들에게 온라인 설문조사를 작성해 달라고 요청했다.

The manager **advised the employees** <u>to keep</u> the documents in the cabinet.

매니저는 직원들에게 문서를 캐비닛에 보관하라고 조언했다.

The manger **expects the employees** <u>to submit</u> the proposal on time.

매니저는 직원들이 제안서를 정시에 제출할 것으로 기대한다.

1 A new training program would enable the factory workers ------- their scheduled projects much more efficiently.

(A) completed   (B) completion   (C) completing   (D) to complete

2 The new rule effective as of today will permit employees ------- their vehicles overnight in designated areas.

(A) parks   (B) to park   (C) for parking   (D) parking

▶ 정답 및 해설은 해설집 25쪽 참고

REVIEW TEST

1. If you wish ------- this mailing service, you need to call a customer service representative and request to remove your name from the mailing list.
   (A) to cancelling
   (B) cancellation
   (C) to cancel
   (D) cancelling

2. I would like to invite all senior financial analysts ------- the meeting scheduled for April 11 in the conference room at the Botswana Corporation.
   (A) attended
   (B) attendance
   (C) attending
   (D) to attend

3. The ------- of the corporate wellness program is to give more encouragement to the newly established product development division.
   (A) source
   (B) objective
   (C) warranty
   (D) development

4. ABST support services help them ------- the needs of people who experience severe and persistent mental health problems.
   (A) meets
   (B) for meeting
   (C) meeting
   (D) meet

5. ------- the reservation of your preferred times, we recommend that you complete the registration procedure 3 weeks in advance.
   (A) To ensure
   (B) Ensured
   (C) To be ensured
   (D) To ensuring

6. You should ------- to take an alternate route because the Sacramento Bridge will be closed for repairs starting next Monday.
   (A) enjoy
   (B) plan
   (C) lead
   (D) account

7. Research shows that the average CEO in this industry took only 23.6 years ------- attain the top position.
   (A) in order to
   (B) such that
   (C) as though
   (D) regarding

8. The hospital is trying to make employees ------- their hands when the employees enters the room.
   (A) washed
   (B) washer
   (C) wash
   (D) washing

9. The notice reminds customers ------- these fragile products with care.
   (A) handles
   (B) handles
   (C) handling
   (D) to handle

10. The new CFO ------- to provide a more detailed version of the annual financial report before the next meeting.
    (A) promised
    (B) denied
    (C) discussed
    (D) canceled

▶ 정답 및 해설은 해설집 25쪽 참고

유형 분석

10

동명사

동명사는 동사원형에 –ing를 붙인 형태로 명사적 의미를 갖는다.

WARMING UP

1) 동명사의 개념

우리말에서 '가다'라는 동사는 '가는 것', '가기', '감' 등의 다양한 명사형으로 바꿀 수 있다. 영어에서는 이와 같이 동사를 명사처럼 나타낼 때, 동사에 -ing를 붙여 쓸 수 있는데, 이러한 형태를 '동명사'라 한다.

2) 동명사의 역할

to부정사와 마찬가지로, 동명사도 문장 내에서 주어, 목적어, 그리고 보어의 역할을 수행한다.

① Studying English everyday is important.   매일 영어 공부하는 것은 중요하다.   ▶ 주어

② I continued studying English everyday.   나는 매일 영어 공부하는 것을 계속했다.   ▶ 타동사의 목적어

③ We talked about studying English everyday.   우리는 매일 영어 공부하는 것에 대해서 이야기했다.   ▶ 전치사의 목적어

④ My hobby is studying English everyday.   나의 취미는 매일 영어 공부하는 것이다.   ▶ 주격보어

3) 동명사가 명사와 다른 점

동명사는 문장 내에서 명사의 역할을 담당하지만 엄밀히 말하면 동사에서 파생된 품사이므로 동사의 성질을 내표하고 있다. 따라서 명사와는 다른 특징들을 지니고 있다.

① 명사는 관사를 붙일 수 있지만 동명사는 관사를 붙일 수 없다.

ex) I have a <u>book</u>.   나는 한 권의 책을 가지고 있다. (O)

My hobby is a <u>drawing</u> a picture.   나의 취미는 그림 그리기이다. (X)

② 동명사는 동사처럼 목적어나 보어를 가질 수 있고, 부사의 꾸밈을 받을 수 있지만 명사는 그렇지 못하다.

ex) He likes studying <u>English</u>.   그는 영어를 공부하는 것을 좋아한다.

▶ English가 동명사 studying의 목적어로 쓰인다.

Exercising <u>regularly</u> is difficult.   정기적으로 운동하는 것은 어렵다.

▶ regularly가 동명사 Exercising을 수식하고 있다.

02 예제 풀어보기

다음 문장과 해석을 보고, 밑줄 친 부분이 문장에서 어떤 역할을 하는지 고르시오.

1 Hiring new employees is my job.　　　　　　　　　　　　(주어 / 목적어)

신입사원들을 채용하는 것이 나의 업무이다.

2 Taking advantage of your location is important in strategy.　　(주어 / 목적어)

당신의 위치를 활용하는 것이 전략적으로 중요하다.

3 The company finished printing the newspaper.　　　　　　(주어 / 목적어)

회사는 신문 인쇄를 끝마쳤다.

4 They managed to finish the project by conducting market research.　(주어 / 목적어)

그들은 시장조사를 함으로써 프로젝트를 끝낼 수 있었다.

03 예제 확인하기

1 Hiring new employees is my job.　　신입사원들을 채용하는 것이 나의 업무이다.
　　동명사

> ▶ 위 문장에서 주어는 '채용하는 것'이라는 의미의 Hiring이다. Hiring은 동사 hire에 -ing이 붙은 것으로 명사처럼 주어 자리에 왔다. 이 hiring과 같은 형태를 동명사라고 한다. 동명사는 동사에 -ing을 붙인 것으로 동사처럼 목적어를 취할 수 있고, 명사처럼 주어, 목적어, 보어 자리에 올 수 있다.

2 Taking advantage of your location is important in strategy.
　　주어　　take의 목적어　　　　　　단수동사

당신의 위치를 활용하는 것이 전략적으로 중요하다.

> ▶ 주어 자리에 명사처럼 동명사(Taking)가 올 수 있고, 동명사는 동사처럼 목적어(advantage)를 취할 수 있다. 또한 동명사 주어는 단수 취급되어 단수 동사(is)로 받는다는 것도 기억하자.

3 The company finished printing the newspaper.　　회사는 신문 인쇄를 끝마쳤다.
　　　　　　　　동사　　동명사　print의 목적어

> ▶ 타동사 뒤 목적어 자리에 명사처럼 동명사(printing)가 올 수 있고, 동명사는 동사처럼 목적어(the newspaper)를 취할 수 있다.

4 They managed to finish the project by conducting market research.
　　　　　　　　　　　　　　　　　　전치사　동명사　　　목적어

그들은 시장조사를 함으로써 프로젝트를 끝낼 수 있었다.

> ▶ 전치사 뒤 목적어 자리에도 동명사가 올 수 있다.

Unit 49 동명사의 위치 ①

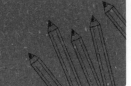

 Step 1 | **실전 포인트**

풀 이 전 략   문두에 '------ + 목적어 + (수식어)' 덩어리가 있고, 덩어리 뒤에 단수동사가 왔다면 빈칸은 동명사 자리이다.

대표 문제

 R49

------ to a project with commitment is important for better organizational performance.

(A) Contributed   (B) Contributes   (C) Contributing   (D) Contributions

시나공 풀이법

------ to a project with commitment is important for better organizational performance.
동명사 주어 contribute to의 목적어 전치사구   동사   보어   전치사구

> contribute는
> 전치사 to와 함께 쓰임

(A) Contributed   (B) Contributes   (C) Contributing   (D) Contributions
동사(과거), 과거분사   현재 단수동사   동명사   명사

문장분석   자동사 contribute는 전치사 to와 어울려 '~에 기여하다'라는 뜻을 갖는다. '자동사 + 전치사'는 타동사와 같은
          의미가 되며, 그 뒤에 목적어를 취할 수 있다.

해   설   문두에 빈칸이 있고, 그 뒤에 동사가 왔다면 문두 빈칸은 주어 자리이다. 주어 자리에는 명사나 동명사가 올 수 있
          는데, 동명사는 단수 취급되어 단수동사로 와야 하며, '~하는 것'이란 뜻으로 쓴다. 따라서 문두에 '------ + 목적
          어 + (수식어)' 덩어리가 있고 덩어리 뒤에 단수동사가 왔다면 빈칸은 (C) 동명사가 와야 한다. (D) 역시 빈칸의 주
          어 자리에 올 수 있지만 동사와 수가 일치하지 않아 오답이다. 주의할 것은 '자동사(contribute) + 전치사(to)'는
          타동사 덩어리라는 것을 기억한다.

해   석   프로젝트에 책임감을 가지고 노력하는 것은 더 나은 회사 실적을 위해 중요하다.

표현정리   **contribute to** ~에 기여하다 **with commitment** 의지를 갖고 **organizational** 회사의, 조직의 **performance**
          성과, 실적

정   답   (C)

 시나공 POINT

동명사는 문장에서 주어, 목적어, 보어의 자리에 오지만 토익에선 대부분 주어와 목적어의 자리를 묻는 문제로 나온다.

핵심 이론

동명사는 명사처럼 주어, 목적어, 보어 자리에 오고, 동사처럼 뒤에 목적어를 취한다.

동명사의 특징	
동사 + -ing 형태	동사원형에 '-ing'를 붙인다.
주어, 목적어, 보어 역할	문장에서 주어, 목적어, 보어 자리에 쓰인다. 보어는 주어와 일치할 때만 쓴다.
동사의 성격을 유지한다.	일반동사처럼 뒤에 목적어를 가진다.

- **주어 자리**

  Making a copy is quite a simple procedure. 복사하는 것은 꽤 단순한 절차이다.

  make의 목적어

  ▶ 동명사(Making)는 명사처럼 단수동사(is) 앞 주어 자리에 쓴다.

- **목적어 자리**

  Our company consultants <u>suggested</u> **reducing** unnecessary expenses.
  저희 회사의 고문들은 불필요한 비용을 줄일 것을 제안했다.   reduce의 목적어

  ▶ 동명사(reducing)는 명사처럼 동사(suggest) 뒤 목적어 자리에 쓴다.

  We will hold a launching ceremony <u>before</u> **releasing** the new product.
  저희는 신제품 출시 전에 설명회를 열 것이다.   release의 목적어

  ▶ 동명사(releasing)는 명사처럼 전치사(before) 뒤 목적어 자리에 쓴다.

- **보어 자리**

  My hobby <u>is</u> **travelling** throughout the country. 나의 취미는 전국을 여행하는 것이다.

  ▶ 동명사 (travelling)는 명사처럼 be동사 뒤 보어 자리에 쓴다. 주어(hobby)와 동명사 보어(travelling)는 동격이어야 한다.

1 A team of three researchers has finished ------- the first of five sets of data gathered in Colorado, New Mexico, and Brazil.

(A) analyzed   (B) analyzation   (C) to analyze   (D) analyzing

2 ------- the enclosed survey after reading the general instructions on the back of this page is the easiest way you can get involved in the growth of Casa Adalijao.

(A) Completions   (B) Completing   (C) Completed   (D) Completes

▶ 정답 및 해설은 해설집 26쪽 참고

Unit 50 동명사의 위치 ❷

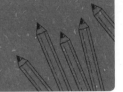

풀 이 전 략　　전치사와 목적어 사이의 빈칸에는 동명사가 온다.

🎓 대표 문제

R50

> The Starlet safety key is now attached to a tether to discourage you from ------- the key.
>
> (A) misplaced　　　　(B) misplacement　　　　(C) misplacing　　　　(D) misplace

✏️ 시나공 풀이법

The Starlet safety key is now attached to a tether to discourage you from ------- the key.
　　　주어　　　　　　　동사 부사　　보어　　　　전치사구　　부정사구(부사적용법) 목적어 전치사　동명사 동명사의 목적어

　　　　　　　　　　　be attached to는 따로 암기　　　　　　　　　　　　　　　　　　전치사구(전치사 + 명사 상당어구)

(A) misplaced　　　　(B) misplacement　　　　(C) misplacing　　　　(D) misplace
　동사(과거), 과거분사　　　　　　명사　　　　　　　　동명사　　　　　현재 복수동사

문장분석　　동사 discourage는 prevent, keep 등과 더불어 '목적어 + from + V-ing' 형태로 '~을 못하게 하다'는 뜻으로 쓰인다.

해　　설　　전치사 뒤는 목적어 자리이다. 목적어 자리에는 명사와 동명사 모두 올 수 있다. 동명사는 동사의 성질이 있으므로 동사처럼 목적어를 취할 수 있다. 따라서 '전치사 + -------' 덩어리 뒤에 목적어가 있으면 빈칸에는 동명사가 오고, '전치사 + -------' 덩어리 뒤에 목적어가 없으면 빈칸에는 명사가 온다. 위 문제의 경우 '전치사 + -------' 덩어리 뒤에 목적어(the key)가 왔으므로 동명사인 (C) misplacing이 정답이다.

해　　석　　Starlet 안전키는 당신이 열쇠를 분실하는 것을 방지하도록 사슬에 연결되어 있습니다.

표 현 정 리　　be attached to ~에 달려 있다　tether 밧줄, 사슬　discourage (무엇을 어렵게 만들거나 반대하여) 막다, 의욕을 꺾다
　　　　　　misplace (제 자리에 두지 않아) 찾지를 못하다

정　　답　　(C)

✎ 시나공 POINT

동명사는 '전치사의 목적어' 역할을 할 수 있고, 그 자체가 뒤에 목적어를 취할 수도 있다.

핵심 이론

전치사의 목적어를 고르는 문제가 동명사 1순위 문제이다.

전치사 뒤의 명사와 동명사의 구분

전치사 뒤	명사와 동명사가 올 수 있다.
구분 기준	목적어의 유무(명사는 목적어를 취할 수 없고 동명사는 목적어를 취할 수 있다).
이유	동명사가 동사의 성격을 가지고 있기 때문이다.

We sincerely apologize for the delay in ~~deliver~~ your order.
                                          delivering
우리는 당신의 주문을 배달하는데 지연이 된 점에 대해서 깊이 사과드립니다.

We can install the equipment <u>without</u> ~~interruption~~ the power supply.
                                            interrupting
우리는 전기 공급을 차단하지 않고 장비를 설치할 수 있다.

▶ '전치사 + -------' 덩어리 뒤에 목적어(the power supply)가 있으므로 빈칸은 동명사(interrupting)를 쓴다.

Without ~~pressuring~~, you can try on anything you want in this store.
         pressure
부담 없이 매장에 있는 원하는 옷들을 입어 보시기 바랍니다.

▶ '전치사 + -------' 덩어리 뒤에 목적어가 없으므로 빈칸은 명사(pressure)를 쓴다.

1 Richard Williamson, a spokesman for the Human Resources Department, objected to -------
staff next month due to the limited budget.

(A) adds   (B) addition   (C) added   (D) adding

2 With the aim of ------- all of our guests, Marbella recently built some holiday villas downtown,
and they were designed with some very special features.

(A) satisfaction   (B) satisfying   (C) satisfied   (D) satisfactory

▶ 정답 및 해설은 해설집 26쪽 참고

동명사를 취하는 동사

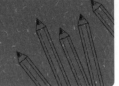

Step 1 | 실전 포인트

풀이전략   선택지에 동명사가 있고, 빈칸 앞에 동명사를 목적어로 취하는 동사가 있으면 동명사를 고른다.

 대표 문제

 R51

A significant increase in sales allowed the company to consider ------- its profits.

(A) investing   (B) invested   (C) invest   (D) investment

 시나공 풀이법

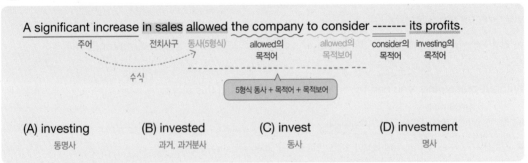

(A) investing   (B) invested   (C) invest   (D) investment
동명사   과거, 과거분사   동사   명사

문장분석   allow는 '목적어 + to부정사'를 취하는 동사이다. 이때 to부정사는 목적보어로 5형식 문장이다.

해   설   동명사를 목적어로 취하는 동사를 암기해야 한다. 동명사를 목적어로 취하는 대표적인 동사는 consider, include, suggest, recommend 등이 있다. 위 문제의 경우 빈칸 앞에 consider가 왔으므로 동명사인 (A) investing이 정답이다.

해   석   상당한 매출 증가는 회사로 하여금 신제품에 투자하는 것을 고려하도록 했다.

표현정리   significant 상당한 consider 고려하다 profit 이익

정   답   (A)

✎ 시나공 POINT
consider, include, suggest, recommend 등은 동명사를 목적어로 취한다.

📖 핵심 이론

동명사를 목적어로 취하는 동사

avoid ~을 피하다	enjoy ~을 즐기다	mind ~을 꺼리다
consider ~을 고려하다	finish ~을 끝내다	postpone ~을 연기하다
deny ~을 부인하다	give up ~을 포기하다	recommend ~을 추천하다
discontinue ~을 중단하다	include ~을 포함하다	suggest ~을 제안하다

Mr. McDonnell is <u>considering</u> **applying** for the sales manager position.

McDonnell 씨는 영업 부장 직에 지원할지를 고려 중이다.

The manager <u>suggested</u> **extending** the deadline to complete the project.

매니저는 프로젝트 마감일을 연장해 달라고 제안했다.

The manager <u>recommended</u> **using** the internet to reserve a meeting place.

매니저는 회의 장소를 예약하는데 인터넷을 사용하는 것을 추천했다.

cf. 동명사의 부정형

He suggested **not offering** customer service anymore.

그는 더 이상 고객 서비스를 제공하지 말 것을 제안했다.

▶ 동사 + ing 앞에 not을 붙여서 부정형을 만든다.

Step 3 | 실전 문제

1 Our used ski shop is equipped with a wide selection and a great choice of equipment for skiers of every level who want to avoid ------- high retail prices.

(A) pay   (B) paying   (C) paid   (D) to pay

2 The manager suggested ------- late on Friday and Saturday nights during the peak season between June 1 and August 31.

(A) closed   (B) close   (C) to close   (D) closing

Unit 52 동명사 빈출 표현

 Step 1 │ **실전 포인트**

풀 이 전 략   동명사와 관련된 빈출 패턴들을 최대한 많이 숙지하도록 하자.

대표 문제

 R52

> We look forward to ------- with you and hope that our relationship is mutually beneficial.
>
> (A) work   (B) works   (C) working   (D) worked

 시나공 풀이법

┈┈> 전치사(to부정사 아님)

We look forward to ------- with you and hope that our relationship is mutually beneficial.
주어 │ 동명사의 관용적 표현 │ 전치사구 │ 접속사 │ 동사 │ 접속사 │ 주어 │ 동사 │ 부사 │ 보어

전치사 뒤는 명사
선택지에서 명사 역할을 하는 것은 동명사

(A) work   (B) works   (C) working   (D) worked
현재 복수동사   현재 단수동사   동명사   동사(과거), 과거분사

문 장 분 석   and 뒤에는 앞에서 사용된 주어 We가 생략된 문장이다.

해   설   동명사의 관용적 표현은 필히 암기해야 한다. '~을 기대하다'는 'look forward to V-ing'로 나타내므로 (C) working을 써야 한다.

해   석   우리는 당신과 일하기를 고대하고 있으며, 우리의 관계가 서로에게 이롭기를 바랍니다.

표 현 정 리   **look forward to -ing** ~을 기대하다 **mutually** 상호간에, 서로 **beneficial** 이익이 되는

정   답   (C)

✎ 시나공 POINT
전치사 to와 부정사 to를 구분해서 알아두어야 한다.

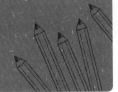

핵심 이론

동명사 빈출 표현

be committed to -ing ~에 전념하다	be worth -ing ~할 가치가 있다
look forward to -ing ~하기를 고대하다	object to -ing ~에 반대하다
be accustomed[used]to -ing ~에 익숙하다	contribute to -ing ~에 공헌하다
have difficulty (in) -ing ~하는데 어려움을 겪다	keep (on) -ing 계속 ~하다
be busy (in) -ing ~하느라 바쁘다	on[upon] -ing ~하자마자
be dedicated[devoted] to -ing ~에 헌신적이다	feel like -ing ~하고 싶다
spend 시간/돈 (in) -ing ~하는 데 시간/돈을 쓰다	go -ing ~하러 가다
cannot help -ing ~하지 않을 수 없다	

We are looking forward to **seeing** you soon.
우리는 당신을 곧 만나 뵙기를 고대합니다.

He is considering **acceping** the proposal.
그는 그 제안을 수용할지 고려 중이다.

All of them were accustomed to **working** overtime.
그들 모두 초과근무를 하는 것에 매우 익숙했다.

The founder of the organization is still committed to **expanding** his business.
회사 설립자는 아직도 사업을 확장하는데 매우 헌신적이다.

Step 3 | 실전 문제

1 The NCBA members of the beef industry are committed to ------- the safest possible products in Canada.

(A) produce   (B) production   (C) produced   (D) producing

2 Due to their sizes, small underground coal mining companies in New Zealand have difficulty ------- their productivity.

(A) increases   (B) increasing   (C) increase   (D) increased

▶ 정답 및 해설은 해설집 27쪽 참고

REVIEW TEST

1. I would highly recommend ------- Paces Moving, Inc. to any business or individual that is planning to move.
   (A) using
   (B) usable
   (C) use
   (D) used

2. ------- some valid and meaningful data from surveys on behalf of a company takes time, energy, and resources.
   (A) Collecting
   (B) Collections
   (C) Collected
   (D) Collects

3. Most of the employees did not disagree with ------- parking guidelines that went into effect two weeks ago.
   (A) follower
   (B) following
   (C) followed
   (D) follow

4. The BBC reporters are accustomed to ------- all sorts of obstacles to meet their deadlines.
   (A) be surmounted
   (B) surmounts
   (C) surmounting
   (D) surmount

5. The company will be taking disciplinary action against the employee who went to the business conference without ------- his part of the presentation.
   (A) organize
   (B) organized
   (C) organization
   (D) organizing

6. Homeowners often ask what renovations are worth ------- in before selling their homes.
   (A) invest
   (B) investing
   (C) to invest
   (D) invested

7. The CEO of our company insists on ------- a new company building despite the board members' objection.
   (A) constructed
   (B) constructing
   (C) construction
   (D) constructs

8. Only authorized users identified by the Personnel Department have access to ------- about the customers.
   (A) informed
   (B) informs
   (C) information
   (D) informing

9. The Sales and Marketing Department is responsible for ------- the Sofia Hotel's unique amenities and services by advertising in the local newspaper.
   (A) promote
   (B) promoting
   (C) promoted
   (D) promotion

10. To apply for this position, remember ------- our website for details about the application requirements and deadlines.
    (A) reviews
    (B) reviewer
    (C) reviewing
    (D) to review

▶ 정답 및 해설은 해설집 27쪽 참고

유형 분석

11

분사

분사란 동사원형에 '-ing' 혹은 '-ed'를 붙여 형용사처럼 명사를 수식하거나 보어 역할을 하는 것을 말한다.

WARMING UP

1) 분사의 개념

'아름다운 꽃', '용감한 소년' 등 흔히 명사를 꾸며주는 대표적인 품사가 형용사이다. 하지만 '잠자는 사자', '수집된 우표들'처럼 형용사가 아닌 다른 표현이 명사를 꾸며줄 때가 있다. 이때의 '잠자는', '수집된'은 엄밀히 말하면 형용사가 아니라 동사이기 때문에 동사를 형용사형으로 바꿔줘야만 그 의미가 통하게 되는데, 이처럼 동사의 성질을 갖고 있지만 형용사의 역할을 하는 품사를 '분사'라 한다.

2) 분사의 종류

분사는 크게 현재분사와 과거분사로 나눌 수 있는데, 각각의 특징은 다음과 같다.

	현재분사		과거분사
능동	~하게 하는 ex) an exciting game 흥미진진한 경기	수동	~해진, ~하게 된 ex) a broken window 깨진 유리창
진행	~하고 있는 ex) a sleeping baby 잠자고 있는 아기	완료	~한 ex) fallen leaves 떨어진 낙엽

3) 분사의 역할

분사는 동사에서 파생되었지만 형용사 역할을 하기 때문에 기본적으로 형용사와 동일한 역할을 수행한다. 다만 동사의 성질도 지니고 있으므로 그 뒤에 목적어를 취할 수 있다.

The man is watching <u>TV</u>.   그 남자는 TV를 보고 있는 중이다.

▶ 형용사처럼 주격보어로 쓰였으나, 동사의 성질을 지니고 있으므로 뒤에 'TV'라는 목적어를 취하고 있다.

02 예제 풀어보기

다음 문장에 알맞은 분사를 고르시오.

1 Be sure to take care of the (remaining / remained) staff.

2 By tomorrow morning, you should submit the (revised / revising) copy.

3 You have to allow for guests (waiting / waited) for a long time.

4 Ships are only allowed to dock at (designating / designated) ports.

5 When (signing / sighed) the contract, read it carefully.

03 예제 확인하기

1 the **remaining** staff　(남아 있는 직원)

2 the **revised** copy　(수정된 사본)

> ▶ 위와 같이 동사원형(remain)에 -ing가 붙거나 동사원형(revise)에 -ed가 붙어 형용사처럼 명사를 수식하는 것을 분사라고 한다. 이때 분사는 동사원형에 -ing를 붙여 현재분사라고 부르고, 동사원형에 -ed를 붙여 과거분사라고 부른다.

> ▶ 현재분사는 수식받는 명사가 분사와 능동관계일 때 사용하고, 과거분사는 수식받는 명사가 분사와 수동관계일 때 사용한다. 그렇다면 능동관계란 무엇이고 수동관계란 무엇일까? 수식받는 '명사가 분사하다'는 의미이면 능동관계이고, '명사가 분사되다'는 의미이면 수동관계가 된다.

3 You have to allow for guests **waiting** for a long time.

당신은 오랫동안 기다리고 있는 고객들을 고려해야 합니다.

> ▶ 수식을 받는 '명사(guests)가 기다린다.'는 의미이므로 능동관계이며, 현재분사인 waiting을 써야 한다.

4 Ships are only allowed to dock at **designated** ports.

배들은 지정된 항구에서만 정박이 가능하다.

> ▶ 수식을 받고 있는 '명사(ports)가 지정된다.'는 의미이므로 수동관계이며, 과거분사인 designated를 써야 한다.

5 When **signing** the contract, read it carefully.

계약서에 서명할 때 주의 깊게 읽으세요.

> ▶ 접속사 다음 빈칸에서 빈칸 다음에 목적어가 있으면 현재분사, 목적어가 없으면 과거분사를 선택한다.

Unit 53 분사의 위치 ①

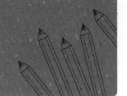

Step 1 실전 포인트

풀 이 전 략   주어가 사람이면 주격보어 자리에 과거분사가 오고, 주어가 사물이면 주격보어 자리에 현재분사가 온다.

 대표 문제   R53

We were extremely ------- with our stay although the hotel was beautiful and the people were friendly.

(A) disappoint   (B) disappointing   (C) disappointed   (D) disappointment

---

 시나공 풀이법

We were extremely ------- (with our stay)
주어   동사   부사   보어   전치사구   보어 자리에는
                           주절   형용사와 명사가 올 수 있음

although (the hotel was beautiful) and (the people were friendly.)
접속사   주어   동사   보어   등위접속사   주어   동사   보어
                 등위접속사(and)에 의한 절과 절의 병렬
                                부사절

(A) disappoint   (B) disappointing   (C) disappointed   (D) disappointment
     동사   현재분사   과거분사   명사

문 장 분 석   수식어구를 지우면 비교적 간단한 문장이 된다. 또한 과거분사는 'be disappointed with(~에 실망하다)'처럼 앞에 be동사, 뒤에 전치사와 결합하여 하나의 숙어를 이루는 경우가 많다.

해   설   보어 자리에 들어갈 분사는 감정을 나타내는 분사이다. 분사가 주격보어인 경우 주어와 보어가 능동관계이면 현재분사, 수동관계이면 과거분사를 쓰는 것이 원칙이지만 주어가 사람이면 과거분사, 주어가 사물이면 현재분사가 들어간다고 볼 수도 있다. 따라서 정답은 (C) disappointed가 된다.

해   석   비록 호텔이 아름답고 사람들도 친절했지만, 우리는 투숙에 매우 실망했다.

표 현 정 리   disappoint 실망시키다. 낙담시키다   stay 체류; 머물다   friendly 다정한, 친절한

정   답   (C)

✗ 시나공 POINT

감정분사의 경우 주어가 사람이면 보어에 과거분사, 주어가 사물이면 보어에 현재분사가 쓰인다.

핵심 이론

주어와 보어인 분사가 능동관계이면 현재분사, 수동관계이면 과거분사를 쓴다.

현재분사와 과거분사의 구분

현재분사	수식을 받는 명사와 분사의 관계가 능동 the smiling　　　girl 웃고 있는　→　소녀
과거분사	수식을 받는 명사와 분사의 관계가 수동 the offered　　　goods 제공된　→　물건

Mr. Scott was **disappointed** by the quality of the entries.

Mr. Scott은 출품작들의 수준에 실망했다.

▶ 분사가 주격보어인 경우 주어가 사람(Mr. Scott)이면 감정동사(disappoint)는 과거분사(disappointed)를 쓴다.

The initial holiday sales were **disappointing**.　초기 주말 판매량은 실망스러웠다.

▶ 분사가 주격보어인 경우 주어가 사물(holiday sales)이면 감정동사(disappoint)는 현재분사(disappointing)를 쓴다.

He found Kim **exhausted** from her constant writing.

그는 킴이 계속되는 글쓰기로 지쳐 있다는 것을 알았다.

▶ 분사가 목적보어인 경우 목적어가 사람(Kim)이면 감정동사(exhaust)는 과거분사(exhausted)를 쓴다.

Stacy found the process **exhausting**.　스테이시는 절차가 사람을 지치게 한다고 생각했다.

▶ 분사가 목적보어인 경우 목적어가 사물(process)이면 감정동사(exhaust)는 현재분사(exhausting)를 쓴다.

1 Current customers who are ------- with our products are likely to become regular customers.

(A) satisfy　　　　(B) had satisfied　　　　(C) satisfying　　　　(D) satisfied

2 Eliot Dahl, an award-winning copywriter, once made a poster of his roommate running a marathon to keep his roommate ------- on race day.

(A) inspiration　　　　(B) inspired　　　　(C) inspiring　　　　(D) been inspired

▶ 정답 및 해설은 해설집 28쪽 참고

Unit 54 분사의 위치 ②

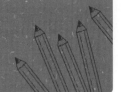

풀 이 전 략   선택지에 분사가 있을 때, 빈칸 앞과 뒤에 모두 명사가 있으면 현재분사, 빈칸 앞만 명사가 있으면 과거분사가 온다.

 대표 문제

 R54

All employees ------- in the new project are advised to participate in the world trade fair.

(A) involve   (B) involving   (C) involvement   (D) involved

 시나공 풀이법

All employees ------- in the new project are advised to participate in the world trade fair.
　　주어　　　　　　　分사구　　　　　　　동사　　　　　　to 부정사구

(A) involve   (B) involving   (C) involvement   (D) involved
현재 복수동사   현재분사   명사   동사(과거), 과거분사

문장분석   문장의 주어는 all employees, 동사는 are advised이며, 빈칸부터 project까지는 분사구문이다.

해   설   선택지에 정동사와 분사가 있을 때, 빈칸 앞뒤에 동사가 있는지 확인한다. 동사가 있다면 빈칸은 분사 자리가 되고, 동사가 없다면 동사 자리가 된다. 분사 자리로 결정이 될 경우 빈칸 앞과 뒤에 모두 명사가 있으면 현재분사, 빈칸 앞만 명사가 있으면 과거분사가 들어간다. 빈칸 뒤에 동사(are advised)가 왔으므로 빈칸은 분사 자리이다. 또한 빈칸 바로 뒤에는 명사가 아닌 전치사구가 왔으므로 (D) involved가 정답이다.

해   석   새로운 프로젝트에 관련된 모든 직원들은 세계 무역박람회에 참석할 것을 권고 받았다.

표현정리   **be advised to** ~하도록 권고되다   **participate in** ~에 참석하다   **trade fair** 무역 박람회

정   답   (D)

✗ 시나공 POINT

선택지에 정동사와 분사가 있을 때 빈칸이 정동사 자리인지 분사 자리인지를 구분한 후 분사 자리라면 현재분사와 과거분사를 구분한다.

핵심 이론

한 문장에는 중심이 되는 동사가 하나만 존재하며, 이 동사와 분사를 구분할 수 있어야 한다. 대부분 분사 뒤 목적어의 유무에 따라 구분하면 답을 고를 수 있다.

> **중심 동사와 분사의 구분**
>
> The employee <u>conducting</u> the survey <u>took</u> the day off today.
>   분사   진짜 동사
> 설문조사를 실시하고 있는 직원이 오늘 휴가를 냈다.
>
> The <u>selected</u> employee <u>conducted</u> the survey.
>   분사   진짜 동사
> 선택된 직원은 설문조사를 실시했다.

Kira Electronics delivers <u>all orders</u> ~~purchasing~~ <u>through the online store</u> within 7 days.
                                          purchased

Kira Electronics 사는 온라인 스토어를 통해 구매된 모든 주문품들을 일주일 이내에 배달합니다.

▶ 명사(all orders)와 수식어(through the online store) 사이 빈칸에는 과거분사(purchased)를 쓴다.

Richard starts his work by checking his <u>company e-mail</u>, ~~included~~ <u>customer feedback</u> every week.
                                                                including

Richard는 매주 고객 피드백을 포함한 회사 이메일을 확인하는 것으로 그의 업무를 시작한다.

▶ 명사(company e-mail)와 명사(customer feedback) 사이 빈칸에는 현재분사(including)를 쓴다.

1 This paper is based on the outcomes of the 36 audit reports ------- by Massachusetts Printer over a period of 3 years.

(A) publish   (B) published   (C) will publish   (D) publishing

2 Everyone ------- the USC School of Business is required to register his or her laptop on http://uscbusiness.edu.

(A) has attended   (B) attends   (C) attendee   (D) attending

▶ 정답 및 해설은 해설집 28쪽 참고

Unit 55 V-ing과 V-ed의 구분

풀 이 전 략   분사가 명사를 수식하는 경우 수식받는 명사와 분사가 능동 관계이면 현재분사, 수동 관계이면 과거분사가 온다.

🎓 대표 문제

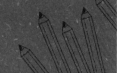 R55

We request that you return the completed and signed forms in the ------- envelope as soon as possible but no later than Thursday, April 11.

(A) enclosed   (B) enclose   (C) enclosing   (D) encloser

✏️ 시나공 풀이법

We request that you return the completed and signed forms in the ------- envelope
주어   동사   등위접속사절   전치사구

(as soon as possible) but (no later than Thursday, April 11.)
부사 덩어리   등위접속사   부사 덩어리

관사(the)와 명사(envelope) 사이에는 형용사가 온다.

(A) enclosed   (B) enclose   (C) enclosing   (D) encloser
동사(과거), 과거분사   현재 복수동사   현재분사   명사

문 장 분 석   that절은 request의 목적어가 되는 명사절이며, 관사와 명사 사이의 빈칸에는 형용사가 와야 한다.

해   설   관사(a/the)와 명사 사이 빈칸은 분사 자리이다. 이때 분사가 명사를 수식하는 경우 수식받는 명사와 분사가 능동 관계면 현재분사, 수동 관계면 과거분사를 넣는다. 따라서 (A), (C) 중에 고민한다. 수식받는 명사(envelope)와 분사가 수동 관계이므로 (A) enclosed가 정답이다.

해   석   우리는 당신이 동봉된 봉투에 있는 답변 양식을 작성하고 서명한 뒤 가능한 한 늦어도 4월 11일까지는 보내주시길 바랍니다.

표 현 정 리   completed 완성된 signed 서명된 enclose 동봉하다. 에워싸다 envelope 봉투 no later than 늦어도 ～까지는 encloser 에워싸는 것, 봉하는 것

정   답   (A)

✘시나공 POINT
관사와 명사 사이에는 형용사가 오며, 분사도 형용사의 역할을 수행한다.

핵심 이론

> 현재분사나 과거분사로 굳어진 표현들을 암기해 두자.
>
> | 현재분사로 굳어진 분사 표현 | 과거분사로 굳어진 분사 표현 |
> |---|---|
> | existing equipment 기존 설비 | attached document 첨부된 서류 |
> | leading company 일류 회사 | detailed information 세부적인 정보 |
> | growing company 성장하는 회사 | limited warranty 제한된 보증서 |
> | lasting impression 오래가는 인상 | damaged item 파손된 물건 |
> | promising member 유망한 회원 | discounted price 할인된 가격 |
> | demanding work 어려운 작업 | merged companies 합병된 회사 |

We'll assist you in finding your missing luggage.

우리가 당신이 분실한 수화물을 찾을 수 있도록 도와드리겠습니다.

▶ 'missing luggage(분실된 수하물)'처럼 '현재분사 + 명사'로 굳어진 표현은 암기해 두어야 한다.

Submit the revised project plan sometime next week.

다음 주 언젠가 수정된 프로젝트 계획을 제출하시오.

▶ 'revised project(수정된 프로젝트)'처럼 '과거분사 + 명사'로 굳어진 표현은 암기해 두어야 한다.

Every applicant should complete the attached application form.

모든 지원자는 첨부된 신청 양식의 작성을 완료해야 한다.

▶ 'attached application form(첨부된 신청 양식)'처럼 '과거분사 + 명사'로 굳어진 표현은 암기해 두어야 한다.

1 The ------- size of an aperture coupled microstrip antenna provides compatibility with portable communications systems.

(A) reduce   (B) reducing   (C) reduction   (D) reduced

2 In 1978, Granley Furniture organized the ------- company into three product lines and successfully expanded its business in Europe.

(A) grow   (B) growing   (C) grew   (D) grown

▶ 정답 및 해설은 해설집 29쪽 참고

Unit 56 분사구문

Step 1 ┊ 실전 포인트

풀 이 전 략 목적어 앞 빈칸에는 현재분사, 목적어가 없는 빈칸에는 과거분사가 온다.

 대표 문제 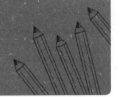 R56

> ------ the survey, you'll be provided with the opportunity to enter a monthly drawing to win a $100 BKT gift card.
>
> (A) Completely　　　(B) Complete　　　(C) Completing　　　(D) Completed

 시나공 풀이법

------ the survey, you'll be provided with the opportunity
분사　　목적어　　　주어　　동사 덩어리　　　　복석어
　　분사구문 덩어리　　　　　　　　　완전한 절
(to enter a monthly drawing to win a $100 BKT gift card.)
　　　　　　부정사구(부사적 용법)

(A) Completely　　　(B) Complete　　　(C) Completing　　　(D) Completed
　　부사　　　　　　현재 복수동사　　　　현재분사　　　　　　과거분사

문 장 분 석 원래 문장은 When you complete the survey, you'll ~인데, When you가 생략되고, 동사 complete가 분사 Completing으로 바뀐 문장이다.

해　　설 '접속사 + 주어'를 생략한 '문두 빈칸 + 목적어 또는 수식어 + comma + 완전한 절'로 올 경우에는 분사구문이 된다. 이때 빈칸 뒤에 목적어가 있으면 현재분사, 목적어가 없으면 과거분사가 들어간다. 이 문제의 경우 빈칸 뒤에 목적어(the survey)가 왔으므로 현재분사인 (C) Completing이 정답이다.

해　　석 설문지를 완성하면 당신은 100달러의 BKT 기프트카드를 얻게 되는 월별 경품행사에 응모할 기회가 주어집니다.

표 현 정 리 complete 완성하다, 마치다 be provided with ~을 제공받다 enter 참가하다, 들어가다 drawing 추첨, 복권

정　　답 (C)

시나공 POINT

분사구문의 경우 빈칸 뒤에 목적어가 있으면 현재분사, 목적어가 없으면 과거분사를 쓴다.

핵심 이론

분사구문은 부사절에서 접속사와 주어가 축약되어 분사가 오는 형태이며, 문장을 간결하게 쓰기 위해 사용한다.

While I drove the car carefully, I found a good restaurant beside the river.

①	접속사 없애기	~~While~~ I drove the car carefully, ~
②	주어 없애기	~~While I~~ drove the car carefully, ~
③	의미에 따라 동사를 분사로 고치기	~~While I~~ Driving the car carefully, ~

• **접속사를 생략한 분사구문**

Removing all the previous versions of Netapp, you can lock and unlock the toolbar.
　　　　　　　　　　목적어　　　　　　　　　　　　　　　　완전한 절

Netapp의 모든 이전 버전들을 제거하면, 당신은 툴바를 잠그거나 열 수 있다.

▶ '------- + 목적어 + comma + 완전한 절'로 왔다면 빈칸에는 현재분사(Removing)를 쓴다.

Located in the city's center, the our hotel is within walking distance of places where
　　　　　　수식어　　　　　　　　　　　　　　　　　　완전한 절
people can engage in cultural activities. 도심에 위치한 저희 호텔은 문화 활동을 할 수 있는 거리 내에 있다.

▶ '------- + 수식어 + comma + 완전한 절'로 왔다면 빈칸에는 과거분사(Located)를 쓴다.

• **접속사를 그대로 사용한 분사구문**

When **pressing** the button on the panel, you can change the volume on the screen.
패널의 버튼을 누르면, 화면상의 볼륨을 변경할 수 있다.

▶ 시간접속사(when, while, after, before)는 'V-ing + 목적어'와 함께 자주 출제된다.

Unless otherwise **stated**, all of the images are the exclusive property of Pet Rock.
달리 언급이 없으면, 모든 사진들은 Pet Rock의 독점적인 자산이다.

▶ 조건접속사(if, unless)는 'V-ed'와 함께 자주 출제된다.

1 Before ------- the device, ensure that the system power supply is switched off; otherwise, loose cable connections may result in personal in injury.

(A) check　　　　(B) checked　　　　(C) being checked　　　　(D) checking

2 If ------- by a customer, Sonoma Landscape Construction will provide a personalized design of your home by a fully qualified consultant.

(A) desire　　　　(B) desired　　　　(C) desiring　　　　(D) desirable

▶ 정답 및 해설은 해설집 29쪽 참고

REVIEW TEST

1. Unless otherwise -------, all rates are quoted in U.S. dollars and are subject to change without prior notice.

   (A) mentioned
   (B) mentioning
   (C) mention
   (D) to mention

2. To meet the ------- demand for a skilled engineering workforce within this region, the Finisar Training and Education Center has opened an office in Kuala Lumpur.

   (A) risen
   (B) rising
   (C) rises
   (D) rose

3. If you receive a ------- item, we will send you a replacement as soon as you have returned it.

   (A) damagingly
   (B) damaging
   (C) damaged
   (D) damage

4. Enclosed are ------- instructions on how to create a simulated device with the 3D Max program.

   (A) detailing
   (B) detail
   (C) detailed
   (D) details

5. Recent research says consistent, even daily incentives work better to keep employees ------- than promised rewards at some time in the future.

   (A) motivate
   (B) motivated
   (C) motivation
   (D) motivating

6. Stylized flowers, leaves, and butterflies are frequently used in a variety of decorations, ------- vases.

   (A) included
   (B) including
   (C) are included
   (D) includes

7. I regret to inform you that because of an ------- trip, this week's article will be delayed until Friday.

   (A) unexpected
   (B) expecting
   (C) unexpecting
   (D) expect

8. Information regarding the career fair location and interview schedule will be emailed to the ------- applicants prior to the event.

   (A) inviting
   (B) invite
   (C) invited
   (D) invitation

9. In the job market, competition can be fierce, and an interview can provide someone with the chance to leave a ------- impression.

   (A) lasting
   (B) lasted
   (C) lasts
   (D) will last

10. All employees ------- in the office after 7 p.m. are requested to use the rear exit when leaving.

    (A) remain
    (B) remaining
    (C) have remained
    (D) remained

▶ 정답 및 해설은 해설집 29쪽 참고

유형 분석

접속사

접속사란 단어와 단어, 구와 구, 절과 절을 연결해 주는 역할을 하는 품사를 말한다.

WARMING UP

1) 접속사의 개념
접속사는 문장 내에서 어떤 단어와 단어나 문장과 문장을 연결하고자 할 때 쓰는 품사이다.

2) 접속사의 역할
① (대등한 성격의) 단어와 단어를 연결
Jane is healthy and beautiful.　Jane은 건강하고 아름답다.

② (대등한 성격의) 구와 구를 연결
I will go to work by bus or by taxi.　나는 버스나 택시를 타고 일하러 갈 것이다.

Learns More!
* '구'는 무엇일까요?
구는 주어나 동사 없이 두 개 이상의 단어가 모여 어떤 뜻을 나타내는 말이다.
그 종류에는 명사구, 형용사구, 그리고 부사구가 있다.

명사구	주어 역할	To err is human, to forgive is divine. 잘못하는 것은 인간이요, 용서하는 것은 신이다.
	보어 역할	My hobby is playing baseball. 나의 취미는 야구하는 것이다.
	목적어 역할	I don't like going there. 나는 거기에 가는 것을 좋아하지 않는다.
형용사구	형용사 역할	The bread on the table is mine. 책상 위에 있는 그 빵은 나의 것이다.
부사구	시간	He will come back on time. 그는 제 시간에 돌아올 것이다.
	목적	I studied hard to pass the exam. 나는 그 시험에 합격하기 위해 열심히 공부했다.
	이유	Because of you, I can't see the movie. 너 때문에 나는 그 영화를 볼 수 없다.

▶ 모두 2개 이상의 단어로 구성되어 문장 내에서 명사, 형용사, 부사적 역할을 맡고 있다.

③ 문장과 문장을 연결
He likes her, but she doesn't like him.　그는 그녀를 좋아하지만, 그녀는 그를 좋아하지 않는다.

02 예제 풀어보기

다음 문장에 알맞은 접속사를 고르시오.

1 They performed the test slowly (and / but) accurately.

2 Visit our website (but / and) read the guidelines.

3 Tomorrow is a national holiday, (and / but) all stores will remain open.

4 I don't know (if / which) it is beneficial to all the staff members.

5 We should cancel the company picnic (because / that) the weather is bad..

6 He repaired the equipment (which / since) was broken last week.

03 예제 확인하기

접속사는 등위접속사, 명사절 접속사, 부사절 접속사, 형용사절 접속사 등 다양하며, 등위접속사는 단어와 단어, 구와 구, 절과 절을 대등하게 연결해 주는 역할을 한다.

1 They performed the test slowly **but** accurately.   그들은 느리지만 정확하게 임무를 수행했다.
                          부사   부사

2 Visit our website **and** read the guidelines.   웹사이트를 방문해 안내서를 읽어보세요.
        동사구   동사구

3 Tomorrow is a national holiday, **but** all stores will remain open.
                    절   절
내일 국경일이지만, 모든 매장들은 영업을 할 것이다.

반면에 명사절 접속사, 부사절 접속사, 형용사절 접속사 등은 반드시 절과 절만 연결시킨다.

4 I don't know if it is beneficial to all the staff members.
        접속사 주어 동사   보어
              know의 목적어 자리(완전한 절)

나는 그것이 모든 직원들에게 유익할지 모르겠다.

5 We should cancel the company picnic because the weather is bad.
                    주절   부사절(완전한 절)
나쁜 날씨로 인해 우리는 회사 야유회를 취소해야 한다.

6 He repaired the equipment which was broken last week.
            주절   형용사절(was의 주어가 빠진 불완전한 절)
그는 지난주에 고장 난 장비를 수리했다.

Unit 57 접속사의 위치 ①

풀이전략 선택지에 접속사가 있고, 문두에 빈칸이 있다면 빈칸에는 종속접속사가 온다.

🎓 대표 문제

 R57

------- Mr. Gensler arrived on schedule, there were unforeseen difficulties involving mechanical problems.

(A) But   (B) So   (C) Although   (D) However

✏️ 시나공 풀이법

------- Mr. Gensler arrived on schedule, there were unforeseen difficulties involving
접속사   주어   동사   전치사구   가주어   동사   주어   분사

mechanical problems.
involving의 목적어

> 주어와 동사가 2개씩(절 2개) 있으므로 접속사가 필요

(A) But   (B) So   (C) Although   (D) However
등위접속사   접속사   부사절 접속사   부사

문장분석 there는 가주어로 'there + 동사 + 주어 + 수식어' 형태의 도치 문장을 이끈다. involving은 분사구문으로, 원래 which were involving mechanical problems였던 문장에서 which were를 생략한 분사구문으로 줄여 쓴 문장이다.

해설 등위접속사는 문두에 올 수 없다. 따라서 문두에 빈칸이 있으면 등위접속사부터 소거한다. 따라서 (A), (B)는 모두 등위접속사이므로 소거한다. 절이 두 개가 왔으므로 (D) 부사도 소거한다. 따라서 (C) Although가 정답이다.

해석 Mr. Gensler는 일정에 맞게 도착했지만, 기계 장치상의 문제를 포함한 예상치 못한 어려움이 있었다.

표현정리 on schedule 예정보다 늦지 않게, 일정에 맞춰 unforeseen 예상하지 못한 mechanical 기계와 관련된, 기계장치의

정답 (C)

✏️ 시나공 POINT
등위접속사는 문두 자리에 올 수 없다.

핵심 이론

등위접속사는 문장 내에서 단어, 구, 절 등을 대등하게(등위) 연결해 주며, 같은 내용은 생략한다.

> He purchased a TV, and **he purchased a smart phone.**
> → He purchased a TV, and **purchased a smart phone.**
> → He purchased a TV, and **a smart phone.**
> 그는 텔레비전과 스마트폰을 구입했다.

~~But~~ she was in poor health, she finished her duties. 비록 건강이 좋지 않지만, 그녀는 일을 마쳤다.
Although

~~And~~ Mr. Phil resigns, the position will be vacant.
  If
필 씨가 사직하면, 그 자리는 공석이 될 것이다.

▶ 등위접속사(and, but(= yet), or, so, for)는 문두에 올 수 없다.

We are going to promote **Mr. Davidson** ~~whether~~ **Mr. Nicolson**.
                                                    or
우리는 데이비슨이나 니콜슨 둘 중 한 사람을 승진시킬 예정이다.

He got **his driver's license** ~~although~~ **a parking permit** on the same day.
                                    and
그는 운전 면허증과 주차허가증을 같은 날에 받았다.

▶ 등위접속사 자리에 부사절 접속사, 명사절 접속사는 올 수 없다.

Step **3** 실전 문제

1 ------- taxation still applies to online shopping, any shoes purchased during the buy-one-get-one-free sale are exempt from shipping charges.

(A) Yet   (B) So   (C) Therefore   (D) Even though

2 Basic computer word processing skills are preferred ------- not required for a part-time assistant in the San Antonio office.

(A) although   (B) but   (C) which   (D) however

▶ 정답 및 해설은 해설집 30쪽 참고

유형 분석 12 접속사 **183**

Unit 58 접속사의 위치 ❷

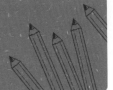

 Step 1 실전 포인트

풀 이 전 략 선택지 4개 중 접속사가 한 개만 있는 경우 접속사가 정답일 가능성이 99%이므로 접속사를 빈칸에 넣어 문맥을 확인해 본다.

대표 문제

 R58

------- the senior architect goes on a business trip, he is accompanied by his employees.

(A) Near　　　　　(B) Yet　　　　　(C) When　　　　　(D) Always

시나공 풀이법

------- the senior architect goes on a business trip, he is accompanied by his employees.

| 접속사 | 주어 | 동사 | goes on의 목적어 | 주어 | 동사 | 전치사구 |

be accompanied by

주어 2개(절 2개)를 연결하는 접속사가 필요

(A) Near　　　　　(B) Yet　　　　　(C) When　　　　　(D) Always
　전치사　　　　　　부사　　　　　　접속사　　　　　　부사

문 장 분 석 전치사 by는 '~에 의해서'라는 뜻으로 수동태에 사용될 경우 'be + 과거분사 + by + 행위자' 형태로 나타난다.

해   설 접속사 자리에 부사, 형용사, 전치사가 올 경우 모두 오답 처리한다. 4개의 선택지 중 한 개가 접속사이고 남은 3개의 선택지가 부사, 형용사 또는 전치사 등으로 구성된 경우 빈칸에 접속사를 채워 넣는 문제일 가능성이 99%이다. 따라서 신속히 절의 수를 확인한 후 절이 두 개로 왔다면 빈칸은 접속사 자리임을 알아야 한다. 위 문제의 선택지 구성인 (A) 전치사, (B) 부사, (C) 접속사, (D) 부사에서 볼 수 있듯이 선택지에는 접속사가 한 개만 있고, 절이 두 개가 왔으므로 접속사인 (C) When이 정답이다.

해   석 수석 건축가가 출장을 갈 때, 그는 그의 직원들을 동반한다.

표 현 정 리 senior 고위의, 상급의 architect 건축가 be accompanied by ~를 동반하다. (어떤 현상이) ~에 수반되어 일어나다

정   답 (C)

✎ 시나공 POINT
절이 두 개이면 반드시 접속사가 들어가야 한다.

핵심 이론

부사절 접속사 자리에 형용사, 부사, 전치사는 올 수 없다.

- **부사절 접속사의 위치**

   ------- + 주어 + 동사(완전한 절), 주어 + 동사(완전한 절).
   ▶ 빈칸은 부사절 접속사 자리로, 오답 선택지로는 등위접속사 / 형용사 / 부사 등이 나열된다.

   주어 + 동사(완전한 절) + ------- + 주어 + 동사(완전한 절).
   ▶ 빈칸은 부사절 접속사 또는 등위 접속사 자리로, 오답 선택지로는 부사 / 형용사절 접속사 / 전치사 등이 나열된다.

- **부사절 접속사의 종류**

시간	조건	양보	이유
when ~할 때	if 만약 ~라면	although / though	as / because
after ~이후에	unless 만약 ~않는다면	even if / even though	since / now (that)
while ~동안에	once 일단 ~하면	비록 ~일지라도	~ 때문에

~~During~~ the technician finishes installing the program, we can resume our work.
When

기술자가 그 프로그램을 끝낼 때 우리는 작업을 재개할 수 있다.

▶ 접속사 자리(when)에 전치사(during)가 올 수 없다.

The initial budge estimate was wrong ~~due to~~ it had inaccurate data.
                                        because

데이터가 부정확하기 때문에 초기 예산 견적서는 잘못되었다.

▶ 접속사 자리(because)에 전치사 (due to)를 쓸 수 없다.

1 ------- you agree to the program and the total price, we will make a reservation and send you an invoice with payment options via Speedpost.

(A) Later   (B) Prior   (C) Instead   (D) Once

2 ------- there is no more space on your hard drive, your computer will run slowly, and some errors will occur.

(A) Since   (B) Owing to   (C) Then   (D) Moreover

Unit 59 등위접속사

Step 1 | **실전 포인트**

풀 이 전 략   빈칸 뒤에 대조되는 어휘가 오면 but이 정답일 가능성이 높다.

대표 문제   R59

> He started his own business with great expectations, ------- it turned out to be a failure.
>
> (A) but   (B) and   (C) or   (D) for

 시나공 풀이법

He started his own business with great expectations, ------- it turned out to be a failure.
주어 동사   목적어   전치사구   주어 동사   보어

절이 2개이므로 접속사가 필요

앞문장 전체를 가리킴

(A) but   (B) and   (C) or   (D) for
역접   순접   선택   등위 접속

문 장 분 석   own은 '~자신의'라는 뜻을 가지고 소유격을 강조할 때 쓰이며, '소유격 + own + 명사' 형태로 사용한다.

해   설   등위접속사 중 but이 출제빈도가 가장 높다. but은 앞뒤 문장이 대조일 때 써야 한다. 따라서 빈칸 앞뒤에서 서로 대조되는 어휘를 찾는다. 빈칸 앞 명사(expectations)와 빈칸 뒤 명사(failure)가 대조이므로 (A) but이 정답이다. (B)는 순접, (C)는 선택, (D)는 등위접속사인 것은 맞지만 거의 오답으로 출제된다.

해   석   그는 많은 기대를 가지고 자신의 사업을 시작했지만 실패로 끝났다.

표 현 정 리   great expectation 큰 기대   turn out to be ~로 결말이 나다   failure 실패

정   답   (A)

시나공 POINT

> 빈칸 앞뒤의 단어와 단어, 구와 구, 절과 절이 순접 관계이면 and, 대조나 역접 관계이면 but, 선택 관계이면 or를 쓴다.

핵심 이론

> 등위 접속사는 그 앞뒤의 단어, 구, 절이 대등하게 와야 한다.
>
> **단어, 구, 절 + 등위접속사 + 단어, 구, 절**
>
> **등위 접속사의 종류**
>
> and 그리고(추가)   or 또는(선택)   but/yet 그러나, 하지만(반대)   so 그래서(결과)

All employers **and** employees should be mutually respectful.   모든 고용주와 고용자는 상호존중해야 한다.
　　　명사　　　　　　명사

This comes with instructions for safe **and** effective use.   이것은 안전하고 효과적인 사용을 위한 설명서가 포함됩니다.
　　　　　　　　　　　　　　　　형용사　　　　형용사

The prices of materials are slowly **but** surely recovering along with demand.
　　　　　　　　　　　　　　부사　　　　부사

자재가격은 수요증가와 함께 천천히, 그러나 확실하게 회복하고 있다.

▶ 등위접속사는 명사와 명사, 형용사와 형용사, 부사와 부사 등의 단어와 단어를 병렬시킨다.

Please complete the application **and** submit it within a week.   지원서를 작성해 1주일 내로 제출하세요.
　　　동사구　　　　　　　　동사구

They agreed to expand their business **and** to strengthen their competitive position.
　　　　　　부정사구　　　　　　　　　　　　　부정사구

그들은 사업체를 확장하고 경쟁력 있는 지위를 강화하는데 동의했다.

▶ 등위접속사는 동사구와 동사구, to부정사구와 to부정사구 등의 구와 구를 병렬시킨다.

He was sick, **so** he couldn't go to work.   그는 아파서 출근할 수 없었다.
　　절　　　　　　　절

▶ 등위접속사 so는 단어와 단어, 구와 구는 연결해 줄 수 없고, 절과 절만 병렬시킨다.

1 Your customer ratings ------- comments are shared with the public and will immediately have an effect on the sales of your products and services.

(A) though   (B) but   (C) else   (D) and

2 Stringent ------- necessary security measures at the hotel hosting the heads of SARC will be activated on March 29.

(A) otherwise   (B) but   (C) hence   (D) so

▶ 정답 및 해설은 해설집 31쪽 참고

Unit 60 상관접속사

Step 1 실전 포인트

풀 이 전 략   문장에서, both, either, neither, between, not only 등이 나오면 짝을 이루는 상관접속사를 찾아본다.

 대표 문제   R60

> PNS Officedoor can fulfill your desire to make your entrance ------- functional and
> beautiful.
>
> (A) between   (B) nor   (C) both   (D) also

 시나공 풀이법

PNS Officedoor <u>can fulfill</u> <u>your desire</u> to make your entrance ------- functional and
　　주어　　　　　동사　　　　목적어　　　　　　　　　　　부정사구

beautiful.
　　　　　　　　5형식 동사(make) + 목적어(your entrance) + 목적보어(both functional and beautiful)

(A) between   (B) nor   (C) both   (D) also
　(2개) 사이   neither A nor B   both A and B   또한

문 장 분 석   주어와 목적어를 모두 갖춘 완전한 절(PNS Officedoor can fulfill your desire)에는 to부정사를 쓴다. 이때 to
              부정사는 부사적 용법이다.

해   설   상관접속사는 both가 가장 많이 출제되고, 다음으로 either, neither 순으로 출제된다. both를 묻는 문제에서는
              between과 함께 선택지에 자주 등장하는 것이 특징인데, between, both 모두 and를 사용하기 때문이다. 따라
              서 between과 both가 함께 등장한 경우에는 해석으로 풀어야 한다. both A and B는 'AB 모두', between A
              and B는 'AB(둘) 사이에'라는 뜻으로 쓰이므로 의미상 정답은 (C)이다.

해   석   저희 PNS Officedoor는 귀하의 출입문을 실용적이면서 아름답게 만들려는 희망을 충족시켜 드릴 수 있습니다.

표 현 정 리   fulfill 실현하다, 성취하다 desire 욕구, 욕망 entrance (출)입구, 문, 입장 functional 실용적인

정   답   (C)

> **시나공 POINT**
>
> 상관접속사는 맞는 짝과 어울림을 묻는 문제로 출제되며, either는 or와, neither는 nor와, both와 between은 and와, not only
> 는 but(also)와 단짝이다.

핵심 이론

빈출 상관 접속사

상관 접속사	both	A	and	B	A와 B 모두
	either		or		A 또는 B 중의 하나
	neither		nor		A도 B도 아닌
	not only		but (also)		A뿐만 아니라 B도 (= B as well as A)
	not		but		A가 아니라 B
	between		and		A와 B 사이

I need **both** a TV <u>and</u> a computer in my kitchen. 나는 주방에 TV와 컴퓨터 모두 필요하다.

▶ both는 and와 단짝으로 출제된다.

You must return it by **either** e-mail <u>or</u> fax. 당신은 이메일 또는 팩스로 그것을 반송해야 한다.

▶ either는 or와 단짝으로 출제된다.

His car is **neither** black <u>nor</u> silver. 그의 차량은 은색도 검정색도 아니다.

▶ neither는 nor와 단짝으로 출제된다.

They are **not only** delicious <u>but also</u> nutritious. 그것들은 맛도 좋을뿐 아니라 영양가도 높다.

▶ not only는 but also와 단짝으로 출제된다.

This product is still prevalent <u>in Korea</u> **as well as** <u>the U.S.A.</u>

이 제품은 한국뿐 아니라 미국에서도 널리 사용되고 있다.

▶ as well as는 단어와 단어, 구와 구만 연결할뿐 절과 절을 연결해 줄 수 없는 접속사라는 것을 기억한다.

1 If you have any inquiries, please contact ------- Jill McCarty or the Human Resources Department.

(A) only   (B) not   (C) either   (D) so

2 Infiniti Patrol Solutions ------- monitors and sends alerts about potential bottlenecks in your system but also analyzes the system's activity in real time.

(A) no   (B) not only   (C) neither   (D) rather

▶ 정답 및 해설은 해설집 31쪽 참고

REVIEW TEST

1. Comcast is seeking a customer support manager to lead the ------- the customer relations and quality assurance teams.

   (A) between
   (B) both
   (C) or
   (D) neither

2. Some cleaning products have ingredients that can be hazardous to users at home ------- in the office.

   (A) also
   (B) nor
   (C) or
   (D) but

3. The staff members were disappointed that ------- Ms. Suwarto nor Mr. Jung was able to attend the annual dinner party.

   (A) and
   (B) neither
   (C) with
   (D) either

4. Public schools are generally, ------- not always, less expensive than private institutions in South Dakota.

   (A) but
   (B) for
   (C) so
   (D) and

5. Both of these homes offer outstanding modern facilities ------- beautiful furnishings, including elegant glass lamps.

   (A) in addition to
   (B) even though
   (C) instead of
   (D) as well as

6. If you ordered by phone, please allow ------- one or two business days for express shipping.

   (A) both
   (B) either
   (C) yet
   (D) or

7. ------- you log in to use Shanghai Bank's Internet banking system, you will be asked to enter your email address in the box.

   (A) Almost
   (B) Soon
   (C) Still
   (D) When

8. The new product appeals not only to customers who initially bought it ------- to those who had previously paid more for a drill.

   (A) and then
   (B) or else
   (C) but also
   (D) other than

9. Our customer representative will contact the Shipping Department ------- the shipment fails to arrive by the date specified in the order confirmation.

   (A) instead
   (B) if
   (C) moreover
   (D) besides

10. His role in finance is to make sure all payments are processed not only promptly ------- also correctly and to take care of the registration of new clients.

    (A) like
    (B) but
    (C) even
    (D) however

▶ 정답 및 해설은 해설집 31쪽 참고

유형 분석

13

명사절 접속사

절이란 '주어 + 동사'의 형태를 갖춘 문장을 말하는데, 이와 같은 절이 문장 내에서 주어, 목적어, 보어 등의 역할을 하는 것을 명사절이라 하고, 그 명사절을 연결해주는 접속사를 '명사절 접속사'라 한다.

WARMING UP

1) 명사절 접속사의 개념

명사절 접속사는 '주어 + 동사'의 요소를 지니고 명사의 역할을 하는 절을 명사절이라 하는데, 그 절을 이어주는 접속사를 일컫는 말이다.

① I think. 나는 생각한다.   +   ② He is a doctor. 그는 의사이다.

위처럼 두 개의 문장을 이어주려면 접속사가 필요하며, ①의 think는 타동사이므로, 목적어가 필요하다. 따라서 뒤에 나온 ②를 목적어로 만들어줘야 하는데, 이럴 경우 쓰는 품사가 that이다. 즉 다음과 같이 바꾼다면 두 개의 문장을 연결한 하나의 문장이 완성된다.

I think <u>that he is a doctor</u>. 그가 의사라고 생각한다.

이때 that 이하를 think의 목적어 역할을 하는 명사절이라하고, that을 문장과 문장을 이어주며 that 이하를 목적어로 만들어주는 역할을 하므로 '명사절 접속사'라 일컫는다.

2) 명사절 접속사의 역할

명사절 접속사는 문장 내에서 다음과 같은 역할을 수행한다.

① 주어 역할

<u>That the Earth is round</u> is true. (= It is true that the Earth is round.) 지구가 둥글다는 것은 사실이다.

② 보어 역할

His problem is <u>that he is too lazy</u>. 그의 문제점은 게으르다는 점이다.

③ 목적어 역할

I believe <u>that he is honest</u>. 나는 그가 정직하다고 생각한다.

02 예제 풀어보기

다음 문장의 밑줄 친 부분이 문장에서 어떤 역할을 하는지 쓰시오.

1 <u>What we need to do</u> is to hire a qualified employee. (   )

2 <u>Whether she can come to the party</u> is not decided. (   )

3 The directors know <u>that they must reach their targets.</u> (   )

4 We are still trying to figure out <u>what happened.</u> (   )

03 예제 확인하기

명사절 접속사는 명사처럼 주어, 목적어, 보어 자리에 위치한다. 명사절 접속사 중에는 완전한 절에 쓰는 것과 불완전한 절에 쓰는 것으로 나누어지는데, 이 두 가지를 꼭 구분해서 기억해야 한다.

주어 자리

1 (**What** we need to do) is to hire a qualified employee. 우리가 할 필요가 있는 것은 자격을 갖춘 직원을 고용하는 것이다.
주어

▶ 명사절 접속사 what이 절과 함께 명사 역할을 하여 문장 전체의 동사 is 앞에서 주어 역할을 할 수 있다. 명사절이 문장에 주어로 쓰이면 동사는 무조건 단수 취급한다. 참고로 what은 불완전한 절에 사용한다.

2 (**Whether** she can come to the party) is not decided. 그녀가 파티에 올 수 있는지 여부는 결정되지 않았다.
주어

▶ 명사절 접속사 whether가 절과 함께 명사 역할을 하여 문장 전체의 동사 is 앞에서 주어 역할을 할 수 있다. whether는 완전한 절 또는 불완전한 절 모두에 사용한다.

목적어 자리

3 The directors know (**that** they must reach their targets.)
목적어
임원들은 목표치를 달성해야 한다는 것을 안다.

▶ 명사절 접속사 that이 절과 함께 명사 역할을 하여 문장 전체의 동사 know 뒤에서 목적어 역할을 할 수 있다. that은 완전한 절에 사용하는데, '주어(they) + 동사(reach) + 목적어(their targets)'를 모두 갖춘 완전한 절로 왔다.

4 We are still trying to figure out (**what** happened.)
목적어
우리는 무슨 일이 일어났는지를 밝히려고 여전히 애쓰고 있다.

▶ 명사절 접속사 what이 절과 함께 명사 역할을 하여 전치사 out 뒤에서 목적어 역할을 할 수 있다. what은 불완전한 절에 사용하는데 여기서는 주어가 빠진 불완전한 절로 왔다.

Unit 61 명사절 접속사의 종류 ①

Step 1 | 실전 포인트

풀 이 전 략   완전한(주어, 동사, 목적어/보어 등 문장에 필요한 모든 요소가 빠지지 않고 모두 있는) 절 앞 빈칸에는 that이 오고, 불완전한 절 앞 빈칸에는 what이 온다.

 대표 문제

 R61

> ------- the new employees need to know regarding the company's benefits has been provided in the package.
>
> (A) That   (B) Then   (C) What   (D) However

 시나공 풀이법

------- the new employees need to know (regarding the company's benefits) has been
접속사   주어   동사 목적어(to부정사)   전치사구   동사(수동)

명사절(주어 자리): know의 목적어가 빠진 불완전한 절

provided (in the package).
전치사구

> 명사절 + 동사의 간단한 구로,
> 명사절은 명사 역할을 한다.

(A) That   (B) Then   (C) What   (D) However
완전한 절이 옴   부사   불완전한 절이 옴   부사

문 장 분 석   regarding은 concerning과 함께 '~에 관한'이란 뜻을 가진 전치사로 자주 등장한다.

해   설   먼저 4개의 선택지를 접속사인 선택지 (A), (C)와 그렇지 않은 선택지 (B), (D)로 구분한 다음 절이 두 개인지 한 개 인지를 확인한다. 절이 두 개가 왔으므로 부사인 (B), (D)는 소거한 후 (A)와 (C) 중 고민한다. 완전한 절에는 that을 써야 하고, 불완전한 절에는 what을 써야 한다. 빈칸 뒤에 동사(know)의 목적어가 빠진 불완전한 절이 왔으므 로 (C) What이 정답이다.

해   석   신입사원들이 회사의 복리후생에 관해 알아야 할 사항들이 팩키지와 함께 제공되었다.

표 현 정 리   benefit 혜택, (주로 복수로) 회사에서 급여 외에 받는 복지혜택

정   답   (C)

> ✎ 시나공 POINT
>
> 절이 2개가 오면 반드시 접속사가 들어가야 한다.

핵심 이론

that절을 목적어로 자주 취하는 동사

suggest	~을 제시하다	explain	~를 설명하다	think	~라고 생각하다
show	~을 보여주다	announce	~를 발표하다	ensure	~을 보증하다
indicate	~을 나타내다	state	~라고 진술하다	note	~에 주목[주의]하다

that절을 자주 취하는 형용사

aware	~을 알고 있는	glad	~이 기쁜	likely	~일 것 같은
confident	~에 자신 있는	delighted	~이 기쁜	certain	~임이 확실한
sure	~이 확실한	pleased	~이 기쁜	worried	~이 걱정스러운

Employees who took the contingency training course know **what** they have to do in case of fire.

do의 목적어가 빠진 불완전한 절

위기상황 훈련코스를 수강한 직원들은 화재가 발생할 경우 무엇을 해야 할지 안다.

▶ what은 주어나 목적어가 빠진 불완전한 절 앞에 쓴다.

Ms. Vikander indicated **that** she is very interested in the position of director.

완전한 절

Vikander 양은 그녀가 이사직에 매우 관심이 있다고 말했다.

▶ that은 주어(she)와 동사(is interested), 전치사(in)의 목적어(the position of director)를 모두 갖춘 완전한 절 앞에 쓴다.

1 The Atlanta Farmer's Market announced yesterday ------- Mark Peebles, who led the state's third-largest supermarket for three decades, will retire from his position as president.

(A) it   (B) that   (C) about   (D) what

2 Please be sure ------- every product manufactured at Green Factory is inspected before it is shipped to retail stores.

(A) on   (B) that   (C) about   (D) what

▶ 정답 및 해설은 해설집 32쪽 참고

Unit 62 명사절 접속사의 종류 ❷

풀 이 전 략 　선택지에 명사절 접속사가 있고, '------- + 주어 + 동사 + ~ + 동사'로 구성된 경우 빈칸은 명사절 접속사 자리이다.

 대표 문제　　　　　　　　　　　　　　　　　　　　　　　　　　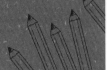 R62

------- our store will be open during the holiday is up for discussion.

(A) If　　　　　　　　(B) Because　　　　　　(C) Whether　　　　　　(D) Although

 시나공 풀이법

------- our store will be open (during the holiday) is up for discussion.
접속사　　주어　　　　동사　　　　　전치사구　　　동사　　　전치사구
　　　　　　　명사절(주어 자리) – 완전한 절

(A) If　　　　　　　　(B) Because　　　　　　(C) Whether　　　　　　(D) Although
　조건　　　　　　　　　이유　　　　　　　　선택　　　　　　　　양보

문장분석　　Our store will be open during the holiday. That is up for discussion. 이 두 문장이 하나의 문장이 되면서 Whether라는 접속사를 필요로 하게 된 것이다. 전치사 during은 확정된 기간 명사 앞에 사용되는 전치사로 '~동안'이란 뜻을 갖는다.

해　　설　　접속사가 선택지에 있을 때, 명사절 접속사와 부사절 접속사를 구분해 두어야 한다. 그리고 빈칸이 명사 자리인지, 부사 자리인지를 구분한다. '------- + 주어 + 동사 + ~ + 동사'로 구성된 경우 빈칸은 명사절 접속사 자리이고, '------- + 절(주어 + 동사) + comma + 절(주어 + 동사)'로 구성된 경우 빈칸은 부사절 접속사 자리이다. 이 문제의 경우 전자에 속하므로 부사절 접속사인 (B), (D)부터 소거한다. (A)는 명사절 접속사로 쓰일 경우 주어 자리에 올 수 없으므로 오답이다. 따라서 (C) Whether가 정답이다.

해　　석　　휴가 중에 매장을 열 것인지가 논의할 사항이다.

표현정리　　during ~동안　be up for discussion 논의에 오르다. 논리 대상이 되다

정　　답　　(C)

✎ 시나공 POINT
'whether + 주어 + 동사' 절은 or와 어울려 출제되고, whether 뒤 '주어'가 생략되면 'whether + to부정사' 형태로 출제된다. if는 명사절 접속사이지만 주어, 보어 자리에 올 수 없고, 오직 타동사 뒤 목적어 자리에만 올 수 있다.

핵심 이론

접속사 whether와 if의 차이점

if	타동사의 목적어로만 가능하다.
whether	주어, 목적어, 보어 역할이 가능하다. 또한 or not과도 함께 쓰이는데 이때 or not은 whether 바로 뒤나 문장 끝에 위치한다.

whether나 if를 목적어로 자주 취하는 동사

ask	물어보다	decide	결정하다	see	확인하다
find out	알아내다	wonder	궁금하다	determine	결정하다

Ms. Paulson didn't decide <u>whether</u> [if] (or not) he will apply for the sales position.

타동사(decide)의 목적어 자리

Paulson 양은 그녀가 그 영업직에 지원할지 결정하지 못했다.

They wanted to know <u>whether</u> [if] we were satisfied with the results (or not).

타동사(ask)의 목적어 자리

그들은 우리가 그 결과에 만족했는지 여부를 알길 원했다.

<u>Whether</u> [if] the president can accept the merger offer or not is unknown.

문장의 주어자리

사장이 그 합병 제안을 받아들일지 여부는 알 수 없다.

▶ 명사절로 쓰이는 if(~인지)는 주어, 보어 자리에 올 수 없고, 타동사 뒤 목적어 자리에만 쓸 수 있다.

1 ------- or not the subway company is suffering from the deficit is not the first priority the city considers.

(A) In case   (B) If   (C) Even though   (D) Whether

2 Our highly experienced staffing agency can decide whether ------- to hire the five new candidates through its screening process.

(A) or not   (B) but   (C) and   (D) it

▶ 정답 및 해설은 해설집 32쪽 참고

Unit 63 명사절 접속사의 종류 ③

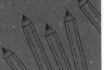

풀이전략　　선택지에 의문대명사나 의문부사가 있고, 빈칸 뒤에 불완전한 절이 오면 의문대명사, 완전한 절이 오면 의문부사를 고른다.

 대표 문제　　　　　　　　　　　　　　　　　　　　　　　　　　　　　 R63

Everyone in the division knows ------- made the preparations for the retirement party.

(A) when　　　　　(B) how　　　　　(C) who　　　　　(D) where

 시나공 풀이법

Everyone (in the division) knows ------- (made the preparations for the retirement party).
　　주어　　　　전치사구　　　동사 know의 목적어 동사　　　목적어　　　　　　전치사구

수식

> know는 목적어를 가지는
> 3형식 타동사

> 동사, 목적어 등이 왔으나
> 주어가 없음

(A) when　　　　　(B) how　　　　　(C) who　　　　　(D) where
　시간　　　　　　　방법　　　　　　사람　　　　　　장소

문장분석　　make는 '~을 하다'는 뜻을 가진 타동사로 'make + 목적어(preparations)' 형태를 취한다.

해　설　　우선 who, which, what, when, where, how, why가 의문사인지 관계사인지를 구분할 수 있어야 한다. 빈칸 앞에 선행사가 있다면 이들은 관계사로 풀어야 하고, 선행사가 없다면 의문사로 풀어야 하기 때문이다. 또한 의문 대명사는 불완전한 절에 쓰고, 의문부사는 완전한 절에 쓴다. 위 문제의 경우 빈칸 뒤에 동사(made)의 주어가 빠진 불완전한 절이 왔으므로 의문대명사인 (C) who만 가능하다.

해　석　　모든 부서원들은 누가 은퇴파티를 준비했는지 알고 있다.

표현정리　　preparation 준비　retirement 은퇴

정　답　　(C)

> ✗ 시나공 POINT
>
> 의문대명사는 주어나 목적어가 빠진 불완전한 절에 써야 하고, 의문부사는 주어와 목적어를 모두 갖춘 완전한 절에 써야 한다.

핵심 이론

의문대명사와 의문부사의 구분

의문대명사 who, what, which	의문사로 쓰이면서 동시에 대명사의 역할을 한다. 따라서 이러한 의문대명사 다음에는 주어나 목적어가 없는 불완전한 절이 온다.
의문형용사 whose, what, which	의문형용사는 바로 다음에 명사가 오며, 뒤따르는 문장은 완전한 절이 나온다.
의문부사 when, where, why, how	의문사로 쓰이면서 동시에 부사역할을 한다. 의문부사 다음에는 완전한 절이 온다.

Mr. White asked his immediate supervisor **who will lead the discussion on Monday**.

will lead의 주어가 빠진 불완전한 절

White 씨는 그의 직속상관에게 누가 월요일 토론회를 이끌 것인지를 물었다.

We are interested in **whose proposal will be reviewed at the board meeting**.

완전한 절

우리는 누구의 제안서가 이사회에서 검토될지에 대해 관심 있습니다.

We will notify you immediately when we are able to arrange the delivery.

완전한 절

운송 준비가 되는 대로 바로 알려 드리겠습니다.

1 The company newsletter writer asked a participant ------- she had found the most valuable at the recent business seminar.

(A) that   (B) how   (C) what   (D) when

2 Brendan Williams, the owner of the AOL Telemarketing Company, is ------- established a guideline stating that the average time for each call should be fewer than five minutes.

(A) how   (B) who   (C) regarding   (D) concerning

▶ 정답 및 해설은 해설집 33쪽 참고

Unit 64 복합관계대명사

Step 1 | 실전 포인트

풀이전략 선택지에 복합관계대명사나 복합관계부사가 있을 때, 주어나 목적어가 빠진 불완전한 절 앞 빈칸에는 복합관계대명사를 고르고, 주어와 목적어를 모두 갖춘 완전한 절 앞 빈칸에는 복합관계부사를 골라야 한다.

🎓 대표 문제

 R64

------- orders one of the first 50 copies of the newly released book will get a free gift.

(A) Whoever   (B) Wherever   (C) Whenever   (D) Whichever

🖋 시나공 풀이법

------- orders one of the first 50 copies of the newly released book will get a free gift.

    →동사   명사절(주어 자리) (주어가 빠진 불완전한 절)   동사 동사(get)의 목적어

                              목적어

→ 주어 없이 동사와 목적어만 있으므로
주어 역할을 하며 문장을 연결하는
접속사가 와야 한다.

(A) Whoever   (B) Wherever   (C) Whenever   (D) Whichever

    누구든지   어디에나, 어디든지   언제든지   어느 것이든지

문장분석 부정대명사 one은 'one of the + 복수명사' 형태로 '~중에 하나'라는 뜻으로 사용한다. 이때 one 앞에 the를 써서는 안 된다는 것을 기억한다.

해 설 복합관계대명사와 복합관계부사를 구분한다. 복합관계대명사는 명사 자리에 위치하고, 복합관계부사는 부사 자리에 위치한다. 또한 복합관계대명사는 주어나 목적어가 빠진 불완전한 절에 써야 하고, 복합관계부사는 주어와 목적어를 모두 갖춘 완전한 절에 써야 한다. 이 문제의 경우 동사(ordered)의 주어가 빠진 불완전한 절이고, 빈칸이 주어 자리이므로 복합관계부사인 (B), (C)는 소거한다. 그리고 주문하는 주체는 사람이어야 하므로 (A) Whoever 가 정답이다.

해 석 최근에 출시된 책을 주문한 사람은 누구든지 바디용품 중 하나를 받을 수 있습니다.

표현정리 order 주문하다, 명령하다 newly released 신상의, 새로 출시된

정 답 (A)

✎ 시나공 POINT

복합관계대명사는 '관계대명사 + ever'의 합성어로 명사 역할을 한다. 선행사가 없고 불완전한 절 앞 빈칸에는 복합관계대명사가 온다.

핵심 이론

복합관계대명사는 주어나 목적어가 빠진 불완전한 절에 쓴다.

| whoever 누구든지 | whatever 무엇이든지 | whichever 어느 것이든지 |

People can find ~~whenever~~ they are seeking online these days.
　　　　　　　whatever　　　　　　　　(find의 목적어 자리)

사람들은 요즘 그들이 온라인에서 구하려는 것은 무엇이든지 찾을 수 있다.

▶ 복합관계대명사와 복합관계부사를 구분하는 문제가 출제된다. 복합관계대명사는 주어나 목적어가 빠진 불완전한 절에 쓰지만 복합관계부사는 주어와 목적어를 모두 갖춘 완전한 절에 쓴다.

I'll take ~~some~~ is left after you make a choice.
　　　　whichever　　　　(take의 목적어 자리)

당신이 선택한 후 남는 것은 어느 것이든 내가 택할 것이다.

▶ 복합관계대명사와 일반대명사 자리를 구분하는 문제가 출제되며, 절이 두 개가 왔으므로 대명사는 쓸 수 없다.

The workshop is open to ~~who~~ wishes to improve their computer skills.
　　　　　　　　　　whoever　　　　전치사(to)의 목적어 자리

그 워크숍은 컴퓨터 기술을 향상시키고자 하는 모든 이들에게 개방되어 있습니다.

▶ whoever는 anyone who로 바꾸어 쓸 수 있다.

1 ------- has a Bellasium membership card can receive airline miles for staying at hotel chains across the world.

(A) This　　　　　(B) He　　　　　(C) Everyone　　　　　(D) Whoever

2 Music in the Zukebox 8.1 program will play randomly, or you can choose ------- songs you prefer to hear with the program.

(A) when　　　　　(B) whichever　　　　　(C) however　　　　　(D) whoever

▶ 정답 및 해설은 해설집 33쪽 참고

REVIEW TEST

1. ------- Jimmy wants is to take a break because he has been inundated with calls and emails during the high season.

   (A) What
   (B) That
   (C) Instead
   (D) Ahead

2. After the Fukushima radioactive leaks, people in Korea became concerned about ------- seafood imported from Japan was safe.

   (A) if
   (B) whether
   (C) that
   (D) which

3. We are pleased to announce ------- Globe Electronics has won the bid to make air conditioning systems for thousands of schools across the Sudan.

   (A) this
   (B) that
   (C) on
   (D) what

4. When deciding ------- or not to invest in a company, you need to research the performance of the company and should speak with a trusted financial adviser.

   (A) if
   (B) that
   (C) who
   (D) whether

5. No one can tell ------- the Savannah branch manager will be able to arrive as scheduled because of the adverse weather conditions in Georgia.

   (A) what
   (B) which
   (C) instead
   (D) if

6. The Maintenance Department is required to check every cable and connection periodically to ensure ------- the emergency lighting equipment is working properly.

   (A) which
   (B) that
   (C) prior
   (D) before

7. After receiving several estimates, Mr. Kuten decided ------- company he would choose for the office renovation project.

   (A) how
   (B) which
   (C) when
   (D) who

8. ------- is necessary is to educate and train workers regularly for your company to maintain a high level of specialization.

   (A) What
   (B) There
   (C) How
   (D) As

9. City inspectors are considering ------- to permit developers to build a housing project in the farmland.

   (A) if
   (B) then
   (C) whether
   (D) and

10. ------- our business succeeds depends on us providing the best service of all hotels in the city.

    (A) If
    (B) Whereas
    (C) Whether
    (D) While

▶ 정답 및 해설은 해설집 33쪽 참고

유형 분석 14

형용사절 접속사

형용사절은 관계사절을 말하는 것으로 두 개의 문장을 하나로 합해 문장을 간결하게 만들기 위해 사용된다. 이때 명사(선행사)를 수식하는 절을 형용사절 혹은 관계사절이라 하며, 형용사절을 이끄는 접속사를 형용사절 접속사라 한다.

WARMING UP

01 개념 익히기 ———————————————————————— 본격적인 학습에 앞서 기본 개념을 익혀 보세요.

1) 형용사절 접속사의 개념

형용사절 접속사는 '관계대명사' 또는 '관계부사'를 달리 일컫는 말이다. 즉 두 개의 문장에 어떤 공통적인 요소가 있을 때 그 요소를 매개로 하여 두 문장을 합칠 때 쓰는 품사가 바로 관계대명사 또는 관계부사이다.

The man is the doctor. 그 남자는 의사이다.   +   He lives in Incheon. 그는 인천에 산다.

위와 같은 두 문장이 있을 때, The man과 He는 동일한 사람을 나타낸다. 즉 두 문장에 서로 공통적인 요소가 있으므로 이 두 문장을 아래와 같이 합칠 수 있다.

He is the doctor who lives in Incheon. 그는 인천에 살고 있는 의사이다.

이때 who 이하의 'who lives in Incheon'을 형용사절 또는 관계사절이라 하고 who를 관계대명사라 한다. 그리고 who 이하의 관계대명사절의 수식을 받는 명사 the doctor를 '선행사'라고 한다.

2) 형용사절 접속사의 역할

형용사절 접속사, 즉 관계대명사나 관계부사는 하나의 완전한 문장 뒤에 붙어 그 문장의 명사, 즉 선행사를 수식하는 형용사의 역할을 수행한다.

This is the document that I looked over. 이것은 내가 검토한 문서이다.

3) 관계대명사와 관계부사의 차이

① 관계대명사 : '접속사 + 명사'의 의미를 담고 있으며, 여기서 명사는 문장의 주어와 목적어 역할을 한다.

He hired a candidate who(that) has work experience. 그는 업무 경험이 있는 지원자를 고용했다.

▶ 관계대명사 뒤에 바로 동사가 나와 있으므로 이때 관계대명사 who(that)은 has의 주어 역할을 하고 있다.

The invoice which(that) you requested was sent to the wrong address.
귀하가 요청한 송장이 잘못된 주소로 보내졌습니다.

▶ 관계대명사 뒤에 주어와 동사가 나와 있지만 목적어가 없으므로 이때 관계대명사 which(that)은 동사 requested의 목적어 역할을 하고 있다.

② 관계부사 : '접속사 + 부사'의 의미를 담고 있으며, 관계부사 뒤에는 완전한 문장이 와야만 한다.
I remember the day when I met her. 나는 내가 그녀를 만난 그 날을 기억한다

▶ 관계부사는 선행사가 시간, 이유, 장소, 방법을 나타낼 때 쓰이는 접속사이다. 이 문장에서는 when 이하의 관계부사절이 the day라는 시간을 나타내는 선행사를 수식하고 있다.

02 예제 풀어보기

다음 문장의 주어와 동사, 그리고 접속사를 적으시오.

1 The man who works in the Sales Department is kind.

→ _____

2 The staff member whom Steven is speaking with is the manager.

→ _____

3 He will manage the project which begins next month.

→ _____

4 We will give an award to any employee whose idea is good.

→ _____

03 예제 확인하기

1 The man (<u>**who**</u> works in the Sales Department) is kind.   영업부에서 일하는 그 남자는 친절하다.
선행사(주어)   →주격 관계대명사   동사

▶ who 이하의 절이 명사인 the man을 수식한다. 이처럼 who works in the Sales Department가 앞의 명사
를 수식하는 절을 형용사절 혹은 관계사절이라고 하고, 수식을 받는 명사 the man을 선행사라고 한다.

2 The staff member (whom Steven is speaking with) is the manager.
       선행사   관계대명사 주어 동사1   동사2
                              ────────────────────
                                  관계사절
스티븐과 이야기를 나누고 있는 직원이 매니저이다.

▶ 관계대명사의 위치는 '선행사 + 관계대명사 + (주어) + 동사1 + 동사2 ~ .' 구조로 온다.
                   ────────────────────
                        관계사절

3 He will manage the project which begins next month.   그는 다음 달에 시작할 프로젝트를 담당할 것이다.
주어   동사1   선행사   관계대명사 동사2
                         ────────────
                            관계사절
▶ 또한 '주어 + 동사1 + 선행사 + 관계대명사 + (주어) + 동사2 ~ .' 구조로도 올 수 있다.
                        ──────────────────────
                             관계사절

4 We will give an award to any employee whose idea is good.
                            선행사   관계대명사 주어 동사 형용사
                                      ────────────────
                                          관계사절

우리는 아이디어가 좋은 어떤 직원에게도 상을 줄 것이다.

Unit 65 형용사절 접속사의 종류 ①

풀 이 전 략　선행사가 사람이고, 주어가 빠진 '동사 + 목적어' 앞 빈칸에는 주격을 고르고, 목적어가 빠진 '주어 + 동사' 앞 빈칸에는 목적격을
　　　　　　고르며 '명사 + 동사 + 목적어/보어' 앞 빈칸에는 소유격을 고른다.

 대표 문제　　　　　　　　　　　　　　　　　　　　　　　　　　 R65

> Mr. Kim is the person ------- recently got promoted to team manager.
>
> (A) whose　　　　　　(B) whom　　　　　　(C) who　　　　　　(D) which

 시나공 풀이법

Mr. Kim is the person (------- recently got promoted to team manager.)
　주어　동사　선행사　　주격관계대명사(주어 + 접속사)　　동사　　　　　　전치사구
　　　완전한 문장　　　　　　　　　　　　관계사절(주어가 빠진 불완전한 절)

명사 the person(선행사)을
수식하며, 형용사 역할을
하는 주격관계대명사절

(A) whose　　　　　　(B) whom　　　　　　(C) who　　　　　　(D) which
　소유격　　　　　　　　목적격　　　　　　　　주격　　　　　　　　주격

문 장 분 석　get promoted는 '승진하다'의 의미로 'get started, get settled' 등과 같이 be + p.p.의 형태를 이룬다.

해　　설　선행사의 종류에 따라 관계대명사가 달라진다. 즉 선행사가 사람인지, 사물인지에 따라 관계대명사의 종류가 결정
　　　　　되는 것인데, 선행사가 사람이면 who, whose, whom 중에 하나를 써야 한다. 이때, 관계대명사는 절 안에서 빠
　　　　　져 있는 요소를 대신한다. 즉 주어가 빠져 있는 불완전한 절이면 관계계대명사는 주격을 써야 하고, 목적어가 빠져
　　　　　있는 불완전한 절이면 관계대명사는 목적격을 써야 한다. 이 문제의 경우 선행사는 사람(person)이고, 빈칸 뒤 절
　　　　　에는 주어가 빠져 있는 불완전한 절로 왔으므로 주격관계대명사인 who를 써야만 한다.

해　　석　김 씨는 최근에 우리 팀 매니저로 승진한 사람이다.

표 현 정 리　recently 최근에　promote 승진하다

정　　답　(C)

✗ 시나공 POINT
　'사람 + ------- + 동사' 구조에서 빈칸에는 주격관계대명사인 who를 고른다.

핵심 이론

형용사절이 만들어지는 원리

I know the man. + He is handsome. → I know **the man <u>who</u>** is handsome.

→ who절이 the man(명사)을 형용사처럼 꾸며주고 있다. (주격)

I know the man. + She taught him. → I know **the man <u>whom</u>** she taught.

→ whom절이 the man(명사)을 형용사처럼 꾸며주고 있다. (목적격)

The <u>artist</u> **who**(= that) <u>is working</u> on the project is the owner of this company.

프로젝트를 진행 중인 예술가는 이 회사의 사장이다.

▶ 선행사가 사람(artist)이고, 주어가 빠진 불완전한 절 앞에는 주격관계대명사를 쓴다.

Our <u>mechanics</u>, **whose** <u>responsibilities</u> were to fix the drillship, failed due to the massive oil spill. 시추선을 수리하는 일을 책임졌던 우리 기술자들은 방대한 기름 유출로 인해 실패했다.

▶ 선행사가 사람(mechanics)이고, 명사(responsibilities) 앞에는 소유격관계대명사를 쓴다.

The <u>tourists</u> **whom**(= that) <u>James guided</u> were my colleagues.

James가 안내했던 관광객들은 내 동료들이었다.

▶ 선행사가 사람(tourists)이고, 타동사(guided)의 목적어가 빠진 불완전한 절 앞에는 목적격관계대명사를 쓴다. 이때 목적격 관계대명사는 생략이 가능하다.

That is the <u>manager</u>, **who** <u>invited</u> the clients to our plant.

저 분이 협력업체 고객들을 우리 공장으로 초대한 매니저이다.

▶ 선행사와 관계대명사 사이에 comma가 있으면 계속적 용법이라고 한다. 계속적 용법의 관계사절은 선행사에 대해 부가적인 정보를 제공한다. '선행사(사람) + comma + ------- + 동사' 구조에서 빈칸은 주격관계대명사 자리이다.

1 She is the performer ------- was once well-known for her outstanding communication skills with her business associates of all time.

(A) whom   (B) whose   (C) who   (D) which

2 We are looking for a staff member ------- thoughts are not only creative but also immediately practical.

(A) whom   (B) whose   (C) who   (D) that

▶ 정답 및 해설은 해설집 35쪽 참고

Unit 66

형용사절 접속사의 종류 ②

풀이전략 선행사가 사물이고, 주어가 빠진 '동사 + 목적어' 앞 빈칸에는 주격을 고르고, 목적어가 빠진 '주어 + 동사' 앞 빈칸에는 목적격을 고르며, '명사 + 동사 + 목적어/보어' 앞 빈칸에는 소유격을 고른다.

 대표 문제

 R66

> Job seekers these days are searching for firms ------- are solid and provide good jobs.
>
> (A) whose　　　　(B) where　　　　(C) which　　　　(D) of which

 시나공 풀이법

Job seekers these days are searching for firms (------- are solid and provide good jobs).
　주어　　　부사　　　동사 덩어리　　선행사　　　관계사절 (주어가 빠진 불완전한 절)

수식 → 선행사기 사물일 경우 주격관계대명사로 which를 쓴다

(A) whose　　　　(B) where　　　　(C) which　　　　(D) of which
　소유격　　　　　관계부사　　　　　주격　　　　　　소유격

문장분석 자동사 search는 전치사 for와 함께 search for 형태의 덩어리 타동사로 쓰인다. 이 덩어리 뒤에 목적어(firms)가 왔으므로 능동태를 사용한 것이다.

해　설 선행사가 사물(firms)이고, 주어가 빠진 동사(are) 앞 빈칸에는 (C) which를 쓴다.

해　석 요즈음 구직자들은 안정적이고 좋은 직업을 제공할 수 있는 회사를 찾는다.

표현정리 job seeker 구직자　search for ~을 찾다　solid 탄탄한

정　답 (C)

> **시나공 POINT**
>
> '사물 선행사 + ------- + 동사' 구조에서 빈칸에는 주격관계대명사인 which를 고른다.

핵심 이론

형용사절 접속사(= 관계대명사)의 종류

형용사절 접속사(= 관계대명사)의 종류

	주격	목적격	소유격
사람	who	who/whom	whose
사물, 동물	which	who/which	whose/of which
사람, 사물, 동물	that	that	–

The <u>project</u> **which**(= that) <u>is directed</u> by Mr. Lee will be done by this weekend.

Mr. Lee가 맡고 있는 프로젝트는 이번 주말이면 끝날 것이다.

▶ 선행사가 사물(project)이고, 주어가 빠진 불완전한 절 앞 빈칸은 주격관계대명사 자리이다.

The <u>countries</u> **whose** <u>economies</u> are growing fast should be prepared for sudden pitfalls.

경제가 급속히 성장하고 있는 나라들은 갑작스러운 위험에 대비해야 한다.

▶ 선행사가 사물(countries)이고, 명사(economies) 앞 빈칸은 소유격관계대명사 자리이다.

These are the <u>items</u> **which**(= that) <u>I bought</u> from our shop's online mall.

이것들은 내가 우리 가게의 온라인 몰에서 구입한 제품들이다.

▶ 선행사가 사물(items)이고, 타동사(bought)의 목적어가 빠진 불완전한 절 앞 빈칸은 목적격관계대명사 자리이다. 이때 목적격관계대명사는 생략이 가능하다.

This is the <u>copier</u>, **which** <u>was</u> not easy to use due to its unfamiliar functions.

이것은 익숙하지 않은 기능들로 인해 사용하기 쉽지 않았던 복사기이다.

▶ 선행사와 관계대명사 사이에 comma가 있으면 계속적 용법이다. 계속적 용법의 관계사절은 선행사에 대해 부가적인 정보를 제공한다. '선행사(사물) + comma + ------- + 동사' 구조에서 빈칸은 주격관계대명사 자리이다.

1 The government announced a new project ------- will have a group of geologists investigating certain areas of the city which is not developed yet.

(A) which   (B) whose   (C) of which   (D) whom

2 Mr. Lee and Ms. Wong ------- new office building has been constructed near the former one, are now the co-representatives of the company.

(A) who   (B) whose   (C) which   (D) in which

▶ 정답 및 해설은 해설집 35쪽 참고

형용사절 접속사의 종류 ③

풀 이 전 략   불완전한 절에 쓰이는 관계대명사와 완전한 절에 쓰이는 관계부사를 구분해 두어야 한다.

 대표 문제   R67

> The new regulations were announced on the last day ------- our employees worked.
>
> (A) which   (B) whose   (C) when   (D) where

 시나공 풀이법

The new regulations were announced on the last day ------- our employees worked.
주어   동사(수동태)   선행사   접속사   주어   자동사(목적어 아님)

수동태라 목적어가 없음   전치사구

완전한 절   완전한 절

(A) which   (B) whose   (C) when   (D) where
주격   소유격   관계부사(시간)   관계부사(장소)

문 장 분 석   수동태가 나왔으므로 그 뒤에 목적어가 없다.

해   설   관계대명사는 주어나 목적어가 빠진 불완전한 절에 쓰고, 관계부사는 주어와 목적어를 모두 갖춘 완전한 절에 쓴다. 빈칸 뒤에 주어와 동사를 모두 갖춘 완전한 절(our employees worked)이 왔으므로 관계부사를 써야 한다. 따라서 관계대명사인 (A), (B)는 소거한다. 선행사가 시간(the last day)으로 왔으므로 시간을 나타내는 관계부사인 (C) when을 써야 한다.

해   석   새로운 규정이 우리 직원들이 일을 한 마지막 날 발표되었다.

표 현 정 리   regulation 규정 announce 발표하다

정   답   (C)

✎시나공 POINT
선행사와 완전한 절 사이의 빈칸에는 관계부사가 들어가야 한다.

핵심 이론

선행명사	관계부사	
시간, 장소, 이유, 방법 관련 명사	시간 → when	이유 → why
	장소 → where	방법 → how

This is <u>the reason</u> **why** he was late. 이것이 그가 늦은 이유이다.

▶ 관계부사의 앞뒤 절이 완전한 문장이며, why절이 the reason을 꾸며준다.

It was the <u>day</u> **when** <u>he decided not to invest</u> in that company anymore.

그날은 그가 더 이상 그 기업에 투자하지 않겠다고 결정한 날이었다.

▶ 시간 선행사(the day)는 관계부사 when을 쓴다.

We visited the <u>place</u> **where** <u>we will soon start our vineyard</u>. 우리는 곧 시작할 포도원에 방문했다.

▶ 장소 선행사(place)는 관계부사 where를 쓴다.

That is <u>the reason</u> **why** <u>we can't do business with you</u>.

그것이 우리가 당신과 함께 사업을 할 수 없는 이유입니다.

▶ 이유 선행사(the reason)는 관계부사 why를 쓴다.

The report showed us <u>(the way)</u> **how** <u>we should target</u> certain customers.

보고서는 우리가 어떻게 목표 고객들을 겨냥해야 하는지를 보여주었다.

▶ 방법 선행사(the way)는 관계부사 how를 쓴다. 하지만 관계부사 how는 선행사(the way)와 관계부사(how)를 함께 쓸 수 없고, 반드시 둘 중 하나만 써야 한다.

He finally got the <u>office</u>, **where** <u>all the appliances he wanted are provided</u>.

그는 마침내 그가 원했던 모든 집기들이 비치되어 있는 사무실을 갖게 되었다.

▶ 선행사와 관계부사 사이에 comma가 있으면 계속적 용법이다. 계속적 용법의 관계사절은 선행사에 대해 부가적인 정보를 제공한다. '선행사(장소) + comma + ------- + 완전한 절' 구조에서 빈칸은 관계부사(where) 자리이다.

1 Most of the industries were in the middle of a crisis ------- they all needed to set comprehensive and extensive but effective strategies.

(A) which   (B) whose   (C) where   (D) when

2 The J&W Corporation is the company ------- he worked as its in-house lawyer for five years and as the administrative consultant for the next twelve years.

(A) which   (B) where   (C) how   (D) whom

▶ 정답 및 해설은 해설집 35쪽 참고

REVIEW TEST

1. The candidate ------- proposal has been accepted should bring his or her portfolio by next Wednesday.
   - (A) whom
   - (B) who
   - (C) that
   - (D) whose

2. Anyone ------- wants to participate in this year's environmental workshop program should fill out the form and submit it to the HR Department.
   - (A) whose
   - (B) who
   - (C) whom
   - (D) they

3. Our company forged an alliance with an airline, and we will close a deal with ------- travel agency provides us with lower prices.
   - (A) whichever
   - (B) their
   - (C) some
   - (D) that

4. SP Chemicals offers benefits to its employees ------- participate in various environmental groups at the company.
   - (A) which
   - (B) who
   - (C) where
   - (D) how

5. The current systems are suited for the equipment ------- is used in most of our factories, so it will cost both money and time if we change it now.
   - (A) whose
   - (B) which
   - (C) of which
   - (D) it

6. The supervisor revised the manual, ------- the employees could not fully understand, so the instructions in it have not been followed.
   - (A) some
   - (B) their
   - (C) every
   - (D) which

7. Ms. Yun, ------- was appointed to the position of vice president last year, is the youngest executive director ever at the company.
   - (A) that
   - (B) how
   - (C) who
   - (D) it

8. We make the workers use a pass card transcribing a record of the hours ------- they work so that they do not have to do any paperwork.
   - (A) which
   - (B) who
   - (C) when
   - (D) where

9. Mr. Larson went to Columbia, ------- is the place where he will meet the governor and discuss the development of the city.
   - (A) where
   - (B) whose
   - (C) it
   - (D) which

10. Unfortunately, we are short of employees, time, and supply so we should increase everyone's working hours and stock up ------- products are available.
    - (A) whatever
    - (B) its
    - (C) how
    - (D) where

▶ 정답 및 해설은 해설집 35쪽 참고

유형 분석 **15**

부사절 접속사

부사절은 주절의 앞이나 뒤에 위치하여 주절을 수식하는 부사 역할을 하는 절을 말하며, 부사절 접속사는 부사절을 이끄는 접속사이다.

WARMING UP

1) 부사절 접속사의 개념
부사절 접속사는 '주어 + 동사'의 형태를 갖춘 절이 부사의 역할을 할 때 그 절을 연결해 주는 접속사이다. 이때 부사절은 대개 '시간, 조건, 이유, 양보' 등의 뜻을 나타낸다.

① He will be happy.　그는 행복할 것이다.　　+　　She comes.　그녀가 온다.

▶ 이 두 문장의 관계로 보아 '시간, 조건, 이유, 양보' 중 어떤 의미로 연결되면 가장 자연스러울지 생각한다.

② If she comes, he will be happy.　그녀가 온다면 그는 행복할 것이다.

▶ 두 문장의 관계를 고려했을 때, '조건'의 의미로 연결하는 것이 가장 적합하다. 이때 If로 연결되는 절을 부사절이라 하고, 이 절을 이끄는 접속사 If를 '부사절 접속사'라 한다.

2) 부사절의 형태
부사절은 '접속사 + 주어 + 동사'의 형태로 문장 내에서 부사 역할을 하여 주절의 내용을 추가 설명하는 절이다. 즉 부사절은 종속절로써 문장의 수식 성분이므로 단독으로 쓰이지 못하고 항상 문장의 중심이 되는 주절과 함께 쓰일 수 있다.

People arrived there early because there was no traffic.
　　　　　주절　　　　　　　　　　　　부사절

교통체증이 없었기 때문에 사람들이 일찍 거기에 도착했다.

3) 부사절의 위치
부사절은 주절의 앞이나 뒤에 오며, 주절의 앞에 위치할 때는 부사절 뒤에 반드시 콤마(,)를 붙여야 한다.

① 부사절이 주절 앞에 위치할 때
Although I am inexperienced, I did my best.

비록 나는 경험이 부족했지만, 최선을 다했다.

② 부사절이 주절 뒤에 위치할 때
He canceled the event because it is raining.

비가 와서 그는 행사를 취소했다.

02 예제 풀어보기

다음 문장에서 밑줄 친 부분의 절의 종류를 괄호 안에 쓰시오.

1 <u>While you are there</u>, Tom will keep you posted.
( )

2 Tom will keep you posted <u>while you are there</u>.
( )

3 <u>When you register</u>, you will be given a key to the locker.
( )

4 <u>Although it looks expensive</u>, the hotel rates were reasonable.
( )

5 He couldn't control the machine properly <u>because he was not used to it</u>.
( )

03 예제 확인하기

1 <u>While you are there</u>, <u>Tom will keep you posted</u>.
　　부사절(부사 역할)　　　　　　　주절
그곳에 있는 동안, Tom은 계속 당신에게 소식을 전해 줄 것이다.

> ▶ 문장에서 중요한 것은 'Tom은 계속 당신에게 소식을 전해 줄 것이다(Tom will keep you posted.)'는 주절의 내용이고, '그곳에 있는 동안에(While you are there)'는 소식을 전해 줄 시점을 말해 주는 부가적인 내용이다.

2 <u>Tom will keep you posted</u> <u>while you are there</u>.
　　　　주절　　　　　　　부사절(부사 역할)
Tom은 그곳에 있는 동안, 당신에게 계속 소식을 전해 줄 것이다.

> ▶ 부사절이 주절 뒤에 위치할 때는 콤마(comma)를 사용하지 않는다.

3 <u>When you register</u>, <u>you will be given a key to the locker</u>.
　　부사절(부사 역할)　　　　　　　주절
등록할 때, 라커 열쇠를 받을 것이다.

4 <u>Although it looks expensive</u>, <u>the hotel rates were reasonable</u>.
　　부사절(부사 역할)　　　　　　　주절
비싸 보이지만, 그 호텔 가격은 합리적이었다.

5 <u>He couldn't control the machine properly</u> <u>because he was not used to it</u>.
　　　　주절　　　　　　　부사절(부사 역할)
그 기계에 익숙하지 않아서, 그는 기계를 제대로 제어하지 못했다.

Unit 68 부사절 접속사의 종류 ①

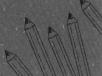

풀이전략　　시간이나 조건의 접속사가 선택지에 있고, 주절에 미래 동사(will)가 왔다면 빈칸은 시간 혹은 조건의 접속사를 고른다.

 대표 문제

 R68

------- you make a long-distance call, you will need to dial 1 and the area code first.

(A) So that　　　　(B) Owing to　　　　(C) When　　　　(D) As though

 시나공 풀이법

------- you make a long-distance call,
접속사　주어　동사　　　목적어
- -
　　　　　　부사절

> 완전한 문장 앞, 뒤에 오는 부사처럼 부사절도 완전한
> 절(주절)의 앞, 뒤에 오며 주절의 동사를 수식한다.

you will need to dial 1 and the area code first.
주어　　동사　　　　　　목적어
　　　　　　　주절　　→ 등위접속사

(A) So that　　　　(B) Owing to　　　　(C) When　　　　(D) As though
　～하기 위하여　　　　　～때문에　　　　　～할 때　　　　마치 ～인 것 처럼

문장분석　　동사 need는 'to부정사' 또는 '목적어 + to부정사'에 모두 사용할 수 있는 동사이다.

해　　설　　시간이나 조건의 부사절에서 미래 의미를 나타낼 때 현재시제를 쓴다. 따라서 '------- + 주어 + 현재동사, 주어 + will + 동사원형' 구조라면 빈칸에는 시간 또는 조건 접속사를 채워 넣는다. 선택지에 시간 혹은 조건 접속사가 등장할 경우 해석으로 풀려고 하지 말고 단서를 찾아 풀어야 하는데, 그 단서가 주절의 미래 동사인 will이라는 것이다. 따라서 선택지에 시간 혹은 조건 접속사가 있고, 주절에 미래 동사(will)가 있으면 시간 혹은 조건 접속사가 정답이다. 따라서 정답은 (C) When이다.

해　　석　　장거리 전화를 할 때, 1번과 지역코드를 먼저 누르세요.

표현정리　　make a call 전화를 걸다　dial 다이얼을 돌리다, 전화를 걸다

정　　답　　(C)

시나공 POINT

시간이나 조건부사절에서는 현재시제가 미래시제 대신 쓰인다.

핵심 이론

시간, 조건 부사절에서 미래를 나타내기 위해서 현재시제를 쓴다.

시간 접속사	before ~하기 전 after ~한 이후 when ~할 때 while ~하는 동안 until ~할 때까지 once 일단 ~하면 as soon as ~하자마자
조건 접속사	if 만약 ~라면 unless 만약 ~하지 않는다면 in case ~한 경우를 대비해 as long as ~하는 한 provided/providing ~을 조건으로 하여

<u>When you leave tonight,</u> the in-house technician **will inspect** the computers.

      부사절

오늘 밤 당신이 퇴근할 때, 사내 기술자가 컴퓨터를 검사할 것이다.

▶ 시간(when)의 부사절에서는 미래를 나타낼 때 미래시제 대신 현재시제를 쓴다.

All new hires will meet the CEO <u>while they are attending the orientation session.</u>

모든 신입 직원들은 오리엔테이션에 참석하는 동안 사장님을 만나게 될 것이다.   부사절

▶ 시간(while) 부사절에서는 미래를 나타낼 때 미래시제 대신 현재시제를 쓴다.

<u>If you leave a message,</u> I **will return** your call as soon as possible. 메시지를 남기시면 곧 전화 드리겠습니다.

       부사절

▶ 조건(if) 부사절에서는 미래를 나타낼 때 미래시제 대신 현재시제를 쓴다.

<u>Unless all of the products are packed carefully,</u> they **will not be shipped**.

        부사절

모든 제품들이 주의 깊게 포장되지 않으면, 배송될 수 없을 것이다.

▶ 조건(unless) 부사절에서는 미래를 나타낼 때 미래시제 대신 현재시제를 쓴다

Step 3 ┊ **실전 문제**

1 ------- a new telephone is installed, we will send all of our customers a text message to let them know what it is.

(A) Shortly   (B) Moreover   (C) Though   (D) As soon as

2 ------- the marketing director is on a business trip, all e-mails and calls will be forwarded to his assistant.

(A) While   (B) Since   (C) When   (D) Therefore

▶ 정답 및 해설은 해설집 37쪽 참고

Unit 69 부사절 접속사의 종류 ②

Step 1 | 실전 포인트

풀 이 전 략 부사절 접속사는 양보, 이유, 목적, 결과, 복합관계부사 등이 있으며, 그 중 양보부사절 접속사는 문두에 위치해 부사 still과 자주 어울려 출제된다.

 대표 문제

 R69

> ------- Mr. Watanabe was offered a job by a competitor, he still wants to stay at our company.
>
> (A) But (B) Because (C) Although (D) Ever

 **시나공 풀이법**

------- Mr. Watanabe was offered a job by a competitor,
접속사 주어 동사 목적어 전치사구

부사절(4형식 수동태)

he still wants to stay at our company.
주어 부사 동사 동사 wants 목적어 목적어사구

주절

→ 4형식 동사 offer의 간접목적어, 직접목적어를 확인해 보자.

(A) But	(B) Because	(C) Although	(D) Ever
그러나	왜냐하면	비록 ~일지라도	언제나, 항상

문 장 분 석 동사 offer는 4형식 동사로 '주어 + offer + 간접목적어(사람) + 직접목적어(사물)'로 쓰이는 동사이지만, 수동태로 바뀌면 '사람 + be offered + 사물' 형태를 취한다.
⑩ A competitor offered Mr. Watanabe(간접목적어) a job(직접목적어).

해   설 양보부사절 접속사의 몇 가지 특징으로는 문두에 자주 온다는 것, 부사 still과 자주 어울려 다닌다는 것, 진행형을 즐겨 쓴다는 것 등이다. 문제에 절이 두 개가 왔으므로 부사 (D)는 소거한다. 등위접속사(But)는 문두에 올 수 없으므로 (A)도 소거한다. 결국 문두에 빈칸이 왔고, 주절에 still이 왔으므로 (C) Although가 정답이다.

해   석 Mr. Watanabe는 다른 경쟁업체로부터 일자리를 제의받았음에도 불구하고, 그는 우리 회사에 머물기를 원한다.

표 현 정 리 **offer** 제안하다, 제의하다, 제공하다 **competitor** 경쟁자, 경쟁업체

정   답 (C)

✎ 시나공 POINT

기대했던 것과는 반대의 내용을 나타낼 때는 양보부사절 접속사를 쓴다.

핵심 이론

빈출 부사절 접속사 정리

양보부사절 접속사	although, though, even if, even though 비록 ~이지만
이유부사절 접속사	because, as, since, now that ~이기 때문에
목적부사절 접속사	so that, in order that ~하기 위해

Although I was supposed to receive my shipment on April 11th, it has <u>still</u> not arrived.

내가 택배를 4월 11일에 받기로 되어있었음에도 불구하고, 아직도 도착하지 않았다.

▶ 양보부사절 접속사(Although, Though, Even though, Even if)는 기대했던 것과는 반대의 내용을 나타낼 때 쓰인다.

Because Mr. Taylor was <u>late</u>, the meeting couldn't start on time.

Mr. Taylor가 지각해서 회의는 제시간에 시작될 수 없었다.

▶ 이유부사절 접속사(Because, Now that, Since, As)는 인과관계를 설명할 때 쓰는데, 4가지 종류의 접속사가 비교적 골고루 출제된다. 주요 특징으로는 보통 부정의 뜻을 가진 절을 자주 동반하며, 문두에 자주 위치한다는 점이다.

Ms. Ryu turned on the lamp **so that** she <u>could</u> read a book. Ms. Ryu는 책을 읽을 수 있도록 램프를 켰다.

▶ 목적부사절 접속사(so that, in order that)는 '~하도록'이라는 뜻이며, so that 중심으로 출제된다. 또한 목적부사절 접속사의 특징으로는 절에 조동사(can, may 등)를 동반하며, so that, in order that 모두 that을 생략할 수 없다.

My business keeps me <u>so busy</u> **that** I can't talk to my colleague.

일이 너무 바빠 동료에게 전화할 시간이 없다.

▶ 'so + 형용사 + that(매우 ~해서 …하다)' 용법은 'so + 형용사 + -------' 구조에서 빈칸을 that으로 채워 넣는 문제로 출제된다.

Step 3 | 실전 문제

1 The communications channel between employees and employers should be open

------- employees can feel free to ask questions, to suggest ideas, and to point out errors.

(A) in order   (B) such   (C) even so   (D) so that

2 ------- effective a diet program is, it is essential to have healthy eating habits.

(A) But   (B) However   (C) In as much as   (D) No matter

▶ 정답 및 해설은 해설집 37쪽 참고

REVIEW TEST

1. Please wear a suit and tie with dress shoes at the business meeting ------- uncomfortable you may be.
   - (A) provided
   - (B) given
   - (C) however
   - (D) considered

2. The organization is in charge of maintaining historic castles in Scotland ------- tourists can enjoy them.
   - (A) such as
   - (B) so that
   - (C) even so
   - (D) so as

3. We expect to have a record harvest this year ------- the weather conditions in the western province have been favorable for the maturation of grapes.
   - (A) only
   - (B) unless
   - (C) since
   - (D) during

4. ------- you want to sign out a book or photocopied material from this office, please contact Linda and get her permission.
   - (A) That
   - (B) Whether
   - (C) As if
   - (D) If

5. The price includes the consultation fee, so please feel free to contact us ------- you want to know the details of our products.
   - (A) whenever
   - (B) that
   - (C) whether
   - (D) either

6. ------- he has traveled to Taiwan for business several times, this is the first time he has been accompanied by his employees.
   - (A) While
   - (B) Because
   - (C) As if
   - (D) Although

7. All of the new employees have to attend the welcome reception ------- they have an urgent personal matter to attend to.
   - (A) in order
   - (B) since
   - (C) unless
   - (D) without

8. This technology is so innovative ------- you will fall behind the competition if you don't use it for your products.
   - (A) what
   - (B) that
   - (C) which
   - (D) such

9. ------- the new medicine has been approved by the FDA for use by adults, it is not recommended for pregnant females and children less than 1 year of age.
   - (A) Rather than
   - (B) As long as
   - (C) Following
   - (D) Even though

10. Mr. Bae is going to visit the store and ask for a replacement machine or a refund ------- the copy machine purchased two days ago doesn't work properly now.
    - (A) moreover
    - (B) now that
    - (C) besides
    - (D) owing to

▶ 정답 및 해설은 해설집 37쪽 참고

유형 분석 **16**

비교구문

비교구문에는 비교하는 두 대상이 같을 때 쓰는 원급 구문, 두 개의 비교 대상 중 하나가 더 우월할 때 쓰는 비교급 구문, 셋 이상의 비교 대상 중 하나가 가장 뛰어날 때 쓰는 최상급 구문이 있다.

WARMING UP

1) 비교구문의 개념
비교구문은 어떤 비교 대상이 서로 동등한지, 우월한지를 나타낼 때 쓰는 표현이며, 크게 원급, 비교급, 최상급의 3가지 종류가 있다.

2) 비교구문의 종류
① 원급
어떤 비교 대상이 서로 동등할 때 나타내는 표현이며, 아래와 같은 형식으로 쓰인다.

> 비교대상 1 + 동사 + as(so) + 비교의 성질 + as + 비교대상 2

The new copier works as well as the old one.   새로운 복사기는 오래된 복사기만큼 효율적으로 작동한다.
  비교대상 1   비교의 성질   비교대상 2

이때 '비교의 성질' 부분엔 반드시 형용사나 부사가 올 수 있다. 형용사와 부사의 구분은 동사의 성질에 달려 있다. 즉, 동사가 보어가 필요 없는 완전 자동사이면 부사를, 보어가 필요한 불완전 자동사이면 형용사를 쓴다.
▶ 동사 work가 보어가 필요 없는 완전 자동사이므로 부사가 쓰였다.

② 비교급
어떤 비교대상이 다른 비교대상보다 우월하거나 열등할 때 쓰는 표현이다.

> 비교대상 1 + 동사 + more 형용사(부사) / 형용사(부사) − er + than + 비교대상 2

This project is more difficult than the previous one.   이 프로젝트는 이전 것보다 더 어렵다.
  비교대상 1   비교의 성질   비교대상 2

▶ '형용사(부사) + −er'은 형용사(부사)의 음절이 1음절 이하일 때, 'more + 형용사(부사)'는 형용사(부사)의 음절이 2음절 이상일 때 쓴다.

③ 최상급
셋 이상의 비교대상이 있을 때, 제일 우월하거나 열등한 것을 나타낼 때 쓰는 표현이다.

> 비교대상 + 동사 + the + most 형용사(부사) / 형용사(부사) −est + in + 비교집단

This copier is the most expensive in the store.   이 복사기는 가게에서 가장 비싸다.
  비교대상   비교의 성질   비교집단

▶ '형용사(부사) + −est'는 형용사(부사)의 음절이 1음절 이하일 때, 'most + 형용사(부사)'는 형용사(부사)의 음절이 2음절 이상일 때 쓴다.

02 예제 풀어보기

다음 문장이 의미하는 것을 두 보기에서 고르시오.

1 This city is **as** large **as** Tokyo.
  (1) 이 도시는 도쿄만큼 크다.
  (2) 이 도시는 도쿄보다 크다.

2 The conference room is **larger than** its predecessor.
  (1) 회의실이 이전 것보다 크다.
  (2) 이전 회의실이 더 크다.

3 The new office is **more spacious than** the previous one.
  (1) 새로운 사무실은 이전 것보다 넓다.
  (2) 이전에 사무실이 새로운 사무실보다 넓다.

4 Mr. Kane designed **the largest** restaurant in New York.
  (1) 이번에 만든 레스토랑은 케인 씨가 뉴욕에서 만든 레스토랑 중 제일 크다.
  (2) 케인 씨는 뉴욕에서 가장 큰 레스토랑을 설계했다.

5 This fax machine is **the most expensive** one in the store.
  (1) 이 팩스기는 가게에서 가장 비싼 것이다.
  (2) 이 팩스기는 가게에서 가장 덜 비싼 것이다.

03 예제 확인하기

1 This city is **as** large **as** Tokyo.   이 도시는 도쿄만큼 크다.

▶ 비교하는 두 개의 대상이 동등함을 나타낼 때는 원급 구문을 사용한다. 이때, 원급은 'as + 형용사/부사 + as'로 나타낸다.

2 The conference room is **larger than** its predecessor.   회의실이 이전 것보다 더 크다.

▶ 둘 중 한쪽이 우월함을 나타낼 때는 비교급 구문(-er than)을 사용한다. 이때, 비교급은 '형용사 + er + than 또는 more + 형용사 + than'으로 나타낸다.

3 The new office is **more spacious than** the previous one.   새로운 사무실은 이전 것보다 넓다.

▶ 둘 중 한쪽이 우월함을 나타낼 때는 비교급 구문을 사용한다. 이때, 비교급의 대상이 되는 형용사가 2음절 이상일 때는 more + 형용사 + than'으로 나타낸다.

4 Mr. Kane designed **the largest** restaurant in New York.   케인 씨는 뉴욕에서 가장 큰 레스토랑을 설계했다.

▶ 여럿 중 하나가 최고임을 나타낼 때는 최상급 구문을 사용한다. 이때, 최상급의 대상이 되는 형용사가 1음절일 때는 'the + 형용사 + est'로 나타낸다.

5 This fax machine is **the most expensive** one in the store.   이 팩스기는 가게에서 가장 비싼 것이다.

▶ 여럿 중 하나가 최고임을 나타낼 때는 최상급 구문을 사용한다. 이때, 최상급의 대상이 되는 형용사가 2음절 이상일 때는 'the most + 형용사'로 나타낸다.

Unit 70 원급

풀 이 전 략   as와 as 사이 빈칸에 형용사 혹은 부사를 채워 넣는 문제로 출제되며, 빈칸 앞에 완전한 절이 왔으면 부사가 정답이고, 불완전한 절이 왔으면 형용사가 정답이다.

🎓 대표 문제

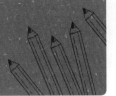 R70

Hopefully, the new chairs will be as ------- as the previous ones that lasted nearly 7 years.

(A) reliably   (B) relies   (C) reliable   (D) reliance

✏️ 시나공 풀이법

Hopefully, the new chairs will be as ------- as the previous ones that lasted nearly 7 years.

부사 / 주어 / 동사 / 형용사 / 수식어 / ones를 수식하는 관계시절

불완전한 절

문두에 부사가 오려면 반드시 들어가야한다.

as + 형용사 + as ~만큼 (형용사)한

수식

(A) reliably   (B) relies   (C) reliable   (D) reliance
   부사   동사   형용사   명사

문 장 분 석   부정대명사 ones는 new chairs를 받는 대명사이다. last는 자동사로 '지속되다'라는 뜻이다.

해 설   as와 as 사이에 빈칸이 오면 빈칸 앞뒤 as를 모두 지운 후 빈칸 앞 문장이 완전한 문장인가 불완전한 문장인가를 확인해야 한다. 빈칸 앞 문장이 완전한 문장으로 왔다면 빈칸은 부사 자리이고, 불완전한 문장으로 왔다면 빈칸은 형용사 자리이다. 완전한 문장이라 함은 '주어 + 자동사 혹은 주어 + 타동사 + 목적어'를 말하는 것이고, 불완전한 문장이라 함은 '주어 + be동사'를 말한다. 위 문제의 경우 빈칸 앞뒤 as를 모두 소거하면, 빈칸 앞 문장이 '주어 + be동사'인 불완전한 문장으로 왔기 때문에 형용사인 (C) reliable이 정답이다.

해 석   새 의자들은 7년 동안 사용한 옛 의자만큼 믿음직하기를 바란다.

표 현 정 리   hopefully 바라건대, 희망하건대 reliable 믿음직한, 믿을 만한 last (기능이) 지속되다. (특정한 시간 동안) 계속되다

정 답   (C)

✒️ 시나공 POINT

빈칸 앞뒤의 as를 모두 소거한 후 완전한 절이 남으면 빈칸에는 부사를 고르고, 불완전한 절이 남으면 빈칸에는 형용사를 고른다.

핵심 이론

원급 비교구문

1. 타동사 + 목적어 + as + 부사 + as + 비교대상 ▶ '~만큼 ~하게'
2. be동사 + as + 형용사 + as + 비교대상 ▶ '~만큼 ~한'
3. 5형식 동사(make/keep/find/leave) + 목적어 + as + 형용사 + as + 비교대상
4. once / twice / three times + as + 형용사 / 부사 + as + 비교대상 ▶ '~에 비해 몇 배 ~한/ ~하게'
5. as many + 가산명사 복수 / as much + 불가산명사 + as + 비교대상 ▶ '~만큼 많은 명사'

The new engineer works as efficiently [efficient] as the former one.

완전한 절

새로운 기술자는 이전 기술자만큼 효율적으로 일을 한다.

▶ 주어와 자동사가 있는 완전한 문장이므로 as ~ as 사이에는 동사 works를 수식하는 부사가 들어간다.

This outdated copier is as efficient [efficiently] as the new one.   이 구식 복사기는 새 것 못지않게 효율적이다.

불완전한 절

▶ be동사의 보어 자리이므로 as ~ as 사이에는 주어의 상태를 서술하는 형용사가 들어간다.

The newest computer systems will be twice as efficient as the current ones.

최신 컴퓨터 시스템은 현재보다 2배 만큼 효율적일 것이다.

▶ 이 표현은 [~보다 ...배 –한/하게]이라는 의미의 표현으로 두 대상이 몇 배가 되는지 비교하는 표현이다.

People are purchasing twice as many [much] electronic products as they did 10 years ago.

사람들은 10년 전에 비해서 2배 만큼 많은 전자제품을 구매하고 있다.

▶ as ~ as 사이에는 명사 단독으로 올 수 없으며, many, much와 같은 형용사와 함께 온다. many 다음에는 가산명사의 복수형이, much 다음에는 불가산명사가 온다는 점에 유의해야 한다.

1 After 6 months of extensive renovations, the remodeled gallery and artist studios will make the museum twice as ------- as it used to be.

(A) more large   (B) larger   (C) largely   (D) large

2 The part designed like an airplane's wing can cut through the air and withstand winds as ------- as anything else can.

(A) ease   (B) easily   (C) easy   (D) more easy

▶ 정답 및 해설은 해설집 38쪽 참고

Unit 71 비교급

풀 이 전 략 　비교급은 '형용사 + er, 혹은 more + 형용사'로 나타내며, 2음절 단어 또는 3음절 이상의 단어일 때는 'more + 형용사'로 비교급을 나타낸다.

 대표 문제

 R71

Leather sofas are usually ------- and durable than sofas made of fabric because the leather can resist dirt and stains better.

(A) comfort　　(B) comforter　　(C) more comfortable　　(D) comfortably

 시나공 풀이법

수식

Leather sofas are usually ------- and durable (than sofas made of fabric)
　주어　　동사　부사　　　보어　　　　　　　　　수식어

because the leather can resist dirt and stains better.
　접속사　　주어　　동사　　　목적어
　　　　　부사절

(A) comfort　　　　(B) comforter　　　　(C) more comfortable　　　(D) comfortably
　원급　　　　　　명사　　　　　　　　비교급　　　　　　　부사

문 장 분 석 　부사 usually는 presently(현재), currently(현재)와 함께 주로 현재시제와 어울려 사용된다.

해 　 설 　형용사나 부사가 1음절 단어일 때는 '형용사/부사 + er' 형태를 쓰지만, 형용사나 부사가 '-able, -ful, -ous, -ive' 등으로 끝나는 2음절 단어이거나 3음절 이상의 단어일 때는 'more + 형용사'로 나타낸다. comfortable은 3음절 이상의 단어이므로 'more + 형용사'로 나타낸다. 따라서 (C) more comfortable을 쓴다. 기본적으로 'more + 형용사'와 '형용사 + er'를 구분하는 문제로 출제되기 때문에 혼동하지 않도록 한다.

해 　 석 　가죽은 먼지나 얼룩에 견딜 수 있기 때문에 보통 천으로 만들어진 소파보다 더 안락하고 내구성이 있다.

표 현 정 리 　leather 가죽　be + 형용사 비교급 + than ~보다 더 (형용사)한　durable 오래가는, 내구성 있는　fabric 섬유　resist 저항하다, 견디다　dirt 먼지, 때　stain 얼룩

정 　 답 　(C)

━ 시나공 POINT ━
형용사나 부사가 '-able, -ful, -ous, -ive' 등으로 끝나는 2음절 단어이거나 3음절 이상의 단어일 때는 'more + 형용사'로 나타낸다.

핵심 이론

'형용사/부사 + er + than'과 'more + 형용사/부사 + than'을 구분하여 빈칸을 채워 넣는 문제가 주로 출제된다.

비교급의 이해

비교급의 형태	비교급 + than ~보다 더 ~하게 (= more + 원급 + than) 일단 비교할 것이 있어야 비교급을 쓸 수 있다.
비교급을 강조	much, even, far, still, a lot 등
비교급 앞에 the를 쓰는 경우	The + 비교급, the + 비교급 ~할 수록 더 ~하다 The more you practice, the better you will become. 당신이 연습하면 할수록 당신은 더 좋아지게 될 것이다.

The demand for organic produce among customers is **higher** than we expected.

고객들 사이에서 유기농 농산물에 대한 수요가 예상보다 높다.

▶ 형용사나 부사가 1음절 단어(high)일 때는 '형용사/부사 + er' 형태를 쓴다.

A cell phone with a camera is **more useful** than a camera.

카메라가 탑재된 전화기가 카메라보다 더 유용하다.

▶ 형용사나 부사가 '-able, -ful, -ous, -ive' 등으로 끝나는 2음절 단어이거나 3음절 이상의 단어일 때는 'more + 형용사' 형태를 쓴다.

The newly released model is **much** more popular than the one which was released in the past.

새로 출시된 모델은 과거에 출시된 것보다 훨씬 더 인기가 있다.

▶ 형용사나 부사의 비교급을 강조할 때는 비교급 앞에 much, even, still, far, a lot, by far 등을 쓴다. 토익에서는 주로 much, even이 출제되며, 모두 '훨씬'이라는 뜻을 지닌다.

1 Lonsdale International reported that this quarter's revenue of approximately $78.4 million was ------- than it had expected to get.

(A) high   (B) height   (C) highly   (D) higher

2 This car was ------- than the rest of the competition during the ambulance evaluation in Michigan.

(A) more speed   (B) speedier   (C) speediest   (D) speed

▶ 정답 및 해설은 해설집 38쪽 참고

 **Unit 72 최상급**

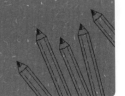

Step 1 | 실전 포인트

풀 이 전 략   형용사나 부사가 2음절 단어이거나 3음절 단어 이상일 때는 'the most + 형용사'로 나타낸다.

 대표 문제

 R72

> The ------- consideration when you choose your first job should not be the salary.
>
> (A) more importantly   (B) importantest   (C) most important   (D) importantly

 시나공 풀이법

> The ------- consideration (when you choose your first job) should not be the salary.
>   주어   부사절(수식어)   동사   보어
>
> (A) more importantly (B) importantest   (C) most important   (D) importantly
>   부사 비교급   표현 없음   최상급   부사

문장분석   이 문장의 빈칸은 관사와 명사 사이에 있기 때문에 형용사가 와야 하며, 최상급은 'the most + 형용사' 또는 'the 형용사 + est'로 나타낸다.

해 설   형용사나 부사가 1음절 단어일 때는 '형용사/부사 + est' 형태를 쓰지만 형용사나 부사가 '-able, -ful, -ous, -ive' 등으로 끝나는 2음절 단어이거나 3음절 이상의 단어일 때는 'the most + 형용사'로 나타낸다. important는 3음절 이상의 단어로 'the most + 형용사'로 나타내므로 (C) most important를 쓴다.

해 석   당신이 첫 번째 직업을 선택할 때, 가장 중요한 고려사항이 연봉이 되어서는 안 된다.

표현정리   consideration 고려(사항) choose 선택하다

정 답   (C)

✎ 시나공 POINT

형용사나 부사가 1음절 단어일 때는 'the + 형용사 + est'로 나타내고, '-able, -ful, -ous, -ive' 등으로 끝나는 2음절 단어이거나 3음절 이상의 단어일 때는 'the most + 형용사'로 나타낸다.

핵심 이론

> 'the most + 형용사'와 'the + 형용사 + est'를 구분하는 문제가 주로 출제된다.
>
> > **최상급의 형태**
> >
> > 1) 최상급 + of all (the) + 복수명사(대상) : ~중에 가장 ~한
> >
> > 2) 최상급 + in (the) + 단수명사(단체, 기관, 장소) : ~에서 가장 ~한
> >
> > 3) 최상급 + among / of + 복수명사 : ~중에서 최고로 ~한
> >
> > 4) 최상급 + ever : 이제껏(여태껏) 중에서 가장 ~한
> >
> > 5) 최상급 + (that) 주어 + have (ever) p.p. : '주어'가 ~했던 중에서 가장 ~한
>
> 최상급을 강조하는 부사에는 by far, quite, the very, much, only 등이 있다.

China has **the highest** growth potential in the world.

중국은 세계에서 가장 높은 성장 잠재력을 지닌 국가이다.

▶ 형용사나 부사가 1음절 단어(high)일 때는 '형용사/부사 + est' 형태를 쓴다.

The most interesting book I've ever read is definitely 'The Dart.'

내가 지금까지 읽은 것 중에 가장 흥미로운 책은 'The Dart'이다.

▶ 형용사나 부사가 '-able, -ful, -ous, -ive' 등으로 끝나는 2음절 단어이거나 3음절 이상의 단어일 때는 'the most + 형용사'를 쓴다.

This figures shows that the nation's economy is growing at **its** fastest pace in five years.

이 수치는 국내 경제가 5년 만에 가장 빠른 속도로 성장하고 있음을 보여줍니다.

▶ 'the + 최상급'을 대신하여 '소유격 + 최상급'을 쓸 수도 있다.

We are dedicated to providing **only** the best service every day.

우리는 매일 유일한 최고의 서비스를 제공하는데 전념한다.

▶ 형용사나 부사의 최상급을 강조할 때는 'the + 최상급' 앞에 by far/quite(단연코), only(오직) 등을 쓴다.

Step 3   실전 문제

1 The ------- way to look for the nearest location is to type the name of the town on our website and to find the one you live in.

(A) more fast   (B) fasten   (C) most fast   (D) fastest

2 IN People & Solutions is a recruitment company specializing exclusively in medical and hospital employees, and we have worked for some of the ------- international and local hospitals.

(A) reputablest   (B) most reputable   (C) most reputably   (D) reputably

▶ 정답 및 해설은 해설집 38쪽 참고

REVIEW TEST

1. E-Tax delivers ------- the most efficient and cost-effective solutions for real and personal property tax needs.
   (A) since
   (B) only
   (C) hard
   (D) ever

2. The comprehensive analyses performed by experts during the evaluations of new machines allows us to calculate their value as ------- as possible.
   (A) precisely
   (B) precise
   (C) precision
   (D) more precise

3. The results of the test conducted by EXPKrobit indicate that a device by CHIA is likely to be damaged more ------- than any other devices.
   (A) ease
   (B) easy
   (C) easily
   (D) easier

4. This is the ------- restaurant I've ever been to but only the third busiest in the whole country.
   (A) busy
   (B) most busy
   (C) busily
   (D) busiest

5. Nakasa's ------- novel is currently out of stock because more people than we had expected bought it.
   (A) most recent
   (B) recently
   (C) even recent
   (D) more recently

6. This is mainly used by small business owners who are looking for the ------- expensive method of shipping their finished products.
   (A) less
   (B) little
   (C) more less
   (D) least

7. The company she work for pays her a low salary, but her working hours are as ------- as she can make them.
   (A) flexibly
   (B) flexibility
   (C) flexible
   (D) much flexible

8. Due to the city's limited water supply, you are advised to have a rose garden, which needs ------- water than a lawn.
   (A) little
   (B) less
   (C) least
   (D) even

9. YesPoint collects your personal information, which is kept secure in compliance with the ------- guidelines.
   (A) strictly
   (B) most strictly
   (C) most strict
   (D) strictest

10. Mr. Jung, one of the ------- jazz pianists since 1980, is planning to play at the Seoul Jazz Festival next week.
    (A) influentially
    (B) most influential
    (C) more influential
    (D) influential

▶ 정답 및 해설은 해설집 39쪽 참고

* 전용 모바일 사이트(www.toeicbasic.co.kr) 또는 길벗 홈페이지에서 단어 MP3 파일을 내려받아 들으면서 공부하세요.

PART 5&6

VOCABULARY

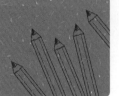
Step 1 | 기출 100% 어휘 정리

☐ **notice** ⓝ 공지, 통보
  ⓥ notice 알아채다
  ⓐ noticeable 눈에 띄는

without prior **notice** 사전 통지 없이
until further **notice** 추후공지가 있을 때까지

☐ **increase** ⓝ 증가
  ⓥ increase 증가하다
  ⓐⓓ increasingly 점점

an **increase** in the total revenues 총 수입의 증가
a substantial **increase** in sales 실질적인 매출 증가

☐ **access** ⓝ 접근
  ⓥ access 이용하다
  ⓐ accessible 접근하기 쉬운

have **access** to the data 자료에 접근하다
access to the building 빌딩으로의 접근

☐ **effect** ⓝ 효과, 영향
  ⓐ effective 효과적인, 유효한
  ⓐⓓ effectively 효과적으로

have an **effect** on ~에 영향을 미치다
the **effect** on total sales 총 판매에 미치는 영향

☐ **request** ⓝ 요청, 요구
  ⓥ request ~을 요청하다

upon **request** 요청하는 즉시
request for a salary raise 임금 인상의 요구

☐ **addition** ⓝ 추가, 부가
  ⓐ additional 부가적인

a welcome **addition** to our team 우리 팀의 환영 받는 직원
an **addition** of two bus lines 두 버스 노선의 추가

☐ **charge** ⓝ 책임, 요금, 청구액
  ⓥ charge ~을 청구하다

shipping **charge** 배송 비용
at no additional **charge** 추가 비용 없이

☐ **capacity** ⓝ 능력, 용량
  ⓐ capacious 용량이 큰

expand the **capacity** 생산능력을 확대하다
seating **capacity** 좌석 수용력

☐ **precaution** ⓝ 예방조치
  ⓐ precautious 조심하는

take safety **precautions** 안전 예방조취를 취하다
take every **precaution** 모든 조취를 취하다

□ **damage** ⓝ 손해, 피해, 손상   extensive **damage**   큰 피해
    ⓥ damage 손해를 입다   suffer minor **damage**   경미한 피해를 입다
    ⓐ damaged 손상된

□ **responsibility** ⓝ 책임, 의무   assume the **responsibility**   책임을 떠맡다
    ⓝ response 응답   corporate social **responsibility**   기업의 사회적 책임
    ⓥ respond 응답하다(to)

□ **confidence** ⓝ 확신, 자신감   with **confidence**   자신감을 갖고
    ⓐ confident 확신하는   have **confidence** in   ~에 믿음이 있다
    ⓐ confidential 기밀의

□ **employment** ⓝ 고용, 채용   long-term **employment**   장기 고용
    ⓝ employee 직원   temporary **employment** vacancies   임시 채용직들
    ⓝ employer 고용인

□ **approval** ⓝ 승인, 인가   obtain **approval**   승인을 받다
    ⓥ approve ~을 승인하다(of)   final / official **approval**   최종 / 공식적인 승인

□ **collection** ⓝ 수집, 징수   toll **collection** system   통행 지불 시스템
    ⓥ collect 모으다, 수집하다   immense **collection** of product reviews   방대한 양의 제품 평가서
    ⓝ collector 수금원, 수집가

□ **donation** ⓝ 기부, 기증   make a **donation**   기부하다
    ⓥ donate 기부하다   a generous **donation**   후한 기부금

□ **description** ⓝ 설명   give a full **description**   상세히 기술하다
    ⓥ describe 기술하다, 묘사하다   a detailed **description**   상세한 설명

□ **refund** ⓝ 환불(금)   a full **refund**   전액 환불
    ⓐ refundable 반환할 수 있는   demand a **refund**   환불을 요구하다

□ **observance** ⓝ 준수   **observance** of the law   법률 준수
    ⓥ observe 준수하다   in **observance** of   ~을 준수하여
    ⓝ observation 관찰

□ **commitment** ⓝ 전념, 약속   a **commitment** to quality   품질에 대한 믿음
    ⓐ committed 전념하는   make a **commitment**   노력하다, 헌신하다
    ⓥ commit 전념하다

1 Please register your product online to gain [access / approach] to important updates.

2 This hotel has the added [benefit / advantage] of links to the city center.

3 Jimmy will serve as the [alternative / replacement] for Kelly, who is scheduled to go on a business trip.

4 I wish to call [attention / concentration] to an important warning regarding the use of this equipment.

5 They have the [claim / authority] to allow special visitors to park in front of the building.

6 To build a factory near the greenbelt zone, you must obtain written [authority / authorization] from the mayor.

7 Four customers ordered several salads and decided on their [choices / options] of dressings.

8 It will take three weeks to repair the considerable [hurt / damage] to the roof.

9 The company will send the contract in [duplicate / double] for you to sign.

10 Heavy rain will have an [affect / effect] on sales at the restaurant.

▶ 정답 및 해설은 해설집 40쪽 참고

1 The conference originally scheduled for this coming Friday has been postponed until further _____.
(A) notice
(B) advice

2 The company anticipates a fifty-percent _____ in profits by the second fiscal quarter.
(A) discount
(B) increase

3 The manager has decided to control _____ to information about the company's customers.
(A) approach
(B) access

4 We provide shipping and handling at no additional _____.
(A) charge
(B) fare

5 They do not take _____ for any belongings lost at the conference.
(A) response
(B) responsibility

6 Open communications can increase people's _____ in the new employee's performance.
(A) confidence
(B) ability

7 The document will be sent to the board for final _____ within a week.
(A) approval
(B) decision

8 The museum is going to exhibit a unique _____ from May 1 to August 31.
(A) information
(B) collection

9 If you're looking for a special dishwasher, go to our website for more extensive _____ of its features.
(A) publication
(B) description

10 We offer 20 percent discount on every bike in _____ of the twentieth anniversary of the company's founding.
(A) observance
(B) correspondence

 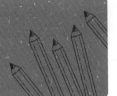

Step 1 : 기출 100% 어휘 정리

☐ **notification** ⓝ 통지
  ⓥ notify 통지하다

written **notification** 서면 통보
prior / advance **notification** 사전 통보

☐ **negotiation** ⓝ 협상, 교섭
  ⓥ negotiate 협상하다
  ⓝ negotiator 협상가

initial **negotiation** 최초의 협상
after two years of lengthy **negotiation** 2년간의 긴 협상 끝에

☐ **reservation** ⓝ 예약
  ⓥ reserve 예약하다
  ⓐ reserved 예약된

make a **reservation** 예약하다
confirm a **reservation** 예약을 확인하다

☐ **production** ⓝ 생산(량)
  ⓥ produce 생산하다

production facility 생산 시설
production figures 생산 실적

☐ **performance** ⓝ 실적, 성과
  ⓥ perform 수행/공연하다
  ⓝ performer 연주자

performance evaluation 직무수행 평가
during the **performance** 공연 중에

☐ **application** ⓝ 신청, 지원서
  ⓝ appliance 전기기구
  ⓝ applicant 지원자, 신청자

application form 신청서
accept **applications** 지원서들을 받다

☐ **excess** ⓝ 초과
  ⓥ exceed 초과하다
  ⓐ excessive 과도한

in **excess** of ~을 초과하여
excess baggage (항공기 탑승객의) 초과 수화물

☐ **value** ⓝ 가치, 가격
  ⓐ valuable 가치 있는

increase in **value** 가치가 증가하다
of **value** = valuable 귀중한

☐ **withdrawal** ⓝ 인출
  ⓥ withdraw 인출/취소하다

make a **withdrawal** 인출하다
withdrawal slip 예금 청구서

☐ **consent** ⓝ 동의 　ⓥ consent 동의하다(**to**)	without the written **consent** 서면동의 없이 by unanimous **consent** 만장일치로
☐ **reimbursement** ⓝ 변상, 상환 　ⓥ reimburse 상환/변제하다	request **reimbursement** 상환을 요청하다 **reimbursement** for business expenses 출장 경비 상환
☐ **combination** ⓝ 결합, 연합 　ⓥ combine 결합하다	in **combination** 단결하여 in **combination** with ~와 결합하여
☐ **regulation** ⓝ 규정, 규칙 　ⓥ regulate 규제/통제하다	comply with current **regulations** 현재의 규정을 따르다 under the new **regulations** 새로운 규정 하에
☐ **extension** ⓝ 기한연장, 내선 　ⓥ extend 연장하다 　ⓐ extensive 광범위한	**extension** on the deadline 마감일의 연장 a visa **extension** 비자 연장(기간)
☐ **duplicate** ⓝ 사본, 복제물 　ⓥ duplicate 복사하다	make a **duplicate** 사본을 만들다 submit the completed form in **duplicate** 작성된 서류를 2통씩 제출하다
☐ **personnel** ⓝ 직원, 인사부 　ⓐ personal 개인의 　ⓐⓓ personally 개인적으로	**personnel** department 인사부 security **personnel** 보안 요원
☐ **variety** ⓝ 다양성 　ⓐ various 다양한 　ⓥ vary 다르다	a **variety** of colors and sizes 다양한 색과 크기 a wide **variety** of delicious foods 매우 다양한 종류의 맛있는 음식
☐ **monopoly** ⓝ 독점 　ⓥ monopolize 분석하다	develop a **monopoly** 독점권을 얻다 have a **monopoly** on ~의 독점권을 가지다
☐ **processing** ⓝ 처리, 가공 　ⓝ process 절차, 공정	data-**processing** software 데이터 처리 소프트웨어 food **processing** machinery 식품 가공 기계
☐ **advance** ⓝ 진보, 발전 　ⓐ advanced 진보한 　ⓝ advancement 진보, 승진	in **advance** 미리[앞서], 사전에 **advances** in engineering 공학에서의 진보

1 Based on the sales [scores / figures] for the past twelve months, the division decided to discontinue the CLK250.

2 The state is going to impose heavy [fines / charges] on vehicles parked on busy streets.

3 Westlines has decided to decrease its [air prices / airfares] for frequent flyers to retain its loyal customers.

4 Please take a few minutes off and fill out this survey [form / print].

5 The [establishment / foundation] of an online store in Bangkok requires the thorough study of several websites.

6 A large amount of investment is required for the [increment / improvement] of the facilities.

7 The results of the research are a good [indication / show] of the company's potential for future success.

8 I couldn't find an extensive [information / description] of the features on the box.

9 Before you start your own business, make a thorough [exploration / investigation] of the local business environment.

10 The salesclerk in the electronic store has a comprehensive [thought / knowledge] of the store's products.

▶ 정답 및 해설은 해설집 41쪽 참고

1 The company needs a more experienced employee to deal with delicate contract _____.
(A) signatures
(B) negotiations

2 Let us know whether you would like to confirm your _____ and pay 20 percent of the total amount of your stay.
(A) relation
(B) reservation

3 The award for outstanding sales _____ will be presented to the top car seller.
(A) performance
(B) confusion

4 They will tell you whether your _____ for a car loan was successful or not.
(A) calculation
(B) application

5 Customers who make _____ on their birthdays will be sent a letter wishing them a happy birthday.
(A) vouchers
(B) withdrawals

6 When employees go on trips for the purpose of business, they have to comply with the company's _____ to be reimbursed.
(A) regulations
(B) preventions

7 Mr. Kim asked HBOL Bank to grant him a 2-week _____ on his loan.
(A) finance
(B) extension

8 This community provides a _____ of activities to keep you busy after retirement.
(A) material
(B) variety

9 More than half of the employees at LHA expressed _____ with their job security.
(A) satisfaction
(B) discussion

10 Many employers enable their employees to negotiate the terms of their _____ to make them fair.
(A) explanations
(B) agreements

Unit 75 명사 ③

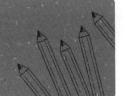

☐ **impression** ⓝ 인상
ⓥ impress 인상을 주다
ⓐ impressive 인상적인

a lasting **impression**   지속적인 인상
give a bad **impression**   나쁜 인상을 주다

☐ **confirmation** ⓝ 확인
ⓥ confirm 확인하다

written **confirmation**   서면상의 확인
a purchase **confirmation** number   구매 예약 확인번호

☐ **caution** ⓝ 주의, 조심
ⓥ caution 주의시키다
ⓐ cautious 조심성 있는

use extreme **caution**   각별히 조심하다
proceed with **caution**   조심스럽게 진행하다

☐ **reception** ⓝ 접수처, 환영회
ⓝ receptionist 접수계원
ⓝ receptiveness 수용력

reception desk   접수처
an ideal location for a **reception**   연회를 위한 이상적인 장소

☐ **decline** ⓝ 감소, 하락
ⓥ decline (자) 감소/하락하다 (타) 거절하다

decline in sales   판매량의 감소
report a 10% **decline** in net income   순수익에서의 10% 하락을 보도하다

☐ **profit** ⓝ 수익, 이익
ⓥ profit 이익을 얻다(from)

make a **profit**   수익을 내다
profits nearly doubled   수익이 거의 두 배가 되다

☐ **accountant** ⓝ 회계사
ⓝ accounting 회계
ⓥ account 설명하다(for)

hire an **accountant**   회계사를 채용하다
an inexperienced **accountant**   경험이 없는 회계사

☐ **fund** ⓝ 자금
ⓥ fund 자금을 공급하다

generate **funds**   자금을 창출하다
a lack of **funds**   자금의 부족

☐ **alternative** ⓝ 대안
ⓥ alternate 대체하다

alternative routes   다른[대체] 도로들
alternative medicine   대체 의약품

☐ **opening** ⓝ 공석, 결원, 개시	job **openings** 일자리, 공석	
ⓐ open 열린	the **opening** of the new theatre 새로운 극장의 개장	
ⓥ open 개장하다		

☐ **compliance** ⓝ 준수	in **compliance** with ~을 준수하여
ⓥ comply ~을 따르다(with)	ensure full **compliance** with the law 완전한 법률 준수를 보장하다

☐ **expertise** ⓝ 전문 지식, 기술	a high level of **expertise** 높은 수준의 전문성
ⓝ expert 전문가	areas of **expertise** 전문분야

☐ **indication** ⓝ 징후, 조짐	a good **indication** of consumer confidence 소비 심리의 좋은 징조
ⓥ indicate 나타내다	an **indication** of economic growth 경제성장의 지표
ⓐ indicative 나타내는	

☐ **evaluation** ⓝ 평가	an extensive **evaluation** 광범위한 평가
ⓥ evaluate 평가하다	receive a favorable **evaluation** 좋은 평가를 받다
ⓝ evaluator 평가자	

☐ **hospitality** ⓝ 환대, 대접	warm **hospitality** 따뜻한 대접
ⓐ hospitable 환대하는	appreciate your **hospitality** 귀하의 환대에 감사하다

☐ **arbitration** ⓝ 조정, 중재	independent **arbitration** 독립적인 중재
ⓝ arbitrator 중재자	be settled by **arbitration** 조정에 의해 해결되다
ⓥ arbitrate 중재하다	

☐ **dispute** ⓝ 논쟁, 분쟁	**dispute** concerning the topic 그 주제에 관한 논쟁
ⓥ dispute 논쟁하다	cause a **dispute** 논쟁을 불러일으키다

☐ **identification** ⓝ 신분증명서	present an **identification** card 신분증을 제시하다
ⓝ identity 신원, 정체	obtain a visitor's **identification** tag 방문객 식별표를 얻다
ⓥ identify ~을 확인하다	

☐ **delay** ⓝ 지연, 지체	cause unexpected **delays** 예상치 못한 지연을 야기하다
	without further **delays** 더 이상의 지체 없이

☐ **participation** ⓝ 참여, 참가	increase employee **participation** 직원 참여를 높이다
ⓝ participant 참가자	draw **participation** from many companies 많은 회사에서 참가하다
ⓥ participate 참여하다(in)	

1   If you add a new [material / ingredient] to the recipe, you can make a great seasonal meal.

2   A skilled manager can make a work [program / schedule] which is effective for all of us.

3   Before starting up your business in this town, seek [advice / proposal] from A to Z Consulting.

4   Unauthorized [duplicate / reproduction] of this software is prohibited.

5   In the [recollection / remembrance] activity, she missed the later part of the presentation.

6   The customer returned a defective [product / goods] and was fully refunded.

7   Five hundred dollars' [worth / value] of equipment has been purchased for each division.

8   We will gladly [exchange / change] this for something else in accordance with our return policy.

9   We need volunteers who have the [ability / interest] to work with people who have disabilities.

10 Our company is the best place for you to work as a [mentor / consultant].

▶ 정답 및 해설은 해설집 42쪽 참고

1 To return the product you purchased online, we must receive _____ of your desire to do so within seven days of receipt of the item.
(A) convenience
(B) confirmation

2 The acquisition of the Real Corporation has been approved despite the _____ in the company's stock price.
(A) suggestion
(B) decline

3 Renting a car for the long term can be a less expensive _____ to owning a private car.
(A) replacement
(B) alternative

4 The Pacific Corporation is announcing an _____ for an assistant to the financial managers.
(A) open
(B) opening

5 You should know that it is not a good _____ of future performance.
(A) indication
(B) discussion

6 When you complete the _____ form, be sure you do not include your name.
(A) extension
(B) evaluation

7 One form of _____, such as a valid driver's licence or passport, is required.
(A) coalition
(B) identification

8 They strongly encourage the _____ of the executive directors in nonprofit organizations.
(A) participation
(B) production

9 Unless an individual possesses a related certification, he or she should be under the _____ of a physical therapist.
(A) supervision
(B) supervisor

10 Studies say that repeated _____ to sunlight can result in the production of melanin.
(A) application
(B) exposure

▶ 정답 및 해설은 해설집 42쪽 참고

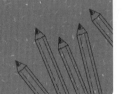
Step 1 | 기출 100% 어휘 정리

☐ **complement** ⓥ 보완하다
　ⓝ complement 보완물
　ⓐ complimentary 보완하는

complement the menu　메뉴를 보완하다
complement the building materials　건축자재를 보완하다

☐ **devise** ⓥ 고안하다
　ⓝ device 장치

devise innovative solutions　혁신적인 해결책을 고안하다
devise better regulations　더 나은 규정을 고안하다

☐ **inspect** ⓥ 조사[검사]하다
　ⓝ inspection 조사, 검사
　ⓝ inspector 조사관, 검사관

be **inspected** frequently　자주 점검되다
inspect the product thoroughly　제품을 면밀히 검사하다

☐ **solicit** ⓥ 요청[간청]하다
　ⓝ solicitation 간청

solicit proposal　제안서를 요청하다
solicit employee feedback　직원들의 피드백을 구하다

☐ **generate** ⓥ 창출하다
　ⓝ generator 발전기
　ⓐ generative 생산하는

generate profits　이익을 창출하다
generate new ideas　새로운 아이디어들을 만들어 내다

☐ **establish** ⓥ 설립하다
　ⓝ establishment 설립
　ⓐ established 확고한

establish stronger ties　더 강력한 연대를 확립하다
establish a close relationship　친밀한 관계를 맺다

☐ **conduct** ⓥ 수행하다, 실시하다

conduct a survey　설문조사를 실시하다
conduct an inspection　검사를 실시하다

☐ **exceed** ⓥ 초과하다, 뛰어넘다

exceed a sales target　판매 목표를 초과 달성하다
exceed initial projections　초기 예상을 뛰어넘다

☐ **expect** ⓥ 기대[예상]하다
　ⓝ expectation 기대, 예상
　ⓐ expected 예정된

expect to be confined on Monday　월요일에 해산할 예정이다
be **expected** to V　~할 것으로 기대되다

□ **lower** ⓥ (가격, 양) 줄이다	**lower** expenditures 지출을 낮추다
ⓐ low 낮은	**lower** the price 가격을 내리다

□ **serve** ⓥ 근무하다	**serve** as a professor 교수로 근무하다
ⓝ service 서비스, 공로	to better **serve** its customers 손님을 더 잘 접대하기 위해서

□ **relieve** ⓥ 완화시키다, 덜다	**relieve** anxiety / stress 불안감 / 스트레스를 덜다
ⓝ relief 완화, 경감	**relieve** traffic congestion 교통 혼잡을 완화하다

□ **restrict** ⓥ 제한[한정]하다	**restrict** the number of employees 직원 수를 제한하다
ⓝ restriction 제한	**restrict** visitor access 외부인의 출입을 제한하다
ⓐ restrictive 제한하는	

□ **assume** ⓥ ~을 떠맡다	**assume** the title 직책을 맡다
ⓝ assumption 가정	**assume** a role 역할을 맡다

□ **reflect** ⓥ 반영하다	**reflect** the current strategy 현재의 전략을 반영하다
	reflect the standards 기준을 반영하다

□ **consolidate** ⓥ 강화하다	**consolidate** one's influence ~의 영향력을 강화시키다
ⓝ consolidation 강화	**consolidate** one's position 지위를 강화하다

□ **lead** ⓥ 이끌다, 지휘[인솔]하다	**lead** a discussion 토론을 이끌다
ⓝ gauge 표준치수	**lead** a session 회의를 주재하다

□ **diversify** ⓥ 다양화하다	**diversify** products 제품을 다양화하다
ⓐ diversified 변화가 많은	**diversify** one's source of income 수입원을 다양화하다

□ **launch** ⓥ 출시하다	**launch** a new line of products 신제품을 출시하다
ⓝ launch 출시, 착수	**launch** new construction projects 새로운 건설 프로젝트를 시작하다

□ **instruct** ⓥ 지시하다	**instruct** sb to do sth ~에게 ~하라고 지시하다
ⓝ instruction 지시	be **instructed** to V ~하도록 지시받다
ⓐ instructive 교육적인	

1   Analysts [expect / anticipate] sales of the equipment will gradually grow through next year.

2   Before you ask to [borrow / lend] an item from a coworkers, be prepared for the unexpected.

3   Mr. Kim will [assume / undertake] the title of Chairman of the Auditing Committee next year.

4   The pottery retailer will [reimburse / compensate] me for the damage incurred during shipping.

5   You need to [minimize / condense] your report from 10 pages into one for an abstract.

6   If wool is submerged in hot water, it tends to [decrease / contract].

7   [Connect / Contact] a sales representative if you have any questions about the product.

8   We will [demonstrate / show] a new machine in our showroom tomorrow.

9   Please be advised to [separate / divide] your trash from your food waste.

10   I have [encircled / enclosed] my resume and cover letter in response to your advertisement.

▶ 정답 및 해설은 해설집 42쪽 참고

1 The Human Resources Department will hire an additional three employees to _____ the workers in the Marketing Department.
(A) compliment
(B) complement

2 People are not fully aware of the need to _____ rental cars thoroughly when they choose a car.
(A) insert
(B) inspect

3 Although the company was successful in the domestic market, it had a hard time _____ branches abroad.
(A) determining
(B) establishing

4 They could _____ to get a good result after going through a 34-month period of trial and error.
(A) expect
(B) anticipate

5 To _____ anxiety before an interview, a person should sleep soundly at night and take vitamin C.
(A) serve
(B) relieve

6 John Cage is supposed to _____ the title of personnel director after the current one retires next month.
(A) undertake
(B) assume

7 The company purchased some computer equipment to simplify and _____ the system into one comprehensive network.
(A) guide
(B) consolidate

8 The acquisition of the kitchen products' company ranging from cookware to ovens will _____ the company's product line.
(A) diversify
(B) recognize

9 We are going to _____ our newly upgraded model, the CDI-2000, on December 1.
(A) launch
(B) schedule

10 Flight attendants _____ passengers to turn off their electronic devices and to fasten their seatbelts during takeoff and landing.
(A) speak
(B) instruct

▶ 정답 및 해설은 해설집 43쪽 참고

Unit 77 동사 ❷

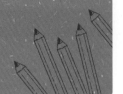

Step 1	기출 100% 어휘 정리

☐ **host** ⓥ 주최하다
   ⓝ host 주최자, 사회자

host a party   파티를 주최하다
host a talk show   토크쇼를 진행하다

☐ **allocate** ⓥ 할당하다, 배정하다

allocate funds   자금을 할당하다
allocate more resources   보다 많은 자원을 배정하다

☐ **renew** ⓥ 갱신하다

renew the contract   계약을 갱신하다
renew the subscription   구독을 갱신하다

☐ **consult** ⓥ 상의하다, 참조하다

consult with the legal team   법무팀과 상의하다
consult the e-mail   이메일을 참고하다

☐ **enhance** ⓥ 강화하다
   ⓝ enhancement 상승
   ⓐ enhanced 증대한

enhance working conditions   근로 환경을 개선하다
enhance the efficiency   효율성을 높이다

☐ **release** ⓥ 공개하다, 발표하다

release a report   보고서를 공개하다
release a new line of products   신제품을 출시하다

☐ **resume** ⓥ 재개하다

resume operation   다시 작동하다
resume regular activities   정규 활동을 재개하다

☐ **impose** ⓥ 부과하다
   ⓝ imposition 부과

impose the tax   세금을 부과하다
impose a fine   벌금을 부과하다

☐ **process** ⓥ 처리하다

process an order   주문을 처리하다
process data   자료를 처리하다

□ **accommodate** ⓥ 수용하다   **accommodate** larger parties   더 큰 단체를 수용하다
                                         accommodate other facilities   다른 시설을 수용하다

□ **reach** ⓥ 도달하다, 이르다   **reach** capacity   용량을 채우다
                                         reach a conclusion   결론에 도달하다

□ **settle** ⓥ 해결하다   **settle** the dispute   논쟁을 해결하다
ⓝ settlement 해결   **settle** a longstanding argument   오래된 언쟁을 해결하다
ⓐ settled 확립된

□ **operate** ⓥ 운영하다   **operate** the new equipment   새로운 장비를 가동시키다
ⓝ operation 작동   **operate** more than 100 branch locations   100개가 넘는 지점을 운영하다

□ **accomplish** ⓥ 성취하다   **accomplish** one's goal   목표를 성취하다
ⓝ accomplishment 성취   **accomplish** one's task   과업을 완수하다
ⓐ accomplished 성취된

□ **adhere** ⓥ 고수하다   **adhere** to the regulations   규정을 준수하다
ⓝ adherence 고수   **adhere** to one's opinion   자기의 주장을 고수하다

□ **enforce** ⓥ 시행하다   **enforce** a policy   정책을 시행하다
ⓝ enforcement 시행   **enforce** a new system   새로운 제도를 시행하다

□ **indicate** ⓥ 나타내다   **indicate** an interest   관심을 나타내다
ⓝ indication 징후   **indicate** one's regret   유감을 표시하다
ⓐ indicative 나타내는(of)

□ **refuse** ⓥ 거절하다   **refuse** the invitation   초대를 거절하다
ⓝ refusal 거절, 거부   **refuse** to discuss the question   그 문제에 관해 논하려 하지 않다

□ **promote** ⓥ 장려[촉진]하다   **promote** research   연구를 촉진하다
ⓝ promotion 승진, 장려   **promote** economic growth   경제 성장을 촉진시키다
ⓐ promotional 홍보/판촉의

□ **authorize** ⓥ 허가하다   **authorize** the use of equipment   장비의 사용을 허가하다
ⓝ authorization 허가, 인가   **authorize** overtime payments   초과 근무수당을 허가하다
ⓝ authority 권한, 허가

1 The company urged the foreign workers to [insist / adhere] to the law.

2 Please read carefully and [follow / precede] the instructions on how to assemble your coffee table.

3 Please [answer / respond] to the questionnaire and return it before you leave.

4 The prosecutor refused to [indict / sue] him for fraud.

5 Some frantic fans [impeded / prevent] the movement of the performers.

6 The director had to [fire / lay off] 400 workers to cut the company's labor costs.

7 After visiting their factory, he decided to [agree / accept] the company's final offer.

8 It is believed that the study by Mr. Seo will [reveal / admit] the latest findings about stem cells.

9 I [assume / assure] you that your complaints will be sent to the investigator shortly.

10 We will continue to [multiply / broaden] our research activities and explore new programs.

▶ 정답 및 해설은 해설집 43쪽 참고

1 They will _____ 4th Annual Business Fair to promote business opportunities.
(A) participate
(B) host

2 The purpose of the training is to _____ cooperation among the employees
(A) prevent
(B) enhance

3 They help to _____ disputes between labor and management.
(A) success
(B) settle

4 To _____ more efficiently, the shop manager has strategically changed the business hours.
(A) operate
(B) compete

5 Special equipment and tools will be needed if you try to _____ your business goals in the gardening industry.
(A) feature
(B) accomplish

6 Fitzerland, Inc. will strictly _____ its new policies and procedures from now on.
(A) appeal
(B) enforce

7 If you _____ a preference for a particular role, our manager will take this into account.
(A) experience
(B) indicate

8 The supplier is expected to _____ the delivery of the merchandise by the next business day.
(A) send
(B) refuse

9 More companies are now asking advertising agencies to _____ their items and services.
(A) promote
(B) affect

10 The directors will _____ the use of the funds collected last year.
(A) agree
(B) authorize

Unit 78 동사 ③

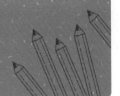

| Step 1 | 기출 100% 어휘 정리 |

☐ **address** ⓥ 처리하다
ⓝ address 주소, 연설

address customer requests 고객 요청사항을 처리하다
have yet to be **addressed** 아직 해결되지 않다

☐ **arrange** ⓥ 준비하다, 조정하다
ⓝ arrangement 조정, 준비

arrange an appointment 약속을 잡다
arrange their own transportation 그들 자신만의 교통편을 마련하다

☐ **join** ⓥ 참여하다, 무리에 속하다
ⓐ joint 공동의, 연합의

join the company 회사에 입사하다
join the membership 회원 가입을 하다

☐ **deserve** ⓥ ~을 받을 만하다
ⓐ deserved 응당한

deserve a promotion 승진할 만하다
deserve the same high-quality service 동일한 고품질 서비스를 받을 자격이 되다

☐ **assess** ⓥ 평가하다
ⓝ assessment 평가, 감정

assess the work 업무를 평가하다
assess the manufacturing process 제조 과정을 평가하다

☐ **install** ⓥ 설치하다
ⓝ installation 설치, 설비

install the program 프로그램을 설치하다
install the new security system 새로운 보안 시스템을 설치하다

☐ **prevent** ⓥ 예방하다
ⓝ prevention 예방
ⓐ preventive 예방하는

prevent delays from occurring 지연 발생을 방지하다
prevent perishable products from deteriorating
부패하기 쉬운 상품들이 상하는 것을 막다

☐ **create** ⓥ 창조하다, 만들어내다

create new jobs 새로운 일자리를 창출하다
create a warm atmosphere 따뜻한 분위기를 자아내다

☐ **resolve** ⓥ 해결하다
ⓝ resolution 해결

resolve complaints 불만을 해결하다
resolve many scheduling conflicts 다수의 일정 충돌을 해결하다

□ **achieve** ⓥ 달성[성취]하다

ⓝ achievement 업적, 성과

achieve the sales goals 판매목표를 달성하다

achieve a double-digit increase 두자리 수 증가를 달성하다

□ **devote** ⓥ ~에 헌신하다

ⓐ devoted 헌신적인

devote sufficient time to -ing ~에 충분한 시간을 바치다

devote more resources to research 연구에 더 많은 자원을 투자하다

□ **acquire** ⓥ 획득하다, 인수하다

acquire the corporation 회사를 인수하다

acquire the land 토지를 취득하다

□ **recognize** ⓥ 인정[표창]하다

ⓝ recognition 인정, 승인
ⓐ recognizable 인식할 수 있는

be **recognized** for ~로 인정받다

recognize innovation in the field 그 분야의 혁신을 인정하다

□ **transport** ⓥ 수송[운송]하다

ⓝ transport 수송, 운송
ⓝ transportation 교통, 수송

transport the machine by air 기계를 항공편으로 보내다

be promptly **transported** 지체 없이 배송되다

□ **describe** ⓥ 설명하다

ⓝ description 설명, 기술

describe the layout 설계도를 설명하다

describe the division of responsibilities 업무 분담을 기술하다

□ **notify** ⓥ ~에게 통지하다

ⓝ notification 통지, 공고

notify the passengers of the delay 승객들에게 지연을 알리다

notify the catering coordinator 음식 배달 관리자에게 통지하다

□ **maintain** ⓥ 유지[관리]하다

ⓝ maintenance 유지, 관리, 보수

maintain relationship 관계를 유지하다

maintain steady sales 꾸준한 판매량을 유지하다

□ **specialize** ⓥ 전문으로 하다

ⓝ specialization 전문
ⓐ specialized 전문의

specialize in protective packaging 보호용 포장을 전문으로 하다

specialize in overseas investments 해외 투자를 전문으로 하다

□ **outline** ⓥ 간략히 설명하다

ⓝ outline 개요, 요강

outline the schedule 일정을 간략히 설명하다

outline the refund policy 환불 규정의 개요을 서술하다

□ **commence** ⓥ 시작[개시]하다

ⓝ commencement 시작

commence production 생산을 시작하다

commence on June 1 6월 1일에 시작하다

1　Adverse weather can [result / cause] delays in the delivery of supplies.

2　When you arrive at the laboratory, you will be asked to [comply / observe] with the rules.

3　We need to [cut / divide] the donated clothes into girls' and boys' clothes.

4　He is highly qualified and deserves to [earn / gain] a high salary.

5　They will [notify / announce] him that his membership will expire soon.

6　Material costs are expected to [rise / raise] sharply during the next fiscal quarter.

7　They seem finally to have [arrived / reached] an agreement today after the prolonged negotiations.

8　He will [amount / deposit] the check at the bank by 4 p.m.

9　Please [assure / ensure] that children are not left alone when you use this product.

10　During this special offer, we will [enclose / engrave] your name on your wallet for free.

▶ 정답 및 해설은 해설집 44쪽 참고

1   The safety investigators advised our supervisor to _____ the problem of removing hazardous waste.
(A) influence
(B) address

2   If you want to _____ the team, please do not hesitate to send us an email.
(A) direct
(B) join

3   Please make an observational checklist and _____ the safety conditions every day.
(A) operate
(B) assess

4   The company will _____ the employees from using their smartphones while on duty from April 1.
(A) prevent
(B) abstain

5   Our team is going to participate in a seminar to learn how to make strategies and to _____ issue.
(A) answer
(B) resolve

6   First, you have to _____ your immediate supervisor that you want to relocate to another city.
(A) notify
(B) announce

7   Having your factory in New Delhi can allow you to _____ a competitive advantage over your rivals than having it in Qingdao.
(A) maintain
(B) renovate

8   Some bookstores _____ in college books and offer discounts to students.
(A) promote
(B) specialize

9   The orientation package includes guidelines that _____ the procedures for fulfilling your responsibilities.
(A) deliver
(B) outline

10   The new software program training course will _____ on June 1 at 6.30 p.m.
(A) finish
(B) commence

▶ 정답 및 해설은 해설집 45쪽 참고

형용사 ①

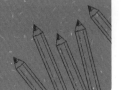

Step 1 | 기출 100% 어휘 정리

☐ **temporary** ⓐ 일시적인, 임시의   a **temporary** inconvenience   일시적인 불편

     a **temporary** discount   임시 할인

☐ **steady** ⓐ 꾸준한   **steady** growth   꾸준한 성장

   ⓐd steadily   꾸준히   a **steady** increase in productivity   생산성의 지속적인 증가

☐ **adverse** ⓐ 반대하는, 부정적인   an **adverse** effect   역효과, 부작용

     adverse economic conditions   어려운 경제 상황

☐ **efficient** ⓐ 능률적인   make **efficient** use of   ~을 효율적으로 사용하다

   ⓝ efficiency   능력, 효율   in an **efficient** manner   효율적인 방법으로
   ⓐd efficiently   능률적으로

☐ **eligible** ⓐ 적격의, 적임의   be **eligible** for health insurance   건강보험의 자격이 되다

   ⓝ eligibility   적임   be **eligible** to receive the award   상을 받을 자격이 있다

☐ **qualified** ⓐ 자격 있는   a **qualified** candidate   자격이 있는 후보자

   ⓝ qualification   자격   be extremely well **qualified** for   ~에 충분히 자격을 갖추고 있다
   ⓥ qualify   자격을 주다

☐ **responsible** ⓐ 책임이 있는   be **responsible** for the safety   안전을 책임지고 있다

   ⓥ respond   응답하다   be held **responsible** for   ~에 대해 책임이 있는 것으로 간주되다
   ⓝ responsibility   책임, 의무

☐ **subject** ⓐ 영향을 받기 쉬운   be **subject** to approval   승인을 받아야한다

   ⓥ subject   ~을 받게 하다   be **subject** to delay   연착될 수 있다
   ⓐd subjectively   주관적으로

☐ **regular** ⓐ 정기적인   during **regular** working hours   정규 근무 시간에

   ⓐd regularly   정기적으로   on a **regular** basis   정기적으로(= regularly)
   ⓝ regularity   규칙, 질서

☐ **preferred** ⓐ 선호되는   **preferred** method of payment   선호하는 지불 방식

    ⓥ prefer 선호하다   at one's **preferred** pace   선호하는 속도로
    ⓝ preference 선호

☐ **dedicated** ⓐ 헌신적인   a **dedicated** assistant   헌신적인 보조원

    ⓝ dedication 헌신, 전념   **dedicated** employees   헌신적인 직원들
    ⓥ dedicate 바치다

☐ **rapid** ⓐ 빠른, 신속한   **rapid** improvement   빠른 개선

    ⓐⓓ rapidly 빨리, 신속히   a **rapid** increase   급격한 증가
    ⓝ rapidity 신속, 민첩

☐ **relevant** ⓐ 관련된, 적절한   **relevant** experience   관련 경험

                         a **relevant** receipt   관련 영수증

☐ **comprehensive** ⓐ 종합적인   **comprehensive** information   종합적인 정보

    ⓥ comprehend 포함하다   a **comprehensive** study   포괄적인 연구

☐ **broad** ⓐ 폭넓은   **broad** knowledge   폭넓은 지식

    ⓥ broaden 넓히다   a **broad** range of products   다양하고 폭넓은 상품
    ⓐⓓ broadly 폭넓게

☐ **professional** ⓐ 전문적인   **professional** assistance   전문적인 지원

    ⓝ profession 직업   seek **professional** advice   전문적인 조언을 구하다
    ⓐⓓ professionally 전문적으로

☐ **accessible** ⓐ 접근하기 쉬운   be **accessible** to members   회원들에게 이용 가능하다

    ⓝ access 접근, 이용권한   readily **accessible**   쉽게 접근할 수 있는, 쉽사리 입수 가능한
    ⓥ access 접근하다

☐ **affordable** ⓐ 가격이 알맞은   at an **affordable** price   저렴한 가격으로

    ⓥ afford ~할 여유가 있다   **affordable** accommodation   적절한 가격의 숙박시설

☐ **promising** ⓐ 유망한   the most **promising** candidate   가장 유망한 후보자

    ⓝ promise 약속   a **promising** company   전망 있는 회사
    ⓥ promise 약속하다

☐ **damaged** ⓐ 손상된   **damaged** luggage   파손된 수화물

    ⓝ damage 손상, 손해   **damaged** baggage report   (항공) 수화물파손 신고서
    ⓥ damage 손해를 입히다

1 The terms and conditions of the renewal will be the same as the [early / previous] contract.

2 The employees only had a [marginal / pretty] interest in the news.

3 Because the restaurant fills up quickly, only a few seats remain [discarded / unoccupied] at 6 p.m.

4 We will open a beginner's course for the newly [connected / joined] members.

5 A [considerable / considerate] bonus will be provided when you reach three years of service.

6 He got out of his truck to check for [injured / damaged] goods.

7 Please be aware that to be reimbursed, you have to use a [designated / restricted] hotel.

8 Because the company developed a efficient strategy, it could make an [enormous / dramatic] profit.

9 Please do not include [irrelevant / irrespective] information in your report.

10 The concert in the stadium is [possible / likely] to be postponed due to the weather conditions.

▶ 정답 및 해설은 해설집 45쪽 참고

1 The monthly report shows there has been a _____ increase in sales.
(A) inclusive
(B) steady

2 There are still tickets _____ for the sessions on Friday and Sunday.
(A) capable
(B) available

3 Members of the board of directors finally reached a decision to choose a more _____ way.
(A) efficient
(B) guided

4 Mark Jones is _____ for promotion because of his distinguished performance.
(A) eligible
(B) special

5 Arendel Finance is looking for a _____ candidate for a bank teller.
(A) qualified
(B) described

6 Kevin Arnold is _____ for coordinating the activities of projects and supervising every procedure.
(A) responsible
(B) responding

7 To apply to be our store manager, you must have a _____ knowledge of computer systems.
(A) definitive
(B) comprehensive

8 As you know, Fine Painting is known to offer reliable service at _____ prices.
(A) affordable
(B) traditional

9 Mr. Irving was considered to be the most _____ member of the new generation of marketing strategy associates.
(A) specific
(B) promising

10 Before you ship something back, please ask us whether we can give a full or partial refund for the _____ item.
(A) appropriate
(B) damaged

▶ 정답 및 해설은 해설집 45쪽 참고

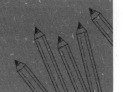

Unit 80 형용사 ②

Step 1 | 기출 100% 어휘 정리

☐ **durable** ⓐ 내구성 있는, 튼튼한
　ⓝ durability 내구성

　　durable materials　내구성 있는 자재
　　manufacture **durable** merchandise　내구성 있는 제품을 제조하다

☐ **satisfactory** ⓐ 만족스러운
　ⓥ satisfy 만족시키다
　ⓐ satisfying 만족을 주는

　　a **satisfactory** wage increase　만족스러운 임금 인상
　　satisfactory results　만족스런 결과

☐ **remarkable**
　ⓐ 두드러진, 현저한
　ⓐⓓ remarkably 두드러지게, 현저하게

　　a **remarkable** growth　괄목할 만한 성장
　　all the more **remarkable**　더욱 더 놀라운

☐ **extensive** ⓐ 광범위한, 넓은
　ⓥ extend 연장하다, 넓히다
　ⓝ extension 연장

　　perform an **extensive** review　광범위한 검토를 하다
　　extensive financial support　광범위한 재정 지원

☐ **indicative**
　ⓐ 나타내는, 암시하는
　ⓥ indicate 나타내다
　ⓝ indication 징후, 조짐

　　be **indicative** of　~을 나타내다, ~을 보여주다
　　be **indicative** of the lack of interest　관심이 부족함을 보여주다

☐ **substantial** ⓐ 상당한
　ⓐⓓ substantially 상당히

　　a **substantial** reduction　상당한 감소
　　a **substantial** amount of time　상당한 양의 시간

☐ **worth** ⓐ ~의 가치가 있는
　ⓐ worthy 가치 있는
　ⓐ worthwhile ~할 가치가 있는

　　be **worth** $500.000　50만 달러의 가차가 되다
　　be well **worth** the expense　지출할 만한 가치가 있다

☐ **considerable** ⓐ 상당한
　ⓥ consider 고려하다
　ⓐ considerate 사려 깊은
　ⓐⓓ considerably 상당히
　ⓝ consideration 고려, 사려

　　a **considerable** bonus　상당한 보너스
　　considerable effort　상당한 노력

☐ **motivated**
　ⓐ 의욕적인, 자극을 받은
　ⓝ motivation 자극, 동기
　ⓥ motivate 자극을 주다

　　motivated employees　의욕적인 직원들
　　seek **motivated** graphic artists　동기가 부여된 그래픽 아티스트를 구하다

☐ **persuasive** ⓐ 설득력 있는

  ⓐⓓ persuasively 설득력 있게
  ⓥ persuade 설득하다

a **persuasive** argument   설득력 있는 주장
persuasive evidence   설득력 있는 증거

☐ **numerous** ⓐ 많은

  ⓝ number 수, 숫자
  ⓐⓓ numerously 많이

report **numerous** problems   수많은 문제들을 보고하다
attend **numerous** events   수많은 행사에 참석하다

☐ **spacious** ⓐ 넓은

  ⓐⓓ spaciously 넓게

the **spacious** dining area   넓은 주방
reserve a **spacious** room   넓은 방을 예약하다

☐ **conscious** ⓐ 알고 있는

  ⓐⓓ consciously 의식적으로
  ⓝ consciousness 자각, 의식

be **conscious** of   ~을 자각하다, 알고 있다
safety-**conscious** clients   안전을 중시하는 고객들

☐ **subsequent** ⓐ 그 이후의

  ⓐⓓ subsequently 그 후에

in **subsequent** years   다음 해부터
subsequent to the appointment   임명 후

☐ **extended**
   ⓐ 장기간에 걸친, 연장한

  ⓥ extend 연장하다, 늘리다
  ⓝ extension 연장, 확장

work **extended** hours   연장 근무를 하다
the **extended** vacation request   장기 휴가 신청

☐ **transferable**
   ⓐ 양도할 수 있는

  ⓥ transfer 양도하다

be **transferable** to   ~에게 양도 가능하다
This ticket is not **transferable**.   이 표는 양도가 안 된다.

☐ **reliable** ⓐ 믿을 만한

  ⓥ rely 의지하다(on)
  ⓝ reliability 신뢰성

provide **reliable** service   믿을 만한 서비스를 제공하다
reliable inspection process   신뢰할만한 검사과정

☐ **protective** ⓐ 보호하는

  ⓥ protect 보호하다
  ⓐ protection 보호

take **protective** measures   보호 조치를 취하다
wear **protective** gear   보호 장비를 착용하다

☐ **specific** ⓐ 구체적인, 명확한

  ⓥ specify 명확히 말하다
  ⓝ specification 명세서

specific instructions   상세한 설명서
due to a **specific** security alert   특정 보안 경보때문에

☐ **detailed** ⓐ 상세한
  ⓝ detail 세부

for **detailed** information   상세한 정보를 위하여
a **detailed** report   세부적인 보고서

1 Herne Technology Systems, one of the [prevalent / leading] companies in the world, is based in Essen, Germany.

2 If you fit the [required / obliged] profile for the job, please send an application to us.

3 The Carroll Historical Society will oversee the [preserved / reserved] historic buildings in the county.

4 I believe nothing is [superior / incompatible] with our existing system in terms of energy efficiency.

5 The Accounting Department sent a letter to request an [outdated / overdue] payment.

6 Boston Hospital was ranked first in position in the [modern / recent] evaluation of hospitals.

7 We have an [imaginative / imaginary] and innovative manager who researches new ways to approach problems.

8 The Internet is convenient but not a [dependable / reliable] source of information when you search for health and diet tips.

9 Several [averse / adverse] effects were reported by people after taking the new drug.

10 Part-time workers often work [expanded / extended] hours on weekends.

▶ 정답 및 해설은 해설집 46쪽 참고

1 We are well-known suppliers that use very _____ material and highly scratch-resistant coating.
(A) durable
(B) confidential

2 The company made a _____ profit last quarter despite the sharp increase in raw material and energy prices.
(A) satisfactory
(B) satisfied

3 All our technicians have backgrounds in engineering and undergo _____ training to let them provide the best service.
(A) grateful
(B) extensive

4 Upgrading the existing machine will result in a(n) _____ improvement in efficiency.
(A) substantial
(B) usable

5 The Purchasing Department expects to reduce _____ expenses by placing bulk orders for cartridges.
(A) considerate
(B) considerable

6 The sales clerk in the ski equipment shop agreed to work _____ hours to get a special bonus.
(A) accustomed
(B) extended

7 Our water purifier will provide you with _____ service as long as you replace your water filter on a regular basis.
(A) reliable
(B) vulnerable

8 A visiting inspector was invited to observe our factory, and he urged us to take _____ measures.
(A) sincere
(B) protective

9 If you call Travel4U at 800-946-5956, we can provide you with _____ information about every country in the world.
(A) specific
(B) eager

10 We will confirm your reservation through an email that includes a _____ schedule of the seminar.
(A) visual
(B) detailed

Unit 81 부사 ❶

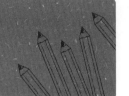

☐ **promptly** ⓐⓓ 즉시, 정각에
ⓐ prompt 즉각적인
ⓝ promptness 기민

answer **promptly** 즉시 응답하다
begin **promptly** at 1:00 p.m 정각 오후 1시에 시작하다

☐ **highly** ⓐⓓ 매우, 몹시
ⓐ high 높은
ⓥ heighten 강화하다

highly recommended 매우 추천되는
a **highly** profitable project 대단히 수익성 있는 프로젝트

☐ **otherwise**
ⓐⓓ 그렇지 않으면, 달리
ⓐ otherwise 다른

unless **otherwise** noted 달리 언급된 바 없으면
unless **otherwise** stated 별도의 지시사항이 없다면

☐ **directly** ⓐⓓ 곧 바로
ⓥ direct 지도하다
ⓝ direction 지도, 감독, 방향

report **directly** to ～로 바로 보고하다
leave **directly** after the show 공연 후 즉시 떠나다

☐ **dramatically** ⓐⓓ 극적으로
ⓐ dramatic 극적인, 인상적인

grow **dramatically** 급격히 성장하다
increase **dramatically** 상당히 증가하다

☐ **adequately**
ⓐⓓ 적절히, 충분히
ⓐ adequate 충분한, 알맞은

be **adequately** prepared 충분히 준비가 되다
wrap the package **adequately** 소포를 적절히 포장하다

☐ **significantly** ⓐⓓ 상당히
ⓐ significant 상당한, 중요한
ⓝ significance 중요성

significantly improve 상당히 향상시키다
significantly contribute to ～에 상당히 기여하다

☐ **heavily** ⓐⓓ 몹시, 심하게
ⓐ heavy 무거운

rely **heavily** on ～에 몹시 의존하다
heavily discounted airfare rates 크게 할인된 항공료

☐ **cautiously**
ⓐⓓ 조심스럽게, 신중하게
ⓝ caution 조심, 주의
ⓐ cautious 신중한, 조심스런

be **cautiously** optimistic 조심스레 낙관하다
ask a question **cautiously** 조심스럽게 질문하다

□ **currently** ⓐⓓ 현재
   ⓐ current 현재의

currently under construction   현재 공사 중인
be **currently** seeking temporary helps   현재 임시 직원들을 찾고 있다

□ **immediately** ⓐⓓ 즉시, 곧바로
   ⓐ immediate 즉각적인

immediately 7 days from now   7일 후 즉시
must **immediately** report ~   ~을 즉시 보고해야 한다

□ **regularly** ⓐⓓ 정기적으로, 자주
   ⓐⓓ hard 열심히
   ⓐ hard 힘든

a **regularly** scheduled event   정기적으로 예정된 행사
regularly perform maintenance checks   정기적으로 유지보수 점검을 하다

□ **rapidly** ⓐⓓ 빠르게
   ⓐ rapid 신속한
   ⓝ rapidity 신속

grow **rapidly**   빠르게 성장하다
a **rapidly** growing economy   빠르게 성장하는 경제

□ **lately** ⓐⓓ 최근에
   ⓐ late 늦은

a **recently** installed generator   최근에 설치된 발전기
recently hired a full-time employee   최근에 정규 직원을 채용했다

□ **temporarily** ⓐⓓ 일시적으로
   ⓐ temporary 일시적인

be **temporarily** suspended   일시적으로 중단되다
be **temporarily** closed   일시적으로 폐쇄되다

□ **markedly**
   ⓐⓓ 현저히, 두드러지게
   ⓐ marked 두드러진, 현저한

rise **markedly**   상당히 오르다
differ very **markedly** from   ~와 크게 다르다

□ **efficiently** ⓐⓓ 효율적으로
   ⓐ efficient 효율적인
   ⓝ efficiency 효율

work **efficiently**   효율적으로 일하다
operate more **efficiently**   보다 효율적으로 운영하다

□ **carefully** ⓐⓓ 신중히, 주의 깊게
   ⓐ careful 주의 깊은

carefully review   주의 깊게 검토하다
read the safety procedures **carefully**   안전규정을 신중히 읽다

□ **approximately** ⓐⓓ 대략
   ⓐ approximate 대략의

approximately 9:00 a.m   대략 오전 9시에
approximately 500 employees   약 500명의 직원

□ **aggressively** ⓐⓓ 적극적으로
   ⓐ aggressive 적극적인

aggressively pursue new customers   적극적으로 고객들을 유치하다
aggressively marketed products   공격적인 마케팅을 벌이고 있는 상품

1 The factory admitted that they were [lastingly / continually] dumping pollutants into the lake.

2 Please enter the clients' data [accurately / assuredly] into the information database after meeting them.

3 The service representative [abruptly / promptly] answered the questions.

4 Gold and silver prices have [recently / soon] fallen sharply.

5 I would like to [personally / respectively] welcome all of the new members to our club.

6 The last customer service training was [high / highly] beneficial.

7 A flight attendant asked passengers to make sure their seatbelts were [adequately / tightly] fastened.

8 The bus stop is far [apart / distance] from the hotel we stay at.

9 The factory is located in a [sparsely / barely] populated area.

10 Our company predicts that revenue will increase [numerously / dramatically] by early June.

▶ 정답 및 해설은 해설집 47쪽 참고

1 You should arrive early to register for the career development seminar, which starts _____ at 1:00.
(A) promptly
(B) temporarily

2 He must be _____ qualified to be the manager of the Planning Department.
(A) high
(B) highly

3 The manufacturing company can sell and ship products _____ to consumers.
(A) fully
(B) directly

4 Our sales have increased _____ since our advertising agency started using celebrities in advertisements.
(A) dramatically
(B) politely

5 To protect your computer from viruses, you are required to install this program _____.
(A) immediately
(B) especially

6 Ms. Kim is scheduled to be _____ relocated to fill in for an assistant manager who is out on maternity leave.
(A) differently
(B) temporarily

7 To allow the bus company to operate more _____, the city traffic authorities allowed it to change some of its lines.
(A) efficiently
(B) completely

8 If you have _____ checked the manual and there are still problems with the CLS250, please contact us.
(A) carefully
(B) markedly

9 They are going to hire _____ 30 new workers to respond to increasing inquiries.
(A) regularly
(B) approximately

10 The host is responsible to _____ promoting the events at the World Water Forum.
(A) necessarily
(B) aggressively

▶ 정답 및 해설은 해설집 47쪽 참고

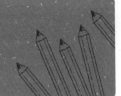

Unit 82 부사 ②

Step 1 기출 100% 어휘 정리

☐ **increasingly**
ⓐ 점점, 더욱 더

ⓐ increasing 증가하는
ⓐ increased 증가된

become **increasingly** popular　점점 더 인기를 끌다
be **increasingly** reliant on donations　점점 더 기부에 의존하다

☐ **appropriately** ⓐ 적절하게

ⓐ appropriate 적절한

appropriately address　적절하게 해결하다
appropriately respond　적절하게 응답하다

☐ **particularly** ⓐ 특히

ⓐ particular 특정한

particularly small business owners　특히 소규모 자영업자들
in **particularly** stressful situations　특히 스트레스 받는 상황에서

☐ **entirely** ⓐ 완전히, 전적으로

ⓐ entire 전체의, 완전한

entirely optional　전적으로 선택사항인
be made **entirely** of recycled materials　재활용 재료만으로 제작되다

☐ **previously** ⓐ 이전에

ⓐ previous 이전의

previously purchased items　이전에 구입한 제품들
as **previously** scheduled　전에 계획한 대로

☐ **nearly** ⓐ 거의

ⓐ near 가까운

nearly impossible　거의 불가능한
be **nearly** complete　거의 완료되다

☐ **clearly** ⓐ 명확히

ⓐ clear 명확한

speak **clearly**　명확하게 말하다
be **clearly** visible　또렷이 보이다

☐ **securely**
ⓐ 단단하게, 튼튼하게

ⓐ secure 안전한
ⓝ security 안전

securely mounted　단단하게 고정된
lock the door **securely**　문을 확실히 닫다

☐ **briefly** ⓐ 잠시, 간결하게

be delayed **briefly**　잠시 연기되다
speak **briefly** and clearly　간단명료하게 말하다

268　**PART 5&6 Vocabulary**

□ **severely** ⓐⓓ 심하게, 엄격하게 | be **severely** damaged 심하게 손상되다
ⓐ severe 엄격한, 가혹한 | a **severely** critical report 혹독하게 비판적인 보고서

□ **routinely**
　　ⓐⓓ 정기적으로, 일상적으로 | visit the factory **routinely** 정기적으로 공장을 방문하다
ⓐ routine 일상적인 | requires feedback from customers **routinely**
　　　| 정기적으로 고객에게 피드백을 요구하다

□ **closely** ⓐⓓ 면밀히, 엄밀히 | examine **closely** 면밀히 살피다
ⓐ close 가까운 | be **closely** related to ~와 밀접하게 관련이 있다

□ **exclusively**
　　ⓐⓓ 독점적으로, 오직 ~만 | deal with **exclusively** 오직 ~만 취급하다
ⓐ exclusive 독점적인 | **exclusively** to the healthcare industry 오로지 건강관리산업에만
ⓝ exclusion 독점 |

□ **politely** ⓐⓓ 예의바르게 | interact **politely** with customers 고객들과 공손하게 대화하다
ⓐ polite 공손한, 예의 바른 | **politely** tell customers that ~고객들에게 ~를 정중히 말하다
ⓝ politeness 공손함 |

□ **thoroughly** ⓐⓓ 철저하게 | research the company **thoroughly** 회사를 철저히 조사하다
ⓐ thorough 철저한 | be **thoroughly** inspected 철저하게 검사받다

□ **consistently**
　　ⓐⓓ 일관되게, 항상 | be **consistently** late for work 계속 지각하다
ⓐ consistent 시종일관된 | at prices **consistently** lower than our competitors
　　　| 우리 경쟁사들보다 줄곧 더 낮은 가격으로

□ **relatively** ⓐⓓ 상대적으로 | **relatively** low compensation 상대적으로 적은 보상
ⓐ relative 상대적인 | a **relatively** new firm 비교적 새로운 회사

□ **instantly** ⓐⓓ 즉시, 긴급히 | take effect **instantly** 즉시 효과를 보다
ⓐ instant 즉시의 | an **instantly** recognizable landmark 즉시 식별할 수 있는 표지물

□ **strictly** ⓐⓓ 엄격히 | be **strictly** limited 엄격히 제한되다
ⓐ strict 엄격한 | be **strictly** enforced by ~에 의해 강력하게 실행되다

□ **evidently** ⓐⓓ 분명히, 명백히 | underestimate **evidently** 분명히 과소평가하다
ⓐ evident 분명한 | drop **evidently** 명백하게 하락하다
ⓝ evidence 증거 |

1   The dress will be [exclusively / extremely] designed for you after measuring your exact size.

2   We need to change the management system to survive in an [consecutively / increasingly] competitive market.

3   Most of the workers at the company commute [only / exceptionally] by car.

4   The company's event was rescheduled [primarily / firstly] because of budget concerns.

5   Even though it was raining [quite / heavily], the conference started on time.

6   The supply of office space in Tokyo is [rapidly / extremely] decreasing.

7   Safety precautions must be [strongly / stringently] observed.

8   The blue shoes you ordered are not in stock now; [but / however], black is available in your size.

9   They have [yet / still] not released the much anticipated test results.

10   An opinion survey is [normally / once] conducted after the regular seminar.

▶ 정답 및 해설은 해설집 47쪽 참고

1 The manager will _____ handle the complaints about the parcel that was sent from China to North America.
(A) securely
(B) appropriately

2 If you become a member, you can _____ receive new material from us.
(A) progressively
(B) routinely

3 Before you reach a conclusion concerning the statistical analysis study, you are advised to look into the data _____.
(A) closely
(B) narrowly

4 The Neppia Company has focused _____ on improving its technology because of lack of funds.
(A) cordially
(B) exclusively

5 It is important to make sure that you read the instruction manual _____.
(A) thoroughly
(B) regionally

6 A _____ sustained commitment to high-quality standards let MagMag remain one of the leading companies.
(A) consistently
(B) sensibly

7 Although the Alan Paradise Hotel is _____ more expensive, they offer far better service.
(A) relatively
(B) promptly

8 We asked the company to create a logo which would be _____ recognizable to potential customers.
(A) absolutely
(B) instantly

9 The dress code for salesclerks is _____ enforced to look professional and to ensure customer satisfaction.
(A) strictly
(B) indifferently

10 They can _____ repair the damaged door if some parts are replaced.
(A) unfairly
(B) evidently

▶ 정답 및 해설은 해설집 48쪽 참고

REVIEW TEST

1. Not all employees are satisfied because some think some of the women will not ------- competently under the male-centerded new company policy.
   - (A) request
   - (B) support
   - (C) release
   - (D) function

2. All staff members are required to ------- the regulations to maintain peace and order in the company.
   - (A) capture
   - (B) follow
   - (C) attract
   - (D) value

3. Using a website to renew a(n) ------- to a magazine is much easier than mailing a form to an office.
   - (A) prevention
   - (B) organization
   - (C) problem
   - (D) subscription

4. People doing teleworking will be able to ------- the company's database from their homes through computer link-ups.
   - (A) conform
   - (B) renovate
   - (C) access
   - (D) restrict

5. Carlson Health's new dietary supplements are ------- with customer demand, and it aims to export them all over the world.
   - (A) consistent
   - (B) desirable
   - (C) predictable
   - (D) common

6. The meeting will begin ------- at 2:30, so make sure that Mr. Brooks arrives at the conference room at least 10 minutes early.
   - (A) easily
   - (B) seemingly
   - (C) extremely
   - (D) promptly

7. This program is not only designed ------- for children but also for adults with symptoms of ADHD.
   - (A) specifically
   - (B) fully
   - (C) frequently
   - (D) rarely

8. Ever since the company's foundation, it is ------- unusual for her to hire someone who is relatively inexperienced.
   - (A) recently
   - (B) highly
   - (C) technically
   - (D) widely

9. Some video footage aired on AKL, a TV station, are easily ------- to anyone through a simple process if it will not be used commercially.
   - (A) cautious
   - (B) accessible
   - (C) necessary
   - (D) national

10. The ------- of Food Project is to create a thoughtful and productive community of factory workers from diverse backgrounds.
    - (A) mission
    - (B) consideration
    - (C) designation
    - (D) impression

► 정답 및 해설은 해설집 48쪽 참고

PART 6

연결어 넣기 & 알맞은 문장 고르기

Unit 83 연결어 넣기

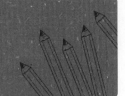

Step 1 　　실전 포인트

풀 이 전 략　　연결어 넣기 문제는 빈칸 앞뒤 문장의 관계 파악이 핵심이다.

 대표 문제

Milton Allison Magazine's new head office was eventually completed last week.

Each employee's move-in time can be checked on the company's website.

Even though it is expected to take over two months to relocate, employees can take advantage of a number of benefits. -------, those employees in divided offices do not have to move across town for interdepartmental meetings anymore, which will lead to an even more efficient business.

Q. (A) Therefore

(B) Nevertheless

(C) For example

(D) However

시나공 풀이법

해　석　　Milton Allison 매거진의 새 본사가 마침내 지난주 완공되었습니다. 각 직원의 입주 시기는 회사 웹사이트에서 확인할 수 있습니다. 비록 이전하는 데 2개월 이상이 소요될 것으로 예상되지만, 직원들은 많은 혜택을 볼 수 있습니다. 예를 들어, 분리된 사무실에 있던 직원들은 더 이상 부서 간 회의를 위해 시를 오갈 필요가 없으며, 이는 훨씬 더 효율적인 업무가 가능하도록 해줄 것입니다.

해　설　　선택지의 구성으로 미루어 문장과 문장을 이어주기에 적절한 접속부사를 선택하는 문제로 파악할 수 있다. 빈칸 앞에서는 이전하는 데 많은 시간이 걸리겠지만 직원들이 많은 혜택을 받을 수 있다고 했으며, 빈칸 뒤에서는 직원들이 더 이상 부서간 회의를 위해 시를 오갈 필요가 없다는 구체적인 예시를 들고 있으므로 (C) For example이 정답이다.

표현정리　　**move-in** 입주　**relocate** 이전하다　**take advantage of** ~을 이용하다　**interdepartmental** 부서[부처] 간의 **lead to** ~을 이끌다, 초래하다

정　답　　(C)

시나공 POINT

1. 선택지를 보고 연결어 문제라고 판단되면 앞뒤 문장을 정확하게 해석한다.
2. 앞뒤 문장의 관계를 따져 선택지 중 알맞은 연결어를 선택한다.

핵심 이론

PART 6의 총 4개의 지문 중 1–2지문에서 꾸준히 출제되고 있다.

연결어(접속 부사)는 두 문장의 관계를 통해서 답을 결정한다.

대조 관계	however 그러나, in contrast 그에 반해서, on the other hand 다른 한편으로는
인과 관계	therefore = hence 그러므로, as a result 결과적으로, consequently 따라서, eventually 결국
부연 관계	moreover = furthermore 더욱이, in addition = besides 게다가, in fact 사실상
전환 관계	meanwhile 그 동안에, 한편, in the meantime 그 동안에, 한편
양보 관계	nevertheless = nonetheless 그럼에도 불구하고
선택 관계	otherwise 만약 그렇지 않으면, instead 대신에
예시 관계	for example = for instance 예를 들면

Milton Allison Magazine's new head office was eventually completed last week. Each employee's move-in time can be checked on the company's website. Even though it is expected to take over two months to relocate, employees can take advantage of a number of benefits. -------, those employees in divided offices do not have to move across town for interdepartmental meetings anymore, which will lead to an even more efficient business.

새로운 본사의 이전이 완료됐음을 알리는 정보와 빈칸 바로 앞에서 비록 이전하는데 시간은 걸리지만 많은 혜택을 누릴 수 있다는 정보가 있다. ------, 직원들이 앞으로 부서 간에 회의를 할 때 시를 더 이상 시를 오갈 필요가 없다는 예를 들고 있다. 즉, 앞서 언급한 직원들의 혜택 중 하나로 볼 수 있다.

Q. (A) Therefore   그러므로(인과관계)   (B) Nevertheless   그럼에도 불구하고(대조관계)

(C) For example   예를 들면(예시관계)   (D) However   그러나(대조관계)

Dear customer,

Thank you for purchasing the Gusto Espresso Coffee Machine ITL200.

When it is accompanied with a valid receipt, the product is warranted for twelve months from the date of purchase. According to the terms of the warranty, we will repair or replace your product free of charge. -------, the warranty does not cover defects caused by improper use, incorrect maintenance, or unauthorized modifications to the original product.

(A) Therefore   (B) Thus   (C) However   (D) as a result

▶ 정답 및 해설은 해설집 50쪽 참고

Unit 84 알맞은 문장 고르기

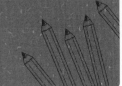

Step 1 | 실전 포인트

풀이전략 빈칸의 앞뒤 문맥을 파악한 후 선택지와의 관계를 살핀다.

 대표 문제

PIONEER (21 July) - Pioneer Natural Resources (NYSE) and Eagle Ford Shale (EFS) will be merging into one company. The merger is effective as of 1 September. The newly created company will be operating under the name Enterprise Products Partners. --------. In a joint statement, the CEOs, Kristine Solis of NYSE and Donna Fields of EFS, assured customers they will see no service changes. They also said there will be no employee layoffs.

Q (A) Enterprise Products Partners expects to hire more employees.

(B) The energy sector is vital to Enterprise's development.

(C) Both companies have a grasp of the international financial market.

(D) Both companies have an excellent reputation in their respective industries.

시나공 풀이법

해 설 빈칸 앞 문장에 두 개의 회사 이름이 제시되므로 두 개의 회사를 가리키는 내용이 이어지는 것이 논리상 적절하다. 그런데 (B)는 두 회사의 업종이 금융이라고 하므로 사실과 다르다. 따라서 (D)가 정답이며, 앞의 명사들을 받는 형용사 Both가 핵심 키워드이다.

해 석 PIONEER (7월 21일) – Pioneer Natural Resources (NYSE)와 Eagle Ford Shale (EFS)은 한 회사로 합병이 된다. 합병은 9월 1일부터 유효하다. 새로 생성된 회사는 Enterprise Products Partners라는 이름으로 운영된다. 두 회사 모두 업계에서 훌륭한 평판을 자랑한다. 공동 성명에서 NYSE의 사장인 Kristine Solis 씨와 EFS의 사장인 Donna Fields 씨는 고객에게 서비스 변화가 없음을 확인했고 그들은 또한 직원 해고도 없을 것이라고 말했다.

표현정리 merge 합병하다 effective 유효한, 효력이 있는 as of ~일자로 operate 운영하다 under the name ~라는 이름으로 joint statement 공동 성명 assure 분명히 말하다 layoff 해고 energy sector 에너지 분야 vital 필수적인 development 개발 grasp 장악, 지배 international 국제적인 financial market 금융 시장 excellent 우수한 reputation 평판 respective 각각의 industry 업계

정 답 (D)

시나공 POINT

1. 선택한 지문을 빈칸에 넣을 경우 지문의 흐름이 자연스러운지를 파악한다.
2. 지시대명사(it, that, these 등) 또는 연결어(however, therefore, also 등)를 확인하여 앞 문장과의 관계를 파악한다.

핵심 이론

1. 문제 유형
❶ 빈칸이 지문 처음에 제시되는 경우
❷ 빈칸이 지문 중간에 제시되는 경우
❸ 빈칸이 지문 마지막에 제시되는 경우
▶ 빈칸이 지문 처음에 제시되는 경우는 극히 드물며, 대부분 지문 중간에 많이 등장한다.

2. 실전 공략
❶ 빈칸의 앞뒤 문장을 파악하여 빈칸에 들어갈 내용을 예상한다.
❷ 빈칸 다음에 나오는 문장의 (지시)대명사나 연결어 또는 키워드가 단서가 되는 경우가 많다.
❸ 각 선택지의 내용을 확인하며 빈칸에 알맞은 문장을 선택한다.
❹ 선택지에 지문과 관련된 어휘를 함정으로 놓는 경우를 주의해야한다.

PIONEER (21 July) - Pioneer Natural Resources (NYSE) and Eagle Ford Shale (EFS) will be merging into one company. The merger is effective as of 1 September. The newly created company will be operating under the name Enterprise Products Partners. -------. In a joint statement, the CEOs, Kristine Solis of NYSE and Donna Fields of EFS, assured customers they will see no service changes. They also said there will be no employee layoffs.

(A) Enterprise Products Partners expects to hire more employees.
Enterprise Products Partners 사는 더 많은 직원들을 고용할 예정이다.

(B) The energy sector is vital to Enterprise's development. 에너지 부문은 Enterprise사의 발전에 필수적이다.
(C) Both companies have a grasp of the international financial market. 두 회사는 국제금융시장을 장악하고 있다.
(D) Both companies have an excellent reputation in their respective industries.
두 회사 모두 업계에서 훌륭한 평판을 자랑한다.

▶ 빈칸 앞 문장에 두 개의 회사 이름이 제시되므로 두 개의 회사를 가리키는 내용이 나올 것임을 예상한다.
▶ 지문의 흐름상 빈칸에는 두 회사를 both로 받고 이 두 회사가 업계에서 평판이 좋다는 내용이 들어가야 한다.
▶ 제시된 빈칸에 (D)문장을 넣었을 때 문장이 자연스럽게 연결되는 것을 확인한다.

Bath (7 May) - Although only 20 percent of the cars on Bath city streets are electric, this number is changing at a rapid pace. This is due to the city's generous tax benefits offered to electric car drivers. According to Martin Freeman, President of Bath Green Businesses, more attractive designs and longer-lasting batteries have also made a difference. Mr. Freeman predicts the number of electric cars in Bath will more than double in the coming years. -------.

Q (A) Moreover, he likes the convenience of having recharging stations on highways.

(B) In fact, he believes that in 20 years only electric cars will be sold here.

(C) Therefore, he feels that the price of electric cars is too high.

(D) He notes that the population of Bath has been decreasing steadily.

▶ 정답 및 해설은 해설집 50쪽 참고

Questions 1-4 refer to the following e-mail.

To: Frances McDormand
From: Max Lloyd-Jones
Re: Registration for Food Industry Professionals Conference
Date: 2 August

Dear Mr. McDormand,

Thank you for 1. ------- for the Food Industry Professionals Conference in Vancouver on 19-22 August.

Approximately 150 food representatives are expected to share their ideas on food safety as well as new technology in food preparation and packaging. We 2. ------- more detailed information to all participants at least two weeks before the event.

Unfortunately, one of the seminars you selected, Advances in Food Packaging, has been canceled. 3. -------, I have transferred you to Safe Food Preservation, which is scheduled for the same time slot.

4. -------.

I am looking forward to seeing you in August.

Sincerely,

Max Lloyd-Jones
Event Organizer

---

1. (A) forwarding
(B) developing
(C) cooperating
(D) registering

2. (A) will send
(B) sent
(C) have sent
(D) were sending

3. (A) All the same
(B) By comparison
(C) For this reason
(D) Above all

4. (A) Inform the hotel that you are a registered conference attendee.
(B) You will receive an e-mail shortly confirming your registration fee.
(C) If you are not satisfied with this, please contact us to choose a different topic.
(D) Therefore, the conference will be held in three different venues in Sydney.

Questions 5-8 refer to the following e-mail.

To : undisclosed-recipients
From : robert.sheehan@maxmedia.com
Date : September 1
Subject : Payment Policy

Dear Writers,

We 5. ------- our process for paying our freelance writers for their articles. Rather than issuing a payment for each article, we will make payments only once a month. I know this may be an 6. -------. However, it has become too time-consuming to process individual invoices each week. Starting now, do not submit an invoice for each article you write. 7. -------, please submit one itemized invoice each month for all articles written during that month. Please sign the attached form and return it to me by Friday, September 7. 8. -------.

We appreciate your cooperation in this matter.

Robert Sheehan, Human Resources
Max Media

5. (A) are changing
   (B) should change
   (C) may be changing
   (D) would have changed

6. (A) alternative
   (B) exaggeration
   (C) opportunity
   (D) inconvenience

7. (A) In that case
   (B) Instead
   (C) Based on that
   (D) Likewise

8. (A) This is necessary because we want to make sure that you agree to our new process.
   (B) Articles will be reviewed by our editorial team.
   (C) Your payment will be remitted immediately after you submit your article.
   (D) There are some small details that have been overlooked.

REVIEW TEST

Questions 9-12 refer to the following memo.

To: Box Office Staff
From: Jaremy Ray Taylor, General Director
Date: 15 November
Subject: Policy Update

I am writing to inform you of a change in the 9. ------- policy for our classical music series, effective immediately.

There have been many requests on the day of the concert from patrons who prefer to sit on the aisle because there is more leg room. From now on, we will accept such requests 10. ------- at the time tickets are purchased. Subsequently, audience members 11. ------- extra space may ask for a seat in the back two rows, as those are not usually filled. 12. -------. This policy should help us avoid complaints once a performance has begun.

9. (A) refund
(B) pricing
(C) seating
(D) recording

10. (A) only
(B) less
(C) very
(D) late

11. (A) needed
(B) who need
(C) they need
(D) having needed

12. (A) Many people prefer to sit there, near the orchestra.
(B) Saturday evening performances attract the largest crowds.
(C) Ticket holders may not enter the theater after the performance begins.
(D) It is further from the stage, but it is more comfortable there.

▶ 정답 및 해설은 해설집 50쪽 참고

PART

7

지문 주제별 분석

WARMING UP

1 Part 7 지문의 종류

Part 7은 이메일(email), 광고(advertisement), 편지(letter), 회람(memo), 공지(notice), 기사(article), 메시지 대화문(text message chain), 각종 양식(form), 기타(안내문, 발표문, 설명문) 등의 지문이 출제되며, 단일지문(Single Passage)과 이중지문(Double Passage), 그리고 신유형인 삼중지문(Triple Passage)으로 나뉜다. 그 중 대부분 이메일, 기사, 광고, 공지 등의 지문이 가장 많이 출제된다.

Part 7의 정복은 상당히 힘들다. 그러나 언젠가는 넘어야 할 산이다. 따라서 지문의 종류에 따른 출제경향, 문제유형에 따른 적용법(Skill) 등을 꼼꼼히 정리해서 알아두면 문제풀이 시간이 줄어드는 것을 스스로 보게 될 것이다. Part 7은 시간과의 싸움이다. 제 아무리 독해를 잘 한다손 치더라도 시간 안배에 실패하면 점수는 요원한 것이다. 따라서 출제경향 분석 및 문제 분석을 통한 적용법 등을 지금부터라도 체계화시키고 반복 학습해 둔다면 기대 이상의 성적을 거둘 수 있을 것이다.

2 파트 7 지문 독해 Tips

1. 어휘 양을 풍부하게 쌓아 두어야 한다.

독해력과 스킬 모두 중요하다. 하지만 어휘가 부족하면 독해력과 스킬 모두 무용지물이다. 베이직(Basic) 수험생들은 지문에 등장하는 빈출 어휘, 관련 표현 등을 꾸준히 외워 두면 목표 점수에 한 발짝 이미 넘어선 것이나 마찬가지이므로 반드시 어휘 양을 풍부하게 쌓아두어야 한다.

2. 지문 당 3독은 선택사항이 아니라 필수사항이다.

'한 개 지문을 3독 하세요'라고 하면, '왜요?' 라는 질문을 자주 받게 된다. 이미 읽었던 지문을 다시 읽을 필요가 있느냐는 반응인 셈이다. 고기도 먹어 본 사람이 먹는다고 점수에 목이 마르고 애가 타 본 사람만이 3독을 해 본 후 시험을 보고 그 답을 알게 된다. 독해 100개 지문을 푸는 것보다 10개 지문을 3독 하는 것이 훨씬 효과적이다. 한 개 지문을 읽고 또 읽다 보면 읽는 속도가 빨라지고 내용 파악이 훨씬 수월해지며 놓쳤던 부분을 발견하게 된다.

토익 지문은 거의 비슷하다. 그래서 자주 읽다 보면 비슷한 지문을 고사장에서 접하게 되고 어디선가 본 듯한 느낌으로 읽다 보면 속도가 빨라지고 내용 파악도 여느 때보다 수월해져 문제와 정답의 단서가 빠르게 눈에 들어오는 것이다. 따라서 베이직(Basic) 수험생들은 많은 문제를 푸는 것보다는 매일 한두 개 지문을 고정적이고, 지속적으로 읽는 연습을 하다보면 독해를 본격적으로 학습하는 시점에서 독해 때문에 발목 잡히는 일은 없을 것이다.

3. 필요한 스킬(Skill)은 독해 시간을 줄이는데 도움이 된다.

어휘 양과 독해력이 어느 정도 충족되면 이제는 본격적으로 스킬을 적용해 봐야 한다. 하지만 스킬을 모두 익혔다고 해서 모든 것이 해결되는 것은 아니다. 실제 문제 안에서 적용하는 연습을 자주 해 봐야 하기 때문이다. 문제 유형에 따라 21가지 스킬이 있지만 그 중에서 베이직(Basic) 수험생들이 도전해 볼 만하고 반드시 맞혀야 할 문제유형이 있는데 그 유형만 모두 맞혀도 독해에 대한 자신감이 충족될 것이다. 따라서 중요 스킬들을 반드시 익혀두기를 바란다.

3 파트 7 출제 순위별 지문 유형

이밖에도 다양한 지문 유형이 있지만 대부분 아래 제시한 유형에서 출제된다. 지문에 따라 크게 다른 점은 없지만 성격에 따라 중요하게 봐야 할 정보의 위치가 다르니 이를 알아두고 문제를 푸는게 더 전략적인 접근이다. 현재 새로운 유형의 지문이 계속 출제되고 있는 상황이다.

1. 이메일/편지	7. 편지
2. 기사	8. 회람
3. 메시지 대화문	9. 안내문
4. 공지	10. 기타(송장, 웹페이지, 전단지, 팜플렛, 양식 등)
5. 광고	11. 이중 지문
6. 정보	12. 삼중 지문

4 파트 7 출제 순위별 문제 유형

1. 세부정보 파악	5. 동의어 파악
2. 유추/추론	6. 의도 파악
3. 사실 확인	7. 빈칸 추론
4. 주제 & 목적	8. 요청 & 제안

Unit 85 이메일 E-mail

Step 1 실전 문제 먼저 풀기

풀 이 전 략   이메일은 앞부분은 이메일을 쓴 목적, 지문 중간은 첨부물, 그리고 지문의 맨 끝부분은 요청 사항이라는 기본 구성을 꼭 알아두어야 한다.

Questions 1-2 refer to the following e-mail.

To: Mrs. Laura Parker
From: Star Boutique
Subject: Grand-Opening Sale at the Third Star Boutique

We are pleased to inform you that the third branch of the Star Boutique has opened on Park Avenue. There is a whole new selection of party and bridal wear along with accessories. The store has its own designers; hence there is an exclusive selection of formal wear.

This coming July 7, we will hold a grand-opening sale along with a cocktail party, which will be a black dress affair. The items on sale will include all accessories, formal wear, and women's and men's wear. There will be discounts of up to 20%.

Please print the invitation which is attached to this e-mail and bring or wear something black to the event.

We are looking forward to your attending the party. Thank you.

Peter Stacy

1. Why was the e-mail sent to Mrs. Parker?
   (A) To invite her to a new branch store
   (B) To describe a bridal dress
   (C) To provide information about some
       new items
   (D) To inquire about some accessories

2. What is Mrs. Parker asked to do?
   (A) Print an e-mail
   (B) Arrive before 10 a.m.
   (C) Attend a concert
   (D) Come in a black outfit

To: Mrs. Laura Parker → 수신자
From: Star Boutique → 발신자
Subject: Grand-Opening Sale at the Third Star Boutique → 제목

1 We are pleased to inform you that the third branch of the Star Boutique has opened on Park Avenue. There is a whole new selection of party and bridal wear along with accessories. The store has its own designers; hence there is an exclusive selection of formal wear.

→ 이메일의 목적

This coming July 7, we will hold a grand-opening sale along with a cocktail party, which will be a black dress affair. The items on sale will include all accessories, formal wear, and women's and men's wear. There will be discounts of up to 20%.

→ 세부사항 및 첨부물

2 Please print the invitation which is attached to this e-mail and bring or wear something black to the event.

→ 요청 사항

1 We are looking forward to your attending the party. Thank you.

Peter Stacy

Q1. Why was the e-mail sent to Mrs. Parker?

'Why was ~ sent?'는 주제 문제이며, 이유 문제로 풀지 않도록 주의한다. 따라서 첫 단락을 잘 읽는다. 첫 단락에 inform이 속한 문장은 주제 문장이라고 앞서 여러 차례 언급한 적이 있다. 이 문장 'We are pleased to inform you that the third branch of the Star Boutique has opened on Park Avenue.'에서 '새로운 매장의 오픈'을 알리고 있고, 하단 마지막 문장 'We are looking forward to your attending the party.'에서 참석해 주기를 기대한다고 했으므로 (A)가 정답이다.

Q2. What is Mrs. Parker asked to do?

'is 주어 asked'는 요청 문제이다. 요청 문제는 대부분 마지막 단락에 단서를 준다. 특히 if절 또는 명령문(Please + 동사원형)에 단서를 제공해 준다. 따라서 요청 문제로 판단되면 즉시 마지막 단락에서 if 또는 명령문을 찾아 단서를 확인한다. 이 문제의 경우 명령문을 사용했다. 'Please print the invitation which is attached to this e-mail and bring or wear something black to the event.'에서 초대장을 출력하고 검정색 정장을 입거나 가져오라고 요청하고 있으므로 정답은 (D)이다.

시나공 POINT

이메일의 목적, 첨부물, 요청 사항에 관한 문제는 관련 표현을 꼭 익혀 두어야 한다.

1   We are pleased to inform you that the third branch of the Star Boutique has opened on Park Avenue.

> We are pleased to inform you (that the third branch of the Star Boutique
> 주어 　　　 동사구 　　　 간접목적어 　　　　　　 직접목적어
>
> has opened) (on Park Avenue).
> 　　　　　　　　　 전치사구

동사 inform, notify, tell, remind, advise, assure, convince 등은 '사람 + that절'을 취하는 4형식 동사들이다. 여기서 사람은 간접목적어(~에게), that절(that절을)은 직접목적어이다.

2   There is a whole new selection of party and bridal wear along with accessories.

> There is a whole new selection of party and bridal wear (along with
> 가주어 동사 　　　　　　　　　　　 주어 　　　　　　　　　 수식어(전치사구)
>
> accessories).

There는 유도부사라고 하는데 1형식 문장을 이끄는 가주어 구문이다. There는 'There + 동사(is, remain, exist) + 주어 + 수식어' 구조로 와야 한다. 이때 동사와 주어 간의 수가 일치되어야 한다는 것을 기억한다. 'There + be동사 + 명사 + 전치사구'에서 '~에 명사가 있다' 정도로 해석한다. 유도부사 there는 주의를 환기시키는 기능을 한다.

3   This coming July 7, we will hold a grand-opening sale along with a cocktail party, which will be a black dress affair.

> This coming July 7, we will hold a grand-opening sale (along with a cocktail
> 　　　　　　　　 주어 　 동사 　　　 목적어 　　　　　　 수식어(전치사구)
>
> party), (which will be a black dress affair).
> 　　　　　　 관계사절

관계대명사는 반드시 그 앞에 선행사를 두어야 하고, 뒤에는 주어나 목적어가 빠진 불완전한 절이 와야 한다. 이때 관계대명사는 한정적 용법과 계속적 용법 두 가지로 나누어지는데 콤마가 없는 '선행사 + 관계대명사 + 불완전한 절'을 한정적 용법이라 하고, 콤마를 포함한 '선행사 + comma + 관계대명사 + 불완전한 절'을 계속적 용법이라 한다. 계속적 용법은 한정적 용법과는 달리 지문의 순서대로 해석한다. 위 문장은 '오늘 7월 7일, 저희는 새로운 아이템으로 할인 행사와 함께 칵테일 파티를 개최할 예정입니다. 그 파티는 검은색 정장을 입는 파티가 될 것입니다.'식으로 해석한다.

1 I am writing to부정사 **이메일을 쓴 목적**

I am writing to inform you that we received our order today.

오늘 우리가 주문한 물품을 받았음을 알려드리고자 이메일을 씁니다.

I am writing to inquire about the position posted in *The Daily Mail*.

저는 The Daily Mail에 공지된 자리에 대해 문의하기 위해 글을 씁니다.

2 This e-mail is to부정사 **이메일을 쓴 목적**

This e-mail is to confirm that you will be dismissed from the company on October 14.

이 이메일은 10월 14일 회사에서 해고당할 것이라는 사실을 확인하기 위해 글을 씁니다.

3 Thank you for your e-mail of 날짜

Thank you for your e-mail of September 16, which had samples and a price list enclosed.

저희는 동봉된 샘플들과 가격 목록과 함께 9월 16일에 보내주신 귀사의 이메일에 대해 감사를 드립니다.

4 enclosed 첨부사항

Please find **enclosed** a business card with a copy of this letter.

여기에 이메일 사본과 함께 첨부하오니 확인 바랍니다.

Enclosed you will find a sample. 샘플을 첨부하오니 확인 바랍니다.

5 Could you 요청 및 당부 사항

Could you come to see me tomorrow? 내일 만나러 와 주시겠습니까?

Could you let me know what is going to happen at the workshop after lunch?

점심 후 워크숍에서 무슨 일이 있었는지 알려주시겠습니까?

6 I/We would be grateful if you could 요청 및 당부 사항

I would be grateful if you could send me your latest catalogue and price list.

저는 당신이 최신 카탈로그와 가격표를 보내주신다면 고맙겠습니다.

I would be grateful if you could send me a copy soon. 저는 즉시 사본을 보내주시면 감사하겠습니다.

7 Please 요청 및 당부 사항

Please contact us if you have any more questions. 궁금한 사항이 더 있으면 우리에게 연락주세요.

Please do not hesitate to contact me if you want the replacement goods.

대체 상품을 원하신다면 주저하지 말고 연락주세요.

Questions 1-2 refer to the following e-mail.

To: William Mach
From: Elizabeth Swan
Date: October 5
Subject: Letter of Recommendation

Dear Professor Mach,

I greatly enjoyed and benefited from the four classes which I took with you over the past four years. I hope that you know me well enough and have a high enough regard for my abilities to write a general recommendation for me.

As you can see from the attached cover letter, I am targeting positions in the design industry which need my drawing and editing skills. I have included a summary sheet to refresh your memory about some of my key papers, including my senior thesis. I have also attached my resume, which lists some of my accomplishments outside the classroom.

Thanks so much for all you have done for me and for taking the time to review this request.

Sincerely,

Elizabeth Swan

1. What is the purpose of the e-mail?
   (A) To ask about a new position
   (B) To inquire about a new class
   (C) To report on an accomplishment
   (D) To request a recommendation letter

2. What is being sent with the e-mail?
   (A) A job description
   (B) A summary of the papers
   (C) A job application form
   (D) A letter of recommendation

Questions 3-5 refer to the following e-mail.

To: Anna Moon
From: Fortune Company
Date: July 3
Subject: Welcome to Fortune!

Dear Anna,

It is a pleasure to welcome you to the Fortune Company. We are excited to have you join our team, and we hope that you will enjoy working at our company. Before you join our team, you must participate in the new staff training program. The program will be held on July 21, and you will stay at our company's hostel for one week. There, you can learn more about our company's rules and working systems before you start working on August 1.

On the last Saturday of each month, we hold a special staff party to welcome all new employees. Please be sure to come next week to meet all of our senior staff members as well as the other new staff members who have joined Fortune this month.

If you have any questions during your training period, please do not hesitate to contact me. You can reach me at my e-mail address or on my office line at 000-0001.

Warm regards,

Rebecca Brown, Manager

3. What is the purpose of the e-mail?
   (A) To describe a company policy
   (B) To provide information about a staff training program
   (C) To mention the location of the company
   (D) To introduce some company products

4. When will the staff training end?
   (A) August 1
   (B) July 30
   (C) July 27
   (D) July 21

5. What is implied about Ms. Moon?
   (A) She will be a manager at the company.
   (B) She will not be able to commute from home during the program.
   (C) She will receive a fax with the same message that is in the e-mail.
   (D) She will start work on July 21.

▶ 정답 및 해설은 해설집 52쪽 참고

Unit 86

기사 & 보도자료
Article & News Report

Step 1 : 실전 문제 먼저 풀기

풀 이 전 략   기사는 보도기사가 대부분인데, 주제문인 첫 단락을 잘 읽어야 하고 상당히 까다로운 어휘들이 많이 등장하는 만큼 어휘력 증진에 신경 써야 한다.

Questions 1-2 refer to the following press release.

New Britney Wilson Book Finally Becomes a Bestseller

LONDON - Britney Wilson's latest novel has quickly climbed up the bestseller lists now that it's finally available for purchase on Amazon.com. -[1]-.

Britney's romance novel True Love was in the top 100 by late Monday for both print and e-book sales. She wrote it under the pen name Olive Gratel. -[2]-.

Monday was the book's official publication date, but it couldn't be ordered from Amazon before then because the online retailer and Britney's U.K. publisher, the Suria Book Group, are arguing over e-book terms. -[3]-: Customers were told delivery of the book would likely take 2-4 weeks. -[4]-.

Ronnie's website currently ranks True Love number one for printed books and number 5 for e-books.

---

1. What is the purpose of the article?
   (A) To announce that some novels can be purchased online
   (B) To report that True Love is ranked number one by a website
   (C) To inform readers that a novel has climbed up the bestseller lists
   (D) To provide information on a new book

2. Who is Olive Gratel?
   (A) A designer
   (B) A writer
   (C) A director
   (D) An inspector

3. In which of the marked [1], [2], [3], and [4] does the following sentence best belong?

   "In addition, buying True Love in hardcover comes with its own frustrations."
   (A) [1]
   (B) [2]
   (C) [3]
   (D) [4]

New Britney Wilson Book Finally Becomes a Bestseller

LONDON - 1 Britney Wilson's latest novel has quickly climbed up the bestseller lists now that it's finally available for purchase on Amazon.com.

→ 주제

Britney's romance novel *True Love* was in the top 100 by late Monday for both print and e-book sales. 2 She wrote it under the pen name Olive Gratel.

→ 세부사항

Monday was the book's official publication date, but it couldn't be ordered from Amazon before then because the online retailer and Britney's U.K. publisher, the Suria Book Group, are arguing over e-book terms. In addition, buying *True Love* in hardcover comes with its own frustrations: Customers were told delivery of the book would likely take 2-4 weeks.

Ronnie's website currently ranks *True Love* number one for printed books and number 5 for e-books.

Q1. What is the purpose of the article?

기사는 첫 단락이 중요하다. 첫 단락이 주제문이면서 전체 맥락을 파악할 수 있는 매개체이기 때문이다. 따라서 기사문의 주제는 첫 단락을 잘 읽는다. 첫 단락 'Britney Wilson's latest novel has quickly climbed up the bestseller lists now that it's finally available for purchase on Amazon.com.'에서 '마침내 Amazon.com에서 구입할 수 있다는 점에서 브리트니의 가장 최근 소설이 베스트셀러 리스트에 빠르게 오르고 있다.'는 내용의 홍보성 기사이므로 (A)가 정답이다.

Q2. Who is Olive Gratel?

기사문의 대상 파악 문제는 거의 대부분 두 번째 단락에 단서가 자주 언급된다. 따라서 기사문에서 '대상이 누구인가?'를 묻는 문제는 두 번째 단락에서 단서를 찾는다. 이 문제의 경우 첫 번째 단락에도 단서가 있지만 직접적인 단서는 두 번째 단락 'She wrote it under the pen name Olive Gratel.'에서 그녀는 작가라는 것을 알 수 있으므로 (B)가 정답이다.

Q3. In which of the marked [1], [2], [3], and [4] does the following sentence best belong? "In addition, buying True Love in hardcover comes with its own frustrations."

주어진 문장을 지문의 네 곳 중 한 곳에 넣는 문장 넣기 문제다. 주어진 문장에 연결어 In addition(게다가)을 통해 앞서 언급된 내용에 추가적인 내용이어야 한다는 것을 알 수 있다. 주어진 문장은 True Love를 실제 책으로 구매하는데 불만이 있다는 내용인데 세 번째 단락에서 월요일에 공식 발매일이었으나 계약 문제로 인해 Amazon에서는 주문을 할 수 없다고 했고, 고객들이 책을 배송 받는데 2–3주가 걸린다는 내용에 자연스레 연결되는 (C) [3]이 정답이다. 참고로 이와 같은 주어진 문장 넣기 문제는 3–4문항짜리 싱글 지문의 문제 중 하나로 출제된다.

시나공 POINT

기사문은 첫 번째 단락이 전체 흐름을 잡는 중요한 단락이므로 처음부터 잘 읽어야 한다.

1 Britney Wilson's latest novel has quickly climbed up the bestseller lists now that it's finally available for purchase on Amazon.com.

> Britney Wilson's latest novel has quickly climbed up the bestseller lists
> 주어   동사   목적어
>
> now that it's finally available (for purchase on Amazon.com.)
> 접속사 주어 동사   보어   전치사구(전치사+명사)

최상급 하면 'the + 최상급(가장 ~한)'만 떠오르게 된다. 하지만 최상급 앞에 사용하는 the를 대신해서 소유격도 올 수 있다는 것을 꼭 기억한다. 예문에서처럼 the 최상급을 대신하여 'Britney Wilson's latest 또는 their latest'로도 쓸 수 있다는 것이다. 또한 now that은 because처럼 이유부사절 접속사로 쓰이는 접속사이다. 이외에도 since, as 또한 이유부사절 접속사라는 것을 알아두어야 한다.

2 Britney's romance novel *True Love* was in the top 100 by late Monday for both print and e-book sales.

> Britney's romance novel *True Love* was (in the top 100) (by late Monday)
> 주어   주어와 동격   동사   전치사구   전치사구
>
> (for both print and e-book sales).
> 전치사구

전치사 by는 토익에서 'by + 시점(~까지), by + 장소(~옆에), by + 수사(~쯤), by + -ing(~함으로써), be + 과거분사 + by(~에 의해)' 등 다섯 가지 용법으로 쓰인다. 이중 시점 앞에 사용되는 by가 가장 빈번하게 사용된다. 이때 by는 no later than과 같은 뜻으로 알아둔다.

3 buying *True Love* in hardcover comes with its own frustrations:

> buying *True Love* (in hardcover) comes (with its own frustrations):
> 주어   buy의 목적어   전치사구   동사   전치사구

동명사는 동사에 -ing를 붙여 명사처럼 주어, 목적어, 보어 자리에 올 수 있고, 동사처럼 목적어를 취할 수도 있다. 위 문장을 분석해 보면 동명사(buying)가 명사처럼 주어 자리에 온 것이고, 동사의 기능도 있기 때문에 동사처럼 그 뒤에 목적어(True Love)를 취한 것이다. 동명사가 주어 자리에 오게 되면 단수 취급되어 동사도 단수(comes)로 와야 한다는 것도 기억한다.

1 사람/단체/기관/회사 **announced that** 사실에 근거한 발표 내용

The board of trustees **announced that** Stanford will not make direct investments in coal-mining companies. 이사진은 스탠포드가 광산 회사에 직접 투자하지 않을 것이라고 발표했다.

2 사람/단체/기관/회사 **pointed out that** 지적 내용

Critics of these studies **pointed out that** people would have to drink 800 cans of diet soda per day. 이 연구의 비평가들은 사람들이 매일 다이어트 소다를 800캔을 마셔야만 할 것이라고 지적했다.

3 사람/단체/기관/회사 **reported that** 보도 내용

A British newspaper **reported that** an increasing number of cinemas have been banning the eating of popcorn in their theaters.

영국 신문은 점점 많은 수의 극장들이 영화관에서 팝콘 먹는 것을 금지하고 있다고 보도했다.

4 제품 **come with** 부수적으로 딸려 오는 용품

The device will also **come with** the same 2-megapixel front-facing camera.

기기는 또한 전면부에 2백만 화소 카메라가 장착되어 있을 것이다.

5 제품 **appear on** 출시 장소, 시점

The A-776 will **appear on** the market at the end of August. A-776은 8월 말에 시장에 선보일 것이다.

6 회사 **has recently been expanding** 사업/생산/일자리

The Linux Foundation **has recently been expanding** into new markets very quickly.

리눅스 파운데이션은 최근에 매우 빠르게 새로운 시장으로 확장하고 있다.

7 기업 **acquire** 인수 (대상 기업)

SAP announced it will **acquire** a Boston-based e-commerce software company.

SAP는 보스턴에 본사를 둔 전자상거래 소프트웨어 기업을 인수할 것이라고 발표했다.

Questions 1-3 refer to the following article.

Summer has arrived early in Japan this year as the weather has been unusually warm in June. -[1]-. While it provides more opportunities for people to engage in outdoor activities and sports, the warm weather also increases the prevalence of summer diseases. -[2]-.

The Ministry of Health says it is particularly important to be aware of illnesses such as eye infections and mosquito-borne diseases as well as food-borne illnesses. -[3]-.

The best way to avoid eye infections and food-borne diseases is to wash your hands properly and regularly. In order to avoid catching these diseases, it is important to ensure that food is cooked thoroughly, the Ministry of Health said. -[4]-.

"Cook food thoroughly, especially meat and seafood," a spokesman for the Ministry of Health said. "Make sure that you wash your hands before you start cooking."

1. What is the main topic of the article?
 (A) The dangers of outdoor activities
 (B) The risk of being infected by mosquitoes
 (C) Awareness of summer diseases
 (D) The weather forecast for Japan

2. According to the article, what action will NOT prevent summer diseases?
 (A) Washing one's hands on a regular basis
 (B) Cooking meat until it is halfway done
 (C) Cooking meat until it is completely done
 (D) Washing one's hands before starting to cook

3. In which of the positions marked [1], [2], [3], and [4] does the following sentence best belong?

 "In some cases, the initial symptoms may be followed by more serious symptoms, such as paralysis, later."
 (A) [1]
 (B) [2]
 (C) [3]
 (D) [4]

Questions 4-6 refer to the following article.

Sutera Opens Sales Office in Korea

The Sutera Hotel Corporation has opened a sales office in Seoul that links Sutera Hotels around the world with Korean travelers planning business and leisure trips. The regional sales office is the fifth in Asia, following ones located in China, Japan, Hong Kong, and Singapore. The Seoul office deals mostly with big enterprises and wholesale tour operators in Korea.

Jason Pang, the vice president of global sales for the Asia-Pacific region, said the Korean office is expected to reach its goal of 10-percent sales growth in the coming month.

"Korea is one of our top five markets in the Asia-Pacific region. We see huge potential in the country," Pang said.

According to Pang, the Korean inbound and outbound markets have grown 25 percent from the years 2012-2013 in terms of room nights and revenues while the Asia-Pacific region saw sales growth of 10 percent during the same period.

4. What is the purpose of the article?
   (A) To advertise the opening of a new hotel
   (B) To describe Sutera hotel's business
   (C) To announce the opening a new sales office
   (D) To notify managers about the hotel's new plan

5. Who is Jason Pang?
   (A) A sales manager
   (B) An assistant manager
   (C) A customer service manager
   (D) A general manager

6. What is NOT mentioned about the Korean office?
   (A) It has attained a growth rate of 25%.
   (B) It will reach its sales goal next month.
   (C) It is the company's fifth office in Asia.
   (D) It is in a market with a huge amount of potential.

▶ 정답 및 해설은 해설집 54쪽 참고

광고
Advertisement

풀 이 전 략   광고는 구인광고인지, 일반 상업광고인지부터 확인해야 한다. 구인광고라면 담당 업무와 지원 자격을 꼭 확인하고, 일반 상업광고
라면 제목을 먼저 읽고 상품의 종류를 확인한 후, 상품의 특징, 할인혜택, 구입 방법 등을 확인한다.

Questions 1-2 refer to the following advertisement.

Studio/Project Manager at Luxury Interiors Studio

Luxury Interiors Studio is looking for an organized and diligent studio coordinator. The studio specializes in branding, interior architecture and design, and development for high-end hotels, restaurants, bars, and residences.

The studio/project manager will ensure that all projects run under budget and on schedule and will do the following:

• Assist in scheduling the studio's resources and booking external resources.
• Monitor hours spent on projects and ensure that the work is done under the budget.
• Be fully briefed at all times on the stages of all of the ongoing projects.

The manager should have an adaptable working style. Experience or a background in architecture or interior design is essential. The manager will be proficient at using AutoCAD, MS Project, Photoshop, Illustrator, and Excel.

If you meet these requirements, please apply on our website: www.STUDIO.com.

---

1. What is the purpose of the advertisement?
   (A) To invite people to an opening ceremony
   (B) To apply for a position
   (C) To introduce a new product
   (D) To seek a new staff member

2. What is NOT mentioned as a responsibility of the job?
   (A) Making sure the projects are done under budget
   (B) Planning the studio's resources
   (C) Reporting on the completion of projects
   (D) Helping to book external resources

Studio/Project Manager at Luxury Interiors Studio   → 제목

1 Luxury Interiors Studio is looking for an organized and diligent studio coordinator. The studio specializes in branding, interior architecture and design, and development for high-end hotels, restaurants, bars, and residences.   → 구인 직종

The studio/project manager will 2 (A) ensure that all projects run under budget and on schedule and will do the following: → 담당 업무
- 2 (B), (D) Assist in scheduling the studio's resources and booking external resources.
- 2 (A) Monitor hours spent on projects and ensure that the work is done under the budget.
- 2 (C) Be fully briefed at all times on the stages all of the ongoing projects.

The manager should have an adaptable working style. Experience or a background in architecture or interior design is essential. The manager will be proficient at using AutoCAD, MS Project, Photoshop, Illustrator, and Excel.   → 자격 요건

If you meet these requirements, please apply on our website: www.STUDIO.com.   → 지원 방법

Q1. What is the purpose of the advertisement?

광고의 주제 및 목적은 첫 단락에 자주 언급되므로 광고의 주제 및 목적을 묻는 문제는 제목을 포함한 첫 단락에서 답을 찾는다는 것을 기억한다. (D)가 정답이다.

Q2. What is NOT mentioned as a responsibility of the job?

문제의 종류가 NOT이고 지문에 기호 및 문자가 등장한다면 그곳이 정답의 단서가 되는 문장이다. 더욱이 두 번째 단락은 업무 담당 단락에 속하고 업무담당에 대해 묻고 있으므로 단서로써 모두 부합한다. NOT 문제는 가장 까다로운 문제 중 하나에 속하므로 꼼꼼하게 읽고 풀어야 하는데 우선 선택지부터 읽고 관련된 정보를 지문에서 찾는다. (A)는 ensure that all projects run under budget and on schedule and will do the following과 Monitor hours spent on projects and ensure that the work is done under the budget.에 언급된 사실 문장이고, (B)는 Assist in scheduling the studio's resources and booking external resources.에 언급된 사실 문장이다. 하지만 (C)는 Be fully briefed at all times on the stages of all of the ongoing projects.에서 '항상(at all times) 보고하라'고 언급되었으므로 (C)가 사실과 다르다. 따라서 (C)가 정답이다.

 시나공 POINT

구인광고는 담당 업무와 지원 자격을 꼭 확인해야 한다.

1 The studio specializes in branding, interior architecture and design, and development for high-end hotels, restaurants, bars, and residences.

> The studio specializes in (branding, interior architecture and design, and
> 　　주어　　　　　동사　　　　　　　　　　　동사 덩어리의 목적어
>
> development)(for high-end hotels, restaurants, bars, and residences).
> 　　　　　　　　　　전치사구(전치사+명사)

specialize in은 '~을 전문적으로 하다'는 의미로 토익에 자주 등장하는 동사 덩어리이다. 자동사는 목적어를 취할 수 없지만, '자동사 + 전치사(specialize in)' 덩어리 표현은 일종의 타동사처럼 사용되어 덩어리 뒤에는 목적어를 취한다. 따라서 '자동사 + 전치사'는 타동사 덩어리로 묶어서 구조를 파악할 수 있어야 한다.

2 The studio/project manager will ensure that all projects under budget and on schedule and will do the following:

> The studio/project manager will ensure (that all projects run under budget
> 　　　　주어　　　　　　　　동사　　　　　동사(ensure)의 목적어(명사절)
> 　　　　　　　　　　　완전한 절(주절)
>
> and on schedule and will do the following):
> 　　　　　　　　　　동사　　목적어

분사구문이란 '접속사 + 주어 + 동사(완전한 절), 주어 + 동사' 구조에서 '접속사와 주어'를 생략한 후 동사에 -ing 또는 -ed를 붙여 놓은 형태를 말한다. 이때 분사구문의 위치는 완전한 절(주절) 앞 또는 뒤에 올 수 있다. 위의 경우에는 완전한 절 뒤로 간 경우로 반드시 '완전한 절 + comma + 분사' 형태로 와야 한다. 이때 해석은 '완전한 절이다. 그리고 분사구문하다(studio/project manager는 모든 프로젝트를 예산과 일정의 업무개요에 맞춰 진행해야 한다. 그리고 담당업무는 다음과 같습니다.)' 또는 '분사구문한 완전한 절이다(다음과 같은 담당 업무를 맡아야 할 분사구문하다(studio/project manager는 모든 프로젝트를 예산과 일정의 업무 개요에 맞춰 진행해야 한다.)' 정도로 해석하면 된다.

3 The manager will be proficient at using AutoCAD, MS Project, Photoshop, Illustrator, and Excel.

> The manager will be proficient at using AutoCAD, MS Project, Photoshop,
> 　주어　　　　동사　　　보어　전치사 동명사(at의 목적어)　동명사 using의 목적어
>
> Illustrator, and Excel.

전치사 뒤에는 반드시 목적어를 취한다. 목적어 자리에는 주로 명사와 동명사를 사용한다. 전치사 뒤 명사를 현재분사로 혼동하지 않도록 주의한다. 이때 해석은 '완전한 절 + 전치사 + 동명사 + 동명사의 목적어' 구조에서 '완전한 절이다. 동명사의 목적어를 동명사하는데 말이다' 정도로 해석하면 된다.

즉, 여러분은 능숙해야 합니다. AutoCAD, MS Project, Photoshop, Illustrator, 그리고 Excel을 사용하는데 있어서 말이다.
　　완전한 절　　　　　　　　동명사의 목적어　　　　　　　　동명사

1 회사명 is looking for 구직명 ~회사에서는 ~를 찾고(구하고/모집하고) 있습니다.

Luxury Interiors Studio **is looking for** an organized and diligent studio coordinator.
　　　　회사명　　　　　　　　　　　　　　　　　　　　　　　구직명

럭셔리 인테리어스 스튜디오에서는 조직적이고 성실한 스튜디오 코디네이터를 찾습니다.

2 지원자 will be responsible for 담당 업무

Candidates **will be responsible for** planning specific products.
　　지원자　　　　　　　　　　　　　　　　　담당 업무

지원자들은 특정 제품을 기획하는 업무를 담당하게 될 것입니다.

3 지원자 should have 자격조건

A candidate **should have** a degree in planning or geography or a closely related field.
　　지원자　　　　　　　　　　　　자격조건

지원자는 기획, 지리학 또는 밀접한 관련 분야에 대한 학위가 있어야 합니다.

4 직책 is required to have 자격조건

The person apply for the position **is required to have** a minimum of two years of
experience working.　　　직책　　　　　　　　　　　　　자격조건

이 직책에 지원하는 사람은 최소한 2년간의 업무 경력이 있어야 합니다.

5 지원자 should send 지원 방법

Candidates **should send** a CV and a PDF portfolio of their graphic design work.
　　지원자　　　　　　　　　　　　　　지원 방법

지원자들은 이력서와 그래픽 디자인 작업에 대한 PDF 포트폴리오를 보내야 합니다.

6 Please 지원 방법 및 지원 서류 제출

For more information, **please** visit our website at www.pbavenues.com.
　　　　　　　　　　　　　　　지원방법

자세한 정보를 위해 저희 웹사이트 www.pbavenues.com을 방문해 주세요.

Please send a resume, a cover letter, and the names of two references.
　　　　　지원 서류 제출

이력서, 자기소개서, 그리고 두 곳의 신용조회 목록을 보내주세요.

Questions 1-2 refer to the following advertisement.

A Teaching Post at a University

Hours: Full Time
Salary: £28-36K per year

A great opportunity has arisen for a professor to work at an outstanding independent college in London. The college has a real commitment to the sciences, which is shown by both its popularity with students and the achievements of its graduates.

The resources and facilities available at the college are excellent. In addition to its excellent academics, the college has a friendly and lively atmosphere, and it has a wide range of sports and extracurricular activities in which students can get involved.

The successful applicant will teach either physics or chemistry at a very high level. A desire to be involved in the entire college life and to contribute to its lively community will be an advantage. The main requirements for this role are a passion for science and a commitment to making it an exciting and rewarding subject.

If you would like to know more about this opportunity, please submit your CV (curriculum vitae) to the address listed below.

1. What position is being advertised?
   (A) Technician
   (B) Lecturer
   (C) Scientist
   (D) Librarian

2. What is NOT mentioned as a requirement for the position?
   (A) A specialization in chemistry
   (B) A major in science
   (C) A specialization in biology
   (D) A major in physics

Do you want to start or build a career in exhibition and event sales?

We are looking for sales executives with 6-12 months of sales experience. It is your sales skills and ability we are the most interested in. It is not a requirement that you have any relevant experience. So this could be the perfect job if you are considering changing careers.

Selling high-value exhibition packages will be an exciting challenge for your sales skills.

Who is qualified? A person with:
• Innovative sales skills
• Ideally, 6-12 months of sales experience
• Competent communication skills
• An A-level education; a degree is preferred but not essential.

The salary is dependent on experience. It starts at £18,000 and can go as high as £35,000 for a more experienced person. This does not include commission!

Apply now by visiting our website at www.eae.co.uk.

3. What position is being advertised?
   (A) Accountant
   (B) Salesman
   (C) Negotiator
   (D) Cashier

4. What is NOT mentioned as a requirement for the position?
   (A) An ability to make sales
   (B) Experience in sales
   (C) A degree
   (D) Proficiency in communication skills

5. How should a candidate apply for the job?
   (A) By mailing an application
   (B) By meeting the person in charge
   (C) By visiting a website
   (D) By contacting the office

풀 이 전 략   편지의 기본 구성인 '보낸 사람 – 받는 사람 – 편지를 작성한 목적 – 세부사항 및 첨부물 – 요청 사항 – 끝인사' 등을 알아두어야 한다.

Questions 1-2 refer to the following letter.

J&J Store
42 Gaya Street, Sabah
Tel: 755-4254

June 20

Ms. Stella
20 Pitt Street, Sabah

Dear Ms. Stella,

Our records show that you have been a customer at J&J's since our grand opening last year. We would like to thank you for your support by inviting you to the opening of our second shop, which will happen on June 25.

As you know, our store offers a complete and diverse line of computers, software, and hardware packages for both personal and business applications. All of our stock, including all of electronic equipment and hardware & software packages, will be marked down by 30-50%. In addition, please accept the enclosed $20 gift voucher to use with your purchase of $200 or more worth of products at our store.

We look forward to seeing you at J&J's new shop this coming June 25. The opening sales event is invitation only. Please bring this invitation with you and present it at the door.

Lilly Lohan
Store Manager

1. What is the purpose of the letter?
   (A) To describe a company's business
   (B) To invite a person to the opening of a store
   (C) To ask for an opinion
   (D) To thank a customer

2. What is enclosed with the letter?
   (A) $200 in cash
   (B) $20 in cash
   (C) A discount coupon
   (D) An invitation card

J&J Store
42 Gaya Street, Sabah
Tel: 755-4254

→ 발신자 정보

June 20

→ 편지 쓴 날짜

Ms. Stella
20 Pitt Street, Sabah

→ 수신자 정보

Dear Ms. Stella,

→ 편지를 작성한 목적

Our records show that you have been a customer at J&J's since our grand opening last year. 1 We would like to thank you for your support by inviting you to the opening of our second shop, which will happen on June 25.

As you know, our store offers a complete and diverse line of computers, software, and hardware packages for both personal and business applications. All of our stock, including all of electronic equipment and hardware & software packages, will be marked down by 30-50%. In addition, please accept 2 the enclosed $20 gift voucher to use with your purchase of $200 or more worth of products at our store.

→ 세부사항 및 첨부물

We look forward to seeing you at J&J's new shop this coming June 25. The opening sales event is invitation only. Please bring this invitation with you and present it at the door.

→ 요청 사항

Lilly Lohan
Store Manager

발신자 이름
발신자 직함/회사

Q1. What is the purpose of the letter?

편지를 작성한 목적을 묻는 문제는 첫 단락에서 단서를 찾아야 한다. 첫 단락이 '편지의 목적'에 해당되기 때문이다. 첫 단락 두 번째 문장에서 '2번째 매장을 개업한다.'고 밝힌 후, 'We would like to thank you for your support by inviting you'에서 '당신을 초대하고 싶다'는 내용이 있으므로 '초대하기 위한 편지문'이라고 봐야 할 것이다. 따라서 (B)가 정답이다.

Q2. What is enclosed with this letter?

'is enclosed' 문제는 동봉 문제이다. 편지의 동봉에 대한 내용은 주로 두 번째 단락에 속한다. 따라서 이곳에서 단서를 찾아야 한다. 두 번째 단락 마지막 문장 'the enclosed $20 gift voucher'에서 할인권을 동봉했다는 것을 알 수 있다. 따라서 (C)가 정답이다.

시나공 POINT

편지를 작성한 목적, 첨부물, 요청 사항에 관한 문제의 관련 표현들을 필히 익혀 두어야 한다.

1 Our records show that you have been a customer at J&J's since our grand opening last year.

> Our records show (that you have been a customer at J&J's since our grand
> 주어　　　　　동사　　　접속사 주어　　동사　　　　　　　보어　　　　　　　전치사구
> _____ 동사(show)의 목적어(명사절) _____
>
> opening last year.)
> 　　　　　부사

that의 용법은 상당히 중요하다. that은 명사절 접속사 또는 관계대명사로 쓰인다. 명사절 접속사로 쓰일 경우 '~라는 것'이란 뜻을 가지고 주어, 목적어, 보어 자리에 온다. 위 문장에서는 타동사(show) 뒤 목적어 자리에 위치해 있기 때문에 접속사로 쓰인 경우이다. 이때 that은 주어와 목적어/보어를 모두 갖춘 완전한 절로 와야 한다. 한편 that이 관계대명사인 경우 '선행사 + that + 주어나 목적어가 빠진 불완전한 절'로 와야 한다.

2 As you know, our store offers a complete and diverse line of computers, software, and hardware packages for both personal and business applications.

> As you know, our store offers (a complete and diverse line of computers,
> 접속사 주어　동사　　　주어　　　동사　　　　　　　동사(offers)의 목적어
>
> software, and hardware packages) (for both personal and business
> 　　　　　　　　　　　　　　　　　　　　　　　전치사구
>
> applications).

등위상관접속사 both는 'A and B' 구조로 'AB 모두'라는 뜻이다. 이때 both는 부사, and는 등위접속사이다. 등위상관접속사는 이외에도 either A or B(AB 둘 중 하나), neither A nor B(AB 둘 다 아닌), not only A but also B(A뿐만 아니라 B도 또한) 등이 있다.

3 All of our stock, including all of electronic equipment and hardware & software packages, will be marked down by 30-50%. In addition, please accept the enclosed $20 gift voucher to use with your purchase of $200 or more worth of products at our store.

> All of our stock, (including all of electronic equipment and hardware &
> 　　주어　　　　　　　　　　　　　　　전치사구
>
> software, packages,) will be marked down by (30-50%.) In addition, please
> 　　　　　　　　　　　　　　동사　　　　　　　　　　접속부사
>
> accept the enclosed $20 gift voucher to use (with your purchase)
> 동사　　　　　목적어　　　　　　　　부정사구　　　전치사구
>
> (of $200 or more worth of products at our store).
> 　　　　　전치사구

접속부사는 부사이다. 특히 however는 부사임에도 but과 뜻이 같아 접속사로 착각한다. 접속부사는 접속사처럼 절과 절 사이에 있는 경우가 많고 의미도 접속사처럼 쓰인다. in addition도 마찬가지로 접속사가 아니라 부사라는 것을 기억한다. in addition은 첨가부사로 앞 내용에 대해 덧붙이거나 추가할 때 사용한다. 위 문장의 경우 in addition 앞 내용이 할인에 대한 내용이고, 뒤에 이어지는 내용도 또한 할인에 대한 내용이므로 in addition을 쓴 것이다.

1 I am writing to부정사 편지를 쓴 목적

I am writing to inform you that we received our order today.

이것은 우리가 주문한 물품을 받았음을 알려드리고자 편지를 씁니다.

I am writing to inquire about the position posted in *The Daily Mail*.

저는 The Daily Mail에 공지된 자리에 대해 문의하기 위해 글을 씁니다.

2 This letter is to부정사 편지를 쓴 목적

This letter is to confirm that you will be dismissed from the company on October 14.

이 편지는 10월 14일 회사에서 해고당할 것이라는 사실을 확인하기 위해 글을 씁니다.

3 Thank you for your letter of 날짜

Thank you for your letter of September 16, which had samples and a price list enclosed.

저희는 동봉된 샘플들과 가격 목록과 함께 9월 16일에 보내주신 귀사의 편지에 대해 감사를 드립니다.

4 enclosed 첨부사항

Please find **enclosed** a business card with a copy of this letter.

여기에 편지 사본과 함께 첨부하오니 확인 바랍니다.

Enclosed you will find a sample.

샘플을 첨부하오니 확인 바랍니다.

5 Could you 요청 및 당부 사항

Could you come to see me tomorrow?　　　　　　　　내일 만나러 와 주시겠습니까?

Could you let me know what is going to happen at the workshop after lunch?

점심 후 워크숍에서 무슨 일이 있었는지 알려주시겠습니까?

6 I/We would be grateful if you could 요청 및 당부 사항

I would be grateful if you could send me your latest catalogue and price list.

저는 당신이 최신 카탈로그와 가격표를 보내주신다면 고맙겠습니다.

I would be grateful if you could send me a copy soon.　저는 즉시 사본을 보내주시면 감사하겠습니다.

7 Please 요청 및 당부 사항

Please contact us if you have any more questions.　궁금한 사항이 더 있으면 우리에게 연락주세요.

Please do not hesitate to contact me if you want the replacement goods.

대체 상품을 원하신다면 주저하지 말고 연락주세요.

Questions 1-2 refer to the following letter.

Dear Ms. Stella,

We are pleased that you chose J&J's for your laptop purchase. Our sales staff was delighted to be of help you. We hope you are enjoying the convenience and quality of your new laptop.

Let us also remind you that we are offering some special gifts for anyone who buys the laptop you did. Your free laptop accessories, including a laptop case, screen protector and mousepad, have arrived. These accessories are a gift from us to you. Drop by any time this month to pick them up.

Are you aware that we sell bed tables for laptops? A new shipment of bed tables in many beautiful colors and elegant styles has just arrived. Come to see our selection. We would like to help you find the perfect table to match your laptop.

If you have ever have any questions, please call us at 755-4254.

Sincerely,

Michael Jones
Director of Sales

1. What is the main purpose of the letter?
   (A) To describe some features of a product
   (B) To remind a customer to stop by the store
   (C) To ask for a customer's opinion
   (D) To provide some information about a new laptop

2. What is indicated about Ms. Stella?
   (A) She bought some accessories for her new laptop.
   (B) She will visit J&J's soon.
   (C) She recently purchased some electronic equipment.
   (D) J&J's will provide her with a laptop table.

Questions 3-5 refer to the following letter.

Anita Yong
514 Main Street, Los Angeles

Mr. Eric Park
Human Resources Manager, Pacific Hotel

Dear Mr. Park,

I wish to apply for the position of front desk manager at the Pacific Hotel since my qualifications and work experience satisfy all the eligibility criteria mentioned by you in the job advertisement. As requested, I am enclosing a completed job application form, my certification, and my resume.

I have a master's degree in hospitality management from Los Angeles University. Since I graduated, I have a year of experience doing an internship at the BAC Hotel in Australia. I have been working at Khan's Hotel in L.A. for the past 5 years. In addition, I have experience managing a team of 8 people. I have good communication skills as well. The responsibilities mentioned in your job advertisement are quite similar to the ones that I currently have.

Please see my resume for additional information regarding my experience. In case you need to get in touch with me, please feel free to contact me at the phone number listed on my resume anytime between 1 p.m. and 7 p.m.

Thank you for your time and consideration. I look forward to speaking with you about this employment opportunity.

Anita Yong

3. Why was the letter written?
   (A) To schedule a job interview
   (B) To decline a job offer
   (C) To submit a job application
   (D) To describe some job qualifications

4. How long has Ms. Anita Yong worked for the BAC Hotel?
   (A) One years
   (B) Five years
   (C) Eight years
   (D) Two years

5. What is NOT mentioned about Ms. Anita Yong?
   (A) She has submitted a job application form.
   (B) She worked at the BAC Hotel as a manager.
   (C) She can be reached at 3:00 p.m.
   (D) She applied for the front desk manager position.

▶ 정답 및 해설은 해설집 58쪽 참고

Unit 89

회람 Memo

풀 이 전 략   회람의 기본 구성인 '수신자 – 발신자 – 제목 – 회람을 작성한 목적 – 세부사항' 등을 알아두어야 한다.

Questions 1-2 refer to the following memo.

To: Marketing Teams
From: Richard Picker
Date: July 25
Re: Revised Marketing Plan Meeting

On July 28, we will hold a divisional meeting from 1:00-5:00 p.m. in the manager's conference room to discuss the revised strategic marketing plan that we have to submit to the president by August 15.

Please closely examine these documents and prepare your initial presentations in the following areas:

Product development manager: The needs of healthcare companies and their present levels of satisfaction and threats.

Marketing manager: The products, pricing, promotions, and distribution strategies of key competitors.

International sales manager: Sales organizations and strategies, including improvements in the relationships with other healthcare concerns.

1. What is the purpose of the memo?
   (A) To invite staff members to a seminar
   (B) To introduce a new employee
   (C) To inform people of the exact date of a meeting
   (D) To provide some details about a meeting

2. According to the memo, what are the managers asked to do?
   (A) Be on time at the meeting
   (B) Get their presentations ready
   (C) Submit some documents before the meeting
   (D) Complete a questionnaire about the meeting

To: Marketing Teams　　　　　　　　　　　　　　→ 수신자
From: Richard Picker　　　　　　　　　　　　　　→ 발신자
Date: July 25　　　　　　　　　　　　　　　　　→ 날짜
Re: Revised Marketing Plan Meeting　　　　　　　→ 제목

1 On July 28, we will hold a divisional meeting from 1:00-5:00 p.m. in the manager's conference room to discuss the revised strategic marketing plan that we have to submit to the president by August 15.
　　　　　　　　　　　　　　　　　　　　　　　→ 주제 단락

2 Please closely examine these documents and prepare your initial presentations in the following areas:
　　　　　　　　　　　　　　　　　　　　　　　→ 세부사항 및 요청 사항

Product development manager: The needs of healthcare companies and their present levels of satisfaction and threats.

Marketing manager: The products, pricing, promotions, and distribution strategies of key competitors.

International sales manager: Sales organizations and strategies, including improvements in the relationships with other healthcare concerns.

Q1. What is the purpose of the memo?

회람을 작성한 목적을 묻고 있다. 목적을 묻는 문제는 특수한 경우가 아니면 거의 대부분 첫 단락에 단서가 등장한다는 것을 기억한다. 위 문제의 경우 첫 단락 도입부 'On July 28, we will hold a divisional meeting from 1:00–5:00 p.m. in the manager's conference room'에서 '회의 날짜, 시간, 회의 장소' 등을 부서 직원들에게 알리고 있다. 따라서 (C)가 정답이다.

Q2. According to the memo, what are managers asked to do?

요청(are asked) 사항 문제는 마지막 단락에서 정보를 찾는다. 회람의 마지막 단락이 요청 사항 단락이기 때문이다. 따라서 요청 문제는 마지막 단락 if절 또는 명령문에서 단서를 찾는다는 것을 기억한다. 위 문제의 경우 마지막 단락 첫 문장이 명령문이다. 따라서 이곳에서 단서를 찾아야 한다. 'Please closely examine these documents and prepare your initial presentations in the following areas:'에서 '프레젠테이션을 준비해 달라'고 요청하고 있으므로 (B)가 정답이다.

시나공 POINT

좌측 상단에 등장하는 수신자, 발신자, 제목 등을 참고하여 본문의 내용을 미리 예측하면서 읽는다.

1   On July 28, we will hold a divisional meeting from 1:00-5:00 p.m. in the manager's conference room to discuss the revised strategic marketing plan that we have to submit to the president by August 15.

> (On July 28), we will hold a divisional meeting (from 1:00-5:00 p.m.)
> 전치사구   주어   동사   목적어   전치사구
>
> (in the manager's conference room) (to discuss the revised strategic
> 전치사구   부정사구
>
> marketing plan) (that we have to submit to the president by August 15.)
> 관계대명사(that)의 선행사   관계사절

완전한 절 뒤는 부사 자리이다. 이 부사 자리에 위치한 to부정사를 부사적 용법이라 한다. 토익에서 부사적 용법은 목적, 결과, 이유 등 크게 세 가지로 사용되지만 '목적(~하기 위해)'이 자주 등장한다. 부사적 용법으로 사용되는 to부정사는 주절 앞 또는 주절 뒤에 올 수 있다. 또한 '목적'이라는 것을 강조하기 위해 'in order to부정사'를 쓰기도 하며, 목적의 접속사로는 so that, in order that 등이 있다.

2   Please closely examine these documents and prepare your initial presentations in the following areas:

> Please (closely) examine these documents and prepare your initial
> 부사   동사   목적어   동사   목적어
> 동사구   동사구
>
> presentations (in the following areas):
> 부사구

등위접속사를 이용한 병렬구조는 흔히 볼 수 있는 구문이다. 등위접속사는 and, but, or, so 등이 있는데, and, but, or 등은 단어와 단어, 구와 구, 절과 절 모두 가능하지만, so는 절과 절만 가능하다. 위 문장에서와 같이 동사구와 동사구끼리 병렬로 왔으므로 등위접속사(and)를 사용한 것이다.

1 We regret to inform you that 통보 내용

We regret to inform you that we cannot offer you the job.

당신에게 일자리를 제공해 드릴 수 없음을 알려드리게 되어서 유감입니다.

We regret to inform you that your application has been rejected.

당신의 지원서를 받아들일 수 없음을 알려드리게 되어서 유감입니다.

2 I'm sending this memo to 회람을 작성한 목적 및 수신자

I'm sending this memo to the entire staff.　저는 전 직원들에게 이 회람을 보냅니다.

3 The work schedule for ~ will change.

The work schedule for the book **will change**.　도서출판에 대한 업무 일정이 바뀔 것이다.

4 사람 be responsible for 담당 업무

You will **be** primarily **responsible for** writing the advertising content for our company website.　당신은 회사 웹사이트의 광고 콘텐츠를 작성하는 일을 주로 담당하게 될 것이다.

You will **be responsible for** delivery of the package.　당신은 소포의 배송을 담당할 것이다.

5 I'd like to ask you to 요청사항

I'd like to ask you to keep my valuables.　저는 당신에게 귀중품을 맡기고 싶습니다.

I'd like to ask you to refrain from checking your e-mail throughout the day.

저는 당신이 하루 종일 이메일을 점검하는 것을 자제하시기를 바랍니다.

6 The 12th annual 행사 will take place 시점

The 12th annual BIO Investor Forum **will take place** on October 8-9 at the Palace Hotel.　12회 연례 바이오 투자자 포럼이 10월 8일에서 9일까지 팔레스호텔에서 열릴 예정입니다.

The 10th annual Sydney Fair **will take place** this Friday.

10회 연례 시드니 박람회가 이번 주 금요일에 열릴 예정입니다.

Questions 1-2 refer to the following memo.

To: All Secretaries

From: Management Team

Date: June 5

Subject: Not Wearing the Prescribed Uniform; Cause for Dismissal from Service

We had our executive conference last week. Supervisors from various overseas corporations participated in it. We were expected to attend the conference in proper uniforms. But our boss was disappointed that only some of us wore our uniforms. Our boss has therefore ordered all of us to wear our new uniforms starting on July 1.

He wants me to remind all of you of the corresponding penalties for noncompliance with this order. For the first offense, a reprimand shall be given. For the second offense, the offending person will be suspended anywhere from 1 to 30 days. And a person will be dismissed from the job for the third offense.

Let this be a reminder to all of us that a simple act of negligence can be a reason for dismissal. Have a nice day!

1. Why was the memo written?
   (A) To notify employees that some staff members have been dismissed
   (B) To announce that the new uniforms have arrived
   (C) To remind staff members to wear their designated uniforms
   (D) To give some information about a staff policy

2. What is NOT a possible punishment?
   (A) The staff member's salary will be lowered.
   (B) The staff member will be suspended.
   (C) The staff member will be fired.
   (D) The staff member will receive a rebuke.

Questions 3-5 refer to the following memo.

To: Sales Staff
From: Management
Date: Monday, July 1
RE: New Quarterly Reporting System

We'd like to quickly go over some of the changes in the new quarterly sales reporting system that we discussed at Monday's special meeting. First of all, we'd once again like to stress that this new system will save you a lot of time when reporting future sales.

Here is a look at the procedure you will need to follow to complete your area's client list:

1. Log on to the company website at http://www.salesandgoods.com.
2. Enter your user ID and password. These will be issued by next week.
3. Once you have logged on, click on "New Client."
4. Enter the appropriate client information.
5. Repeat steps 3 and 4 until you have entered all of your clients.

As you can see, once you have entered the appropriate client information, processing orders will require NO paperwork on your part.

3. What is the purpose of the memo?
(A) To advertise a new reporting system
(B) To give instructions on how to use a new reporting system
(C) To introduce the new reporting system
(D) To give some information about the company's website

4. According to the memo, when will each staff member get an ID and password?
(A) On July 1
(B) On July 8
(C) On July 18
(D) On July 28

5. What are the employees being asked to do?
(A) To fill out their client lists on a new system
(B) To create their IDs and passwords by themselves
(C) To write all of their client information on paper
(D) To provide some feedback on the new system

Step 1 실전 문제 먼저 풀기

풀 이 전 략   전반부 공지의 목적, 중간 부분의 시간, 방법, 요청 사항, 끝부분의 연락 정보 및 문의처 등의 기본 구성을 알아 두어야 한다.

Questions 1-2 refer to the following notice.

Notice about Office Uniforms

Attention, all staff members. This notice is regarding staff uniforms. As mentioned last week, all staff members are required to wear their uniforms while in the office. Most staff members are complying with the regulation, however, there are still some staff members who are not wearing the proper uniform.

PROPER STAFF UNIFORMS ADD REPUTATION & DIGNITY TO THE OFFICE AND TO THE PERSONALITY OF STAFF, TOO.

All staff members are requested to strictly adhere to the dress code. Disciplinary action will be taken against offenders at the start of next month. All supervisors are also requested to send a daily report to the administration that states the names of the members of their departments who are not following the dress code.

Thank you for your help.

For any inquiries, contact the Human Resources Department at 386-2678.

1. What is the purpose of the notice?
   (A) To notify staff members that they must wear their uniforms
   (B) To provide information on how to purchase an office uniform
   (C) To inform the staff about a company policy
   (D) To advertise the company's new uniforms

2. What is mentioned in the notice?
   (A) All staff members must send a report to the administration.
   (B) Most staff members are not wearing their uniforms at work.
   (C) Staff members will be penalized if they do not follow the dress code.
   (D) Some staff members are required to wear uniforms.

Notice about Office Uniforms

→ 제목

Attention, all staff members. This notice is regarding staff uniforms. **1 As mentioned last week, all staff members are required to wear their uniforms while in the office.** Most staff members are complying with the regulation, however, there are still some staff members who are not wearing the proper uniform.

→ 주제 단락

PROPER STAFF UNIFORMS ADD REPUTATION & DIGNITY TO THE OFFICE AND TO THE PERSONALITY OF STAFF, TOO.

→ 세부사항 및 요청 사항

All staff members are requested to strictly adhere to the dress code. **2 Disciplinary action will be taken against offenders at the start of next month.** All supervisors are also requested to send a daily report to the administration that states the names of the members of their departments who are not following the dress code.

Thank you for your help.

For any inquiries, contact the Human Resources Department at 386-2678.

→ 연락처

Q1. What is the purpose of the notice?

공지의 목적을 묻고 있다. 공지를 작성한 목적은 첫 단락에 등장한다. 첫 단락 한 두 줄만 읽으면 공지를 작성한 목적뿐만 아니라 전반적인 흐름을 파악하는데 상당한 도움이 되기 때문에 공지는 처음부터 잘 읽어야 한다. 첫 단락 두 번째 문장 'all staff members are required to wear their uniforms while in the office.'에서 모든 직원들이 회사에 맞는 적합한 옷차림으로 출근하도록 알리는 내용이라는 것을 알 수 있다. 따라서 (A)가 정답이다.

Q2. What is mentioned in this notice?

'is mentioned' 문제는 사실파악 문제이다. 독해 문제 중에서 까다로운 문제에 속하며, 특히 문제에 지문의 종류가 언급된 경우 정답의 단서가 어디에 등장하는지 알 수 없으므로 맨 마지막에 풀어야 한다는 것을 기억한다. 다른 모든 문제를 풀고 나면 이 문제에 대한 단서가 어느 정도 잡히기 때문이다. 두 번째 단락 두 번째 문장 'Disciplinary action will be taken against offenders at the start of next month.'에서 '다음 달 초부터 위반자에게 징계조치를 취할 것'이라고 했으므로 (C)가 정답이다.

✗ 시나공 POINT

첫 단락을 통해 공지를 작성한 목적을 파악한 후, 세부 사항 및 요청 사항이 무엇인지를 파악하며 흐름을 예측한다.

1 As mentioned last week, all staff members are required to wear their uniforms while in the office.

> As mentioned last week, all staff members are required to wear their
> 접속사 + 과거분사   부사   주어   동사   보어   wear의 목적어
>
> uniforms (while in the office).
>   전치사구

as의 용법은 다양하다. 전치사인 경우 'as + 신분/자격(~로서)', 접속사인 경우 '양태접속사 + as + 과거분사(~한 대로)', '시간부사절 접속사(~할 때)', '이유부사절 접속사(~때문에)' 등으로 쓰인다. 위 문장은 양태부사절 접속사로 쓰인 경우인데 상당히 까다로운 구문이다. 접속사는 완전한 절 앞에 써야 하지만 양태부사절 접속사는 '주어 + be동사'를 생략한 분사구문 형태로 쓰인다. 즉 'as + 과거분사' 형태로만 쓰이는 것이다. 이때 as를 전치사로 혼동하는 독자들이 상당수 있다. 따라서 as 뒤 어휘가 '자격/신분'이 아니라면 as는 양태부사절 접속사일 가능성이 아주 높고 'as + 과거분사' 형태로 쓴다는 것에 주의한다.

2 Most staff members are complying with the regulation, however, there are still some staff members who are not wearing the proper uniform.

> Most staff members are complying with the regulation, however, there are
> 주어   동사구   목적어   접속부사   동사
>
> still some staff members who are not wearing the proper uniform.
>   선행사   관계대명사 동사구   목적어

부사 however는 접속부사(그러나) 또는 복합관계부사(아무리 ~하더라도) 두 가지 용법으로 사용된다. 접속부사로 쓰일 경우 위 문장에서처럼 앞뒤 내용이 대조를 나타낼 때 사용한다. 이때 however는 접속사가 아니라 접속부사라는 것에 주의한다. however를 접속사로 혼동하는 경우가 많기 때문이다. 복합관계부사로 쓰일 경우 'however + 형용사/부사 + 주어 + 동사' 구조로 온다. however가 문장에 등장하면 '그러나'의 뜻을 가진 부사만 떠올려서는 안 되고, '아무리 ~하더라도'의 뜻을 가진 복합관계부사도 함께 떠올려야 한다는 것을 기억한다.

1 We are pleased to announce 공지를 작성한 목적

We are pleased to announce that nine companies earned good reviews in every category. 아홉 개의 기업이 모든 분야에서 호평을 받았다는 것을 알리게 되어 기쁘게 생각합니다.

We are pleased to announce that we are building a new facility in New York.

뉴욕에 새로운 시설을 세우게 된 것을 알리게 되어 기쁘게 생각합니다.

2 Please be aware that 주지할 내용

Please be aware that the regulations will change on the first of next month.

다음 달 1일에 규정이 바뀌게 됨을 주지하시기 바랍니다.

Please be aware that the conference lasts only until July 21.

회의는 7월 21일까지만 열린다는 것을 주지하시기 바랍니다.

3 Please note that 유념할 내용

Please note that these dates are tentative. 이 날짜들은 임시적이라는 것을 유념해 주시기 바랍니다.

Please note that we have extended our store hours on weekdays.

우리는 주말에 영업시간을 연장했다는 것을 유념해 주시기 바랍니다.

4 사람 is requested to 요청 사항

Property owners who live in this city **are requested to** pay their taxes.

이 도시에 살고 있는 부동산 보유자들은 세금을 납부하셔야 합니다.

5 Please contact 연락처(사람, 부서, 회사)

Please contact one of our sales representatives. 저희 영업부 직원 중 한 명에게 연락해 주세요.

Please contact Mr. McKenzie concerning this matter.

이 문제에 대해서는 맥켄지 씨에게 연락하시기 바랍니다.

6 There has been a change in 장소

There has been a change in the location of our December event.

12월 행사 장소가 변경되었습니다.

There has been a change in the boarding location. 탑승 장소가 변경되었습니다.

Questions 1-2 refer to the following notice.

Notice Concerning Reductions in Staff Salaries

It is with regret that our company needs to announce that we have decided to reduce staff members' salaries. These reductions will take effect on January 1.

As is well known, due to the recession, the company is losing money and has not been able to meet its target for the last 2 years. The company has also lost some of its big clients. Due to this, the management has decided to reduce all staff members' salaries. Senior managers will take the lead by having their pay reduced by 20%. All non-executives' salaries will be reduced by 10%.

The board will continue to monitor the situation. Salaries will be restored to their previous levels if the company's financial performance improves in the next 2 quarters.

To learn more about this and to get answers to your queries, you may contact the Recruitment Department.

1. Why was this notice written?
   (A) To announce to the staff that their salaries will be slashed
   (B) To invite the meeting about salary reduction
   (C) To describe the company's financial problems
   (D) To mention several benefits for employees

2. By what date does the notice suggest that the company will restore employees' salaries?
   (A) On April 1
   (B) On May 1
   (C) On June 1
   (D) On July 1

Questions 3-5 refer to the following notice.

Announcement for Employee Training

In order to continue improving our customer service and to expand your skills, an employee training session has been scheduled. This training will take place from September 10 to 13, and the training session will be repeated to start at 10 a.m.

Thank you for being a valued member of our team here at the 7 Days Company. We have been in this business for quite some time, and we have always managed to stay ahead of our competitors. This is not possible if now with all of your support to our business.

If you attend this training session and take notes, the things you learn will be a huge help to boost the productivity of our organization. In the meantime, thank you again for all you do on behalf of the 7 Days Company. I look forward to seeing you at the training session.

Department Manager

---

3. What is the purpose of the announcement?
   (A) To ask for feedback on the training session
   (B) To notify employees about the dates of their vacation
   (C) To inform employees that they will have a training session
   (D) To announce that a new employee has started working at the company

4. What is indicated about the employee training session?
   (A) It will be held on January 10 and 13.
   (B) It is for employees to improve their customer service.
   (C) Only managers may attend it.
   (D) It will be repeated at noon.

5. What are the employees asked to do?
   (A) Prepare to give their presentations
   (B) Leave early on the last day of the training session
   (C) Arrive on time at the training session
   (D) Leave a note during the training session

▶ 정답 및 해설은 해설집 61쪽 참고

Unit 91

메시지 대화문
text message chain

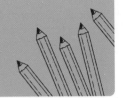

풀 이 전 략   회의, 일정, 업무 등에 대해 사내 또는 회사 간 직원들이 주고받는 메시지 대화문/온라인 채팅 대화문으로 평소 구어체 표현을 숙
지하고 지문에서 대화자를 식별하여 대화의 흐름을 파악해야 한다.

Questions 1-2 refer to the following text message chain.

Sarah Paulson	[11:23 A.M.]
Bruce, this is just let you know I'll be in Amsterdam next Friday.	

Bruce Greenwood	[11:25 A.M.]
What's going on?	

Sarah Paulson	[11:26 A.M.]
Our Amsterdam office requested a safety training for its employees. One of their instructors has to take unexpected business trip, and they need a substitute.	

Bruce Greenwood	[11:26 A.M.]
Did you manage to book a flight?	

Sarah Paulson	[11:27 A.M.]
Not on such short notice. I'll drive.	

Bruce Greenwood	[11:28 A.M.]
OK, good luck!	

---

1. What will Ms. Paulson do next Friday?

(A) Teach a training course

(B) Meet an instructor

(C) Go on a trip

(D) Apply for a job

2. At 11:27 A.M. what does Ms. Paulson mean when she writes "Not on such short notice."?

(A) She will not arrive on time.

(B) She will not travel by plane.

(C) She cannot accept an invitation.

(D) She cannot make a payment.

Sarah Paulson	[11:23 A.M.]
1 Bruce, this is just let you know I'll be in Amsterdam next Friday.	

→ 연락한 목적

Bruce Greenwood	[11:25 A.M.]
What's going on?	

Sarah Paulson	[11:26 A.M.]
1/2 Our Amsterdam office requested a safety training for its employees. One of their instructors has to take unexpected business trip, and they need a substitute.	

→ 세부내용

Bruce Greenwood	[11:26 A.M.]
Did you manage to book a flight?	

Sarah Paulson	[11:27 A.M.]
2 Not on such short notice. I'll drive.	

Bruce Greenwood	[11:28 A.M.]
OK, good luck!	

Q1. What will Ms. Paulson do next Friday?

추론 문제다. 질문의 핵심 어구인 Ms. Paulson에 대해 다음 주 금요일에 무엇을 할 것인지 추론하는 문제다. 11시 26분에 Sarah Paulson이 보낸 메시지 'Our Amsterdam office requested a safety training for its employees. One of their instructors has to take unexpected business trip, and they need a substitute.'에서 암스테르담 사무실에서 강사 중 한명이 갑작스러운 출장으로 인해 안전교육 요청이 왔다고 했고, 대체자가 필요하다고 했으므로 Paulson 양이 거기에 가서 교육을 할 것이라는 것을 예측할 수 있다. 따라서 (A) Teach a training course가 정답이다.

Q2. At 11:27 A.M. what does Ms. Paulson mean when she writes "Not on such short notice."?

의도 파악 문제이다. Not on such short notice를 통해 Ms. Paulson이 의도한 것을 파악하는 문제다. 'Did you manage to book a flight?'에서 Bruce Greenwood가 비행편을 예약했냐는 질문에 Ms. Paulson이 'Not on such short notice.(너무도 급하게 요청받은 거라 못했다.)'는 말에 이어서 'I'll drive.(운전을 할 것이다.)'라고 응답했으므로 비행기로 가지 않겠다는 (B) She will not travel by plane이 정답이다.

시나공 POINT

1. 메시지 대화문의 흐름을 정확하게 파악해야 한다.
2. 대화자 요청 및 제안 사항은 관련 표현을 익혀두면 보다 쉽게 파악할 수 있다.

1 Bruce, this is just let you know I'll be in Amsterdam next Friday.

> Bruce, this is just let you know (that) I'll be in Amsterdam next Friday.
> 주어   사역동사   동사원형   명사절

사역동사 let은 '~하게 하다'라는 뜻으로 남에게 무언가를 시킬 때 쓸 수 있는 어휘이다. let은 강제나 부탁이 아닌 허락의 뉘앙스가 있다. 예를 들어 Just let me ~'는 '~ 좀 하게 해줘요' 라는 뜻으로 명령문보다는 직접적인 느낌이 덜하다. 명령문 앞에 'just'가 붙으면 좀 더 부드러운 어조로 허락이나 동의를 구할 때 쓰인다. 이때 주의할 점은 Just let me 뒤에는 동사원형을 넣어 주어야 한다.

2 Our Amsterdam office requested a safety training for its employees.

> Our Amsterdam office requested a safety training for its employees.
> 주어   동사   목적어   전치사구

request는 형태의 변화 없이 명사와 동사가 모두 가능한 어휘로 동사로 쓰이는 경우에는 [request + 목적어 + to부정사] 또는 [request that 주어 + (should) 동사원형] 패턴으로 자주 쓰인다. 특히 to부정사를 목적보어로 쓰는 [request + 목적어 + to부정사]의 경우에는 수동태 형태인 [be requested to부정사]의 패턴으로도 자주 쓰인다. 명사로 쓰이는 경우에는 upon(on) request '요청시' 또는 address customers' requests '고객들의 요청사항들을 다루다' 등으로도 자주 쓰이는 토익 빈출 어휘이다.

3 One of their instructors has to take unexpected business trip, and they need a substitute.

> One of their instructors has to take unexpected business trip, and they need
> 대명사   전명구   동사구   목적어   등위접속사 주어   동사
>
> a substitute.
> 목적어

one of the(소유격) + 복수명사는 '~중에 하나'로 라는 뜻으로 문장에서 주어로 쓰이면 주어는 one이므로 동사는 단수 취급한다. 토익에서는 all / some / most of the(소유격) + 복수명사 / 불가산명사 패턴이 자주 출제되며 주의해야 할 것은 one을 제외한 all / some / most는 대명사로 쓰일 때 of the(소유격) 다음 복수 가산명사 또는 불가산명사 모두 나올 수 있으며, 문장의 주어로 쓰이는 경우에는 of the(소유격) 뒤의 명사에 수를 일치시켜야 한다는 것을 알아두어야 한다.

That's a relief. 그것 다행이네요.

It's settled. 준비되었어요.

Please do 그렇게 해주세요.

I'm just looking around. 단지 구경만 하려고요.

I will give you a good deal on it. 싸게 드리겠습니다.

Let me think about it. 생각 좀 해 봐야겠는데요.

I'm just getting by. 그런 대로 지내고 있다.

Put yourself in my position. 입장을 바꿔 생각해보세요.

Don't take it too hard. 심각하게 생각하지 마.

I like it just the way it is [you are]. 그대로가 좋다.

It comes in handy. 요긴하다.

There's a way to do things. 일에는 순서가 있어요.

I'll transfer you. / I'll connect you. 전화 돌려드리겠습니다.

No means no. 되는 것은 절대 안 돼요!

His plan is beyond challenge. 그의 계획은 흠잡을 데가 없습니다.

It would have been nice. 좋다가 말았어요.

I'm up to my ears in work. 일 때문에 꼼짝 못하겠어요.

I'm all tapped out. 내 통장에 잔고가 없다.

You drive a hard bargain. 거절할 수 없게끔 하시는군요.

Don't let it get to you. 그런 일로 너무 신경쓰지 마세요.(괘념치 마세요)

It's the thought that counts. 마음만으로도 고맙습니다.

Don't even bring that up. 그 얘기는 꺼내지도 마세요.

I'll come after I finish what I'm doing. 하던 것 마저 하고 갈게요.

It stands up to complain. 어디에 내놓아도 손색이 없습니다.

What's the occasion? 무슨 특별한 일이라도 있니?

Give me a break! / Give it a rest! 한 번만 봐주세요!

I've been let go. / I've been laid off. 나 회사에서 잘렸어.

Nothing can excuse this. 변명의 여지가 없습니다.

Take it or leave it. 싫으면 관둬.

You see..., I told you so. 거봐, 그럴 줄 알았다니까.

It'll go down to the wire. 최후까지(끝까지) 갈 것이다.

Is this in addition? 추가로 하시는 겁니까?

That's apples and oranges. 그건 비교가 될 수 없어.

Questions 1-2 refer to the following text message chain.

Karen Gillan	[2:14 P.M.]
Hi, are you still at the printing office?	
Bobby Cannavale	[2:15 P.M.]
Traffic was really terrible, so I actually just got here.	
Karen Gillan	[2:16 P.M.]
That's a relief. Ms. Pyle just emailed me saying that there will be 20 people at the board meeting tomorrow, not 12.	
Bobby Cannavale	[2:17 P.M.]
OK. Anything else you need me to pick up while I'm here?	
Karen Gillan	[2:18 P.M.]
No thanks.	

1. At 2:16 P.M., what does Ms. Gillan most likely mean when she writes, "That's a relief"?
   (A) She is glad that she is no longer driving in traffic.
   (B) She still has time to give Mr. Cannavale some information.
   (C) She thinks she can attend the board meeting after all.
   (D) She is pleased with the most recent financial statement.

2. What will Mr. Cannavale most likely do next?
   (A) Order more copies of a document
   (B) Purchase binders and notepads
   (C) Schedule a board meeting
   (D) E-mail a colleague

Questions 3-6 refer to the following online chat discussion.

Adam Driver [10:15 A.M.]

Hi, Do you guys know if a parcel has arrived for me? I was supposed to get a delivery of some articles today, but I think they were sent to someone else by mistake. It's from Tatum's Financial Times and should be labeled "urgent."

Seth MacFarlane [10:17 A.M.]

There's nothing for you here at the reception desk. You might want to check with the editorial department on the second floor.

Riley Keough [10:18 A.M.]

There's a parcel from Tatum's Financial Times here in the mail room, but there's no name on it.

Adam Driver [10:18 A.M.]

That must be the one for me. Could you look at the shipping label again?

Riley Keough [10:19 A.M.]

Sorry, it does have your name on it. It was so small that I didn't notice it.

Adam Driver [10:20 A.M.]

Great! Could you have the parcel sent up to my office please?

Riley Keough [10:20 A.M.]

No problem. I was going upstairs in a minute anyway.

---

3. Why did Mr. Driver start the online chat discussion?

(A) He received a damaged parcel.

(B) He has a meeting with a client soon.

(C) He is expecting some important articles.

(D) He delivered a shipment to the wrong person.

4. What does Mr. MacFarlane recommend doing?

(A) Calling Tatum's Financial Times

(B) Changing a meeting place

(C) Going to the reception desk

(D) Checking a different location

5. At 10:19 A.M., what does Ms. Keough most likely mean when she writes, "Sorry"?

(A) She misplaced a delivery slip.

(B) She arrived late to work today.

(C) She would like Mr. Driver to repeat his instructions.

(D) She made a mistake reading a label.

6. What will Ms. Keough probably do with the package?

(A) Take it to Mr. Driver

(B) Send it out by express mail

(C) Leave it at the reception desk

(D) Remove the items from it

▶ 정답 및 해설은 해설집 63쪽 참고

Unit 92

이중 지문
Double Passages

Step 1 실전 문제 먼저 풀기

출제유형
1. 두 개의 지문을 읽고 5문제를 푸는 유형으로, 매회 총 2세트 10문제(176-180번 / 181-185번)로 구성된다.

2. 주로 이메일(편지), 공고, 광고, 기사, 양식 등의 지문이 서로 연계되어 출제된다.

3. 질문 중 3문제 정도는 단일 지문 문제, 1-2문제 정도는 연계 지문 문제로 출제된다.

4. 지문의 전개 순서와 질문의 순서가 거의 동일하게 제시되므로, 질문의 순서에 따라 본문에서 답을 찾아간다.

Question 1 refers to the following notice.

To whom it may concern,

I have made many purchases from Vitra Furnishings in the past and I am consisently pleased with the high level of quality the product. However, one of the pieces I ordered(#39293) didn't come with any instructions. My order ID is 3929 and my customer ID is 2324. You'll find a copy of my invoice enclosed with this letter.

If you could send the appropriate directions to my e-mail address at aperry@bmail.com, it would be appreciated.

Regards,
Amanda Perry

Vitra Furnishings
859, Maplethorpe Avenue, Chicago

CUSTOMER INVOICE

ORDER DATE : May 4
ORDER ID : 39293
DATE : May 10

Products Purchased

Item No.	Item Description	Quantity	Unit Price	Total Price
12421	Bedside Table	1	$150	$150
34789	Table Lamp	2	$70	$140
39293	Clothing Chest	1	$350	$350
72648	Drawing Table	1	$280	$280

Subtotal : $920
Shipping : $50

---

1. What item purchased by Ms. Perry is specifically referred to in the letter?

(A) Bedside Table
(B) Table Lamp
(C) Clothing Chest
(D) Drawing Table

To whom it may concern,

I have made many purchases from Vitra Furnishings in the past and I am consisently pleased with the high level of quality the product. ❷ However, one of the pieces I ordered(#39293) didn't come with any instructions. My order ID is 3929 and my customer ID is 2324. You'll find a copy of my invoice enclosed with this letter.

If you could send the appropriate directions to my email address at aperry@bmail.com, it would be appreciated.

Regards,
Amanda Perry

❷ 첫 번째 단서를 찾는다.
Perry 씨가 요구하는 제품 번호를 알 수 있다.

Vitra Furnishings
859, Maplethorpe Avenue, Chicago

CUSTOMER INVOICE

ORDER DATE : May 4
ORDER ID : 39293
DATE : May 10

Products Purchased

Item No.	Item Description	Quantity	Unit Price	Total Price
12421	Bedside Table	1	$150	$150
34789	Table Lamp	2	$70	$140
❸ 39293	Clothing Chest	1	$350	$350
72648	Drawing Table	1	$280	$280

Subtotal : $920
Shipping : $50

❸ 두 번째 단서를 찾는다.
송장에 나와 있는 제품 목록에서 #39293에 해당하는 것이 Clothing Chest라는 사실을 알 수 있다.

1 **❶ Of the pieces Mr. Perry ordered, what items didn't come with any instructions?**

Perry 씨가 주문한 품목 중 어떤 것이 설명서와 함께 오지 않았는가?

(A) Bedside Table
(B) Table Lamp
(C) ❹ Clothing Chest
(D) Drawing Table

❶ 문제의 요지를 먼저 파악한다.
Perry 씨가 주문한 품목 중 설명서가 없는 것을 묻고 있다.

❹ 각 지문의 단서를 종합하여 정답을 고른다.
첫 번째와 두 번째 단서를 통해 설명서가 오지 않은 품목이 (C)라는 것을 알 수 있다.

▶ 두 지문을 연계해서 풀어야 하는 문제이다. 먼저 문제를 보고 문제의 요지를 익힌다. 이후에 먼저 어떤 지문에 단서가 있는지 파악해야 한다. 연계지문 문제에서는 대개 한 지문에서 첫 번째 단서가, 다른 지문에서 두 번째 단서가 제시되어 있다. 그리고 그 단서들을 종합하여 가장 적합한 선택지를 고른다.

▶ 먼저 ❶을 통해 문제의 요지를 파악한 다음, 첫 번째 지문에서 ❷를 통해 첫 번째 단서를, 두 번째 지문에서 ❸을 통해 두 번째 단서를 각각 찾아 결국 설명서가 함께 오지 않은 품목이 ❹ Clothing Chest라는 사실을 알 수 있다. 따라서 정답은 (C)가 된다.

Questions 1-5 refer to the following e-mails.

From: Miriam Chance <chancem@stjudithmedassociation.com
To: Daniella Poisson <dpoisson@1medsupplies.com>
Date: April 7
Subject: Pre-OP series

Dear Dr. Poisson,

It was a wonderful experience to have met you at last week's conference in Riverbank. Your presentation was very impressive and I could learn much about your company's new Pro-OP series of medical instruments.

For this reason, I am wondering whether you would be willing to travel to San Andreas and give us a more detailed presentation about the item. I am currently off state, but will return on April 17, and April 23 would be an ideal date for us since all hospital staff in Burbank are asked to come to the San Andreas office on the 23rd for a quarterly staff meeting.

Have a great day and I look forward to hearing from you.

Miriam Chance, MD
Saint Judith Medical Association

From: Daniella Poisson <dpoisson.@1medsupplies.com>
To: Miriam Chance <chancem@stjudithmedassociation.com
Date: April 8
Subject: Re: Pre-Op series
Attachment: Pre-Op series specifications

Dear Dr. Chance,

Thank you for your invitation. Unfortunately, I have a prior arrangement with Medical Tech Forum in Markstown on the specific date you mentioned. However, I will be back in your area at a conference in Golden Bay on April 26, so I will be available either the day before or after the 26th.

I am excited to realize that the Pre-Op series caught your interest, so I have attached a file that shows the dimensions of the instruments. I am will be more than happy to present these instruments at your office for you and your colleagues. Contact me anytime and let's come up with an appropriate date.

Sincerely,

Daniella Poisson, MD

---

1. What is indicated about Saint Judith
   Medical Association?
   (A) It has offices in more than one location.
   (B) One of its dentists is a designer of
       medical instruments.
   (C) Its dentists organized a conference in
       Riverbank recently.
   (D) Its staff meetings occur once a month.

2. Where is Dr. Poisson scheduled to be
   on April 23?
   (A) In San Andreas
   (B) In Burbank
   (C) In Markstown
   (D) In Golden Bay

3. What has been included with the second
   e-mail?
   (A) A list of Dr. Poisson's professional
       accomplishments
   (B) A document showing the sizes of
       dental instruments
   (C) A draft of an agenda for an upcoming
       forum
   (D) A recording of a presentation given by
       Dr. Poisson

4. Why was the first e-mail written?
   (A) To place an order for new equipment
   (B) To promote a doctor's services
   (C) To publicize a professional conference
   (D) To propose an informational meeting

5. How did Dr. Chance first learn about the
   Pre-Op series?
   (A) By visiting a medical practice in
       another state
   (B) By hearing about it from another
       doctor at her medical practice
   (C) By attending a presentation by Dr.
       Poisson
   (D) By participating in a survey for doctors

Unit 93 · 삼중 지문 Triple Passages

출 제 유 형
1. 3개의 지문을 읽고 5문제를 푸는 유형으로, 매회 총 3세트 15문제(186–190번 / 191–195번 / 196 – 200번)로 구성된다.
2. 일반 지문과 함께 송장, 양식, 스케줄 등 정보 파악이 비교적 용이한 지문이 섞여서 출제된다.
3. 이중 지문과 마찬가지로 총 5문제 중 3 ~ 4문제가 단일 지문, 1 ~ 2문제가 연계 지문에서 출제된다.
4. 지문의 전개 순서와 질문의 순서가 거의 동일하게 제시되므로, 질문의 순서에 따라 본문에서 답을 찾아간다.

Question 1 refers to the following letter & invoices.

Kitchenware Utopia Food Processor - Model C3

Our best-selling model, the C3, is made of high-quality plastic and easy-to-clean stainless steel.

Features: The unique blade design and powerful motor make this a professional-grade appliance, ideal for busy restaurants of all sizes.

Warranty: We include a seven-year warranty on all parts and labor.

Regular purchase price: $319.00 / KU Club Members: $299.00

---

www.kitchenwareutopia/review/c3/454

HOME	PRODUCTS	REVIEW	FAQ

Rating : ★★★★★

This product is amazing. I'm a caterer, and I've used a lot of food processors, but this is by far the best one. The price is a little expensive, but it is worth the investment. Since I have a membership, I got the discount. The only complaint I have about it is that it is heavy, so it wasn't as portable as I had hoped. However, overall, I am very satisfied with the product.

Posted by Ellis Perls
March 27

---

www.kitchenwareutopia/review/c3/CR121

HOME	PRODUCTS	REVIEW	FAQ

We are glad to hear you are happy with our C3 food processor. We would like to respond to your complaint and provide a suggestion regarding your concerns. Our C2 processor might be better suited to your professional needs. The C2 offers the same motor size as the C3, but it is much smaller than the C3. However, this model does cost slightly more than the C3.

Posted by Kitchenware Utopia Customer Service on March 28.

---

1. Why would the C2 processor likely be recommended as more suitable for Mr. Perls?

   (A) It is inexpensive.
   (B) It is dishwasher proof.
   (C) It is easy to assemble.
   (D) It is lightweight.

Kitchenware Utopia Food Processor - Model C3

Our best-selling model, the C3, is made of high-quality plastic and easy-to-clean stainless steel.

Features: The unique blade design and powerful motor make this a professional-grade appliance, ideal for busy restaurants of all sizes.

Warranty: We include a seven-year warranty on all parts and labor.

Regular purchase price: $319.00 / KU Club Members: $299.00

---

www.kitchenwareutopia/review/c3/454

HOME	PRODUCTS	REVIEW	FAQ

Rating : ★★★★★

This product is amazing. I'm a caterer, and I've used a lot of food processors, but this is by far the best one. The price is a little expensive, but it is worth the investment. ❷ Since I have a membership, I got the discount. The only complaint I have about it is that it is heavy, so it wasn't as portable as I had hoped. However, overall, I am very satisfied with the product.

Posted by Ellis Perls
March 27

❷ 첫 번째 단서를 찾는다.
Perls 씨가 갖고 있는 유일한 불만이 제품이 무겁다는 것임을 파악할 수 있다.

---

www.kitchenwareutopia/review/c3/CR121

HOME	PRODUCTS	REVIEW	FAQ

We are glad to hear you are happy with our C3 food processor. We would like to respond to your complaint and provide a suggestion regarding your concerns. Our C2 processor might be better suited to your professional needs. ❸ The C2 offers the same motor size as the C3, but it is much smaller than the C3. However, this model does cost slightly more than the C3.

Posted by Kitchenware Utopia Customer Service on March 28.

❸ 두 번째 단서를 찾는다.
C2가 C3보다 더 가볍다는 정보를 제공하고 있다.

---

1. ❶ Why would the C2 processor likely be recommended as more suitable for Mr. Perls?

   왜 C2 조리기구가 Perls 씨에게 더 적합한 것으로 추천될 수 있는가?

   (A) It is inexpensive.
   (B) It is dishwasher proof.
   (C) It is easy to assemble.
   (D) ❹ It is lightweight.

❶ 문제의 요지를 먼저 파악한다.
C2 조리기구가 Perls 씨에게 적합한 이유를 묻고 있다.

❹ 각 지문의 단서를 종합하여 정답을 고른다.
첫 번째 단서와 두 번째 단서를 통해 C2 조리기구가 추천될 수 있는 요인이 (D)라는 사실을 알 수 있다.

▶ 삼중 지문이긴 하지만 세 지문이 모두 연계되는 문제로는 나오지 않으며, 이중 지문처럼 3 ~ 4문제는 단일 지문에서, 1 ~ 2문제는 연계 지문 문제로 출제된다. 따라서 지문도 이중 지문의 풀이 과정대로 밟아나가면 된다.

▶ 연계 지문 문제이다. 먼저 ❶을 통해 문제의 요지를 파악한 다음, 어느 지문에서 먼저 단서를 찾을지 결정한다. C2 processor와 Mr. Perls가 키워드이므로, Perls씨가 게재한 지문부터 살펴본다. 두 번째 지문에서 ❷를 통해 첫 번째 단서를, 세 번째 지문에서 ❸을 통해 두 번째 단서를 찾을 수 있다. 또한 이 두 단서를 종합하여 C2가 C3보다 적합한 이유가 ❹라는 사실을 알 수 있다.

Questions 1-5 refer to the following article, schedule, and e-mail.

City to Upgrade Aging Gas Pipes

(September 1) - During the month of October, Nairobi Energy Services, Inc., plans to replace two kilometers of cast-iron underground gas pipes with plastic-coated steel pipes as a part of its commitment to maintaining the city's energy infrastructure.

"The increase in pressure provided by the new pipes will better support today's high-efficiency furnaces, water heaters, clothes dryers, and other gas appliances," said Ms. Esther Cheptumo, the gas company's vice president. "The new system will ensure safe and reliable gas delivery for years to come."

Some streets in Nairobi will be closed to traffic between 11:00 A.M. and 4:00 P.M. while pipes are replaced. The gas company is working with city officials to develop a schedule that will minimize the inconvenience. The schedule will be updated daily on the company's website as well as in all local newspapers. Customers who experience a significant problem due to the work schedule should contact the gas company with their concerns.

Gas Service Upgrade Schedule

Monday	Oct. 16	Wallastone Street
Tuesday	Oct. 17	Moringa Street
Wednesday	Oct. 18	Blackstone Avenue
Thursday	Oct. 19	Stainwood Street
Friday	Oct. 20	No work scheduled (National holiday)

When work on your street has been completed, a NESI technician will come to your house to connect your service line.

To: Peter Abonyo <pabonyo@mailergrip.com>
From: Judith Kamau <jkamau@nesi.co.ke>
Re: Account No. A0194
Date: October 12

Dear Mr. Abonyo,

Your street is scheduled for gas pipeline replacement on Tuesday, October 17. Technicians will be available to reconnect your gas lines between 3:00 P.M. and 8:00 P.M. Please call us at 555-0181 to schedule a time for the work to be completed. Gas service to your home will be interrupted for about one hour while the reconnection work is done.

Thank you.

Judith Kamau

1. According to the article, what is true about the pipes?
   (A) They will help new appliances run better.
   (B) They will be installed more quickly than cast-iron pipes.
   (C) They will be replaced in several years.
   (D) They will be installed at night.

2. What does the article indicate about the work schedule?
   (A) It will not be approved by city officials.
   (B) It has been posted by Ms. Cheptumo.
   (C) It contains several errors.
   (D) It has not been finalized.

3. What will happen on October 16?
   (A) A meeting of NESI officials will be held.
   (B) A national holiday will be celebrated.
   (C) A street will be closed to traffic.
   (D) A NESI customer's complaint will be resolved.

4. What is suggested about Mr. Abonyo?
   (A) He requested some information.
   (B) He lives on Moringa Street.
   (C) He recently spoke with Ms. Kamau.
   (D) He is not home in the evening.

5. Who is most likely Ms. Kamau?
   (A) A city official
   (B) An NESI employee
   (C) An appliance technician
   (D) An executive at a factory

▶ 정답 및 해설은 해설집 66쪽 참고

REVIEW TEST

Questions 1-2 refer to the following memo.

Memo

To: All employees
From: Sales Department Manager
Re: Meeting on July 18

There will be a staff meeting at 10:00 a.m. on Friday, July 18. Attendance at this meeting is compulsory for all employees in the Sales Department. The meeting will last for 3 hours, and there will be a discussion regarding the reducing of customer complaints in the coming month. The details of the staff meeting are provided below.

Venue: Dream Conference Hall, Main Office
Time: 10:00 a.m. to 1:00 p.m.
Meeting to Be Presided By: Mr. Bill Williams

Please ensure that you are on time for the meeting. Attendance will be recorded by Alice Smith, the personal assistant to the CEO. We are looking forward to discussing how to reduce customer complaints at the staff meeting. Please make sure that you bring your tablet PCs to the meeting so that you can take notes on all of the suggestions and recommendations regarding the items that are discussed.

1. What is the purpose of the memo?
   (A) To give information about the Sales Department
   (B) To notify the staff of a voluntary meeting
   (C) To announce a mandatory meeting to the staff
   (D) To ask for agenda requests for the meeting

2. What are the employees asked to do?
   (A) Bring their laptops to the meeting
   (B) Bring their handheld computers to take notes
   (C) Suggest at least one topic to be discussed
   (D) Take note of who attends the meeting

Questions 3-4 refer to the following notice.

Attention to All Staff

We will be holding a retirement ceremony in the staff room at our restaurant in honor of Mr. Paul on July 30 at 9 p.m. Sandwiches will be served along with cocktails. Please join us to congratulate Mr. Paul, who is retiring from his position as head chef on July 31. During his retirement, Mr. Paul plans to open his own Italian restaurant. We extend our best wishes to him as he enters this new stage of his life.

Mr. Paul started at the Little Italy Restaurant at the May Hotel in 1984, where he was hired as a junior staff member. He eventually worked his way up to head chef. I have enjoyed working with Mr. Paul over the years and have valued his friendship and support on many occasions. I'm sure all of us can say the same thing. I look forward to seeing everyone there to give a toast to this wonderful co-worker, friend, and mentor. Mr. Paul is a person whom we will all miss.

---

3. What is being announced?

(A) A tea party for the staff

(B) A cocktail party

(C) The grand opening party at a restaurant

(D) A retirement party

4. What is indicated about Mr. Paul?

(A) He started working as the head chef in 1984.

(B) He has worked at the restaurant for more than 20 years.

(C) He is retiring to open a Italian restaurant.

(D) He wants to work at the Little Italy Restaurant as a junior staff member.

Questions 5-6 refer to the following text message chain.

Spencer Walton [1:15 P.M.]

Hi, Betty. Mr. Wellinton just told me that he can't make it to the conference next month because of a scheduling conflict.

Betty Stone [1:18 P.M.]

Would you like me to ask the organizing committee to find a replacement?

Spencer Walton [1:20 P.M.]

I can recommend Dr. Lane from Ford Association. She's an excellent speaker, but I don't know if she's available at such short notice.

Betty Stone [1:21 P.M.]

I'll find out.

Spencer Walton [1:22 P.M.]

Great. If she's not available, I'll ask around and check.

Betty Stone [1:23 P.M.]

Sounds great.

---

5. Why did Mr. Walton send the message?

(A) To ask for contact information

(B) To report a cancellation

(C) To confirm an event's location

(D) To request an updated schedule

6. At 1:21 P.M., what does Ms. Stone mean when she writes, "I'll find out."?

(A) She will ask whether the conference can be rescheduled.

(B) She will find the time to meet with the organizing committee.

(C) She will check on Dr. Lane's availability.

(D) She will get information about the Ford Association.

Questions 7-9 refer to the following e-mail.

To: Mr. Danson
From: Eric Watson
Date: September 17
Subject: Invitation to a business meeting

Dear Mr. Danson,

This email is regarding the business summit which is being organized by the JBC Corporation in order to announce and discuss trade possibilities for business expansion. We are inviting all of our business partners to the event. Kindly find the attached invitation that will allow you to take part in this meeting.

We request that you bring all of the necessary documents, which you will find on the second list attached to the invitation. Please join us with the innovative ideas and plan as we need to finalize certain strategies to spread business on the international platform. Furthermore, we will announce the concerned partners to take care of new business units along with responsibilities & duties. The JBC Corporation is looking forward to your attending to make this meeting fruitful.

If you have any questions, feel free to contact me at my office number during regular working hours.

7. Why was the email sent?
(A) To join the JBC Corporation
(B) To invite a person to a business meeting
(C) To announce the expansion of a business
(D) To discuss a business partner

8. According to the email, who most likely is Mr. Danson?
(A) A competitor
(B) A cooperator
(C) A supplier
(D) A colleague

9. What is Mr. Danson asked to do?
(A) Start working at the JBC Corporation as a manager
(B) Invest in the JBC Corporation to help it expand
(C) Bring some needed equipment
(D) Come up with some original ideas

Questions 10-12 refer to the following information.

The Almond Hotel has all the facilities you expect from a luxury hotel. Whether you're staying with us for business or leisure or if you are attending or organizing an event, you will have access to a range of superb comforts and amenities to provide you with an effortless, enjoyable stay.

- With free Wi-Fi Internet access available throughout the hotel, it's easy to keep in touch with home, the office, and the entire world.
- In-room dining is available 24 hours a day for all our guests. We have a wide range of meals and beverages on offer.
- The Almond Hotel has its own gym, and, as a guest, you will have free, unlimited access.
- Instead of taking the subway or a taxi, why not treat yourself to a limousine ride between the Almond Hotel and the airport?

Please ask the concierge for more details about our limousine service. If there is anything we can do to make your stay at the Almond Hotel more comfortable, please don't hesitate to ask any member of our staff.

10 What is the purpose of the information?
   (A) To promote the opening of a new hotel
   (B) To announce some new facilities at a hotel
   (C) To provide some information about a hotel's facilities
   (D) To notify employees of some new benefits

11 According to the information, what is NOT mentioned as being available at the hotel?
   (A) Free Internet
   (B) Free, unlimited use of a gym
   (C) Limousine service from the hotel to the downtown area
   (D) Room service 24 hours a day

12 What are the customers asked to do?
   (A) Create an ID and password to access the Wi-Fi
   (B) Pay for the in-room dining service
   (C) Contact the hotel to make a reservation
   (D) Inquire about the hotel's transportation service

Questions 13-16 refer to the following press release.

Lamada Hotel Launches Private Yacht

The Lamada Hotel has launched a private yacht service for customers who are looking for a luxury travel experience. The private yacht was renovated to have its seating capacity reduced from 20 passengers to 10. By reducing the yacht's seating capacity, the Lamada Hotel was able to add a few soft mattresses for passengers to enjoy sailing on the ocean.

The yacht was renovated to reflect the iconic Lamada Hotel's facilities and service. It boasts individually handcrafted leather seats, serves international cuisine, and significant service of Lamada. It offers two tour packages to coincide with the yacht launch.

The Sunset Cruise package tour stops at five destinations, all of which are exotic islands. The package includes two glasses of red wine or two martinis as well as some snacks so that passengers can enjoy the beautiful sunset while on board. The Unlimited Wine package tour stops at one exotic island and provides passengers with a mini semi-buffet and unlimited wine and draft beer while on board.

For inquiries and reservations, call 000-1456 or visit the website www.lamadahotel.com.

13. What is the purpose of the article?
   (A) To offer a free tour package
   (B) To announce that a new hotel facility has been launched
   (C) To advertise the opening of a new hotel
   (D) To describe a new online booking system

14. What is indicated about the yacht?
   (A) It was renovated to reflect an exotic island.
   (B) It is a totally new yacht the hotel had made.
   (C) It is large enough to accommodate ten people.
   (D) It is only for customers who want to travel in luxury.

15. According to the article, where most likely is the hotel located?
   (A) Near a river
   (B) Near a mountain
   (C) Near the sea
   (D) Near a field

16. In which of the positions marked [1], [2], [3], and [4] does the following sentence best belong?

   "The yacht was renovated to reflect the iconic Lamada Hotel's facilities and service."

   (A) [1]
   (B) [2]
   (C) [3]
   (D) [4]

17-21 refer to the following memo and e-mail.

To : Dylan O'Brien
From : Kaya Scodelario
Subject : legal assistant

It has come to attention that we are in desperate need of a new legal assisting service. If you're having trouble finding applicants, an old colleague of mine recommended that we try Pados legal assisting. It seems that the legal assistants we have been hiring on our own have not been working out. Either they turn out to be unfamiliar with any of the processes or they are unable to handle the fast-paced environment that you and I have been working in for quite some time now.

I'm in no way blaming you for these unsuccessful hires, but we really need to find legal assistants that will be able to stay with our company for a while.

I am looking forward to hearing from you.

To : Kaya Scodelario
From : Dylan O'Brien
Re : legal assistant

Kaya,

I agree entirely that these latest hires have been unacceptable. We've been using Goldsmith Legal Assisting Services for a long time, and they used to send us only the best people. Since September, though, there has been a decline in the quality of those they've sent.

I will look into Pados legal assisting and try to find out as much as I can. Hopefully they will be able to help us out. I'll make this my top priority and get this taken care of as soon as possible.

Sincerely,
Dylan

17. What is the purpose of the memo?

    (A) To announce a conference

    (B) To inform of new guidelines

    (C) To request a meeting

    (D) To recommend a service

18. What is indicated about Pados legal assisting?

    (A) They are trustworthy.

    (B) They are unreliable.

    (C) They are expanding.

    (D) They are unsatisfying.

19. What is suggested about Ms. Scodelario?

    (A) She works in a hospital.

    (B) She is Mr. O'Brien's boss.

    (C) She works in marketing.

    (D) She is a new legal assistant.

20. According to Dylan O'Brien, what happened in September?

    (A) Mr. O'Brien was hired.

    (B) There was a decline in quality.

    (C) Ms. Scodelario was promoted.

    (D) They started using Goldsmith Legal Assisting Services.

21. Who most likely is Mr. O'Brien?

    (A) A sales representative

    (B) A hiring supervisor

    (C) A consultant

    (D) An engineer

Questions 22-26 refer to the following e-mail, confirmation and survey.

From:	Pavel Sebastian <psebastian@swanhotel.com>
To:	Liu Kang <lkang@mkmail.com>
Date:	February 3
Subject:	Your stay at Swan Hotel

Confirmation Number: 5889500
VIP Members Number: 245094FT

Dear Mr. Kang,

Thank you for choosing Swan Hotel! Details of your hotel reservation are attached. Please e-mail us at reservations@swanhotels.com if you need to make any necessary changes to your reservation. All cancellations must be made at least one week in advance to avoid losing your deposit.

Please contact our front desk at services@swanhotel.com for services such as ordering tickets, booking tours, or transportation requests.

CONFIRMATION

Hotel location	55 Tulegatan St. 114 98 Stockholm
Room	Two double-size beds, 10th floor
Check-in	After 4:00 P.M., Friday, 18 February
Checkout	By 1:00 P.M., Sunday, 20 February
Number of people in room	2
VIP Member price	$270/night (Orignal price: $350)

We hope you enjoyed your stay!
We would like to ask you to take a moment to complete this survey.

1. How did you hear about Swan Hotel?

TV _____ Magazine _____ Travel agent _____ Internet __X__ Other _____

2. What was the purpose of your trip? _____Vacation_____

3. If you dined at Restaurant Frantzen, how would you rate the restaurant?

Outstanding _____ Good __X__ Fair _____ Unsatisfactory _____

4. How would you rate the quality our housekeeping service?

Outstanding __X__ Good _____ Fair _____ Unsatisfactory _____

5. Name and e-mail address (optional) Liu Kang. lkang@mkmail.com

If you are not a Swan Hotel VIP member, join today! All our VIP members receive a 20% off their room rates and are eligible for exclusive benefits only for VIP members. For more information, call us at 717-7755-5775 or visit our Web site at www.swanhotel.com

22. What is the purpose of the e-mail?

    (A) To promote a travel-rewards program

    (B) To offer a larger room to a hotel guest

    (C) To request participation in a survey

    (D) To confirm accommodation
       arrangements

23. On what date did Mr. Kang most likely
    arrive at Swan Hotel Suites?

    (A) February 3

    (B) February 11

    (C) February 18

    (D) February 20

24. What is suggested about Mr. Kang?

    (A) He ordered theater tickets.

    (B) He received a reduced room rate.

    (C) He used the services of a travel
       agency.

    (D) He changed his date of departure.

25. What is indicated about Swan Hotel?

    (A) It has a restaurant.

    (B) It opened in February.

    (C) It primarily serves business travelers.

    (D) It advertises on the radio.

26. What does the survey indicate about Mr.
Kang?

    (A) He received helpful information from
       the concierge.

    (B) He was very happy with the
       cleanliness of his room.

    (C) He appreciated having free internet
       access.

    (D) He is a frequent visitor to Stockholm.

▶ 정답 및 해설은 해설집 67쪽 참고

950은 무조건 넘게 해주고 만점까지 가능한 12세트, 2400제!

시나공 혼자서 끝내는 토익

950 실전 모의고사 (12회분, 2400제)

고경희, 이관우 공저 | 816면 | 22,000원

특별 부록: 문제 전체 해설집(온라인 제공), 독학용 학습노트(온라인 제공),
MP3 4종 무료 제공

토익 실전서는 이 책 한 권이면 충분합니다!

❶ 12세트, 2400제의 방대한 분량! 확실한 훈련!
최신 경향을 반영한 12세트, 2400문제면 900점 이상을 확실히 얻을 수 있습니다.

❷ 900은 기본, 만점까지 가능한 고득점용 문제집!
실제 출제되는 문제보다 난도를 높여 실전 적응력을 높여줍니다.

❸ 독학용 학습 노트 '혼끝토 노트' 온라인 제공!
독학 수험생들을 위해 확실히 기본 실력을 잡아주는 학습 자료를 제공합니다.

❹ MP3, 해설 무료 다운로드! 홈페이지에서 질문 답변!
학습용 MP3 4종을 무료로 제공하고, 홈페이지에 질문을 남기면 저자가 답변해줍니다.

권장하는 점수대	400	500	600	700	800	900

이 책의 난이도	쉬움	비슷함	어려움

시나공 토익 BASIC

독학용 '토막 강의' 무료 제공!

정답 및 해설

시나공 토익연구소, 김부로(피터), 조강수 지음

문제가 풀리는
이론을 알려주는
"실전 중심 입문서!"

RC

 실전 모의고사 1세트
무료 다운로드 www.gilbut.co.kr

+

 오답까지 자세하게
파헤치는 '친절한 해설'

+

 기초 문법 실력을 길러주는
'개념 익히기'

 길벗
이지:톡

시나공 토익 BASIC

시나공 토익연구소, 김부로(피터), 조강수 지음

RC

정답
및
해설

길벗
이지:톡

정답
및
해설

Unit 01. 문장의 기본 형식 5가지 – 1형식

실전 문제 1

해설 빈칸 뒤에 전치사구(on the food)가 왔으므로 자동사인 (B) depends 가 정답이다. (A), (C), (D) 모두 타동사이다. 타동사는 목적어를 취한다.
정답 (B)

해석 식당의 성공은 음식, 경험, 가격, 그리고 위치에 의해 좌우된다.

표현 정리 success 성공 experience 경험 location 위치

실전 문제 2

해설 전치사구 혹은 부사 앞 빈칸은 자동사 자리이다. 빈칸 뒤에 부사 (competently)가 왔으므로 (D) function이 정답이다. (A), (B), (C) 모두 타 동사이므로 오답이다.
정답 (D)

해석 남성 중심적인 새 회사 정책 하에서는 일부 여직원들이 그들의 능력을 십분 발휘할 수 없을 것이라고 생각하는 직원들이 있기 때문에 모든 직원들 이 만족해하지는 않는다.

표현 정리 function 기능하다, 작용하다 competently 유능하게 male-centered 남성 중심적인 request 요청하다 support 지지하다 release 공개하다

Unit 02. 문장의 기본 형식 5가지 – 2형식

실전 문제 1

해설 빈칸 앞뒤 부사(extremely)는 주로 함정으로 제시되기 때문에 항상 소거하고 푼다. be동사 뒤 빈칸은 형용사 자리이므로 (D) successful이 정 답이다.
정답 (D)

해석 회사는 기부 행사를 개최했으며, 상당한 기부금을 모은 성공적인 행사 였다.

표현 정리 hold 개최하다 charity 자선 substantial 상당한

실전 문제 2

해설 빈칸 앞뒤 부사는 소거한 후 풀어야 한다. 부사(fully)를 소거하면, become 뒤 빈칸은 형용사 자리이므로 (A) operational이 정답이다.
정답 (A)

해석 중국 공장의 오랜 공사가 끝난 뒤, 생산 라인이 완벽하게 작동 가능해 졌다.

표현 정리 finally 마침내 production line 생산라인 operational (기계 따위가) 운전[운행] 가능한 operation 운영, 작동 operationally 기능을 다하여

Unit 03. 문장의 기본 형식 5가지 – 3형식

실전 문제 1

해설 provide는 '사람(them) + with + 사물(a banquet hall)'을 취한다. 따 라 서 (D) provide가 정답이다. (A), (B), (C)는 모두 자동사이므로 오답 처리 한다.
정답 (D)

해석 호텔은 그들에게 내일 회의를 위한 연회장, 무료 음료, 그리고 전화 서 비스를 제공할 예정이다.

표현 정리 banquet hall 연회장

실전 문제 2

해설 엇비슷한 뜻을 가진 동사 한 쌍(deal, address)이 왔으므로 둘 중에 서 고민한다. 빈칸 뒤에 목적어(the problem)가 왔으므로 빈칸은 타동사 자 리이다. (A)는 자동사, (B)는 타동사이므로 (B) address가 정답이다.
정답 (B)

해석 최근 재무 보고서에 따르면, 직원들의 임금을 줄이는 것이 회사의 적 자 문제를 다루는 올바른 방법은 아니다.

표현 정리 recent 최근의 reduce 줄이다 address 다루다, 고심하다 deficit 적자, 부족

Unit 04. 문장의 기본 형식 5가지 – 4형식

실전 문제 1

해설 빈칸 뒤에 '사람(David) + 사물(the contracts)' 덩어리가 왔으므로 4 형식 동사인 (D) send가 정답이다.
정답 (D)

해석 지금 제가 사무실에 없으므로 빅토리아가 데이빗에게 곧 계약서를 보 낼 겁니다.

표현 정리 right now 지금 contract 계약(서)

실전 문제 2

해설 빈칸 뒤에 '사물(the plans) + to + 사람(you)'이 왔으므로 4형식 동 사인 (B) show가 정답이다. (A)는 'assign A as B' 형태로 'A를 B로 지정 하다'는 뜻이며, (C)와 (D)는 자동사이다.
정답 (B)

해석 월요일까지 새 브랜드 런칭에 대한 디자인을 보여드릴 수 있을 것 같 습니다.

표현 정리 be able to do ~할 수 있다 launching 런칭, 출시

Unit 05. 문장의 기본 형식 5가지 – 5형식

실전 문제 1

해설 빈칸 뒤에 '목적어 + 목적보어(investors even more dependent)' 덩어리가 왔으므로 (D) made가 정답이다.
정답 (D)

해석 금융시장의 변화로 투자가들은 양질의 정보에 더욱 의존하게 되었다.

표현 정리 financial market 금융 시장 investor 투자가 dependent 의존적인

(실전 문제 2)

해설 빈칸 앞에 5형식 동사(make)가 왔고, 목적보어 자리에 빈칸이 왔으므로 형용사인 (B) special이 정답이다. 정답 (B)

해석 그의 뛰어난 판매 실적은 그를 회사에서 특별하게 만들었다.

표현 정리 success 성공 speciality 전문성, 특성

유형 분석 1 REVIEW TEST

1. 동사를 고르는 문제

해설 빈칸 뒤에 '목적어(employees)+목적보어(inspired)' 덩어리가 왔으므로 빈칸은 5형식 동사인 (D) keeps가 정답이다. (A), (B)는 타동사, (C)는 자동사이다. 정답 (D)

해석 매니저는 그들의 회사가 서비스 업계에서 최고라는 자부심을 가질 수 있도록 직원들을 격려한다.

표현 정리 inspired 고무된 organization 회사, 단체, 조직 hospitality industry 서비스 업계

2. 동사를 고르는 문제

해설 빈칸 뒤에 '사람(everyone)+사물(a copy of the report)'이 왔으므로 4형식 동사인 (A) gave가 정답이다. (B)는 '~을 보내다'라는 뜻을 가진 타동사이고, (C)는 '미루다, 연기하다'라는 뜻을 가진 타동사, (D)는 '분배하다'라는 뜻을 가진 타동사들로 빈칸에는 올 수 없다. 정답 (A)

해석 제니는 회의에서 지난 한 주 동안 자신이 만든 보고서를 모든 사람들에게 나눠 주었다.

표현 정리 forward 보내다 distribute 배포하다, 나눠주다

3. 형용사를 고르는 문제

해설 become 동사 뒤 빈칸은 보어 자리이므로 형용사인 (B) angry가 정답이다. 형용사 보어자리에 (A) 명사, (C) 부사, (D) 전치사구는 쓸 수 없다. 정답 (B)

해석 고객들이 느린 서비스에 분노하기 전에 홀에서 서빙할 직원을 더 채용해야 합니다.

표현 정리 hire 고용하다 serve 봉사하다

4. 동사를 고르는 문제

해설 빈칸 앞에 5형식 대표 동사(make)가 왔으므로 빈칸은 목적보어 자리

이며, 따라서 형용사 (A) accessible이 정답이다. 목적보어 자리에 (B) 동사, (C) 부사는 올 수 없으며, (D) 명사는 목적어(history)와 동격일 때 사용한다. 정답 (A)

해석 상해의 구도심 중심가에 위치한 상해 관광청은 모든 사람들에게 지역 역사를 체험할 수 있게 해 준다.

표현 정리 locate ~에 위치하다

5. 동사를 고르는 문제

해설 목적어(responsibility) 앞에 빈칸이 왔으므로 자동사인 (C)부터 소거한다. assume responsibility for는 '~에 대한 책임을 지다'라는 의미이므로 (A) assume이 정답이다. assume 자리에 take, accept, hold, have 등도 올 수 있다. 정답 (A)

해석 회사는 고객들이 자사 제품의 사용 중에 발생한 문제에 대해 책임을 지겠다고 발표했다.

표현 정리 problem 문제 occur 발생하다

6. 동사를 고르는 문제

해설 타동사 문제를 풀 때는 목적어만 확인하지 말고, 목적어 뒤에 있는 단어까지 확인한 후 정답을 고르는 습관을 들여야 한다. '목적어+to'를 쓸 수 있는 타동사는 match밖에 없으므로 (C) match가 정답이다. 정답 (C)

해석 작년 말까지의 매출액과 올해 매출액을 일치시켜 차이를 알아낸 후 새로운 사업 계획을 세운다.

표현 정리 record 기록 difference 차이 draw up 기획하다, 세우다

7. 동사를 고르는 문제

해설 빈칸 뒤에 전치사(from)가 왔으므로 빈칸은 자동사 자리이다. 자동사는 varied뿐이다. varied는 from과 어울려 '다르다, 다양하다'는 뜻으로 쓰인다. 따라서 (A) varied가 정답이다. 정답 (A)

해석 회사가 신제품에 대한 정보를 수집하기 위해 실시한 설문조사에 대한 응답자들은 다양한 나라 사람들이다.

표현 정리 response 응답 create 만들다 vary from A to B A에서 B에 이르기까지 다양하다

8. 동사를 고르는 문제

해설 빈칸 뒤에 '사물+to+사람'이 왔으므로 4형식 동사인 (B) showed가 정답이다. (A), (C), (D)는 모두 빈칸에 올 수 없는 동사들이다. 정답 (B)

해석 회사는 외국 디자이너가 특별히 디자인한 새 유니폼을 직원들에게 보여줬고, 좋은 반응을 얻었다.

표현 정리 positive 긍정적인 response 반응

9. 동사를 고르는 문제

해설 빈칸 뒤에 '사람+that'이 왔으므로 (C) inform이 정답이다. (A)는 자동사, (B), (D)는 모두 타동사로 '사람+that절' 형태로 사용할 수 없는 타동사이다. **정답 (C)**

해석 국제 세미나 협회 회장은 당신이 세미나를 위해 준비한 특별한 프레젠테이션을 기대하고 있다는 것을 알려 드립니다.

표현 정리 look forward to ~을 기대하다 special 특별한 prepare 준비하다

10. 동사를 고르는 문제

해설 빈칸 뒤에 전치사구(in networks and software)가 왔으므로 빈칸은 자동사 자리이다. 빈칸 앞뒤에 전치사가 있을 경우 전치사와 연관된 동사가 정답이라는 것을 기억한다. specialize in은 '~을 전문으로 하다'는 뜻으로 정답은 (D) specialize이다. **정답 (D)**

해석 우리는 네트워크와 소프트웨어를 전문으로 하며, 직원들이 소프트웨어 사용법을 익히도록 돕고 있습니다.

표현 정리 utilize 활용하다

유형 분석 2. 명사
Unit 06. 명사의 위치 ①

실전 문제 1

해설 타동사(make) 뒤는 목적어 자리이므로 명사인 (D) payments가 정답이다. 이때 빈칸 앞에는 한정사가 없다는 것을 기억한다. 목적어 자리에 (A) 동사, (B) 형용사, (C) 부사 등은 올 수 없다. **정답 (D)**

해석 워크숍에 등록하고 싶은 관리자들은 수수료를 즉시 납부해야 한다.

표현 정리 register for ~에 등록하다 make payments 지불하다, 납부하다 promptly 즉시

실전 문제 2

해설 '------- + 수식어(to the Walk to Work campaign) + 동사(are)' 구조로 왔으므로 빈칸은 주어 자리이다. 따라서 (B) Contributions가 정답이다. 이때는 빈칸 앞에는 한정사가 없다는 것을 기억한다. 주어 자리에 (A) 동사, (C) 분사, (D) 전치사구 등은 올 수 없다. **정답 (B)**

해석 Walk to Work 캠페인에 기여한 사람들은 시상을 받게 되고, CEO가 연말 송년회에서 올해의 직원을 발표한다.

표현 정리 honor 존경하다, ~에게 베풀다 year-end dinner 연말 만찬, 송년회

Unit 07. 명사의 위치 ②

실전 문제 1

해설 형용사(final) 뒤에 빈칸이 왔으므로 명사인 (D) approval이 정답이다. 명사 자리에 (A) 동사, (B) 현재분사, (C) 과거분사 등은 올 수 없다. **정답 (D)**

해석 직원들은 본사 매니저로부터 최종 승인을 받을 때까지 결정을 연기해야 한다.

표현 정리 get approval 승인받다 head office 본사 postpone 연기하다

실전 문제 2

해설 복합명사(명사 + 명사)의 첫 번째 명사는 한정사에 속한다. 한정사인 명사(customer) 뒤에 빈칸이 왔고, 문맥상 '고객만족'이라는 뜻이므로 (B) satisfaction이 정답이다. 명사 자리에 (A) 과거분사, (C) 형용사, (D) 현재분사 등은 올 수 없다. **정답 (B)**

해석 우리 서비스에 대한 고객만족은 레스토랑과 웹사이트에서 설문조사를 실시함으로써 정기적으로 평가받게 될 것이다.

표현 정리 evaluate 평가하다 regularly 정기적으로 conduct 수행하다, 실시하다 survey 설문조사

Unit 08. 명사의 형태

실전 문제 1

해설 형용사(any) 뒤에 빈칸이 왔으므로 빈칸은 명사 자리이다. 접미사가 –ence로 끝난 (D) difference가 정답이다. 명사 자리에 (A) 현재분사, (B) 형용사, (C) 동사 등은 올 수 없다. **정답 (D)**

해설 판매직원의 설명에도 불구하고, Alice 씨는 두 모델간의 차이를 알 수 없었다.

표현 정리 **sales representative** 판매직원 **explanation** 설명

실전 문제 2

해설 소유격(His) 뒤 빈칸은 명사 자리이다. –sm은 명사형 접미사이므로 (B) enthusiasm이 정답이다. 명사 자리에 (A) 형용사, (C) 부사, (D) 동사 등은 올 수 없다. **정답 (B)**

해설 영화에 대한 그의 열정은 젊은 감독들이 그들 작업에 스스로 전념하도록 만들었다.

표현 정리 **enthusiasm** 열정 **encourage** 고무하다, 용기를 주다 **dedicate** 헌신하다, 열중하다 **enthusiastic** 열성적인

Unit 09. 가산명사 vs 불가산명사 구분

실전 문제 1

해설 형용사(more) 뒤 빈칸은 명사 자리이다. 문맥상 (A)와 (B)가 어울리는데, (A)는 불가산명사이고 (B) 가산명사이다. 그러나 빈칸 앞에 부정관사(a)가 없으므로 (A) information을 써야 한다. (B)는 가산명사이므로 반드시 a 또는 복수형 접미사(–s)를 써야 한다. **정답 (A)**

해설 컴퓨터 보안에 대해 걱정된다면, 더 많은 정보를 위해 저희 웹사이트를 방문해 주세요.

표현 정리 **be anxious about** ~에 대해 걱정하다 **security** 보안

실전 문제 2

해설 타동사(consider) 뒤에 빈칸이 왔으므로 빈칸은 명사 자리이다. 따라서 (A) discount와 (B) discounts 중 고민한다. discount는 가산명사이고, 빈칸 앞에는 a/an이 없으므로 복수형인 (B) discounts가 정답이다. **정답 (B)**

해설 경쟁사가 공격적인 판매 계획을 시작했으므로 우리는 최대 70%까지 할인을 고려해야 한다.

표현 정리 **consider** 고려하다 **discount** 할인 **up to** ~까지 **competitor** 경쟁자 **aggressive** 적극적인, 공격적인

Unit 10. 기타 자주 출제되는 명사

실전 문제 1

해설 명사(employee) 뒤에 빈칸이 왔으므로 복합명사 구조가 알맞다. '명사 1(employee) + 명사 2(productivity)' 구조에서 '명사 1을 위한 명사 2, 즉 '직원을 위한 생산성'이라는 해석이 가능한 복합명사 자리이므로 (D) productivity가 정답이다. **정답 (D)**

해설 최근 보고서는 새롭게 도입한 시스템이 직원 생산성을 향상시켰다는 것을 보여 준다.

표현 정리 **latest** 최신의 **improve** 향상시키다 **employee productivity** 직원 생산성

실전 문제 2

해설 빈칸은 문장의 주어 자리이다. 문장의 주어는 명사 형태가 와야 하므로 (C) instructors와 (D) instruction 중 하나가 정답이 된다. 그런데 '강사가 Burn Gorman 씨의 의사소통 능력을 향상시키는 것을 도왔다'가 문맥상 적합하므로 (C) instructors가 정답이 된다. **정답 (C)**

해설 Femi Business Institute 강사들은 Burn Gorman 씨가 그의 의사소통 능력을 향상시키도록 도왔다.

표현 정리 **instructor** 강사 **improve** 향상시키다 **communication skills** 의사소통 능력

유형 분석 2 REVIEW TEST

1. 형용사 뒤 명사를 고르는 문제

해설 형용사(persuasive) 뒤 빈칸은 명사 자리이므로 (D) argument가 정답이다. **정답 (D)**

해설 Harris 씨는 에이전시와의 협상을 빨리 끝내기 위해 이전의 것보다 더 설득력 있는 주장을 찾길 바랐다.

표현 정리 **persuasive** 설득력 있는 **previous** 이전의 **negotiation** 협상

2. 복합명사를 고르는 문제

해설 명사(travel) 뒤에 빈칸이 왔으므로 명사인 (A)뿐만 아니라 분사인 (C), (D)도 가능하다. 그러나 명사 뒤 빈칸은 분사나 형용사보다는 복합명사인 명사가 정답일 가능성이 90% 이상이다. '명사 1(travel)＋명사 2(arrangements)' 구조에서 '여행을 준비하다'로 해석이 가능하므로 빈칸은 복합명사로 채워야 한다. 따라서 (A) arrangements가 정답이다. **정답 (A)**

해설 BST Guide의 전문 직원들은 귀하가 요청하는 모든 여행 준비를 훌륭히 처리해 드릴 것을 보장합니다.

표현 정리 **assure** 보장하다 **professional** 전문적인 **take care of** ~을 처리하다 **travel arrangements** 여행 준비

3. 동사 뒤 명사를 고르는 문제

해설 타동사(make) 뒤 빈칸은 명사의 목적어 자리이므로 (B), (D) 중에 고민한다. 그런데 change는 가산명사이고, 빈칸 앞에 부정관사(a)가 없으므로 복수명사인 (B) changes가 정답이다. **정답 (B)**

해석 주방장은 고객들이 몇 달 동안 요청해 왔던 새로운 채식요리를 개발한 뒤 메뉴를 변경할 것이다.

표현 정리 chef 요리사 vegetarian 채식주의자의 request 요청하다

4. 형용사 뒤 명사를 고르는 문제

해설 형용사(defective) 뒤 빈칸은 명사 자리이므로 (A), (B) 중에 고민한다. product는 가산명사인데, 빈칸 앞에 부정관사(a)가 왔으므로 (A) product가 정답이다. **정답 (A)**

해석 Jessica는 결함 있는 상품이 배송됐다는 것을 알고, 교환 시 필요한 영수증을 찾아야 했다.

표현 정리 notice 알아채다 defective 결함 있는 receipt 영수증 exchange 교환 productive 생산적인

5. 타동사 뒤 명사를 고르는 문제

해설 타동사(leave) 뒤 빈칸은 명사 목적어 자리이므로 (A) suggestions가 정답이다. (B) 현재분사, (C) 동사, (D) 과거분사 모두 목적어 자리에 올 수 없다. **정답 (A)**

해석 게시판에 붙은 지시사항은 프로젝트에 관해 온라인으로 제안하는 방법을 알려준다.

표현 정리 instruction 지시사항 bulletin board 게시판 leave 남기다

6. 형용사 뒤 명사를 고르는 문제

해설 선택지에 비슷한 뜻을 가진 명사가 한 쌍이 왔으면 둘 중 한 개는 가산명사이고, 남은 한 개는 불가산명사이다. (B)는 가산명사이고, (C)는 불가산명사이다. 빈칸 앞에 부정관사(a)가 없으므로 빈칸은 불가산명사 자리이다. 따라서 (C) advice가 정답이다. **정답 (C)**

해석 유명한 미국 TV 쇼에 출연 중인 Judy 판사는 시청자들에게 변호사로부터 구체적인 조언을 들을 수 있는 기회를 제공한다.

표현 정리 provide A with B A에게 B를 제공하다 specific 구체적인 lawyer 변호사

7. 명사를 고르는 문제

해설 관사(the)와 전치사(of) 사이 빈칸은 명사 자리이므로 (A) population이 정답이다. (B) 동사, (C) 형용사, (D) 부사 모두 빈칸에 올 수 없으므로 오답 처리한다. **정답 (A)**

해석 호주의 인구는 증가하는 이민자들 때문에 매우 빠르게 증가해 왔다.

표현 정리 population 인구 extremely 매우 due to ～때문에 increasing 증가하는 immigrant 이민자

8. 형용사 뒤 명사를 고르는 문제

해설 형용사(further) 뒤 빈칸은 명사 자리이므로 (B) reference가 정답이다. 명사 자리에 동사, 분사는 올 수 없으므로 나머지 선택지는 모두 오답 처리한다. **정답 (B)**

해석 추후 참조를 위해, 경리과 직원들은 파일들을 정리할 때 몇몇 중요한 문서들은 복사해 두는 것이 바람직하다.

표현 정리 further 추후의, 더 멀리 reference 참조 advisable 바람직한 duplicate 복사하다 file 서류를 철하다

9. 명사를 고르는 문제

해설 문두에 빈칸이 왔고, 뒤에 동사(have)가 왔으므로 빈칸은 명사 주어 자리이다. 따라서 (C) Applications가 정답이다. 동명사(Applying)도 주어 자리에 올 수 있지만 동명사는 '～하는 것'의 뜻으로 문맥상 어색하므로 (A) 동명사는 오답 처리한다. 주어 자리에 동사나 분사는 올 수 없으므로 (B), (D) 또한 오답 처리한다. **정답 (C)**

해석 비서직에 대한 지원은 다음 주까지 제출되어야 한다.

표현 정리 application for ～에 대한 지원 secretary 비서 submit 제출하다

10. 명사를 고르는 문제

해설 타동사(receive) 뒤 빈칸은 명사 목적어 자리이므로 (D) compensation이 정답이다. 목적어 자리에 동사인 (A), 분사인 (B), (C)는 올 수 없다. **정답 (D)**

해석 직원들이 직장에서 발생한 부상에 대한 보상을 받는 것은 당연하며, 비용 또한 회사가 부담해야 한다.

표현 정리 mandatory 의무적인 compensation 보상 cover 대다, 다루다 injury 부상 at work 직장에서

유형 분석 3. 동사
Unit 11. 주어와 동사의 일치 ①

실전 문제 1

해설 동사 어형 문제이므로 '태 – 시제 – 수일치' 순으로 풀어야 한다. 자동사 (become)는 수동태를 만들 수 없으므로 (B)는 소거한다. 시제에 대한 단서는 없지만 주어(company) 가 단수이므로 단수 동사인 (D) has become이 정답이다. **정답 (D)**

해석 회사는 공급품을 주의 깊게 엄선하고, 새로운 서비스 개발에 집중한 덕분에 가장 경쟁력 있는 식품 유통업체가 되었다.

표현 정리 competitive 경쟁력 있는 distributor 배급자 supply 공급(품) concentrate on ~에 집중하다

실전 문제 2

해설 plan은 to부정사를 목적어로 취하는 동사이다. 따라서 빈칸 뒤 to participate는 plan의 목적어이므로 수동태인 (D)는 소거한다. 시제에 대한 단서가 없으므로 곧 바로 수일치를 확인한다. 주어(Employees of Wowmart)가 복수로 왔으므로 복수동사인 (A) plan이 정답이다. **정답 (A)**

해석 세계에서 가장 큰 마트들 중 하나인 Wowmart의 직원들은 다음 분기부터 대형마트에 대한 세금인상 반대 파업에 참여할 계획이다.

표현 정리 retail corporations 소매 기업 participate in ~에 참여하다 strike 파업 against ~에 맞서 tax increase 세금인상 major 주요한 starting ~부터 quarter 분기

Unit 12. 주어와 동사의 일치 ②

실전 문제 1

해설 선택지가 have 동사와 be동사로 제시된 경우 태 혹은 수일치 문제라는 것을 알아야 한다. 그런데 4개의 선택지 모두 수동태는 없으므로 수일치 문제라는 것을 알 수 있다. 주어(board members)로 복수가 왔으므로 (A) have가 정답이다. **정답 (A)**

해석 오직 이사회의 일원들만이 회사의 가장 중요한 비밀들이 담긴 데이터베이스를 볼 수 있는 권한을 가지고 있다.

표현 정리 have access to ~에 접근할 수 있다 contain 포함하다

실전 문제 2

해설 동사 어형 문제이다. 우선 거품 수식어를 괄호로 묶어 소거하고 '태 – 시제 – 수일치' 순으로 풀어야 한다. 수식어인 관계사절(who is overseeing the construction project)을 괄호로 묶어 둔다. 빈칸 뒤에 목적어(a sick leave)가 왔으므로 수동태인 (A)는 소거하고 동사 자리이므로 (D)도 소거한다. (B)는 단수 동사, (C)는 복수 동사로 왔으므로 바로 수일치 시 키면 된다. 주어(manager)가 단수로 왔으므로 복수 동사인 (C)를 소거한다. 따라서 단수동사인 (B) has taken이 정답이다. **정답 (B)**

해석 건설공사를 감독하고 있는 관리자가 병가를 냈다. 그래서 그는 3월 21일부터 31일까지 쉰다.

표현 정리 oversee 감독하다 sick leave 병가

Unit 13. 동사의 능동태와 수동태

실전 문제 1

해설 will be와 함께 동사의 형태를 완성하는 문제로 빈칸 뒤 목적어가 없으므로 수동태를 완성하는 (C) closed가 정답이다. **정답 (C)**

해석 Steak & Lobster Marble Arch는 리모델링 공사가 진행되는 동안 일시적으로 문을 닫습니다.

표현 정리 temporarily 일시적으로 while ~동안 take place 발생하다, 일어나다

실전 문제 2

해설 동사 어형 문제이므로 '태 – 시제 – 수일치' 순으로 푼다. rise는 자동사이므로 수동태를 만들 수 없다. 주어(stock price)가 단수로 왔으므로 (B), (C)도 소거한다. 따라서 (D) has risen이 정답이다. **정답 (D)**

해석 다양한 기능을 탑재한 신형 복사기 출시 덕분에 Ashley Printers의 주가가 상승한 것으로 보인다.

표현 정리 stock price 주가 rise 오르다 due to ~때문에 release 출시; 출시하다 brand-new 신형의 various 다양한 function 기능; 작동하다

Unit 14. 4형식 수동태

실전 문제 1

해설 동사 어형 문제이므로 '태 – 시제 – 수일치' 순으로 풀어야 한다. 4형식 동사는 '사람 + 사물' 덩어리 앞 빈칸에 능동태를 쓰고, '사람 + 사물' 덩어리가 없는 빈칸에는 수동태를 쓴다. 빈칸 뒤에 '사람 + 사물' 덩어리가 없으므로 수동태인 (D) were sent이 정답이다. **정답 (D)**

해석 Walton's Warehouse에서 일하는 전기기사들은 관리부장으로부터 새로운 절차에 관한 모든 세부사항들을 전달받았다.

표현 정리 electrician 전기기사 warehouse 창고 detail 세부사항 procedure 절차 head 책임자

실전 문제 2

해설 동사 어형 문제로 '태 – 시제 – 수일치' 순으로 풀어야 한다. award(주다, 수여하다)는 4형식 동사로 쓰이며 빈칸 뒤 사물이 나왔으므로 의미상 '보너스를 받다'의 의미를 완성하는 (C) awarded가 정답이다. **정답 (C)**

해석 MacDowell 양은 프로젝트의 끊임없는 기여를 인정하여 특별 보너스를 받았다.

표현 정리 award 수여하다, (상을) 주다 in recognition of ~을

인정하여 **constant** 끊임없는 **contribution** 기여, 헌신

Unit 15. 5형식 수동태

실전 문제 1

해설 동사 어형 문제로 '태 – 시제 – 수일치' 순으로 풀어야 한다. permit은 목적보어로 to부정사를 취하는 5형식 동사이므로 수동태(be permitted) 뒤에는 to부정사가 남는다. 따라서 수동태 문장을 이루는 (A) permitted가 정답이다. **정답 (A)**

해석 허가받지 않은 직원들은 매니저의 승인 없이는 기밀 고객 정보에 접근할 수 없습니다.

표현 정리 **unauthorized** 허가받지 않은 **access** 접근하다, 이용하다 **confidential** 기밀의, 비밀의 **approval** 승인

실전 문제 2

해설 동사 어형 문제이므로 '태 – 시제 – 수일치' 순으로 풀어야 한다. 5형식 동사 뒤에는 '목적어 + 목적보어' 덩어리가 와야 한다. 그러나 빈칸 뒤에 명사만 남아 있으면 수동태를 써야 한다. 따라서 수동태인 (B) has been appointed가 정답이다. **정답 (B)**

해석 올해의 사원 상을 수상한 Chris Jeong은 기업 커뮤니케이션 전략 분야에서 주도적인 권위자로 임명되었다.

표현 정리 **winner** 우승자 **leading** 선도하는 **authority** 권위자

Unit 16. 수동태 + 전치사의 형태

실전 문제 1

해설 be동사와 전치사(on) 사이에 빈칸이 왔으므로 전치사(on)와 어울리는 과거분사를 선택하는 문제이다. 따라서 (D) based가 정답이다. **정답 (D)**

해석 임금 인상은 직원들의 실적과 그들의 상사들이 격월로 시행하는 평가 보고에 기초한다.

표현 정리 **pay raise** 임금 인상 **be based on** ~에 기초하다, 근거하다 **performance** 실적, 성능 **bimonthly** 격월로, 2달마다 **evaluation** 평가 **supervisor** 상사

실전 문제 2

해설 수동태의 관용/숙어 표현은 주로 과거분사로 출제된다. 그러나 'be + 과거분사 + to' 형태의 표현들은 to와 관련되어 출제된다는 것도 알아 두어야 한다. to가 전치사면 빈칸은 명사/동명사가 와야 하고, to부정사라면 동사가 와야 한다. 빈칸 앞 to는 전치사이므로 (B) promoting이 정답이다. **정답 (B)**

해석 설립 이래 Animals' Friends는 전세계적으로 동물 보호의 중요성을 알리고, 사람들이 유기견을 입양할 수 있도록 돕는 일에 기여해 왔다.

표현 정리 **foundation** 설립 **be committed to** ~에 기여하다 **protection** 보호 **worldwide** 전세계적으로 **adopt** 입양하다 **abandoned** 버려진

유형 분석 3 REVIEW TEST

1. 태를 고르는 문제

해설 동사 어형 문제이다. 따라서 '태 – 시제 – 수일치' 순으로 푼다. 빈칸 뒤에 목적어가 없으므로 (B) are posted가 정답이다. **정답 (B)**

해석 복사 관련 지시사항은 복사기 위쪽에 붙어 있으며, 만약 도움이 필요하면 복사기 옆에 있는 번호로 연락해 주세요.

표현 정리 **instructions** 지시사항 **make a copy** 복사하다 **above** 위쪽에 **dial** 전화를 걸다 **next to** ~옆에

2. 태를 고르는 문제

해설 동사 어형 문제이다. 우선 동사 자리이므로 명사인 (C)는 소거하고, 빈칸 뒤에 목적어(contracts)가 왔으므로 수동태인 (A)도 소거한다. 조동사(must) 뒤 빈칸은 동사원형 자리이므로 (D) sign이 정답이다. **정답 (D)**

해석 두 회사는 다른 경쟁업체들이 미국 시장을 장악하기 전에 그들의 인수를 신속히 처리하기 위한 계약을 체결해야 한다.

표현 정리 **sign contract** 계약을 체결하다 **expedite** 신속히 처리하다 **merger** 인수 **competitor** 경쟁자 **dominate** 지배하다

3. 태를 고르는 문제

해설 동사 어형 문제이므로 '태 – 시제 – 수일치' 순으로 푼다. try는 to부정사(to keep)를 목적어로 취한다. 따라서 빈칸 뒤에 목적어가 왔으므로 수동태인 (C)는 소거한다. (D)는 동사원형(be)이 와야 할 근거가 없으므로 소거한다. 주어가 복수(executives)로 왔으므로 (A)도 소거한다. 따라서 (B) have tried가 정답이다. **정답 (B)**

해석 생산관리와 관련된 임원들은 뒤처지지 않기 위해 전 세계의 새로운 기술과 유행들을 따라잡으려 노력했다.

표현 정리 **executive** 임원 **involved in** ~에 연관된 **keep up (to date) with** ~를 따라잡다 **get left behind** 뒤처지다

4. 태를 고르는 문제

해설 5형식 동사(keep) 수동태 뒤에는 형용사 보어(secure)가 남는다. 따라서 (C) is kept가 정답이다. **정답 (C)**

해석 우리는 연락처 세부사항과 ID 번호와 같이 민감한 정보들을 예외 없이 안전하게 보관할 것을 보장합니다.

표현 정리 **assure** ~을 보장하다 **sensitive** 민감한 **such as** ~와 같이 **detail** 세부사항 **secure** 안전한 **with no exceptions** 예외 없이

5. 태를 고르는 문제

해설 동사 어형 문제이다. 빈칸 뒤에 목적어가 없으므로 수동태인 (A) are published가 정답이다. 빈칸 뒤 online은 부사이다. **정답 (A)**

해석 John Harrison의 연구 결과는 사람들이 쉽게 접근할 수 있고, 그가 즉각적인 피드백을 받을 수 있기 때문에 주로 학술지가 아닌 온라인에 게재된다.

표현 정리 **publish** 게재하다, 출판하다 **journal** 학술지 **so that** ~할 수 있도록 **prompt** 즉각적인 **access** 접근하다

6. 태를 고르는 문제

해설 동사 어형 문제이다. 빈칸 뒤에 목적어(beverages and a main dish)가 왔으므로 수동태인 (B)와 (D)는 소거한다. 그런데 주어가 단수(meal)로 왔으므로 (C) includes가 정답이다. **정답 (C)**

해석 승객들에게 제공되는 식사는 일반적으로 믹스샐러드 또는 수프와 함께 주요리와 음료가 제공되지만 다른 선택사항들은 추가로 돈을 내야 한다.

표현 정리 **meal** 식사 **serve** 대접하다 **passenger** 승객 **beverage** 음료 **additional** 추가적인 **charge** 부과

7. 태를 고르는 문제

해설 4형식(offer) 동사 어형 문제이다. 4형식 동사 능동태는 '사람+사물' 앞에 쓰지만, '사람+사물'이 없으면 수동태를 써야 한다. 빈칸 뒤에 사람이 빠진 사물(a discounted rate)만 남았으므로 수동태인 (D) have been offered가 정답이다. **정답 (D)**

해석 추첨에 의해 무작위로 선발된 사람들은 우리 호텔의 Deluxe Suit Package를 할인된 가격에 이용할 수 있었고, 로마행 왕복티켓 2매도 받게 되었다.

표현 정리 **randomly** 무작위로 **by lot** 추첨으로 **discounted** 할인된 **rate** 가격 **in addition to** ~외에도 **round-trip** 왕복

8. 태를 고르는 문제

해설 동사 어형 문제이다. 빈칸 뒤에 목적어가 없으므로 수동태인 (B) are being ordered가 정답이다. **정답 (B)**

해석 Playtime에서 출시한 한정판 장난감들은 전 세계에서 주문되고 있으며, 크리스마스 시즌 동안 판매량이 엄청나게 증가했다.

표현 정리 **limited edition** 한정판 **release** 출시하다 **sales volume** 판매량 **extraordinarily** 엄청나게, 매우 **rise** 오르다, 증가하다

9. 태를 고르는 문제

해설 동사 어형 문제이다. 우선 빈칸 앞에 agree는 to부정사를 취하는 동사이므로 (B)와 (D) 중에 고민한다. 빈칸 뒤에 목적어(their primary goals)가 왔으므로 능동태인 (D) examine이 정답이다. **정답 (D)**

해석 그들 모두는 2주 후로 예정된 평가 전에 그들의 주요 목표를 점검하는 데 동의했다.

표현 정리 **agree** 동의하다 **examine** 검사하다 **primary** 주요한 **goal** 목표 **evaluation** 평가

10. 태를 고르는 문제

해설 동사 어형 문제이다. 빈칸 뒤에 목적어가 없으므로 수동태인 (A) have been added가 정답이다. **정답 (A)**

해석 인력 부족으로 마감기한을 맞추기 어려운 관계로 새로운 편집자인 William과 Alice가 우리 부서에 투입되었다.

표현 정리 **editor** 편집자 **add** 추가하다 **have difficulty –ing** ~하는데 어려움을 겪다 **meet a deadline** 마감기한을 맞추다 **due to** ~때문에 **shortage** 부족

Unit 17. 현재시제

실전 문제 1

해설 문미에 현재시점 부사(at the moment)가 왔으므로 현재인 (B) are가 정답이다. **정답 (B)**

해석 Francis Coast Hotel의 3대의 업무용 승강기가 현재 고장이 나 있다.

표현 정리 service elevator 업무용 승강기 out of order 고장 난 at the moment 지금

실전 문제 2

해설 빈칸 앞에 현재시점을 나타내는 부사(often)가 왔으므로 (D) inquire 가 정답이다. (A) inquires는 주어가 단수일 때의 형태로 customers 뒤에는 쓰일 수 없다. **정답 (D)**

해석 매장 고객들은 당일에 어떤 무료 상품이 제공되는지, 그리고 그것을 받기 위해 사용해야 하는 금액이 얼마인지 종종 물어본다.

표현 정리 inquire about ∼에 관하여 묻다 spend (돈, 시간 따위를) 쓰다 in order to ∼하기 위해서 be eligible for ∼에 자격이 있다

Unit 18. 과거시제

실전 문제 1

해설 절이 한 개이므로 문두나 문미에서 과거시점 부사를 찾는다. 문미에 과거시점 부사(last year)가 왔으므로 과거시제인 (D) reached가 정답이다. **정답 (D)**

해석 최근 연구결과에 따르면, 저가항공사들 중 하나인 Delot Air를 이용하는 여행객 수가 작년에 최고치를 기록했다.

표현 정리 according to ∼에 따르면 recent 최근의 result 결과 low-cost airline 저가항공사 reach 도달하다 peak 정점

실전 문제 2

해설 절이 두 개이므로 주절의 동사와 종속절의 동사를 일치시켜야 한다. 종속절의 동사가 과거시제이므로 과거 또는 과거완료를 써야 한다. 그런데 과거완료는 없으므로 과거시제인 (B) wanted가 정답이다. **정답 (B)**

해석 Henry Kim 씨가 플로리다 주립대에서 공학학위를 취득했음에도 불구하고 그는 영화감독이나 영화대본 작가로 일하기를 원했다.

표현 정리 even though ∼에도 불구하고 earn a degree 학위를 취득하다 engineering 공학 work as ∼로서 일하다

Unit 19. 미래시제

실전 문제 1

해설 절(주어 + 동사)이 한 개이므로 문두나 문미에서 시제에 대한 단서를 찾는다. 문미에 미래시점 부사(next year)가 왔으므로 (D) will come이 정답이다. **정답 (D)**

해석 기술지원팀에 의해 수정된 지침들이 내년에 발효될 것이다.

표현 정리 guideline 지침 revise 수정하다 come into effect 효력이 발생하다

실전 문제 2

해설 절(주어 + 동사)이 한 개이므로 문두나 문미에서 시제에 대한 단서를 찾는다. 문미에 미래시점 부사(shortly)가 왔으므로 (B) will participate가 정답이다. **정답 (B)**

해석 많은 임시 직원들은 고용부가 주최하는 직업박람회에 곧 참석할 것이다.

표현 정리 temporary 임시의 participate in ∼에 참가하다 job fair 고용박람회 host 주최하다 the Ministry of Employment and Labor 고용부 shortly 곧

Unit 20. 현재완료시제

실전 문제 1

해설 빈칸 뒤에 기간(during the past three months)이 왔으므로 시제는 현재완료인 (D) has ranked를 써야 한다. **정답 (D)**

해석 그의 최신 앨범 Feel Your Move with James는 지난 3개월 동안 빌보드 차트는 물론 영국 가요 차트에서도 1위를 차지했다.

표현 정리 rank at the top 1위를 하다 as well as ∼뿐만 아니라 past 지난, 과거

실전 문제 2

해설 빈칸 뒤에 'since + 과거시점(the company failed)'이 왔으므로 현재 완료인 (B) has been suspended를 써야 한다. **정답 (B)**

해석 회사가 Tamia 씨의 계좌로부터 출금을 할 수 없게 된 이후로 그녀의 신용카드는 사용정지 상태가 되었다.

표현 정리 credit card 신용카드 suspend 정지하다 fail to ∼하는데 실패하다 withdraw 출금하다 payment 지급액 bank account 은행계좌

Unit 21. 과거완료시제

실전 문제 1

해설 주절의 동사에 과거(were informed)가 왔으므로 빈칸에는 과거 또는 과거완료를 써야 한다. 그런데 선택지에 과거는 없으므로 과거완료시제인 (D) had already been issued가 정답이다. **정답** (D)

해석 참석자들은 그들을 위한 신분증이 이미 발급되었음을 통보받았다.

표현 정리 attendee 참석자 inform 알리다 issue 발급하다

실전 문제 2

해설 부사절이 과거시제(turned)로 왔으므로 빈칸은 과거 또는 과거완료를 써야 한다. 선택지에 과거는 없고 과거완료만 있으므로 (B) had arrived가 정답이다. **정답** (B)

해석 Smart Connection의 판매직원들은 외국바이어들이 국제공항에 모습을 나타내기 30분 전에 그들을 환영하기 위해 도착했다.

표현 정리 sales representative 판매직원 arrive 도착하다 welcome 환영하다 foreign 외국의 half an hour 30분 turn up (모습을) 나타내다

Unit 22. 미래완료시제

실전 문제 1

해설 빈칸 뒤에 'by the time + 주어 + 현재동사(launches)'가 왔으므로 (D) will have ended가 정답이다. **정답** (D)

해석 Fly Walk가 주최할 특별 홍보행사는 신제품 여성용 워킹화를 출시할 때쯤에 끝날 것이다.

표현 정리 promotional 홍보의 hold 주최하다, 열다 launch 출시하다 a new line of 새로운, 신제품의

실전 문제 2

해설 빈칸 앞에 미래완료시제(will have been solved)가 왔으므로 (A) by the time이 정답이다. **정답** (A)

해석 일부 부서의 예산 문제는 다음 분기에 JC Sesco와 Betty Patisserie 사이의 협상이 끝날 때쯤에 해결될 것이다.

표현 정리 budget 예산 solve 해결하다 negotiation 협상 come to an end 끝나다, 종결되다 quarter 분기

Unit 23. 가정법

실전 문제 1

해설 if절이 'If + 주어 + had + 과거분사'로 왔으므로 가정법 과거완료 문

장이다. 따라서 주절에는 조동사 과거완료(would/could have + 과거분사)를 써야 하므로 (D) would have noticed가 정답이다. **정답** (D)

해석 광고 포스터들이 눈에 잘 띄는 공간에 붙여졌었더라면, 더 많은 고객들이 우리 쇼핑센터에서 곧 진행할 세일에 대해 알 수 있었을 텐데.

표현 정리 post 붙이다 conspicuous 눈에 띄는 notice 알아채다 upcoming 다가오는 shopping complex 쇼핑 복합단지

실전 문제 2

해설 if절에서 if가 생략된 가정법 과거완료(Had they fixed)로 왔으므로 빈칸에는 (B) wouldn't have been을 써야 한다. **정답** (B)

해석 그들이 공사장에서 쓰는 중장비를 제때 고쳤더라면, 수리비용이 그렇게 비싸진 않았을 텐데.

표현 정리 fix 고치다 heavy machinery 중장비 construction site 공사장 repair cost 수리비용 costly 비싼

유형 분석 4 REVIEW TEST

1. 현재시제를 고르는 문제

해설 부사절이 'if+주어+_____'로 왔고, 주절이 미래시제(will 동사)로 왔으므로 빈칸은 현재시제인 (D) decides가 정답이다. 나머지 선택지는 시제가 일치하지 않아 오답 처리한다. **정답** (D)

해석 음악가가 시내에 위치한 Luise Concert Hall을 대여하기로 결정한다면, 그녀는 할인된 가격과 함께 추가 시간을 제공받을 것이다.

표현 정리 decide 결정하다 situate 위치시키다 downtown 시내 reduced 할인된, 감소된 additional 추가적인

2. 과거시제를 고르는 문제

해설 절이 두 개가 왔으므로 동사끼리 시제를 일치시켜야 한다. 한쪽의 동사가 과거(heard)로 왔으므로 주절은 과거 또는 과거완료를 써야 한다. 그런데 과거완료는 없고 과거만 있으므로 (D) gathered가 정답이다. **정답** (D)

해석 행정팀 직원들은 최종안이 수정될지 모른다는 소식을 듣자마자 가능한 변경 사항에 대해 의논하기 위해 함께 모였다.

표현 정리 administrative 행정의 gather 모이다 discuss ~를 의논하다 possible 가능한 as soon as ~하자마자 final draft 최종안 modify 수정하다

3. 현재시제를 고르는 문제

해설 절(주어+동사)이 한 개이므로 문두, 문미, 빈칸 앞뒤에서 시점 부사를 찾는다. 빈칸 앞에 현재시점을 나타내는 부사(usually)가 왔으므로 (B) commute가 정답이다. **정답** (B)

해석 싱가포르의 공무원들은 매우 비싼 연료비에도 불구하고 대중교통보다는 주로 자가용으로 통근한다.

표현 정리 city official 공무원 commute 통근하다 public transportation 대중교통 in spite of ~에도 불구하고 extremely 매우

4. 과거시제를 고르는 문제

해설 절이 두 개가 왔으므로 동사끼리 시제를 일치시켜야 한다. 불필요한 라벨을 없앤 시점이 발견한 시점 이전에 이루어졌으므로 주절은 과거분사가 쓰였다. 따라서, 부사절은 과거시제인 (B) found가 정답이다. 정답 (B)

해설 배송품에 붙어있는 불필요한 라벨들은 감독관들이 검사하는 동안 찾아내기 전에 제거되었다.

표현 정리 unnecessary 불필요한 label 라벨, 상표 shipment 배송(품) remove 제거하다 inspector 감독관 during ~동안에 examination 검사

5. 가정법 과거를 고르는 문제

해설 문두에 가정법 과거(If you were to call)가 왔으므로 주절에도 가정법 과거를 써야 한다. 따라서 (A) would give가 정답이다. 정답 (A)

해설 귀하가 오늘 아침 일찍 부동산에 전화하셨다면, Taylor 씨가 건물과 주변 시설을 둘러보게 해줬을 겁니다.

표현 정리 real estate 부동산 early 일찍 give ~ a tour ~에게 구경시켜주다 property 건물, 재산 nearby 근처의, 인근의 facility 시설

6. 미래시제를 고르는 문제

해설 절이 한 개이므로 문두나 문미에서 단서를 찾아 풀어야 한다. 문미에 미래시점 부사(next week)가 왔으므로 (C) will rehearse가 정답이다. 정답 (C)

해설 새 레이저프린터의 시연을 준비하기 위해 직원들은 다음 주에 리허설을 할 것이다.

표현 정리 prepare for ~에 대해 준비하다 demonstration 시연 representative 직원 rehearse 리허설하다

7. 과거시제를 고르는 문제

해설 절이 한 개이므로 문두나 문미에서 단서를 찾는다. 우선 빈칸 뒤에 목적어가 없으므로 수동태인 (B), (D) 중 고민한다. 그런데 문두에 과거시점 부사(three weeks ago)가 왔으므로 (D) was installed가 정답이다. 정답 (D)

해설 약 3주 전에 특별히 고안된 보안소프트웨어가 위험한 바이러스 감염을 막기 위해 모든 컴퓨터에 설치되었다.

표현 정리 ago ~전에 designed 고안된, 만들어진 security 보안 install 설치하다 get infected with ~에 감염되다

8. 과거완료시제를 고르는 문제

해설 절이 두 개로 왔으므로 동사끼리 시제를 일치시켜야 한다. 동사 어형 문제이므로 '태 – 시제 – 수일치' 순으로 풀어야 한다. 우선 빈칸 뒤에 목적어가 없으므로 수동태인 (A), (B) 중에 고민한다. 그런데 주절의 동사가 과거(informed)로 왔으므로 빈칸은 과거 또는 과거완료를 써야 한다. 따라서 (A) had been booked가 정답이다. 정답 (A)

해설 직원은 기업가들과 함께 하는 무료상담 모임이 예상보다 빨리 예약 마감되었음을 참가자들에게 알렸다.

표현 정리 inform 알리다 participant 참가자 consultation 상담 business leader 기업주, 사업가 book 예약하다 expect 기대하다

9. 가정법 과거완료를 고르는 문제

해설 문두에 if절이 가정법 과거완료(If Ms. Turner had checked)로 왔으므로 빈칸에도 가정법 과거완료에 해당하는 표현을 써야 한다. 따라서 (B) wouldn't have attended가 정답이다. 정답 (B)

해설 Turner 씨가 미리 날씨 상황을 확인했다면, 눈이 내리는 날에 Rosa County에서의 야외 벼룩시장에 참가하지 않았을 것이다.

표현 정리 check 확인하다 weather condition 날씨 상황 ahead of time 미리 outdoor 야외의 flea market 벼룩시장 snowy 눈 오는

10. 미래완료시제를 고르는 문제

해설 문두에 'By the time+주어+현재동사(is)'가 왔으므로 미래완료시제인 (B) will have performed가 정답이다. 정답 (B)

해설 뮤지컬 Titanic에서 30분간의 휴식 시간이 있을 때쯤이면 배우들은 이미 1시간 동안 공연을 했을 것이다.

표현 정리 intermission 중간 휴식 시간 perform 공연하다

유형 분석 5. 형용사
Unit 24. 형용사의 위치

실전 문제 1

해설 be동사 뒤 빈칸은 형용사 보어 자리이므로 (D) exclusive가 정답이다. **정답 (D)**

해석 이번 선거와 관련해 Janet Ayre가 쓴 기사는 독점적이기 때문에 전보다 더 많은 독자들을 사이트로 이끌 것으로 예상된다.

표현 정리 presidential election 대통령 선거 exclusive 독점적인 be expected to ~할 것으로 기대되다 draw 끌어모으다

실전 문제 2

해설 명사(booklet) 앞 빈칸은 형용사 자리이므로 (B) informative가 정답이다. 형용사와 분사가 함께 등장할 경우 형용사를 선택하는 문제라는 것을 기억한다. **정답 (B)**

해석 유용한 소책자는 여러분이 장학금, 등록금, 교환 학생프로그램에 대해 알 수 있도록 도움을 주고 신입생들에게 도움이 될 만한 많은 조언들을 제공한다.

표현 정리 informative 유용한 scholarship 장학금 tuition 등록금 exchange student 교환 학생 helpful 도움이 되는

Unit 25. 형용사의 형태

실전 문제 1

해설 명사(clients) 앞 빈칸은 형용사 자리이다. –ial로 끝나는 접미사는 형용사를 만드는 접미사이므로 (D) potential이 정답이다. potential(잠재력)은 명사로도 쓰인다는 것을 알아 두자. **정답 (D)**

해석 이번 야외행사의 목적은 잠재적인 고객들에게 우리의 새로운 화장품을 써 본 뒤 피드백을 제공할 수 있는 기회를 제공하려는 것이다.

표현 정리 purpose 목적 outdoor 야외의 potential 잠재적인, 잠재력 client 고객 try 써보다, 시도하다 cosmetic 화장품 feedback 피드백, 반응

실전 문제 2

해설 be동사(is) 뒤 빈칸은 형용사 자리이다. –ent로 끝나는 접미사는 형용사를 만드는 접미사이므로 (B) prevalent가 정답이다. **정답 (B)**

해석 모든 출장비용은 관련 영수증들이 제출된 후에 회사가 상환해 주는 방식이 일반적이다.

표현 정리 process 절차, 처리 reimburse 상환하다 business travel 출장 expense 비용 receipt 영수증 submit 제출하다 prevalent 일반적인, 만연한

Unit 26. 형용사+명사 형태

실전 문제 1

해설 빈칸 뒤 명사(damage)와 어울리는 형용사는 (D) extensive이다. extensive damage는 '광범위한 피해'라는 뜻으로 쓰인다. evaluation(평가), training(교육), knowledge(지식), experience(경험), selection(품목), public transportation system(대중교통 시스템) 등의 명사와 자주 어울려 출제된다. **정답 (D)**

해석 퀸즐랜드에서 발생한 기록적인 폭우는 거주 지역과 많은 농가에 막대한 피해를 초래했다.

표현 정리 record-breaking 기록적인 result in ~을 가져오다 residential area 주택가, 거주 지역

실전 문제 2

해설 빈칸 뒤 명사(price)와 어울리는 형용사는 (B) affordable이다. affordable은 '(가격이) 알맞은, 감당할 수 있는' 뜻으로 가격(rates, prices) 명사와 어울려 출제된다. **정답 (B)**

해석 AOS 쇼핑몰이 메이플 가에서 최고 매장이 될 수 있었던 이유 중 하나는 고객들이 저렴한 가격에 높은 품질의 제품을 구매할 수 있도록 했기 때문이다.

표현 정리 reason 이유 purchase 구매하다 high-quality 고품질의 good 상품 affordable 저렴한

Unit 27. be+형용사 형태

실전 문제 1

해설 빈칸 뒤 전치사(to)와 어울리는 형용사는 (B) accessible이다. (A), (C)는 to부정사와 어울리는 형용사이다. **정답 (B)**

해석 고객 명단 및 재무제표와 같은 일부 기밀문서들은 오직 담당 직원들만 접근할 수 있다.

표현 정리 confidential 기밀의 such as ~와 같은 financial statement 재무제표 accessible 접근(이용) 가능한 in charge 담당하는

실전 문제 2

해설 빈칸 뒤 전치사(with)와 어울리는 형용사는 comparable이다. be comparable with는 '~와 비교할 만하다'는 뜻이다. 따라서 (D) comparable이 정답이다. **정답 (D)**

해석 오랜 기간에 걸친 부단한 노력을 통해, GNS Health의 브랜드 파워는 호주 내 다른 경쟁업체들과 비교할 만하다.

표현 정리 continuous 지속적인 effort 노력 over ~동안 period 기간 competitor 경쟁자(업체)

1. 형용사를 고르는 문제

해설 형용사 comprehensive는 '광범위한, 종합적인'이란 뜻이 있으며, 명사 'knowledge(지식), interview(면접), summary(요약)' 등의 명사와 어울려 출제된다. 따라서 (B) comprehensive가 정답이다. (A)는 '의무적인', (B)는 '종합적인, 포괄적인', (C)는 '각각의', (D)는 '우아한'이라는 뜻이다.
정답 (B)

해석 그녀의 폭넓은 지식과 4년간의 경험을 고려해 볼 때, Ana Paulson 씨가 판매부의 공석에 가장 적합할 것 같다.

표현 정리 considering ~을 고려하면 comprehensive 폭넓은, 포괄적인 knowledge 지식 experience 경험 be suited for ~에 적합하다 open position 공석 Sales 판매부, 영업부

2. 형용사를 고르는 문제

해설 복합명사(shipment date) 앞 빈칸은 형용사 자리이므로 (B) exact가 정답이다. 형용사 자리에 (A) 부사, (C) 분사, (D) 명사는 올 수 없다.
정답 (B)

해석 배송업체의 최우선 순위는 정확한 배송일자를 지키는 것과 어떤 파손이나 분실 없이 소포를 배달하는 일이다.

표현 정리 top priority 최우선 사항, 최우선 과제 shipping company 배송업체 exact 정확한 date 날짜 parcel 소포 breakage 파손 loss 분실

3. 형용사를 고르는 문제

해설 명사(qualification) 앞 빈칸은 형용사 자리이므로 일단 (C)를 소거한다. (A)와 (D)는 주로 사물을 수식하고, (B)는 주로 사람을 수식한다. 빈칸 뒤에 사물(qualifications)이 왔으므로 (A), (D) 중에서 고민해야 하는데, 문맥을 보니 (A) impressive가 더 적합하다.
정답 (A)

해석 인사부장은 현재 갑작스러운 통보에도 출장을 갈 수 있는 인상적인 자격과 의지를 갖춘 지원자들을 찾고 있다.

표현 정리 currently 현재 seek 찾다 candidate 지원자 impressive 인상적인 qualification 자격요건 willingness 의지, 의향 on short notice 갑작스러운 통보로, 급히

4. 형용사를 고르는 문제

해설 빈칸 앞 부사(more)는 소거하고 푼다. be동사 뒤 빈칸은 형용사 보어 자리이므로 (D) creative가 정답이다. 형용사 자리에 (A) 명사, (B) 명사, (C) 동사는 올 수 없다.
정답 (D)

해석 Ailack Lab이 수행했던 연구결과는 짧은 휴식을 취하는 직원들이 그렇지 않은 직원들보다 더 창의적이라는 것을 보여줬다.

표현 정리 result 결과 conduct 수행하다, 실시하다 take a break 휴식을 취하다 creative 창의적인

5. 형용사를 고르는 문제

해설 빈칸 뒤 전치사(to)와 어울리는 형용사는 (A) integral이다. be integral to는 '~에 필수적이다'라는 뜻이다. (C)와 (D)는 to부정사를 써야 하므로 주의한다.
정답 (A)

해석 휴대전화로 돈을 이체할 때마다 어플리케이션의 보안을 확인하는 것은 해킹을 방지하는데 필수적이다.

표현 정리 transfer 이체하다 security 보안 be integral to ~에 필수적이다 prevent 예방하다 hacking 해킹

6. 형용사를 고르는 문제

해설 빈칸 뒤 전치사(with)와 어울리는 형용사는 (C) associated이다. be associated with는 '~와 관련되다'라는 뜻이다. (A)는 '시간을 엄수하는', (B)는 '구체적인, 명확한', (D)는 '동등한'이라는 뜻이다.
정답 (C)

해석 많은 회사들의 임금 삭감과 상승하는 실업률은 최근 호주와의 무역정책에 대한 협의가 실패한 것과 관련이 있을지도 모른다.

표현 정리 wage cut 임금 삭감 firm 회사 rising 상승하는 unemployment rate 실업률 be associated with ~와 연관되다 failure 실패

7. 형용사를 고르는 문제

해설 명사(supervisor) 앞 빈칸은 형용사 자리이므로 (B) immediate가 정답이다.
정답 (B)

해석 만약 이번 달에 유급휴가를 떠나고 싶은 직원이 있다면 필요한 양식을 사내 인트라넷에서 다운 받아 직속상사에게 메일로 전송해야 합니다.

표현 정리 paid leave 유급휴가 necessary form 필요한 양식 intranet (사내) 인트라넷 immediate 직속의, 즉각적인 supervisor 상사

8. 형용사를 고르는 문제

해설 빈칸 뒤 전치사(with)와 어울리는 형용사는 (A) faced이다. (A)는 '직면한', (B)는 '공식적인', (C)는 '연속적인', (D)는 '나타내는'이라는 뜻이다.
정답 (A)

해석 TLS Agency는 재정적인 문제에 직면할 수도 있다는 사실에도 불구하고, TLS Turbo를 주요 포털사이트에 적극적으로 광고했다.

표현 정리 despite ~에도 불구하고 fact 사실 be faced with ~에 직면하다 financial 재정적인 advertise 광고하다 aggressively 적극적으로

9. 형용사를 고르는 문제

해설 be동사 뒤 빈칸은 형용사 보어 자리이므로 (B) complete가 정답이다. complete는 동사로만 쓰이는 것이 아니라 형용사로도 쓰인다는 것을 알아 두자.
정답 (B)

해석 대부분의 직원들이 참가할 예정인 회사 야유회를 위한 모든 준비가 우리의 예상보다 빠르게 끝날 것 같다.

표현 정리 arrangement 준비, 배열 be supposed to ~할 예정이다 complete 완전한 sooner than ~보다 빨리 estimate 추정하다

10. 형용사를 고르는 문제

해설 빈칸 뒤에 전치사 about과 어울리는 형용사는 (D) optimistic이다. be optimistic about는 '~에 대해 낙관하다'는 뜻이다. (A) be aware of는 '~을 알다', (B) be complete with는 '~을 갖추고 있다', (C) be proficient in은 '~에 능숙하다'라는 뜻이다. **정답 (D)**

해석 시기적절하지 않다는 많은 교수들의 주장과 달리 일부 시장전문가들은 중동투자에 대해 여전히 낙관적이다.

표현 정리 unlike ~와 다르게 argue 주장하다 timely 시기적절한 market expert 시장전문가 optimistic 낙관적인 Middle East 중동 investment 투자

유형 분석 6. 부사
Unit 28. 부사의 위치 ①

(실전 문제 1)

해설 be동사와 과거분사 사이에 빈칸이 왔으므로 부사인 (C) conveniently 가 정답이다. **정답 (C)**

해석 우리 호텔은 다행히 우리가 환승하기 편리한 역과 가까이 있기 때문에 우리는 교통 혼잡에 대해 걱정하지 않아도 된다.

표현 정리 fortunately 운 좋게도 conveniently 편리하게 be located ~에 위치하다 transfer 환승하다 traffic jam 교통 혼잡 convenient 편리한 convenience 편의, 편리 inconvenient 불편한

(실전 문제 2)

해설 동사 앞에 단독으로 빈칸이 왔으므로 부사인 (B) eventually가 정답이다. **정답 (B)**

해석 우리는 회사의 현재 상황에 대해 걱정해 왔지만 나라의 경제가 안정화됨에 따라 결국 회사도 안정될 것이다.

표현 정리 concern 걱정하다 current 현재의 stabilize 안정되다 eventually 결국 eventual 궁극적인 eventuality 만일의 사태 eventuate 결국 ~이 되다

Unit 29. 부사의 위치 ②

(실전 문제 1)

해설 '현재분사(emerging) + 명사(real estate market)' 앞에 빈칸이 왔으므로 부사인 (D) rapidly가 정답이다. **정답 (D)**

해석 부동산 투자 전문 그룹의 도움으로 그는 최근에 급성장하는 신흥 부동산 시장에 투자하고 있다.

표현 정리 real estate 부동산 investment 투자 rapidly 급속도로 emerging market 신흥시장 rapidity 급속, 신속 rapid 빠른

(실전 문제 2)

해설 '형용사(new) + 명사(luxury apartment complexes)' 앞에 빈칸이 왔으므로 부사인 (B) relatively가 정답이다. **정답 (B)**

해석 시의 도시개발부는 비교적 새로운 호화 아파트 복합시설을 이용해 타 지역 주민들을 끌어들이는 아이디어를 내놓았다.

표현 정리 urban 도시의 come up with ~을 찾아내다, 내놓다 lure 꾀다, 끌어들이다 resident 거주자 relatively 상대적으로 luxury 호화, 사치 complex 복합단지, 복합시설 related 관련된 relation 관계 relative 친척

실전 문제 1

해설 '수사(six) + 명사(years)' 앞에 빈칸이 왔으므로 (C) more than이 정답이다. **정답 (C)**

해석 그의 회사는 6년 동안 싱가포르와 거래해 왔는데, 이것이 자신의 전자 상거래에 큰 도움이 되었다.

표현 정리 do business 사업을 하다 **e-commerce** 전자상거래

실전 문제 2

해설 '수사(20) + 명사(participants)' 앞에 빈칸이 왔으므로 (D) up to가 정답이다. up to는 '~까지', furthermore는 '게다가', at times는 '가끔, 때때로'라는 뜻이다. **정답 (D)**

해석 1,000명의 지원자들 중, 우리는 이번 프로젝트에 참여할 최대 20명의 참가자만 뽑을 것임을 알려드리게 되어 매우 미안합니다.

표현 정리 truly 매우, 진정으로 **inform** 알리다, 전하다 **applicant** 지원자 **participant** 참가자 **take part in** ~에 참가하다

실전 문제 1

해설 빈칸은 접속부사 자리이므로 (A) 전치사, (C) 접속사부터 소거한다. 앞 문장(우리 영업팀은 지난주에 놀랄 만한 기록을 세웠다.)에 대한 결론 내용이 빈칸 뒤에(게다가 사장님은 우리를 올해의 팀으로 지명할 것이다.) 언급되었으므로 (D) Moreover가 정답이다. **정답 (D)**

해석 우리 영업팀은 지난주에 놀랄 만한 기록을 세웠다. 게다가 사장님은 우리를 올해의 팀으로 지명할 것이다.

표현 정리 set a record 기록을 세우다 **remarkable** 놀랄 만한 **designate A as B** A를 B로 지명하다

실전 문제 2

해설 세미콜론(;)과 콤마(,) 사이 빈칸은 접속부사 자리이므로 접속사 (A), (C)는 소거한다. 문맥상 '~하지 않으면 ~할 수 있다'는 의미가 적합하므로 (B) otherwise가 정답이다. **정답 (B)**

해석 보안과에 미리 전화하는 것이 좋을 것 같다. 그렇지 않으면 출입카드를 받기 위해 며칠이 걸릴 수도 있다.

표현 정리 security 보안 **in advance** 미리 **pass card** 출입 카드

실전 문제 1

해설 부정어(not) 앞에 빈칸이 왔으므로 (C) still이 정답이다. **정답 (C)**

해석 인사부는 아직도 젠킨스 씨의 승진 여부를 결정하지 못했다.

표현 정리 whether or not ~할지 안 할지 **promote** 승진하다

실전 문제 2

해설 have와 to do 사이에 빈칸이 왔으므로 (B) yet이 정답이다. **정답 (B)**

해석 몇 시간 후면 전체 회의가 시작되는데, 일부 팀들은 이번 회의 주제에 관한 그들의 조사를 아직 마치지 못했다.

표현 정리 general meeting 전체 회의 **have yet to do** 아직 ~하지 않다 **session** 회의 **agenda** 주제

실전 문제 1

해설 normally, usually, generally, often 등의 부사는 현재시제와 어울린다. 빈칸 뒤에 현재동사(experience)가 왔으므로 (B) normally(보통)가 정답이다. **정답 (B)**

해석 근로자들은 보통 갑작스런 변화가 아님에도 불구하고 작업 시스템에 변화가 생기면 혼란을 겪는다.

표현 정리 normally 일반적으로, 보통 **confusion** 혼란 **suddenly** 갑자기

실전 문제 2

해설 빈칸 뒤에 이유전치사(due to)와 어울리는 부사는 (D) mainly이다. **정답 (D)**

해석 회사의 성공은 주로 사장이 지속적으로 주장하는 제품의 질에 대한 그의 철학 때문이다.

표현 정리 mainly 주로 **due to** ~때문에 **philosophy** 철학 **constant** 지속적인 **persistence** 고집, 주장

유형 분석 6 REVIEW TEST

1. 부사를 고르는 문제

해설 형용사(unavailable) 앞 빈칸은 부사 자리이므로 (A) permanently가 정답이다. **정답 (A)**

해석 당신이 요청한 이 특정 서비스를 영구적으로 이용할 수 없게 돼 정말 유감입니다.

표현 정리 **truly** 진심으로 **particular** 특정한 **permanently** 영구적으로

2. 부사를 고르는 문제

해설 'be동사+_____+과거분사(recommended)' 구조이므로 빈칸은 부사 자리이다. 하지만 선택지 4개 모두 부사로 왔으므로 해석으로 해결해야 한다. is highly recommended는 '매우/적극적으로 추천된다'라는 뜻으로 단짝 표현으로 어울려 쓰인다. 따라서 (D) highly가 정답이다. **정답 (D)**

해석 이 제품은 매주 신선한 식자재가 필요한 사람들에게 강력히 추천된다.

표현 정리 **highly** 매우, 강력히 **recommend** 추천하다 **ingredient** 재료

3. 부사를 고르는 문제

해설 '동사(hired)+목적어(her)' 뒤에 빈칸이 왔으므로 빈칸은 부사 자리이다. 따라서 (C) immediately가 정답이다. **정답 (C)**

해석 Rouja 씨는 그녀의 이력서와 추천서를 읽어 본 후에 그녀를 즉시 고용했다.

표현 정리 **resume** 이력서 **letter of recommendation** 추천서 **immediately** 즉시

4. 부사를 고르는 문제

해설 전치사구(for card purchases)를 강조하는 부사는 only를 쓴다. 따라서 (B) only가 정답이다. (A)는 형용사나 부사 원급에 사용하고, (C)는 과거시제와 어울리며, (D)는 주로 형용사 앞에 쓴다. **정답 (B)**

해석 정부의 새 규정에 따라 오직 카드결제에만 세금 환급을 제공한다.

표현 정리 **tax refund** 세금 환급 **purchase** 구매 **due to** ~ 때문에, ~에 따라 **legislation** 규제 **enact** 제정하다

5. 부사를 고르는 문제

해설 동사(agreed) 앞은 부사 자리이므로 (B) originally가 정답이다. **정답 (B)**

해석 상기 계약은 처음부터 모든 임원들의 폭넓은 의견을 반영함으로써 균형 잡힌 경영을 하는데 동의했다.

표현 정리 **originally** 본래, 애초 **lead** 이끌다 **balanced** 균형 잡힌 **extensively** 광범위하게 **board members** 임원, 이사

6. 부사를 고르는 문제

해설 부정어 앞에 빈칸이 왔으므로 (D) still이 정답이다. **정답 (D)**

해석 업계의 일부 기업들은 지난달 직원들의 파업으로부터 아직 회복하지 못했다.

표현 정리 **several** 몇몇의 **still** 아직 **recover** 회복하다 **walkout** 파업

7. 부사를 고르는 문제

해설 세미콜론(;)과 콤마(,) 사이에 빈칸이 왔으므로 접속부사 자리이다. 따라서 접속사인 (A), (D)는 소거한다. 그런데 빈칸 앞뒤 문장이 대조로 왔으므로 (B) however가 정답이다. **정답 (B)**

해석 회사는 올해 기업 공개를 하려고 계획 중이다; 그러나, 이러한 구조로 기업이 성공하는 사례는 드물다.

표현 정리 **go public** 기업 공개를 하다, 상장시키다 **structure** 구조

8. 부사를 고르는 문제

해설 수사(half) 앞에 빈칸이 왔으므로 (B) nearly가 정답이다. **정답 (B)**

해석 2017년도에 있었던 뉴욕의 파업때문에 우리의 시장 점유율은 작년까지 거의 절반 가까이 동결되었다.

표현 정리 **due to** ~때문에 **strike** 파업 **nearly** 거의 **market share** 시장 점유율

9. 부사를 고르는 문제

해설 빈칸 뒤에 대조접속사(but)가 왔으므로 now와 대조되는 부사를 선택해야 한다. 빈칸 앞이 과거시제(was)로 왔으므로 (B) previously가 정답이다. **정답 (B)**

해석 프로그램은 이전에는 업로드와 다운로드 모두 쉬웠으나 지금은 변경된 저작권 침해 정책으로 인해 단순한 클릭만으로는 불가능하다.

표현 정리 **previously** 이전에 **piracy** 저작권 침해, 불법 복제, 해적판

10. 부사를 고르는 문제

해설 빈칸은 접속부사 자리이므로 접속사인 (A)부터 소거한다. 그런데 빈칸 뒤가 빈칸 앞 문장에 대한 결론이므로 (C) Therefore가 정답이다. **정답 (C)**

해석 그 직책은 이제 적임자에게 영구적으로 배정되었다. 따라서, 추후 공지가 있을 때까지 어떠한 채용도 없을 것이다.

표현 정리 **position** 직책 **permanently** 영구적으로 **assign to** ~에게 배정하다 **well-gualified** 자격을 갖춘 **therefore** 그러므로 **recruitment** 채용 **further notice** 추후 공지

Unit 34. 대명사의 위치 ①

실전 문제 1

해설 타동사(prevent) 뒤에 빈칸이 왔으므로 목적격인 (D) him이 정답이다.
정답 (D)

해석 출국을 금지시키기 위한 시도로 경찰은 그의 여권을 압수했다.

표현 정리 confiscate 압수하다 attempt 시도 prevent A from –ing ~을 못하게 하다

실전 문제 2

해설 'own + 명사(jobs)' 앞 빈칸은 소유격 자리이므로 (B) their가 정답이다.
정답 (B)

해석 직원들은 자신들의 일을 멀리 볼 수 있다.

표현 정리 look beyond 멀리 보다, 앞을 생각하다

Unit 35. 대명사의 위치 ②

실전 문제 1

해설 be동사(was) 뒤에 빈칸이 왔으므로 소유대명사인 (D) ours가 정답이다. ours는 accommodation service의 줄임말이다. be동사 뒤는 보어 자리이므로 (A) 주격, (B) 목적격, (C) 소유격은 모두 올 수 없다.
정답 (D)

해석 우리 숙소에서는 무료 아침식사를 제공했으므로, 고객들이 더 마음에 들어 한 숙소는 우리 숙소였다.

표현 정리 accommodation 숙소 attractive 매력적인 provide 제공하다

실전 문제 2

해설 주어 자리에 빈칸이 왔으므로 소유대명사인 (B) theirs가 정답이다. theirs는 their product의 줄임말이다. 주어 자리는 주격 자리이므로 (A) 목적격, (C) 소유격, (D) 재귀대명사는 쓸 수 없다.
정답 (B)

해석 회사는 경쟁업체보다 먼저 신제품을 만들려고 했으나, 그들이 출시하려던 제품은 이미 출시되었다.

표현 정리 launch 출시하다

Unit 36. 재귀대명사

실전 문제 1

해설 빈칸을 빼고도 완전한 절(we should move the office equipment)이 오면 빈칸은 100% 재귀대명사를 써야 하므로 (D) ourselves가 정답이다.
정답 (D)

해석 모든 직원들은 우리가 새로운 사무실로 옮길 때 우리 자신이 직접 사무집기를 옮기기로 했다.

표현 정리 decide 결정하다 move 이전하다

실전 문제 2

해설 빈칸을 빼고도 완전한 절(The comapany prohibits its employees)이 왔으므로 빈칸은 재귀대명사 (B) themselves가 적합하다.
정답 (B)

해석 회사는 직원들이 직접 전기수리를 하는 것을 금지한다.

표현 정리 prohibit 금지하다 attempt 시도하다 repair 수리

Unit 37. 부정대명사 ①

실전 문제 1

해설 most는 'of the + 가산 복수명사/불가산명사' 형태로 쓴다. 따라서 빈칸 뒤가 of the employees로 왔으므로 (D) Most가 정답이다. (A) 형용사는 대명사 자리에 올 수 없고, (B)는 of the 뒤 명사가 복수명사(employees)로 왔으므로 수가 일치하지 않는다. (C)는 그 뒤에 'of the + 복수명사 + 단수동사' 형태로 와야 하는데 동사가 복수(have)로 왔으므로 수가 일치하지 않는다. 따라서 복수대명사인 (D) Most가 정답이다.
정답 (D)

해석 우리 회사 대부분의 직원들은 높은 수준의 교육 배경을 가지고 있다.

표현 정리 education 교육

실전 문제 2

해설 우선 'there + 동사 + 주어' 구조를 파악해야 한다. 빈칸은 주어 자리이고, 동사가 복수(were)로 왔으므로 복수대명사를 선택하는 문제이다. none은 단수와 복수에 모두 쓰이므로 (D) none이 정답이다. (A), (C)는 단수 취급해 오답이고, no는 형용사이므로 주어 자리에 올 수 없다.
정답 (D)

해석 그는 회의에 또 늦었고, 회의 후에 남은 사람은 아무도 없었다.

표현 정리 late 늦은

Unit 38. 부정대명사 ②

실전 문제 1

해설 복수명사(branch offices) 앞에 빈칸이 왔으므로 (D) other가 정답이다.
정답 (D)

해석 직원들은 해외에 있는 회사의 다른 지사로 가서 다양한 경험을 할 수 있다.

표현 정리 branch office 지사 locate 위치시키다 overseas 해외에 a wide variety of 다양한

실전 문제 2

해설 단수동사(organization) 앞에 빈칸이 왔으므로 (B) another가 정답이다.
　　　　　　　　　　　　　　　　　　　　　　정답 (B)

해석 이 인턴 과정 경험은 당신의 전문 분야 지식을 넓혀 주고, 당신이 다른 조직에서 활동하는데 도움을 줄 것이다.

표현 정리 broaden 넓히다 knowledge 지식 field 분야 active 활동적인 organization 조직

Unit 39. 기타 빈출 대명사

실전 문제 1

해설 빈칸 뒤에 'of the + 복수명사(employees)'가 왔으므로 복수대명사인 (D) Some이 정답이다. some은 단수/복수가 모두 가능하다. (A), (B), (C)는 모두 단수로 취급한다.　　　　　　　정답 (D)

해석 일부 직원들은 이번 여름에 더 많은 휴가일을 요청하기를 원한다.

표현 정리 request 요청하다 time off 휴가, 휴일

실전 문제 2

해설 of the 뒤 명사가 복수(products)로 왔으므로 빈칸은 복수대명사인 (B) most가 정답이다. most는 단수/복수에 모두 쓴다. (A)는 불가산명사에 써야 하고, (B)는 the가 빠진 'plenty of + 명사'로 와야 하므로 오답이며, (D)는 부사이므로 대명사 자리에 올 수 없다.　　　정답 (B)

해석 그 당시에는, 그 회사 제품의 대부분이 국내에서 생산되었다.

표현 정리 manufacture 생산하다 domestically 국내에서

유형 분석 7 REVIEW TEST

1. 대명사를 고르는 문제

해설 동사가 단수(has)로 왔으므로 (D) either가 정답이다. 빈칸 앞에 접속사(if)가 왔으므로 접속사인 (A)는 오답 처리한다. (B)는 부사이다.　정답 (D)

해석 만약 전화번호나 이메일 주소 중 하나가 바뀐다면 알려주십시오.

표현 정리 email address 이메일 주소 change 바꾸다

2. 대명사를 고르는 문제

해설 명사(presentations) 앞 빈칸은 소유격 자리이므로 (D) their가 정답이다.　　　　　　　　　　　　　　　　정답 (D)

해석 직원들은 가끔 무대에서 프레젠테이션을 할 때 자신을 표현하는데 어려움을 겪는 경우가 있다.

표현 정리 situation 상황, 경우 have difficulty -ing ~에 어려움을 겪다 express 표현하다

3. 대명사를 고르는 문제

해설 'old+명사(staff)' 앞 빈칸은 소유격 자리이므로 (B) their가 정답이다.　　　　　　　　　　　　　　　　정답 (B)

해석 기업들은 재정난을 극복한 후, 그들의 직원을 다시 고용했다.

표현 정리 hire 고용하다 financial 재정의

4. 대명사를 고르는 문제

해설 동사(admits) 앞 빈칸은 주어 자리이므로 주격인 (A) he가 정답이다.　　　　　　　　　　　　　　　　정답 (A)

해석 그는 이 프로젝트를 포기하고 싶지 않았지만, 이번 달까지 프로젝트를 끝낼 능력이 없음을 인정했다.

표현 정리 give up 포기하다 admit 인정하다

5. 대명사를 고르는 문제

해설 타동사(help) 뒤 빈칸은 목적어 자리이므로 (C) them이 정답이다.　　　　　　　　　　　　　　　　정답 (C)

해석 매니저는 항상 그들을 최대한 도와주는 일을 기꺼이 할 준비가 되어 있었다.

표현 정리 be eager to 기꺼이 ~하다

6. 대명사를 고르는 문제

해설 전체 개수가 몇 개(two)인지 언급되었고, 단수동사(was) 앞에 빈칸이 왔으므로 (B) the other가 정답이다.　　　　　정답 (B)

해석 2개의 신제품 샘플 중에서 하나는 실격되었으나 다른 하나는 판매할 만한 자격을 얻었다.

표현 정리 prototype 샘플 disqualified 실격 받은 qualified 적격한

7. 대명사를 고르는 문제

해설 be동사(is) 뒤 보어 자리 빈칸은 소유대명사 자리이다. 따라서 (A) hers가 정답이다. be동사 뒤 빈칸에 (B) 목적격, (C) 주격, (D) 재귀대명사는 올 수 없다.　　　　　　　　　　　　　　　정답 (A)

해석 강좌가 끝나면, 메리는 자신이 보관해야 할 스테이플러를 제외한 모든 사무기기를 반납해야 한다.

표현 정리 office equipment 사무기기 stapler 스테이플러

8. 대명사를 고르는 문제

해설 수식어(who) 앞에 빈칸이 왔으므로 (C) those가 정답이다. those who는 '~한 사람들'이란 뜻이다.　　　　　정답 (C)

해석 항상 주간에 근무하는 사람들보다 야간에 근무하는 사람들의 급여가

더 높다.

표현 정리 consistently 일관되게, 지속적으로 night shift 야간 근무 day shift 주간 근무

9. 대명사를 고르는 문제

해설 주어가 복수로 왔으므로 복수대명사인 (B) Most가 정답이다. most는 단수/복수에 모두 쓰인다. (A), (C), (D)는 모두 단수로 취급된다.　**정답 (B)**

해석 대부분의 사람들이 고객의 불만을 논의하기 위한 회의를 다시 소집해야 한다는데 동의했다.

표현 정리 agree 동의하다 another 또 다른 complaint 불평

10. 대명사를 고르는 문제

해설 'of the+복수명사(candidates)+단수동사(is)' 앞 빈칸은 (A) Each를 쓴다. (B)는 'Most of the+복수명사+복수동사'로 와야 하므로 오답이고, (C)는 형용사이므로 대명사 자리에 올 수 없으며, (D)는 'of the+불가산명사'로 와야 하므로 오답이다.　**정답 (A)**

해석 각 지원자들이 인사과에서 다섯 명의 면접관과 함께 면접을 보고 있다.

표현 정리 candidate 후보(자)

유형 분석 8. 전치사
Unit 40. 전치사의 위치

[실전 문제 1]

해설 동명사(getting) 앞에 빈칸이 왔으므로 전치사인 (D) without이 정답이다. (A) 부사, (B) 접속사, (C) 접속사 등은 전치사 자리에 올 수 없다.
　정답 (D)

해석 그는 건강검진을 받지 않고는 그 일에 지원할 수 없다.

표현 정리 medical examination 건강검진

[실전 문제 2]

해설 명사 목적어(the other members) 앞 빈칸은 전치사 자리이므로 (B) like가 정답이다. (A), (C), (D) 모두 부사이며, 부사는 전치사 자리에 올 수 없다.　**정답 (B)**

해석 그녀는 판매부의 다른 직원들처럼 고객들을 친절하게 대하기를 원한다.

표현 정리 friendly 친절한, 우호적인 Sales Department 영업부

Unit 41. 시간 전치사

[실전 문제 1]

해설 날짜(September 10) 앞에 빈칸이 왔으므로 (D) on이 정답이다. (A), (B)는 기간 앞에 써야 하며, (C)는 날짜와 쓰이지 않는다.　**정답 (D)**

해석 모든 지원자들은 9월 10일에 지원서를 인사과로 제출해야 한다.

표현 정리 submit 제출하다 application form 지원서

[실전 문제 2]

해설 'since + 과거시점(last year)'은 현재완료(have been working) 시제와 어울려 쓴다. 따라서 (B) since가 정답이다.　**정답 (B)**

해석 그들은 작년부터 이 회사에서 일해 오고 있다.

표현 정리 work at ~에 근무하다, ~을 위해 일하다

Unit 42. 장소 전치사

[실전 문제 1]

해설 빈칸 뒤에 장소(the country))가 왔으므로 (D) throughout이 정답이다. (A)는 '~옆에'라는 뜻의 위치 전치사이다.　**정답 (D)**

해석 식당, 호텔과 같은 사업은 이제 전국에서 흔히 볼 수 있다.

표현 정리 such as ~와 같은 common 흔한, 보통의 sight 광경, 풍경

해설 빈칸 뒤에 장소(the firm)가 왔으므로 (B) within을 써야 한다.

정답 (B)

해석 회사 내의 다른 팀으로 이동하고 싶은 사람은 먼저 상사에게 연락해야 한다.

표현 정리 transfer 옮기다, 전근시키다 different 다른 supervisor 상사, 감독관

Unit 43. 구 전치사

실전 문제 1

해설 빈칸 뒤에 동명사가 왔으므로 (C) 부사는 정답이 될 수 없다. 전치사 (A), (B), (D) 중 문맥상 'BICCO Center가 시설을 짓는 것 외에 모든 건물의 에너지 사용을 점검한다'가 어울리므로 '~이외에도'의 의미를 가지고 있는 (A) In addition to가 정답이다.

정답 (A)

해석 친환경시설을 짓는 것 외에도 BICCO Center는 모든 건물의 에너지 사용을 모니터한다.

표현 정리 in addition to ~외에도 build 짓다 environmentally friendly 친환경적인 monitor 모니터하다 energy use 에너지 사용

실전 문제 2

해설 빈칸 뒤 명사구(the new overseas expansion project)가 왔으므로 전치사 자리이다. (B), (D)는 접속사이므로 정답이 될 수 없고, 문맥상 '새로운 확장 프로젝트 때문에 2개 국어 언어를 구사하는 지원자를 찾는다'가 어울리므로 (C) owing to가 정답이다.

정답 (C)

해석 회사는 새로운 해외 확장 프로젝트로 인해 영어와 스페인어를 구사하는 지원자를 찾고 있습니다.

표현 정리 currently 현재 seek 구하다 applicant 지원자 bilingual 두 개 언어를 할 줄 아는 overseas 해외의 expansion 확장

Unit 44. 전치사 숙어

실전 문제 1

해설 '항상'이라는 의미는 at all times로 나타내므로 (D) at이 정답이다.

정답 (D)

해석 관리자는 직원들을 교육시키면서 '우리의 고객들을 항상 만족시키기 위해 최선을 다하라.'고 말한다.

표현 정리 do one's best 최선을 다하다 at all times 항상

실전 문제 2

해설 interfere는 그 뒤에 전치사 in과 with 모두 올 수 있지만 정확하게 구분해 사용해야 한다. interfere in은 누군가의 일에 참견하는 것을 나타내고

interfere with는 장애물 등으로 방해하는 것을 나타낸다. 따라서 (B) in이 정답이다.

정답 (B)

해석 그는 매니저가 프로젝트를 간섭하는 것에 대해 불평하면서 그녀에게 간섭을 그만하라고 요구했다.

표현 정리 complain 불평하다 interfere 간섭하다

유형 분석 8 REVIEW TEST

1. 전치사를 고르는 문제

해설 정확한 시점(7 o'clock) 앞에 빈칸이 왔으므로 (D) at이 정답이다. (A), (C)는 기간 앞에, (B)는 날짜, 요일 앞에 쓴다.

정답 (D)

해석 모든 직원들은 새로운 프로젝트에 대한 논의를 위해 7시에 회의에 참석하라는 통고를 받았다.

표현 정리 attend 참석하다 in order to do ~하기 위해 discuss 논의하다

2. 전치사를 고르는 문제

해설 공간 내 위치, 장소(auditorium) 앞에 빈칸이 왔으므로 (B) in이 정답이다.

정답 (B)

해석 발표자를 위해 남겨 둔 첫 번째와 두 번째 줄을 제외하고, 모든 직원들은 강당의 어느 자리에 앉아도 된다.

표현 정리 row 줄 reserve 예약한다, 남겨두다 choose 선택하다 auditorium 강당

3. 전치사를 고르는 문제

해설 요일(Monday) 앞에 빈칸이 왔으므로 (B) on이 정답이다.

정답 (B)

해석 회사의 더 나은 직원복지를 위해 새롭게 바뀐 정책은 월요일부터 적용될 것이다.

표현 정리 application 적용 policy 정책 benefit 혜택

4. 전치사를 고르는 문제

해설 계속 동사(remain)가 왔고, 시점(next week) 앞에 빈칸이 왔으므로 (C) until이 정답이다. (A)는 완료동사와 어울리고, (B)는 정확한 시점 앞에, (D)는 출발점에 쓴다.

정답 (C)

해석 매니저는 새로운 직책으로 옮길 예정이며, 그녀는 다음 주까지 판매부에 남을 예정이다.

표현 정리 replace 교체하다 remain 남아 있다

5. 전치사를 고르는 문제

해설 문맥상 '~밑에'라는 뜻이 어울리며, 위치 명사(the seat)가 목적어로 올 경우 (D) under가 알맞다. (C)가 쓰이려면 next to가 되어야 한다.

정답 (D)

해설 비행기를 타고 해외 지사로 갈 때 모든 짐은 앞에 있는 의자 밑에 보관해야 한다.

표현 정리 take a flight 비행기를 타다 store 보관하다 in front of ~앞에

6. 전치사를 고르는 문제

해설 구체적인 장소, 특히 고유명사(회사, 단체, 번지, 건물) 앞에 있는 빈칸에는 at을 쓴다. 따라서 (D) at이 정답이다. 정답 (D)

해설 우리 회사는 Walden Square에 세 번째 지점을 열 예정인데, 그 지역에서 가장 큰 무역회사 건물이 될 것이다.

표현 정리 open 열다 branch 지점, 지사

7. 전치사를 고르는 문제

해설 기간(the next two weeks) 앞에 빈칸이 왔으므로 (A) within이 정답이다. (B)는 street 등의 명사와 어울리고, (D)는 '~을 통하여'라는 뜻을 가지고 '수단'을 나타낼 때 쓴다. 정답 (A)

해설 판매부의 모든 직원들은 그들의 프로젝트를 향후 2주 이내에 끝내야 한다.

표현 정리 department 부서 finish 끝내다

8. 전치사를 고르는 문제

해설 기간(the year) 앞에 빈칸이 왔으므로 (A) throughout이 정답이다. 정답 (A)

해설 긴급 상황과 관련한 중역들의 회의는 보통 1년에 4번 이상 열린다.

표현 정리 occur 일어나다, 발생하다

9. 전치사를 고르는 문제

해설 완료 동사(submit)가 왔고, 시점(next Monday) 앞에 빈칸이 왔으므로 (B) by가 정답이다. (D) until은 계속 동사와 어울려 출제된다. 정답 (B)

해설 이 자리에 관심 있는 사람은 이력서를 인사부 매니저에게 월요일까지 제출해야 한다.

표현 정리 resume 이력서

10. 전치사를 고르는 문제

해설 빈칸 뒤에 'A and B'가 왔으므로 (D) between이 정답이다. 정답 (D)

해설 연구조사는 이 분야에서의 환경과 경쟁법 간의 갈등 상황에 대한 가능한 해결책들을 제시해 준다.

표현 정리 suggest 제안하다 a number of 많은 possible 가능한 solution 해결 conflict 갈등

Unit 45. 부정사의 위치 ①

실전 문제 1

해설 빈칸 앞에 allow가 왔으므로 (D) to add가 정답이다. 정답 (D)

해설 이 유나이티드 호스피틀 재단 기부금은 현재 볼티모어 아동병원에 근무하는 32명의 직원에 추가해 6명의 의사를 채용할 수 있게 해 줄 것이다.

표현 정리 donation 기부 current 기존의

실전 문제 2

해설 명사 주어 자리에 오는 목적(purpose)의 뜻을 가진 명사들은 'be to부정사'와 단짝으로 출제된다. 이때 목적의 뜻을 가진 명사 주어와 be + to부정사는 동격관계이다. 따라서 (A) to offer가 정답이다. 정답 (A)

해설 이 편지의 목적은 우리 클럽에 참석하기를 원하는 사람들을 위하여 회원 기회를 제공해 주려는 것이다.

표현 정리 purpose 목적, 의도, 취지 offer 제의하다, 제공하다 membership 회원자격, 회원신분

Unit 46. 부정사의 위치 ②

실전 문제 1

해설 빈칸 뒤에 동사원형이 왔으므로 (D) In order to가 정답이다. (A) 전치사, (B) 접속사, (C) 접속사 모두 동사원형 앞에 쓸 수 없다. 정답 (D)

해설 최상의 서비스를 받기 위해서는 고객 역시 정중하고 침착해야 한다.

실전 문제 2

해설 완전한 절 뒤에 빈칸이 왔으므로 목적의 뜻을 가진 to부정사가 정답이다. 따라서 (B) to update가 정답이다. 정답 (B)

해설 관리부는 내부 네트워크시스템의 업데이트를 위해 몇 주 동안 열심히 작업했다.

표현 정리 Maintenance Department 관리부 work hard 열심히 일하다 internal 내부의

Unit 47. 부정사를 취하는 동사 ①

실전 문제 1

해설 동사 attempt는 to부정사를 목적어로 취하는 동사이므로 (D) to respond가 정답이다. 정답 (D)

해설 Idenis 제약사는 적절한 때에 어떤 질문이나 불평에 응대하기 위해 노력하겠습니다.

표현 정리 pharmaceuticals 제약회사 attempt 시도하다, 꾀하다

respond 반응하다 complaint 불만 불평 in a timely manner
시기적절한 때에, 적시에

(실전 문제 2)

해설 be willing to 부정사는 하나의 숙어로 암기한다. 따라서 정답은 (C)
to purchase가 된다. (D) to be purchased는 to부정사의 수동형이므로
빈칸 뒤에 목적어가 없어야 한다.   **정답 (C)**

해석 일부 고객들은 매우 할인된 가격의 일부 상품들은 기꺼이 구매할 것이다.

표현 정리 customer 고객 significantly 상당히, 매우 discounted
할인된

Unit 48. 부정사를 취하는 동사 ②

(실전 문제 1)

해설 빈칸 앞에 동사 enable이 왔으므로 (D) to complete가 정답이다.
                                                   정답 (D)

해석 새 교육 프로그램은 공장 직원들이 다음 예정된 프로젝트를 더욱 효율
적으로 끝낼 수 있게 해 줄 것이다.

표현 정리 enable A to B A가 B하게 해 주다 efficiently 효율적으로

(실전 문제 2)

해설 빈칸 앞에 동사 permit이 왔으므로 (B) to park가 정답이다. **정답 (B)**

해석 오늘부로 시행될 새 규정은 직원들이 그들의 차량을 지정된 곳에 밤샘
주차하는 것을 허용할 것이다.

표현 정리 effective 효과적인, 발효되는 as of ~부로, ~일 자로
permit 허락하다, 허가하다 designated area 지정된 장소

유형 분석 9 REVIEW TEST

1. to부정사를 고르는 문제

해설 빈칸 앞 동사 wish는 to부정사를 목적어로 취하는 동사이므로 (C) to
cancel이 정답이다.   **정답 (C)**

해석 만약 당신이 이 우편서비스를 취소하고자 한다면, 고객서비스 상담원
에게 전화해 당신의 이름을 목록에서 삭제해 줄 것을 요청해야 합니다.

표현 정리 customer service representative 고객서비스 상담원
remove 제거하다, 없애다

2. to부정사를 고르는 문제

해설 빈칸 앞 동사 invite는 '목적어+to부정사'를 취하는 동사이므로 (D) to
attend가 정답이다.   **정답 (D)**

해석 나는 모든 선임 금융 분석가들이 Botswana 사 회의실에서 4월 11일
로 예정된 회의에 참석하도록 초대하고자 합니다.

표현 정리 senior (직위, 계급이) 고위의, 선임의, 선배의 invite 목적어
to부정사 ~를 ~에 초청하다 financial analyst 금융 분석가

3. 명사를 고르는 문제

해설 목적(objective)의 뜻을 가진 명사는 'be+to부정사'와 동격으로 사용
되므로 (B) objective가 정답이다.   **정답 (B)**

해석 회사 웰니스 프로그램의 목적은 새로 설립된 제품개발부에 더 많은 격
려를 해주기 위함이다.

표현 정리 objective 목적, 목표 encouragement 격려, 고무시킴
product development division 제품개발부

4. 목적보어(동사원형)를 고르는 문제

해설 빈칸 앞 동사(help)는 '목적어(them)+동사원형'을 취해야 하므로 (D)
meet이 정답이다.   **정답 (D)**

해석 ABST 서포트 서비스는 심각하고도 지속적인 정신건강 문제를 겪는
사람들의 필요를 충족시키는 것을 돕는다.

표현 정리 meet (기대, 요구 조건에) 부응하다, 충족시키다 severe
극심한, 심각한 persistent 집요한, 지속되는

5. to부정사를 고르는 문제

해설 문두에 빈칸이 왔고 그 뒤에 'comma+완전한 절'로 왔으므로 (A) To
ensure가 정답이다. (B) 과거분사와 (C) 부정사 수동태는 모두 그 뒤에 목
적어가 없어야 하므로 오답이다.   **정답 (A)**

해석 당신이 가장 선호하는 시간대를 예약하려면 3주 전에 등록 절차를 마
칠 것을 권합니다.

표현 정리 ensure 보장하다, 확보하다 preferred 선호되는 in
advance 미리, 사전에

6. 동사를 고르는 문제

해설 빈칸 뒤에 to부정사가 목적어로 왔으므로 (B) plan이 정답이다.
                                                   정답 (B)

해석 다음 주 월요일부터 Sacramento Bridge 다리가 공사로 폐쇄되기
때문에 다른 길을 이용할 계획을 세워야 합니다.

표현 정리 alternate 대체의, 대신의 close 닫다, 폐쇄하다 repair 수리
starting ~부터

7. to부정사의 강조

해설 빈칸 뒤에 동사원형(attain)이 왔으므로 (A) in order to가 정답이다.
                                                   정답 (A)

해석 조사에 따르면 이 업종의 평균 CEO는 최고 직책에 오르기 위해서 23.6년이 걸렸음을 보여준다.

표현 정리 average 평균의, 보통의, 일반적인 attain 획득하다, 얻다

8. 목적보어(동사원형)를 고르는 문제

해설 빈칸 앞에 사역동사(make)가 왔으므로 (A)와 (C) 중에 고민한다. 목적어(employees)와 목적보어(wash)가 능동관계이므로 (C) wash가 정답이다. 정답 (C)

해설 병원은 직원들이 입실할 때 그들의 손을 씻게 하기 위해 노력한다.

표현 정리 enter 들어오다, 입력하다

9. to부정사를 고르는 문제

해설 빈칸 앞 동사(remind)는 '목적어+to부정사'를 취하는 동사이므로 (D) to handle이 정답이다. 정답 (D)

해설 안내문은 고객들이 깨지기 쉬운 제품들을 주의해 취급하도록 상기시켜준다.

표현 정리 notice 안내문 remind 상기시키다 fragile 깨지기 쉬운 with care 조심해서

10. 동사를 고르는 문제

해설 promise는 to부정사를 목적어로 취하는 동사이므로 (A) promise가 정답이다. 정답 (A)

해설 신임 CFO는 다음 회의가 열리기 전에 더 자세한 연례 재무보고서를 제공하겠다고 약속했다.

표현 정리 CFO 최고 재무책임자(= Chief Financial Officer) detailed 상세한 annual 매년의, 연례의

실전 문제 1

해설 동사 finish는 동명사(analyzing)를 목적어로 취하기 때문에 (D) analyzing이 정답이다. 선택지에 동명사와 부정사가 함께 나오면 대부분 to부정사를 사용하는 동사인지 동명사를 사용하는 동사인지를 묻는 문제이다. 정답 (D)

해설 3명의 연구자로 구성된 한 팀이 콜로라도, 뉴멕시코, 브라질에서 모은 다섯 세트의 자료 중 첫 번째 자료 분석을 마쳤다.

표현 정리 finish 끝내다, 완성하다 analyze 분석하다

실전 문제 2

해설 문두에 '------ + 목적어 + (수식어)' 덩어리가 있고 덩어리 뒤에 단수 동사가 왔으므로 빈칸에는 동명사를 고른다. 따라서 (B) Completing이 정답이다. (A) 명사도 빈칸에 쓸 수는 있지만 동사와 수가 일치하지 않아 오답 처리한다. 정답 (B)

해설 이 페이지 뒷면에 있는 일반 지시사항을 읽은 후, 동봉된 설문조사를 완성하는 것은 당신이 Casa Adalijao의 성장에 관여할 수 있는 가장 쉬운 방법이다.

표현 정리 enclose 동봉하다 instruction 지침, 설명서 get involved in ~에 관여하다

Unit 50. 동명사의 위치 ②

실전 문제 1

해설 object to는 '~에 반대하다'의 의미로 그 뒤에 동명사를 목적어로 취한다. 따라서 (D) adding이 정답이다. 여기서 to는 to부정사를 나타내는 to가 아니라 전치사 to라는 점에 유의해야 한다. 정답 (D)

해설 인적자원부의 대변인인 리처드 윌리엄슨은 제한된 예산 때문에 다음 달에 직원을 추가 채용하는 것에 반대했다.

표현 정리 object to ~에 반대하다 due to ~ 때문에 limited 제한된, 한정된 budget 예산

실전 문제 2

해설 '전치사(of) + ------' 뒤에 목적어(all of our guests)가 왔으므로 동명사인 (B) satisfying이 정답이다. 정답 (B)

해설 모든 회원들을 만족시킬 목적으로 Marbella가 최근에 시내에 건축한 휴가 별장은 매우 특별한 기능들로 디자인되었다.

표현 정리 aim 목표 recently 최근에 feature 기능, 특징

Unit 51. 동명사를 취하는 동사

실전 문제 1

해설 빈칸 앞 동사(avoid)는 동명사를 목적어로 취하기 때문에 (B) paying 이 정답이다.

정답 (B)

해석 우리 중고 스키 매장은 많은 제품들을 갖추고 있으며, 높은 소매 가격을 피하고자 하는 스키어들에게는 훌륭한 선택이다.

표현 정리 **be equipped with** ~을 갖추다 **retail price** 소매가

실전 문제 2

해설 빈칸 앞 동사(suggest)는 동명사를 목적어로 취하기 때문에 (D) closing이 정답이다.

정답 (D)

해석 매니저는 6월 1일에서 8월 31일 사이 성수기 동안에는 금요일과 토요일에 문을 늦게 닫자고 제안했다.

표현 정리 **suggest** 제안하다 **late** 늦게 **peak season** 성수기

Unit 52. 동명사 빈출 표현

실전 문제 1

해설 'be committed to V-ing'은 '~에 전념하다'는 뜻이므로 (D) producing이 정답이다. 이때 to는 전치사라는 것을 기억한다. **정답 (D)**

해석 소고기 업계의 NCBA 회원들은 캐나다에서 가능한 가장 안전한 제품을 생산하는데 최선을 다한다.

표현 정리 **beef** 소고기 **be committed to** ~에 헌신하다, 전념하다

실전 문제 2

해설 'have difficulty V-ing'은 '~하는데 어려움을 겪다'는 의미이므로 (B) increasing이 정답이다.

정답 (B)

해석 그들의 생산 규모의 한계로 뉴질랜드의 작은 지하 탄광업체는 생산성 향상에 어려움을 겪고 있다.

표현 정리 **coal** 석탄 **mining** 채광, 채굴 **productivity** 생산성

유형 분석 10 REVIEW TEST

1. 동명사를 고르는 문제

해설 빈칸 앞 동사(recommend)는 동명사를 목적어로 취하는 동사이므로 (A) using이 정답이다. (B) 형용사, (C) 명사 또는 동사, (D) 분사는 문맥상 어색하다.

정답 (A)

해석 이전할 계획이 있는 기업 또는 개인에게 Paces Moving 사를 이용해

볼 것을 강력히 추천합니다.

표현 정리 **highly** 매우 **recommend** 추천하다 **plan** 계획하다

2. 동명사를 고르는 문제

해설 문두에 '_____+목적어/수식어' 덩어리가 있고, 덩어리 뒤에 단수 동사(takes)로 왔으므로 빈칸은 주어 자리이다. 따라서 (A), (B) 중에 고민한다. (B) 명사는 동사(takes)와 수가 일치하지 않고, 빈칸 뒤에 목적어가 왔으므로 오답 처리한다. 따라서 동명사 주어인 (A) Collecting이 정답이다.

정답 (A)

해석 회사를 대신하여 유효하고 의미 있는 설문조사 자료를 수집하는 데는 시간, 에너지, 자원을 필요로 한다.

표현 정리 **valid** 유효한 **meaningful** 의미 있는 **on behalf of** ~를 대신하여, 대표하여

3. 동명사를 고르는 문제

해설 '전치사(with)+_____' 덩어리 뒤에 목적어가 오면 빈칸은 동명사를 고르고, 덩어리 뒤에 목적어가 없으면 명사를 골라야 한다. 따라서 덩어리 뒤에 목적어(parking guidelines)가 왔으므로 동명사인 (B) following이 정답이다.

정답 (B)

해석 대부분의 직원들은 2주 전에 시행된 새로운 주차 안내지침을 따르는 것에 반대하지 않았다.

표현 정리 **disagree with** ~에 반대하다 **guideline** 안내지침 **go into effect** 시행에 들어가다

4. 동명사를 고르는 문제

해설 빈칸 앞 to는 부정사 to가 아닌 전치사라는 것에 주의한다. 따라서 전치사의 목적어로 동명사인 (C) surmounting이 와야 한다. **정답 (C)**

해석 BBC 기자들은 마감 시간을 지키기 위해 모든 종류의 장해물을 이겨내는데 익숙하다.

표현 정리 **surmount** 극복하다 **meet one's deadlines** 마감일을 맞추다

5. 동명사를 고르는 문제

해설 '전치사(without)+_____' 덩어리 뒤에 목적어가 오면 빈칸은 동명사를, 목적어가 없으면 빈칸은 명사를 써야 한다. 빈칸 뒤에 목적어(the jobs)가 왔으므로 동명사인 (D) organizing이 정답이다. **정답 (D)**

해석 회사에서는 아무런 발표 업무 준비 없이 비즈니스 회의에 참석한 직원에게 징계조치를 내릴 것이다.

표현 정리 **take action** 조치를 취하다 **disciplinary** 징계 **organize** 준비하다

6. 동명사를 고르는 문제

해설 'be worth V-ing'은 '~할 만한 가치가 있다'라는 뜻이다. 따라서 (B) investing이 정답이다. **정답 (B)**

해석 집 주인들은 그들의 집을 팔기 전에 주택 개조를 할 가치가 있는지 종종 묻는다.

표현 정리 homeowner 집 주인 renovation 수리, 개조

7. 동명사를 고르는 문제

해설 전치사(on)와 목적어(a new company building) 사이에 빈칸이 왔으므로 동명사인 (B) constructing이 정답이다. **정답 (B)**

해석 우리 회사의 최고경영자는 이사회의 반대에도 불구하고 회사 신축을 주장한다.

표현 정리 insist 주장하다, 우기다 despite ~에도 불구하고 objection 반대

8. 명사를 고르는 문제

해설 have access to는 '~에 접근하다, ~을 이용하다'는 뜻으로 to는 전치사이다. '전치사(to)+_____' 덩어리 뒤에 목적어가 없으므로 명사인 (C) information이 정답이다. **정답 (C)**

해석 인사부에 의해 신분이 확인된 사용자들만이 고객에 관한 정보를 이용할 수 있다.

표현 정리 authorized 허가를 받은 identify 신분을 확인하다 have access to ~에 접근하다

9. 동명사를 고르는 문제

해설 '전치사(for)+_____' 덩어리 뒤에 목적어(the Sofia Hotel's unique amenities and services)가 왔으므로 동명사인 (B) promoting이 정답이다. **정답 (B)**

해석 영업 및 마케팅부는 지역 신문광고를 통해 소피아 호텔의 독특한 편의시설과 서비스 홍보를 담당하고 있다.

표현 정리 unique 독특한 amenities (주로 복수로 쓰임) 편의시설

10. 동명사, 부정사를 구분해 고르는 문제

해설 빈칸 앞 동사(remember)는 부정사, 동명사 모두 가능하다. 하지만 의미상 앞으로 지원할 경우의 미래 상황을 나타내고 있으므로 to부정사를 써야 한다. 따라서 (D) to review가 정답이다. **정답 (D)**

해석 이 직책에 지원하려면 지원 자격요건과 마감일에 관한 세부사항을 저희 홈페이지를 통해 확인하기 바랍니다.

표현 정리 apply for ~에 지원하다 position 직위, 직책 application 지원 requirements 요구사항, 자격요건

유형 분석 11. 분사
Unit 53. 분사의 위치 ①

실전 문제 1

해설 분사가 주격보어인 경우 주어가 사람(customers)으로 왔으므로 감정동사(satisfy)는 과거분사를 써야 하므로 (D) satisfied가 정답이다. **정답 (D)**

해석 우리 제품에 만족하는 기존 고객들은 단골 고객이 될 가능성이 있다.

표현 정리 current 현재의, 기존의 be likely to ~일 수 있다 regular 규칙적인, 정기적인

실전 문제 2

해설 5형식 동사(keep)의 목적보어 자리에 감정동사(inspire)가 왔고 목적어가 사람(his roommate)으로 왔으므로 과거분사인 (B) inspired가 정답이다. **정답 (B)**

해석 수상 경력이 있는 카피라이터인 Eliot Dahl은 마라톤에 출전하는 룸메이트를 격려하기 위하여 경기 일에 그 룸메이트의 포스터를 만들었다.

표현 정리 award-winning 수상 경력이 있는 inspire 격려하다, 영감을 주다, 북돋우다

Unit 54. 분사의 위치 ②

실전 문제 1

해설 빈칸 앞에 진짜 동사(is)가 왔으므로 빈칸은 분사 자리이다. 따라서 (B), (D) 중에 고민한다. 그런데 빈칸 뒤에 목적어가 빠져 있으므로 수동태인 과거분사 (B) published가 정답이다. **정답 (B)**

해석 이 논문은 3년 동안 매사추세츠 출판사에 의해 출판된 36개의 회계감사 보고서 결과를 기초로 하고 있다.

표현 정리 paper 서류, 논문, 과제물 be based on ~에 기초하다 outcome 결과, 성과 audit 회계감사 printer 프린터, 출판사

실전 문제 2

해설 빈칸 뒤에 정동사(is)가 왔으므로 빈칸은 분사 자리이다. 따라서 (D) attending이 정답이다. **정답 (D)**

해석 USC 비즈니스스쿨에 다니는 사람들은 http://uscbusiness.edu를 통해 그들의 노트북 컴퓨터를 등록해야 한다.

표현 정리 be required to ~이 요구되다 register 등록하다 attendee 참석자

Unit 55. V-ing과 V-ed의 구분

실전 문제 1

해설 수식받는 명사(size)와 분사가 수동 관계이므로 (D) reduced가 정답이다.　　　　　　　　　　**정답 (D)**

해석 개구 결합의 마이크로스트립 안테나의 줄어든 사이즈는 휴대용 커뮤니케이션 시스템에 호환성을 가져다준다.

표현 정리 aperture coupled 개구 결합의 antenna 안테나 compatibility 양립(공존) 가능성, 양립성, 호환성 portable 들고 다닐 수 있는, 휴대가 쉬운, 휴대용의

실전 문제 2

해설 'growing company(성장하는 회사)'는 현재분사로 굳어진 표현이므로 (B) growing이 정답이다.　　　　　　**정답 (B)**

해석 1978년에 그래늘리 가구 사는 성장하고 있는 회사를 3개의 제품군으로 정리하고 유럽에서 사업을 성공적으로 확장했다.

표현 정리 organize 조직하다, 구성하다, 체계화하다 product lines 제품군, 제품 종류 expand 확대하다, 확장하다

Unit 56. 분사구문

실전 문제 1

해설 시간접속사(Before)와 목적어(the device) 사이에 빈칸이 왔으므로 현재분사인 (D) checking이 정답이다.　　　　**정답 (D)**

해석 장치를 점검하기 전에 전력공급을 확실히 차단했는지 확인하시오. 그렇지 않으면 느슨한 전선연결은 인명 피해를 낳을 수도 있습니다.

표현 정리 ensure 확실하게 하다 power supply 전원 공급 switch off/on (스위치 등을 눌러) 끄다/켜다 otherwise 그렇지 않으면, 달리 result in ~의 결과를 낳다 injury 상해

실전 문제 2

해설 조건접속사(If)와 수식어(by a customer) 사이에 빈칸이 왔으므로 과거분사인 (B) desired가 정답이다. 분사구문을 강조할 경우 접속사를 생략하지 않기도 한다.　　　　　　　　　　**정답 (B)**

해석 고객이 원한다면, 소노마 조경공사는 귀하의 집을 위해 완전한 자격을 갖춘 상담사가 맞춤 디자인을 제공합니다.

표현 정리 personalized 개인이 원하는 대로 할 수 있는, 개별 맞춤의 qualified (지식, 기술 등을 갖춰) 자격이 있는 desire 바라다, 원하다 desirable 바람직한

유형 분석 11 REVIEW TEST

1. 과거분사를 고르는 문제

해설 빈칸 앞의 부사(otherwise)는 소거한 후 푼다. 빈칸 뒤에 목적어가 없고 조건접속사(Unless)로 왔으므로 과거분사인 (A) mentioned가 정답이다.　　　　　　　　　　　　　　　　**정답 (A)**

해석 달리 언급이 없다면 모든 요금은 U.S.달러 기준이며, 가격은 사전 통보 없이 변동될 수 있습니다.

표현 정리 rate 속도, 요금; 평가하다, 등급을 매기다 quote (상품의) 시세를 매기다, 시가를 말하다 be subject to 명사 ~를 받다, ~의 대상이다

2. 현재분사를 고르는 문제

해설 관사(the)와 명사(demand) 사이에 빈칸이 왔으므로 분사 자리이다. 자동사(rise)는 수동태와 과거분사를 만들 수 없다. 따라서 자동사는 현재분사만 가능하므로 (B) rising이 정답이다.　　　**정답 (B)**

해석 지역 내 숙련된 엔지니어 인력의 수요 증가를 충족시키기 위해 피니사르 교육센터가 쿠알라룸푸르에 사무실을 열었다.

표현 정리 skilled 숙련된 workforce 인력

3. 과거분사를 고르는 문제

해설 수식받는 명사(item)와 분사가 수동 관계이므로 (C) damaged가 정답이다.　　　　　　　　　　　　　　**정답 (C)**

해석 파손된 제품을 받으면, 고객님이 그것을 반품하자마자 곧 다른 제품을 보내드리겠습니다.

표현 정리 replacement 대체물 return 반품하다

4. 과거분사를 고르는 문제

해설 '세부적인, 상세한'을 의미하는 분사로는 과거분사인 detailed를 써야 한다. 따라서 (C) detailed가 정답이다.　　　　**정답 (C)**

해석 3D Max 프로그램에서 모의 장치를 만들 수 있는 방법을 기술한 설명서가 동봉되어 있습니다.

표현 정리 enclose 동봉하다 instruction 설명서 create 만들다 simulated 모조의, 모의의

5. 과거분사를 고르는 문제

해설 5형식 동사(keep) 뒤 목적보어 자리에 올 감정분사는 목적어가 사람이면 과거분사, 사물이면 현재분사를 쓴다. 목적어(employees)로 사람이 왔으므로 (B) motivated가 정답이다.　　　　　　　**정답 (B)**

해석 최근 연구에 따르면 꾸준한, 심지어 매일의 인센티브가 미래의 특정 시점에 약속한 보상보다 직원을 더욱 의욕적으로 만든다고 한다.

표현 정리 **consistent** 한결 같은, 일괄된 **incentive** 장려금, 보상물 **work** 작용하다 **motivate** 동기를 부여하다

6. 현재분사를 고르는 문제

해설 '완전한 절+comma+_____'이 왔으므로 빈칸은 분사 자리이다. 빈칸 뒤에 목적어(vases)가 왔으므로 현재분사인 (B) including이 정답이다. **정답 (B)**

해석 꽃병을 포함한 양식화된 꽃, 잎사귀들, 그리고 나비들은 다양한 장식품에 주로 이용된다.

표현 정리 **stylized** 양식화된 **decoration** 장식, 장식품

7. 과거분사를 고르는 문제

해설 수식받는 명사(trip)와 분사가 수동 관계이므로 과거분사인 (A) unexpected가 정답이다. **정답 (A)**

해석 예상치 못한 출장으로 인해 이번 주 기사는 금요일까지 연기하게 되었음을 알려드리게 되어 유감입니다.

표현 정리 **regret** 후회하다, 유감이다 **inform** 알리다 **article** 기사 **delay** 연기하다

8. 과거분사를 고르는 문제

해설 수식받는 명사(applicants)와 분사가 수동 관계이므로 과거분사인 (C) invited가 정답이다. **정답 (C)**

해석 취업박람회 장소와 인터뷰 일정에 관한 정보는 행사 전에 초청받은 지원자들에게 이메일로 발송됩니다.

표현 정리 **career fair** 취업박람회 **applicant** 지원자 **prior to** ～전에

9. 현재분사를 고르는 문제

해설 자동사(last)는 수동태 및 과거분사를 만들 수 없으므로 현재분사인 (A) lasting이 정답이다. **정답 (A)**

해석 구직 시장에서 경쟁은 치열할 수 있으며, 인터뷰는 오래 남는 인상을 남길 기회가 될 수 있다.

표현 정리 **job market** 취업시장, 구직시장 **fierce** 치열한 **last** 지속되다, 계속되다 **impression** 인상

10. 현재분사를 고르는 문제

해설 빈칸 뒤에 정동사(are)가 왔으므로 빈칸은 분사 자리이다. 자동사(remain)는 과거분사를 만들 수 없으므로 현재분사인 (B) remaining이 정답이다. **정답 (B)**

해석 오후 7시 이후에 사무실에 남아 있는 직원들은 퇴근할 때 후문을 이용해야 한다.

표현 정리 **be requested to** ～이 요구되다 **rear exit** 뒤쪽 출구

유형 분석 12. 접속사
Unit 57. 접속사의 위치 ①

실전 문제 1

해설 문두에 빈칸이 왔으므로 등위접속사인 (A)와 (B)부터 소거한다. 절이 두 개가 왔으므로 부사인 (C)도 오답 처리한다. 따라서 (D) Even though가 정답이다. **정답 (D)**

해석 과세가 여전히 온라인 쇼핑에 적용되고는 있지만, 1+1 세일 기간 동안 구매한 신발은 배송비가 면제될 수 있다.

표현 정리 **taxation** 과세, 세제 **apply to** ～에 적용되다 **buy-one-get-one sale** 하나를 사면 또 다른 하나를 더 주는 세일, 1+1 세일 **exempt from** ～가 면제되는

실전 문제 2

해설 빈칸 뒤에 절이 없으므로 접속사인 (A), (C)는 오답 처리한다. 또한 빈칸 뒤에 완전한 문장이 오지 않았으므로 (D)도 오답 처리한다. 등위접속사 but은 빈칸 앞 또는 뒤에 부정어(no, not)를 동반해서 자주 출제된다는 것을 기억한다. 따라서 앞뒤 대조를 나타내므로 (B) but이 정답이다. **정답 (B)**

해석 기본적인 컴퓨터 문서처리 능력이 선호되지만 San Antonio 사무실의 파트타임 보조로서 요구되는 필수조건은 아니다.

표현 정리 **preferred** 선호되는 **reguire** 요구하다 **assistant** 보조원

Unit 58. 접속사의 위치 ②

실전 문제 1

해설 절이 두 개가 왔으므로 빈칸에는 접속사가 들어가야 한다. 따라서 접속사인 (D) Once가 정답이다. 형용사 (A), (B), 부사 (C) 등은 접속사 자리에 올 수 없다. **정답 (D)**

해석 일단 귀하가 프로그램과 총액에 동의한다면, 우리는 예약할 것이며, 스피드포스트를 통해 지불 선택사항이 있는 계산서를 발송해 드리겠습니다.

표현 정리 **make a reservation** 예약하다 **invoice** 계산서 **via** ～를 통해, ～를 경우해

실전 문제 2

해설 절이 두 개가 왔으므로 빈칸에는 접속사가 들어가야 한다. 따라서 (A) Since가 정답이다. 전치사 (B), 부사 (C), (D) 등은 접속사 자리에 올 수 없다. **정답 (A)**

해석 당신의 하드디스크에 저장될 공간이 없기 때문에, 컴퓨터는 느리게 작동될 것이고, 일부 에러가 발생할 것이다.

표현 정리 **run** 구동하다, 작동하다 **occur** 일어나다, 발생하다

Unit 59. 등위접속사

해설 빈칸에는 단어(customer ratings)와 단어(comments)를 연결해 주는 등위접속사가 들어가야 하므로 (B), (D) 중에서 고민한다. 긍정 단어 간의 병렬이므로 (D) and가 정답이다. **정답 (D)**

해석 대중들과 공유한 당신의 고객 평가와 의견은 제품과 서비스 판매에 직접적으로 영향을 미칠 것이다.

표현 정리 rating 순위 평가, 등급 매기기 comment 논평, 언급 have an effect on ~에 영향을 미치다

실전 문제 2

해설 형용사(stringent)와 형용사(necessary) 간의 병렬이므로 (B), (D) 중에 고민한다. 그런데 (D)는 절과 절만 연결해 주어야 하므로 (B) but이 정답이다. **정답 (B)**

해석 SARC 대표 회의를 주최하는 호텔 측의 엄격하지만 필수적인 보안 조치가 3월 29일에 취해질 것이다.

표현 정리 stringent (규정 등이) 엄중한, (재정적 조건이) 긴박한, 절박한 security 안전, 보안 measure 수단, 방법, 조치 host 개최하다, (행사를) 주체하다; (손님을 초대한) 주인 activate 작동시키다, 활성화시키다

Unit 60. 상관접속사

실전 문제 1

해설 빈칸 뒤에 or가 왔으므로 (C) either가 정답이다. **정답 (C)**

해석 만약 문의 사항이 있으면 Jill McCarty나 인사부로 전화주세요.

표현 정리 inquiry 문의, 질문 contact 연락하다 Human Resources Department 인사부

실전 문제 2

해설 빈칸 뒤에 but also가 왔으므로 (B) not only가 정답이다. **정답 (B)**

해석 Infiniti Patrol Solutions는 귀하의 시스템의 잠재적 병목 현상에 대한 위험을 감시하고 알려줄뿐만 아니라 실시간으로 시스템 활동을 분석해 드립니다.

표현 정리 monitor 관찰하다, 감시하다 alert (위험을) 알리다, 경계하다 potential 잠재적인 bottleneck (교통 흐름이 느려지는) 좁은[번잡한] 도로, 병목 지역, 병목 현상 analyze 분석하다 in real time 실시간으로, 현재시간으로

유형 분석 12 REVIEW TEST

1. 접속사를 고르는 문제

해설 빈칸 뒤에 A and B가 왔으므로 (B) both가 정답이다. between(~사이)도 가능하지만 문맥상 어색하다. **정답 (B)**

해석 Comcast는 고객 관리부와 품질 보증 팀의 업무를 이끌어갈 고객지원 부장을 찾고 있다.

표현 정리 quality assurance 품질 보증

2. 접속사를 고르는 문제

해설 전치사구(at home)와 전치사구(in the office)끼리 병렬되었으므로 (C) or가 정답이다. but은 대조나 역접에 사용되므로 오답이다. **정답 (C)**

해석 일부 청소 용품은 가정이나 사무실에서 사용하는 사용자들에게 해로울 수 있는 성분들을 포함하고 있다.

표현 정리 ingredient 성분, 요소 hazardous (건강, 안전에) 위험한, 유해한

3. 접속사를 고르는 문제

해설 빈칸 뒤에 A nor B가 왔으므로 (B) neither가 정답이다. **정답 (B)**

해석 뉴스 담당 작가들은 Suwarto 씨와 Jung 씨 모두 연례 디너파티에 참석할 수 없어 실망했다.

4. 접속사를 고르는 문제

해설 빈칸 뒤에 not이 왔고 부사(generally, always)끼리 병렬되었으므로 (A) but이 정답이다. (B), (C)는 절과 절을 연결해 주어야 하므로 오답 처리한다. **정답 (A)**

해석 공립학교가 South Dakota에서는 항상 그런 건 아니지만 일반적으로 사립학교보다 저렴하다.

표현 정리 public school 공립학교 private institution 사설기관, 사립단체

5. 접속사를 고르는 문제

해설 빈칸 앞 명사구(outstanding modern facilities)와 빈칸 뒤 명사구(beautiful furnishings)가 병렬되었으므로 (D) as well as가 정답이다. **정답 (D)**

해석 이 두 집 모두 품격 있는 유리램프를 포함한 아름다운 가구비품은 물론 훌륭한 현대적 시설을 제공한다.

표현 정리 outstanding 뛰어난, 훌륭한 facility 시설 furnishing 가구, 카펫, 커튼 등 집안을 꾸미는 비품 elegant 우아한, 품격 있는 glass lamps 램프용 유리 기구

6. 접속사를 고르는 문제

해설 빈칸 뒤에 A or B가 왔으므로 (B) either가 정답이다.　　**정답 (B)**

해석 만약 전화로 주문하셨다면 빠른 배송으로 영업일 기준 하루 또는 이틀이 걸립니다.

표현 정리 order 주문하다, 명령하다　shipping 배송, 운송

7. 접속사를 고르는 문제

해설 절이 두 개가 왔으므로 빈칸은 접속사 자리이다. 따라서 (D) When이 정답이다. 접속사 자리에 (A), (B), (C)는 모두 부사이므로 빈칸에 올 수 없다.　　**정답 (D)**

해석 당신이 상하이 은행 인터넷 뱅킹을 이용하기 위해 로그인하실 때, 박스에 이메일 주소를 입력하라는 요구를 받게 될 겁니다.

표현 정리 enter 입력하다

8. 접속사를 고르는 문제

해설 빈칸 앞에 not only가 왔으므로 (C) but also가 정답이다. (A)는 '그런 다음'이란 뜻으로 시간의 순서를 나타내고, (B)는 '그렇지 않으면', (D)는 '~이외의'라는 뜻으로 쓰인다.　　**정답 (C)**

해석 신제품은 이것을 처음으로 구매한 고객들은 물론 전에 더 비싼 비용으로 드릴을 구매했던 사람들에게도 관심을 끈다.

표현 정리 appeal 관심(흥미)을 끌다, 매력적이다　initially 처음으로

9. 접속사를 고르는 문제

해설 절이 두 개가 왔으므로 빈칸은 접속사 자리이다. 따라서 (B) if가 정답이다. 접속사 자리에 (A) 부사, (C) 부사, (D) 전치사는 올 수 없다.　　**정답 (B)**

해석 만약 배송이 주문 확인서에 명시된 날짜까지 도착하지 않으면 고객서비스 직원이 배송부에 연락을 취할 것입니다.

표현 정리 customer representative 고객서비스 직원　Shipping Department 배송부　shipment 배송, 배송품　fail to ~에 실패하다　specify 상술하다, 명시하다　confirmation 확인, 확정(서)

10. 접속사를 고르는 문제

해설 부사(promptly)와 부사(correctly)끼리 병렬되었고, 빈칸 앞에 not only가 왔으므로 (B) but이 정답이다.　　**정답 (B)**

해석 금융부에서의 그의 역할은 모든 지불이 빠르고도 정확하게 처리되도록 하는 것이며, 신규 고객 등록을 담당하는 것이다.

표현 정리 process 처리하다　promptly 신속하게　correctly 정확하게　take care of ~을 처리하다　registration 등록

유형 분석 13. 명사절 접속사
Unit 61. 명사절 접속사의 종류 ①

실전 문제 1

해설 절이 두 개가 왔으므로 (A) 대명사, (C) 전치사는 소거한다. 빈칸 뒤에 주어와 목적어를 모두 갖춘 완전한 절이 왔으므로 (B) that이 정답이다. that절은 동사(announce)의 목적어로 사용되었다.　　**정답 (B)**

해석 Atlanta Farmer's Market은 어제 주에서 세 번째 규모인 슈퍼마켓을 30년 동안 이끌어온 마크 피블스가 대표직에서 은퇴한다고 발표했다.

표현 정리 decade 10년　retire 은퇴하다　as ~로서

실전 문제 2

해설 빈칸 뒤에 절이 왔으므로 전치사인 (A), (C)는 소거한다. 빈칸 뒤가 문장 형태이면서 동시에 be sure의 목적어인 구조이므로 빈칸은 명사절 접속사 자리이다. that과 what은 둘 다 명사절 접속사이나 빈칸 뒤가 완전한 문장(item이 주어, is inspected는 목적어가 필요 없는 수동태)이므로 완전한 문장과 결합하는 (B) that이 정답이다.　　**정답 (B)**

해석 Green Factory에서 생산된 모든 상품은 소매점으로 운송 전에 검사되도록 반드시 확인해 주세요.

표현 정리 be sure that S+V 반드시 ~하다　manufacture 제조하다　inspect 검사하다　retail 소매

Unit 62. 명사절 접속사의 종류 ②

실전 문제 1

해설 빈칸 뒤에 or not이 왔으므로 (D) Whether가 정답이다. 빈칸은 명사 자리이므로 부사절 접속사인 (A), (C)는 오답 처리한다. (B)는 명사절로 쓰인 경우 주어 자리에 올 수 없다.　　**정답 (D)**

해석 지하철 회사가 적자를 보고 있는지 아닌지는 시가 고려하는 최우선 순위는 아니다.

표현 정리 suffer from ~로 어려움을 겪다　deficit 적자　priority 우선순위

실전 문제 2

해설 빈칸 앞에 접속사 whether가 왔으므로 (A) or not이 정답이다. 드물지만 or not을 묻는 문제도 출제된다.　　**정답 (A)**

해석 우리의 매우 경험 많은 채용업체가 심사과정을 거쳐 다섯 명의 새 후보자를 채용할지를 결정할 수 있다.

표현 정리 highly experienced 매우 경험이 많은　staffing agency 채용업체　candidate 후보(자)　screening process 심사과정

Unit 63. 명사절 접속사의 종류 ③

실전 문제 1

해설 빈칸 뒤에 동사(found)의 목적어가 빠진 불완전한 절이 왔으므로 의문대명사인 (C) what이 정답이다. (A)는 명사절 접속사이며, 그 뒤에 완전한 절을 써야 하므로 오답이다. (B), (D) 또한 의문부사로 완전한 절에 써야 한다. **정답 (C)**

해석 사보 작가는 참석자에게 최근 비즈니스 세미나에서 가장 가치 있다고 생각되는 것이 무엇이었는지를 물었다.

표현 정리 company newsletter 사보 participant 참석자 valuable 가치 있는

실전 문제 2

해설 빈칸 뒤에 동사(established)의 주어가 빠진 불완전한 절이 왔으므로 (B) who가 정답이다. 절이 두 개가 왔으므로 전치사인 (C), (D)는 모두 오답이며, (A)는 그 뒤에 완전한 절을 써야 한다. **정답 (B)**

해석 AOL 텔레마케팅 회사 소유주인 Brendan Williams는 모든 전화의 평균 시간은 5분 이내가 좋다는 내용의 지침서를 만든 사람이다.

표현 정리 establish 수립하다, 설정하다 guideline 지침서 average 평균

Unit 64. 복합관계대명사

실전 문제 1

해설 빈칸 뒤에 절이 두 개가 왔으므로 접속사인 (D) Whoever가 정답이다. Whoever는 주어가 빠진 불완전한 절에 쓰였고, 명사 주어 자리에 위치해 있다. 절이 두 개가 왔으므로 대명사는 빈칸에 쓸 수 없다. **정답 (D)**

해석 Bellasium 회원카드를 소유한 사람은 누구든 세계에 있는 호텔체인에서 숙박하는 항공 마일리지를 받을 수 있다.

표현 정리 membership 회원자격 airline miles 항공마일리지

실전 문제 2

해설 빈칸 뒤에 동사(prefer)의 목적어가 빠진 불완전한 절이 왔으므로 (B), (D) 중에 고민한다. 그런데 (D)는 주격이라 동사 앞에 써야 하므로 오답이다. (C)는 완전한 절 앞에 써야 하므로 오답이다. **정답 (B)**

해석 Zukebox 8.1 프로그램의 음악은 무작위로 재생되거나 또는 이 프로그램으로부터 당신이 좋아하는 음악을 어느 것이든 선택할 수 있다.

표현 정리 randomly 무작위로 prefer ~를 더 좋아하다

유형 분석 13 REVIEW TEST

1. 접속사를 고르는 문제

해설 절이 두 개가 왔으므로 부사인 (C)와 (D)는 소거한다. 동사(wants)의 목적어가 빠진 불완전한 절이 왔으므로 (A) What이 정답이다. That은 완전한 절과 함께 써야 한다. **정답 (A)**

해석 지미가 원하는 것은 성수기 동안 폭주하는 전화와 이메일 때문에 잠깐 쉬는 것이다.

표현 정리 take a break 휴식을 취하다 inundate 감당 못할 정도로 주다, 침수시키다 high season 성수기

2. 접속사를 고르는 문제

해설 전치사(about) 뒤 빈칸은 목적어 자리이므로 빈칸은 명사절 접속사 자리이다. (A)는 타동사 뒤 목적어 자리에 와야 하므로 오답 처리하고, (C)는 전치사 뒤에 쓸 수 없는 접속사이므로 오답 처리하며, (D)는 불완전한 절에 와야 하므로 오답 처리한다. 따라서 (B) whether가 정답이다. **정답 (B)**

해석 후쿠시마 방사성 누출 이후, 한국 사람들은 일본에서 수입된 해산물이 안전할지에 대한 걱정을 한다.

표현 정리 radioactive 방사성의 leak (액체, 기체가) 새다, (비밀을) 발설하다 about whether ~인지의 여부에 대해, ~인지에 대해서 import 수입하다

3. 접속사를 고르는 문제

해설 절이 두 개가 왔으므로 (A)와 (C)는 소거한다. 빈칸 뒤에 주어(Globe Electronics)와 목적어(the bid)를 모두 갖춘 완전한 절이 왔으므로 (B) that이 정답이다. what은 불완전한 절에 써야 한다. **정답 (B)**

해석 Globe Electronics가 수단 전역의 수 천여 개의 학교에 에어컨을 설치하는 입찰을 따냈다는 소식을 전하게 되어 기쁩니다.

표현 정리 win (경기, 경쟁에서) 이기다, (계약, 입찰을) 따내다, 획득하다, (상, 경품에서) 당첨되다 bid 입찰 thousands of 수천의

4. 접속사를 고르는 문제

해설 빈칸 뒤에 or not to부정사가 왔으므로 (D) whether가 정답이다. **정답 (D)**

해석 어떤 회사에 투자할지 결정하는 것은 회사의 실적에 대해 적절한 조사와 함께 믿을 만한 금융 조언자와 논의할 필요가 있다.

표현 정리 invest in ~에 투자하다 performance 업무 실적, 연주, 공연 adviser 고문, 조언자

5. 접속사를 고르는 문제

해설 절이 두 개가 왔으므로 부사인 (C)부터 소거한다. 빈칸 뒤에 주어와 목적어를 모두 갖춘 완전한 절이 왔으므로 (D) if가 정답이다. (A)와 (B)는 불완

전한 절에 써야 한다. 정답 (D)

해석 조지아 주의 악천후로 인해 사바나 지사장이 예정대로 도착할 수 있을지 아무도 장담할 수 없다.

표현 정리 as schedule 일정대로 adverse 부정적인, 불리한, 반대의 condition 조건

6. 접속사를 고르는 문제

해설 절이 두 개가 왔으므로 형용사인 (C)부터 소거한다. 타동사(ensure) 뒤 빈칸은 명사절 자리이므로 부사로 쓰이는 (D)는 오답 처리한다. (A)는 불완전한 절에 써야 하므로 오답이다. 타동사(ensure) 뒤는 목적어 자리이고, 빈칸 뒤에 완전한 절이 왔으므로 (B) that이 정답이다. 정답 (B)

해석 관리부는 비상등 장치가 제대로 작동하고 있는지를 확실히 하기 위해 모든 케이블과 연결 상태를 정기적으로 확인하도록 요구받는다.

표현 정리 periodically 정기적으로, 주기적으로 ensure ～를 확실히 하다 properly 제대로, 적절히

7. 의문형용사를 고르는 문제

해설 '명사+주어+동사' 앞 빈칸은 which만 가능하다. 이때 which는 의문형용사라고 하는데 which 외에도 what, whose가 있다. '명사+주어+동사' 앞 빈칸은 의문형용사 외에 어떤 접속사도 올 수 없다. 따라서 (B) which가 정답이다. 정답 (B)

해석 견적서를 몇 개 받아본 후, 쿠텐 씨는 사무실 개조공사를 위해 어떤 업체를 선택해야 할지 결정했다.

표현 정리 estimate 견적(서) renovation 수리, 보수

8. 접속사를 고르는 문제

해설 절이 두 개가 왔으므로 (B)부터 소거한다. 빈칸 뒤에 동사(is)의 주어가 빠진 불완전한 절이 왔으므로 (A) What이 정답이다. 빈칸은 주어 자리이므로 명사절 접속사를 써야 하지만 (C)와 (D)는 부사절 접속사이므로 빈칸에 들어갈 수 없다. 정답 (A)

해석 당신의 회사가 높은 수준의 전문성을 유지하기 위해 필요한 것은 직원을 정기적으로 교육시키고 훈련시키는 것이다.

표현 정리 educate 교육시키다 regularly 규칙적으로, 정기적으로 specialization 전문화, 전문 분야

9. 접속사를 고르는 문제

해설 whether는 to부정사와 어울려 자주 출제된다. 따라서 (C) whether가 정답이다. (A)는 to부정사를 쓸 수 있는 접속사가 아니고 (B) 부사 또한 to부정사를 수식할 수 없다. (D)는 등위접속사로 빈칸 뒤 to부정사와 병렬로 연결시킬만한 동사가 없으므로 오답이다. 정답 (C)

해석 시 조사단원들은 개발업자들이 농지 지역에 주택을 개발하도록 승인할지 고려 중이다.

표현 정리 inspector 조사자 developer 개발업자 housing 주택 farmland 농지

10. 접속사를 고르는 문제

해설 빈칸은 주어 자리이므로 명사절 접속사를 넣어야 한다. (B)와 (D)는 부사절 접속사이므로 오답 처리한다. (A)는 명사절 접속사로 쓰이지만 주어 자리에 올 수 없으므로 오답이다. 따라서 정답은 (C) Whether가 정답이다. 정답 (C)

해석 우리의 사업이 성공할 것인지는 도시에서 최고의 서비스를 제공하는 호텔이 되느냐에 달려 있다.

표현 정리 depends on ～에 달려 있다 provide 제공하다

Unit 65. 형용사절 접속사의 종류 ①

실전 문제 1

해설 사람 선행사(performer)와 주어가 빠진 동사(was) 사이에 빈칸이 왔으므로 주격관계대명사인 (C) who가 정답이다. **정답 (C)**

해설 그녀는 그녀의 동료들과 뛰어난 의사소통 능력으로 잘 알려졌던 최고의 직원이다.

표현 정리 be well-known for ~로 잘 알려지다 **outstanding** 뛰어난 **associate** 동료(주로 복수)

실전 문제 2

해설 사람 선행사(a staff member)와 명사(thoughts) 사이에 빈칸이 왔으므로 소유격관계대명사인 (B) whose가 정답이다. **정답 (B)**

해설 우리는 참신할 뿐만 아니라 당장에 현실적인 생각을 가진 직원을 찾고 있다.

표현 정리 not only A but also B A 뿐만 아니라 B도 **creative** 창의적인 **immediately** 즉각 **practical** 실용적인

Unit 66. 형용사절 접속사의 종류 ②

실전 문제 1

해설 선행사(project)가 사물이고, 동사(will have) 앞에 빈칸이 왔으므로 주격인 (A) which가 정답이다. **정답 (A)**

해설 정부는 지질학자들이 아직 개발하지 않은 특정 도시의 지역들을 조사하도록 할 계획을 발표했다.

표현 정리 announce 발표하다 **geologist** 지질학자 **investigate** 조사하다 **certain** 특정한

실전 문제 2

해설 선행사가 사물(new office building)이고, 명사 앞에 빈칸이 왔으므로 소유격인 (B) whose가 정답이다. **정답 (B)**

해설 Mr. Lee와 Ms. Wong은 이제 이 회사 공동 대표인데, 그들의 새 건물은 이전의 회사 근처에 새로 지어졌다.

표현 정리 construct 건축하다 **former** 이전의 **co-representative** 공동대표

Unit 67. 형용사절 접속사의 종류 ③

실전 문제 1

해설 선행사에 시간(middle of a crisis)이 왔고, 빈칸 뒤에 주어(they)

와 동사(needed to set), 목적어(comprehensive and extensive but effective strategies)를 모두 갖춘 완전한 절이 왔으므로 관계부사인 (D) when이 정답이다. **정답 (D)**

해설 대부분의 산업들은 종합적이고 광범위하면서도 효과적인 전략을 세워야 하는 최악의 위기에 처해 있었다.

표현 정리 crisis 위기, 최악의 고비 **comprehensive** 종합적인 **extensive** 포괄적인 **effective** 효과적인

실전 문제 2

해설 선행사가 장소(company)로 왔고, 빈칸 뒤에 완전한 절이 왔으므로 관계부사인 (B) where가 정답이다. **정답 (B)**

해설 J&W 사는 그가 처음 5년 간은 법률 고문으로서, 그리고 나중 12년간은 경영 자문위원으로 일해 온 기업이다.

표현 정리 in-house lawyer 사내 변호사 **administrative** 경영의 **consultant** 자문위원

유형 분석 14 REVIEW TEST

1. 소유격관계대명사를 고르는 문제

해설 선행사에 사람(candidate)이 왔고 명사(proposal) 앞 빈칸은 소유격 관계대명사 자리이므로 (D) whose가 정답이다. **정답 (D)**

해설 제안서가 통과된 후보자들은 다음 주 수요일까지 자신들의 포트폴리오를 지참해야 합니다.

표현 정리 candidate 후보자 **proposal** 제안서 **accept** 받다

2. 주격관계대명사를 고르는 문제

해설 사람 선행사(Anyone)와 동사(wants) 사이에 빈칸이 왔으므로 주격인 (B) who가 정답이다. **정답 (B)**

해설 올해 환경 워크숍 프로그램에 참가하고자 하는 분은 누구든 양식을 작성하여 인사부에 제출해 주세요.

표현 정리 participate 참여하다 **environmental** 환경의 **fill out** 작성하다 **submit** 제출하다

3. 복합관계대명사를 고르는 문제

해설 빈칸 뒤 명사(travel agency)와 동사(provides) 사이에는 '주격관계대명사+be(which is)'가 생략되었다. 선행사가 없고 주어가 빠진 불완전한 절이 왔으므로 (A) whichever가 정답이다. **정답 (A)**

해설 우리 회사는 항공사와 제휴를 맺었으며, 가격 혜택을 주는 여행사 쪽과 거래를 매듭짓게 될 것이다.

표현 정리 forge 구축하다 **alliance** 동맹, 제휴 **deal with** 거래하다 **travel agency** 여행사

4. 주격관계대명사를 고르는 문제

해설 선행사에 사람(employees)이 왔고, 빈칸 뒤에 주어가 빠진 불완전한 절이 왔으므로 (B) who가 정답이다. **정답 (B)**

해석 SP 화학은 사내 다양한 환경 동아리에 참여하는 근로자들에게 좋은 복지를 제공한다.

표현 정리 offer 제공하다 benefit 혜택 participate in ~에 참여하다

5. 주격관계대명사를 고르는 문제

해설 선행사에 사물(equipment)이 왔고, 빈칸 뒤에 주어가 빠진 불완전한 절이 왔으므로 (B) which가 정답이다. **정답 (B)**

해석 현 시스템은 대부분의 우리 공장에서 사용하는 장비들에 적합하기 때문에 지금 교체한다면 비용과 시간이 들 것이다.

표현 정리 current 현재의 be suited for ~에 적합하다 equipment 장비 cost 비용이 들다

6. 관계대명사를 고르는 문제

해설 빈칸 앞뒤에 절이 두 개가 왔으므로 관계대명사인 (D) which가 정답이다. **정답 (D)**

해석 상사는 직원들이 완전히 이해하지 못해 제대로 이행되지 못한 매뉴얼을 수정했다.

표현 정리 supervisor 상사, 감독관 revise 수정하다 manual 설명서 fully 완전히 instruction 지시사항

7. 관계대명사를 고르는 문제

해설 빈칸 앞에 '사람 선행사(executive director)+comma'가 왔고, 빈칸 뒤에 주어가 빠진 불완전한 절이 왔으므로 (C) who가 정답이다. **정답 (C)**

해석 Ms. Yun은 역대 가장 젊은 임원인데, 그녀는 작년에 부사장으로 임명되었다.

표현 정리 appoint 임명하다 executive director 임원, 이사

8. 관계부사를 고르는 문제

해설 선행사에 시간(hours)이 왔고, 빈칸 뒤에 완전한 절(they work)이 왔으므로 (C) when이 정답이다. **정답 (C)**

해석 우리는 직원들이 매번 서류 작업을 할 필요가 없도록 그들이 일하는 시간을 기록하는 출입 카드를 사용하게 하였다.

표현 정리 transcribe 기록하다 paperwork 서류작업

9. 관계대명사를 고르는 문제

해설 빈칸 앞에 '사물 선행사(Columbia)+comma'가 왔고 빈칸 뒤에 주어가 빠진 불완전한 절이 왔으므로 (D) which가 정답이다. **정답 (D)**

해석 Mr. Larson은 콜롬비아로 갔는데, 그곳에서 그는 주지사를 만나 도시 개발에 관하여 의논할 예정이다.

표현 정리 governor 주지사

10. 복합관계형용사를 고르는 문제

해설 절이 두 개이므로 (B)부터 소거한다. 관계부사는 선행사가 생략이 가능하고 그 뒤에 완전한 절이 와야 한다. 따라서 (C)와 (D) 모두 가능하지만 문맥상 오답이다. 명사(products) 앞 빈칸은 복합관계형용사 자리이고 문맥상 '구할 수 있는 상품은 무엇이든지 재고를 쌓아야 한다.'는 의미여야 하므로 (A) whatever가 정답이다. **정답 (A)**

해석 유감스럽게도 우리는 일손과 시간, 그리고 공급이 모자라기 때문에 우리는 근무시간을 늘리고 구할 수 있는 상품은 무엇이든지 비축해 두어야 한다.

표현 정리 unfortunately 불행히도 be shot of ~이 부족하다 stock up 쌓다 available 이용 가능한

Unit 68. 부사절 접속사의 종류 ①

실전 문제 1

해설 절이 두 개가 왔으므로 부사 (A), (B)는 모두 소거한다. 선택지에 시간부사절 접속사가 왔고, 주절의 동사에 미래시제(will)가 왔으므로 (D) As soon as가 정답이다.　　　　　　　　　　　**정답 (D)**

해석 새 전화가 설치되자마자, 우리는 모든 고객들에게 이 번호를 알려주기 위해 문자 메시지를 보낼 것이다.

표현 정리 install 설치하다 text message 문자 메시지 moreover 더욱이, 게다가

실전 문제 2

해설 절이 두 개가 왔으므로 접속부사 (D) Therefore는 소거한다. 나머지 선택지는 모두 어법상 적절하므로 문맥상 알맞은 것을 선택해야 한다. '마케팅 이사가 출장 가 있는 동안 모든 연락들이 그의 비서에게 연결될 것이다'가 문맥상 적절하므로 (A) While이 정답이다.　　**정답 (A)**

해석 마케팅 이사가 출장 가 있는 동안 모든 이메일과 전화는 그의 비서에게로 연결될 것이다.

표현 정리 on a business trip 출장 중인 forward 보내다, 전송하다 assistant 비서

Unit 69. 부사절 접속사의 종류 ②

실전 문제 1

해설 빈칸 뒤에 조동사(can, may)가 왔으므로 목적부사절 접속사 (D) so that이 정답이다.　　　　　　　　　　　　　　**정답 (D)**

해석 직원이 마음 놓고 질문하고, 아이디어를 제안하고, 잘못된 점을 지적할 수 있도록 직원과 고용주 사이의 의사소통 경로는 열려 있어야 한다.

표현 정리 communications channel 의사소통 경로 point out 지적하다

실전 문제 2

해설 '형용사(effective)+주어(a diet program)' 앞에 빈칸이 왔으므로 (B) However가 정답이다. (A) 등위접속사는 문두에 올 수 없고, (C) 접속사 뒤에는 형용사가 빠진 '주어+동사'가 와야 한다.　　　　　**정답 (B)**

해석 아무리 다이어트 프로그램이 효과적이라 하더라도 건강한 식습관은 필수이다.

표현 정리 effective 효과적인 essential 필수적인 eating habit 식습관

1. 접속사를 고르는 문제

해설 '형용사(uncomfortable)+주어(you)+동사(are)' 앞에 빈칸이 왔으므로 (C) however가 정답이다. (A), (B)는 모두 that을 생략한 접속사로 형용사를 뺀 '주어+동사' 앞에 써야 한다.　　　　　　**정답 (C)**

해석 아무리 불편하더라도 회의에서는 정장을 입으세요.

표현 정리 dress shoes 신사화, 정장구두 uncomfortable 불편한

2. 목적부사절 접속사를 고르는 문제

해설 빈칸 뒤에 조동사(may, can)가 왔으므로 목적부사절 접속사인 (B) so that이 정답이다. (A)는 전치사로 절 앞에 올 수 없고, (C) 부사는 두 개의 절을 연결할 수 없다.　　　　　　　　　　　　　　**정답 (B)**

해석 그 기관은 관광객이 즐길 수 있도록 하기 위해 스코틀랜드에 있는 역사적인 성을 관리하는 일을 맡고 있다.

표현 정리 be in charge of ~를 책임지다 maintain 유지하다, 관리하다, 보수하다 historic 역사적인, 역사적으로 중요한 castle 성

3. 이유부사절 접속사를 고르는 문제

해설 절이 두 개가 왔으므로 (A) 부사, (D) 전치사는 올 수 없다. 이유부사절 접속사는 부정 표현 앞에 주로 쓰고 기상 관련 표현과 자주 어울려 출제된다. 따라서 (C) since가 정답이다.　　　　　　**정답 (C)**

해석 서부지방의 날씨 상황이 포도가 익는데 유리하기 때문에 우리는 기록적인 수확의 해가 될 것이라 예상한다.

표현 정리 record harvest 기록적인 수확 favorable 호의적인, 유리한, 순조로운 maturation (과일, 술 등이) 익음, 성숙

4. 조건부사절 접속사를 고르는 문제

해설 '_____+주어+동사, 주어+동사' 구조에서 빈칸은 부사절 접속사 자리이다. 따라서 명사절 접속사인 (A), (B)부터 소거한다. (C)는 '마치 ~처럼'이라는 뜻으로 거의 대부분 오답으로 출제되는 접속사 중 하나이다. 주절에 쓰인 명령문에는 시간 또는 조건부사절 접속사를 쓴다는 것을 알아두어야 하며, (D) If가 정답이다.　　　　　　　　　　**정답 (D)**

해석 이 사무실에서 책 또는 복사물을 빌리고 싶다면 Linda에게 알리고 그녀의 허락을 구하세요.

표현 정리 sign out 서명하고 대출받다 photocopied material 복사물

5. 부사절 접속사를 고르는 문제

해설 빈칸은 부사 자리이므로 명사절 접속사인 (B)와 (C)를 소거하고 부사인 (D)도 소거한다. 따라서 두 개의 절을 연결할 부사절 접속사인 (A) whenever가 정답이다.　　　　　　　　　　　　　**정답 (A)**

해석 소비자 가격에는 상담료가 포함되어 있으니 언제라도 우리 제품에 대

한 세부사항에 대해 알고 싶으면 편안하게 연락해 주세요.

6. 양보부사절 접속사를 고르는 문제

해설 우선 (C) as if(마치 ~처럼)는 대부분 오답으로 출제되는 접속사이므로 일단 지우고 푼다. (A)는 시간부사절 접속사, (B)는 이유부사절 접속사, (D)는 양보부사절 접속사이다. 문맥상 '~했지만 ~하다'라는 의미로 기대했던 내용과 반대되는 내용이 언급되었으므로 양보부사절 접속사인 (D) Although가 정답이다. **정답 (D)**

해석 비록 그는 타이완에 출장차 여러 번 왔지만 직원들과 함께 오기는 이번이 처음이다.

표현 정리 accompany ~를 수반하다, 동반하다

7. 조건부사절 접속사를 고르는 문제

해설 주절에 의무동사(have to attend)가 왔으므로 조건부사절 접속사인 (C) unless가 정답이다. **정답 (C)**

해석 모든 신입사원들은 급한 개인사정이 없는 한 환영회에 참석해야 한다.

표현 정리 urgent 긴박한, 급한 personal matter 개인사정, 개인적인 용무

8. 접속사를 고르는 문제

해설 'so ~ that' 구문이며, 빈칸 앞에 'so+형용사'가 왔으므로 빈칸은 (B) that이 정답이다. **정답 (B)**

해석 이 기술은 아주 혁신적이어서 만약 이것을 당신의 제품에 적용하지 않는다면 당신은 경쟁에서 뒤처질 것이다.

표현 정리 innovative 혁신적인 fall behind 뒤처지다, 낙오되다

9. 양보부사절 접속사를 고르는 문제

해설 양보부사절 접속사는 문두에 자주 위치한다는 것을 기억한다. '신약 사용이 승인됐지만 아이들에게는 권장되지 않는다.'는 의미여야 하므로 (D) Even though가 정답이다. **정답 (D)**

해석 신약이 FDA에 의해 성인에게 사용되는 것이 승인됐지만 임신한 여성과 1살 이하의 아이들에게는 권장되지 않는다.

표현 정리 medicine 약 approve 승인하다 pregnant 임신한

10. 이유부사절 접속사를 고르는 문제

해설 문맥상 부사절과 주절의 관계는 인과 관계이다. 따라서 (B), (D) 중에 선택해야 하는데, 빈칸 뒤에 절(the copy machine purchased two days ago doesn't work)이 왔으므로 접속사인 (B) now that이 정답이다. **정답 (B)**

해석 이틀 전에 구입한 복사기가 제대로 작동하지 않기 때문에 Mr. Bae는 매장을 방문해 다른 것으로 바꾸든지 환불을 요청할 예정이다.

표현 정리 replacement 대체품 refund 환불

실전 문제 1

해설 빈칸 앞뒤 as를 모두 소거한 후 문맥을 따져본다. make는 5형식 동사이므로 make 뒤는 '목적어 + 목적보어' 구조로 와야 한다. 따라서 빈칸 앞에 목적보어가 빠진 불완전한 절(artist studios will make the museum)이 왔으므로 형용사인 (D) large가 정답이다. **정답 (D)**

해석 6개월간의 대대적인 공사가 마무리되면 리모델링된 갤러리, 예술가 작업실들이 박물관을 과거보다 두 배는 크게 만들 것이다.

표현 정리 extensive 아주 넓은, 광범위한, 대규모의 renovation 수리, 보수

실전 문제 2

해설 빈칸 앞뒤 as를 모두 소거한 후, 주어(The part)와 동사(can cut through), 목적어(the air and withstand winds)를 모두 갖춘 완전한 절이 왔으므로 부사인 (B) easily가 정답이다. **정답 (B)**

해석 비행기 날개처럼 디자인된 이 부품은 가능한 한 쉽게 공기를 가르고 바람의 저항을 견뎌낼 수 있다.

표현 정리 part 부분, 부품 withstand 저항하다, 맞서다, 견뎌내다, 이겨내다

Unit 71. 비교급

실전 문제 1

해설 빈칸 뒤에 than이 왔으므로 (D) higher가 정답이다. **정답 (D)**

해석 Lonsdale International은 이번 분기에 올린 약 7천 8백 4십만 달러의 분기 수익은 그들이 예상했던 것보다 높은 것이었다고 보도했다.

표현 정리 quarter 분기 revenue 수익 approximately 약, 대략

실전 문제 2

해설 speed는 1음절 형용사이고, 빈칸 뒤에 than이 왔으므로 (B) speedier가 정답이다. **정답 (B)**

해석 이 차는 Michigan에서 열린 구급용 차량 평가 기간 동안 다른 경쟁자보다 훨씬 빨랐다.

표현 정리 rest 나머지 competition 경쟁 evaluation 평가, 감정

Unit 72. 최상급

실전 문제 1

해설 형용사나 부사가 1음절 단어일 때는 '형용사/부사+est' 형태를 써야 하므로 (D) fastest가 정답이다. **정답 (D)**

해석 가장 가까운 지점을 찾기 위한 가장 빠른 방법은 우리 웹사이트에서 도시 이름을 치고, 당신이 사는 도시를 찾으면 된다.

표현 정리 look for ~을 찾다 near 가까운, 근처의 location 위치, 지점

실전 문제 2

해설 형용사나 부사가 '-able, -ful, -ous, -ive' 등으로 끝나는 2음절 단어 이거나, 3음절 이상의 단어일 때는 'the most+형용사'를 써야 하므로 (B) most reputable이 정답이다. 정답 (B)

해석 IN People & Solutions는 의학과 병원 직종에 국한된 전문 채용업체 이며, 우리는 최고로 명성 있는 국제 또는 국내 병원들을 위해 일해 왔다.

표현 정리 specialize in ~을 전문으로 하다 exclusively 오직, 배타적으로, 독점적으로 reputable 평판이 좋은

유형 분석 16 REVIEW TEST

1. 최상급 강조 부사를 고르는 문제

해설 최상급(the most efficient)을 강조하는 부사는 only밖에 없으므로 (B) only가 정답이다. 정답 (B)

해석 E-Tax는 부동산과 개인 재산세에 관해 가장 효율적이고 비용을 절감 할 수 있는 해결책을 제공합니다.

표현 정리 deliver ~을 전하다 efficient 효율적인 cost-effective 비용 효과적인

2. 원급을 고르는 문제

해설 빈칸 앞뒤 as를 모두 소거한 후 빈칸 앞에 완전한 절이 오면 부사가 와야 한다. 따라서 (A) precisely가 정답이다. 정답 (A)

해석 새로운 기계의 평가기간 동안 전문가가 수행한 종합 분석은 우리가 기 계의 가치를 가능한 한 정확하게 계산할 수 있도록 해 준다.

표현 정리 comprehensive 종합적인 expert 전문가 evaluation 평가 calculate 계산하다

3. 비교구문을 고르는 문제

해설 빈칸 앞뒤 more와 than을 모두 소거한 후 빈칸 앞에 완전한 절이 오 면 부사가 와야 한다. 따라서 (C) easily가 정답이다. 정답 (C)

해석 EXPKrobit에 의해 시행된 시험 결과는 CHIA에서 개발된 장치가 다 른 장치들보다 더 쉽게 손상을 입을 가능성이 있다고 한다.
표현 정리 device 장치 be likely to ~일 것 같다, ~의 가능성이 있다 damage 손상시키다, 해치다

4. 최상급을 고르는 문제

해설 형용사나 부사가 1음절 단어일 때는 '형용사/부사+est' 형태를 써야 하므로 (D) busiest가 정답이다. 정답 (D)

해석 여기는 내가 가 본 식당 중 가장 붐비지만 전국적으로 보면 단지 세 번 째일 뿐이다.

5. 최상급을 고르는 문제

해설 'the+최상급'을 대신해서 '소유격+최상급'을 쓸 수도 있으므로 (A) most recent가 정답이다. 정답 (A)

해석 우리가 예상했던 것보다 더 많은 사람들이 구입해서 Nakasa의 신작 소설은 현재 재고가 없다.

표현 정리 recent 최근의 currently 현재 out of stock 재고가 없는

6. 최상급을 고르는 문제

해설 the 뒤에 빈칸이 왔으므로 최상급인 (D) least가 정답이다. 정답 (D)

해석 이것은 완제품을 배송하기 위한 가장 저렴한 방법을 찾는 소상공인들 에 의해 주로 이용된다.

표현 정리 mainly 주로 finished products 완제품

7. 원급을 고르는 문제

해설 빈칸 앞뒤 as를 모두 소거한 후, 빈칸 앞에 불완전한 절(working hours are)이 오면 형용사가 와야 한다. 따라서 형용사인 (C) flexible이 정 답이다. 정답 (C)

해석 그녀가 최근 일하는 회사는 저임금을 지불하지만 근무시간대는 그녀 가 조정할 수 있는 만큼 융통성이 있다.

표현 정리 low salary 저임금 working hour 근무시간 flexible 융통성 있는, 유연한

8. 비교구문을 고르는 문제

해설 빈칸 뒤에 than이 왔으므로 (B) less가 정답이다. 정답 (B)

해석 시의 제한된 물 공급으로 인하여, 잔디 정원보다 물이 덜 필요한 장미 정원을 가꾸도록 권유 받는다.

표현 정리 supply 공급 be advised to ~라고 권유 받다, ~라고 조언 받다

9. 최상급을 고르는 문제

해설 형용사나 부사가 1음절 단어일 때는 '형용사/부사+est' 형태를 써야 하므로 (D) strictest가 정답이다. 정답 (D)

해석 YesPoint는 가장 엄격한 가이드라인을 준수해 안전하게 보호되는 귀 하의 개인정보를 수집합니다.

표현 정리 in compliance with ~를 준수하여

10. 최상급을 고르는 문제

해설 빈칸 앞에 the가 왔고, influential이 3음절 이상이므로 형용사 최상급인 (B) most influential이 정답이다.   정답 (B)

해석 1980년 이래 가장 영향력 있는 재즈 피아니스트 중 한 사람인 Mr. Jung이 다음 주에 서울 재즈 페스티벌에서 연주할 계획이다.

표현 정리 influential 영향력 있는

Step 2 헷갈리는 기출 어휘 정리

1. 중요한 업데이트를 이용하려면 온라인으로 상품을 등록하세요.

def. **access**(접근법) – 불가산명사
    approach(접근) – 가산명사

2. 이 호텔은 도심지로 연결되는 추가 이점을 가진다.

def. **benefit**(혜택) – 반대급부로 주어지는 혜택
    advantage(장점, 이익) – 우월한 상황에서 얻는 이점

3. 지미는 출장이 예정된 켈리를 대신하여 일할 것이다.

def. alternative(방도, 방안(to)) – 다른 것 대신에 선택할 수 있는 대안
    replacement(대체물, 후임, 교체(for)) – 대체물이나 후임

4. 저는 이 장비의 이용과 관련해 중요한 경고사항에 주의를 환기시키고 싶습니다.

def. **attention**(집중, 주의, 주목(to)) – 일을 처리할 때의 과정에서 정신력을 모으는 집중
    concentration(집중, 전념(on)) – 한 가지 일에만 집중하는 상태를 강조

5. 그들은 건물 앞에 특별 방문객들이 주차할 수 있도록 허락할 권한을 가지고 있다.

def. claim(주장, 청구) – 당연한 권리로서 청구 또는 요구하는 행위
    authority(권위, 권한) – 명령을 내리거나 허가할 수 있는 권한

6. 만약 당신이 개발제한구역 근처에 공장을 지으려면, 시장으로부터 서면 허가를 받아야 합니다.

def. authority(권한) – authorization을 행사할 수 있는 권한
    authorization(허가) – 임무 수행에 필요한 공식 허가

7. 4명의 고객들은 여러 샐러드를 주문하고 마지막으로 드레싱을 선택하였다.

def. **choices**(선택사항, 선택행위) – 가장 선호하는 것, 이미 선택한 것
    options(선택사항, 선택행위) – 선택을 위해 주어지는 사항들

8. 지붕의 심각한 파손을 수리하기 위해서는 3주가 소요될 것이다.

def. hurt(상처) – 감정적, 정신적인 상처
    damage(손해, 손상) – 사물의 가치가 손상된 것에 초점을 맞추며 금액으로 환산 가능

9. 회사는 당신이 계약서에 서명하도록 두 통의 사본을 보낼 것이다.

def. **duplicate**(사본, 복제물) – 수량이 아닌 원본과 같은 형태의 사본
    double(두 배) – 수량이 두 배

10. 폭우는 식당 매출에 영향을 미칠 것이다.

def. affect(감정, 정서) – 의미 그대로 감정, 정서
    effect(결과, 영향) – 직접적으로 발생한 결과 또는 영향

Step 3 이론 적용해 보기

1. 원래 이번 금요일로 잡혀 있던 회의가 추후 통보가 있을 때까지 연기되었다. **정답 (A)**

2. 회사는 두 번째 회계분기까지 50퍼센트의 이윤 증가를 예상한다. **정답 (B)**

3. 매니저는 회사 고객들의 정보에 접근하는 것을 통제하기로 했다. **정답 (B)**

4. 우리는 발송 제경비 서비스를 추가 비용 없이 제공합니다. **정답 (A)**

5. 그들은 회의 기간 중에 분실된 어떠한 귀중품에 대해서도 책임지지 않는다. **정답 (B)**

6. 열린 의사소통은 신입직원의 근무능력에 자신감을 심어줄 수 있다. **정답 (A)**

7. 서류는 1주일 내로 최종 승인을 위하여 이사회로 보내질 것이다. **정답 (A)**

8. 박물관은 독특한 소장품을 5월 1일부터 8월 31일까지 전시할 계획이다. **정답 (B)**

9. 만약 당신이 특별한 식기 세척기를 찾고 있다면, 제품의 기능에 대해 더 많이 설명돼 있는 웹사이트를 방문해 보세요. **정답 (B)**

10. 우리는 창사 20주년을 기념하여 모든 자전거에 20퍼센트 할인을 제공합니다. **정답 (A)**

Unit 74. 명사 ②

Step 2 헷갈리는 기출 어휘 정리

1. 지난 12개월간의 판매수치를 바탕으로, 부서는 CLK250을 단종시키기로 했다.
def. **score**(점수, 득점) – 시험이나 시합 등에서 얻은 점수
   figure(수치, 숫자) – 수치로 나타낸 수량

2. 주는 번화가에 주차한 차량에 대해 과중한 과태료를 부과할 예정이다.
def. **fine**(벌금, 과태료) – 법규를 어겼을 때 물어야 하는 벌금
   charge(요금, 수수료) – 서비스에 대한 요금, 수수료

3. Westlines는 단골 고객을 유지하기 위하여 자주 이용하는 사람들에게 항공요금을 인하해 주기로 했다.
def. air prices(가격, 대가) – 보통 물건 가격
   airfares(운임, 교통요금) – 교통수단을 이용할 때 내는 요금

4. 잠시만 시간을 내서 설문서를 작성해 주십시오.
def. **form**(서식, 양식) – 기입란을 지닌 서식
   print(인쇄 상태) – 활자로 인쇄된 출판물의 상태

5. 방콕에 온라인 상점을 설립하는 것은 웹사이트의 철저한 연구를 필요로 한다.

def. **establishment**(창립, 설립) – 주로 건물이나 기관 등을 설립하는 행위
   foundation(기반, 토대) – 기초, 초석, 토대 등의 이념의 의미

6. 상당한 양의 투자가 시설 증진을 위해 요구된다.
def. increment(증대, 증가) – 양적 증가
   improvement(향상, 개선) – 질적 발전

7. 조사 결과는 회사의 장래 성공의 좋은 지표일 수 있다.
def. **indication**(표시, 증거, 징후) – 어떤 내용을 알리기 위해 암시하는 간접적인 요인
   show(표명) – 직접 그 대상을 보여주는 적극적인 행위

8. 나는 제품 특징에 관한 상세 정보를 박스에서 찾을 수 없었다.
def. information(정보, 자료) – 특정 주제나 상황에 대해 알려진 내용
   description(서술, 묘사) – 어떤 것의 모양이나 내용에 대한 설명

9. 자신의 사업을 시작하기 전에 현지 사업 여건에 대해 철저한 조사를 하시오.
def. exploration(탐사, 탐험) – 지리적 조사 또는 연구
   investigation(조사) – 주로 사건의 진상을 파악하기 위한 조사

10. 전자제품 가게의 판매원은 제품에 대한 종합적인 지식을 갖추고 있다.
def. thought(생각, 사고) – 어느 순간 마음속에 떠오른 생각
   knowledge(지식) – 경험 또는 연구를 통해 알고 있는 것

Step 3 이론 적용해 보기

1. 회사는 까다로운 계약 협상을 다루기 위해 더 경험이 많은 직원이 필요하다. **정답 (B)**

2. 당신이 예약 확정을 원하는지를 알려주시고 총 숙박비의 20퍼센트를 지불해 주세요. **정답 (B)**

3. 우수 판매 실적상은 최고의 차량 판매원에게 주어질 것이다. **정답 (A)**

4. 그들은 당신이 자동차 대출 자격이 있는지를 말해줄 것이다. **정답 (B)**

5. 생일에 출금을 하는 고객들은 축하 메시지를 받게 될 것입니다. **정답 (B)**

6. 직원들이 비즈니스 목적으로 출장을 갈 때, 그들은 보상에 관한 규정을 준수해야 한다. **정답 (A)**

7. Mr. Kim은 HBOL 은행 융자에 대해 2주간의 연장을 허가해 달라고 요청했다. **정답 (B)**

8. 이 공동체는 은퇴 후 다양한 활동을 제공한다. **정답 (B)**

9. LHA의 직원들 중 절반 이상이 그들의 직업 안정성에 만족을 표했다. **정답 (A)**

10. 많은 고용주들은 직원들이 계약서에 관해 공정하게 협의하도록 할 수 있다. **정답 (B)**

Unit 75. 명사 ③

Step 2 헷갈리는 기출 어휘 정리

1. 요리법에 한 가지 새로운 재료를 추가하면, 당신은 훌륭한 제철 음식을 만들 수 있다.

def. material(재료, 원료) – 어떤 제품을 만들 때 사용되는 재료나 원료
ingredient(재료, 성분) – 혼합물, 합성물 또는 요리의 재료

2. 노련한 매니저는 우리 모두에게 효과적인 근무 시간표를 만들어 줄 수 있다.

def. program(프로그램, 계획) – 일정 또는 계획들이 장기적으로 배치된 넓은 개념
schedule(일정, 계획) – 1회성, 단기적인 일정

3. 이 도시에서 창업을 하기 전에, A to Z 컨설팅으로부터 자문을 구해 보세요.

def. **advice**(조언) – 도움이 될 만한 의견
proposal(제안) – 거래에 관한 제안

4. 이 소프트웨어의 허가 받지 않은 복제는 금지되어 있습니다.

def. duplicate(복제물) – 서류나 문서 등의 보관용 사본
reproduction(복제, 복제물) – 상업적 저작물을 복제하는 행위

5. 기억하건데, 그녀는 발표 후반부를 놓쳤다.

def. **recollection**(기억, 추억) – 기억 자체를 의미
remembrance(기념, 추도) – 기억을 되살려 기념하는 행위

6. 고객은 불량품을 반품했고, 전액 환불을 받았다.

def. **product**(상품, 제품) – 생산되는 과정에 초점을 맞춘 공장에서 대량으로 만들어진 물건
goods(상품, 제품) – 판매를 위해 만들어진 것

7. 500달러 상당의 장비가 각 부서에 도입되었다.

def. **worth**(가치) – 금전적 가치를 나타내는데 액수를 나타내는 표현과 함께 쓰임
value(가치) – 지불된 돈에 대한 어떤 대상의 가치를 말함

8. 우리는 반품 정책에 따라 기꺼이 이것을 다른 것으로 바꾸어 드리겠습니다.

def. **exchange**(교환) – 서로 간에 어떤 물건을 주고 받는 행위
change(변화) – 어떤 사람이나 사물이 다른 것으로 되는 과정

9. 우리는 장애를 가진 사람들과 함께 일할 능력이 있는 봉사자가 필요합니다.

def. **ability**(능력) – 일을 행할 수 있는 능력
interest(관심) – 어떤 대상에 대한 호기심이나 관심

10. 우리 회사는 당신이 상담가로서 일하기 가장 좋은 곳입니다.

def. **mentor**(스승, 지도자) – 이끌어 주는 스승의 역할을 하는 사람

consultant(전문가, 고문) – 직업적으로 남에게 전문적인 조언을 해 주는 사람

Step 3 이론 적용해 보기

1. 온라인에서 구입한 제품을 반품하려면 저희는 수령 후 7일 내로 귀하가 그것을 원하는지 사전 확인을 받아야 합니다. 　　　　정답 (B)

2. 회사의 주식가치가 하락했음에도 불구하고 Real Corporation의 인수가 승인됐다. 　　　　정답 (B)

3. 차를 장기간 대여하는 것은 개인 차량을 유지하는 데 드는 비용을 줄이는 대체 방안이 될 수 있다. 　　　　정답 (B)

4. Pacific Corporation은 금융매니저 보조원의 공석을 발표할 예정이다. 　　　　정답 (B)

5. 당신은 그것이 향후 실적을 나타내는 훌륭한 지표가 아님을 유념하십시오. 　　　　정답 (A)

6. 당신이 평가서를 작성할 때, 당신의 이름은 쓰지 않도록 해 주세요. 　　　　정답 (B)

7. 유효한 운전면허증, 여권 같은 한 종류의 신분증이 필요합니다. 　　　　정답 (B)

8. 그들은 임원들이 비영리단체를 위한 자원봉사에 참여하기를 적극 권한다. 　　　　정답 (A)

9. 개인이 관련 자격증을 소지하고 있지 않다면, 당사자들은 물리 치료사의 감독 하에 있어야 한다. 　　　　정답 (A)

10. 연구에 따르면 태양광선에 반복적으로 노출될 경우 멜라닌 생성을 야기할 수 있다고 말합니다. 　　　　정답 (B)

Unit 76. 동사 ①

Step 2 헷갈리는 기출 어휘 정리

1. 분석가들은 장비 매출이 내년에 꾸준히 성장할 것으로 예상한다.

def. expect(기대하다, 예상하다) – 계획되어 있거나 단지 일어날 가능성이 있는 것에 대한 예상의 세부적인 의미
anticipate(예상하다, 예측하다) – 아직 일어나지 않은 사실 또는 사건에 대해 예견할 뿐만 아니라 거기에 대해 준비하는 것

2. 당신의 동료로부터 뭔가를 빌려달라고 요청하기 전에 예상치 못한 것에 대한 준비를 잘 하시오.

def. **borrow**(빌리다) – 빌리는 대상
lend(빌려주다) – 빌려주는 주체

3. Mr. Kim은 내년에 회계감사위원회 의장 직책을 맡을 것이다.

def. **assume**(~을 맡다) – 직책에 사용

undertake(일에 착수하다) – 업무 내용에 사용

4. 도자기 소매업자는 배송 중 발생한 파손에 대해 나에게 보상해 줄 것이다.

def. reimburse(갚다, 변상하다) – 돈을 미리 사용하고 그 다음에 그것에 대한 돈을 되돌려 받는 것을 의미

compensate(보상하다, 변상하다) – 주로 좋지 않은 상황에서 발생한 피해에 대해 보상할 때 사용

5. 당신의 보고서는 초록을 위해 10쪽을 1쪽으로 요약할 필요가 있습니다.

def. minimize(줄이다, 감소하다) – 양이나 수를 최소화한다는 의미

condense(줄이다, 요약하다) – 가스를 압축 또는 말이나 글의 내용을 줄이는 것

6. 울은 뜨거운 물에 담그면 수축하는 경향이 있다.

def. decrease(줄이다) – 정도, 수량을 줄인다는 의미

contract(수축하다, 줄다) – 어떤 물질이 수축되어 크기가 작아지는 것

7. 만약 당신의 제품에 문제가 발생하면 영업사원에게 연락하세요.

def. contact(연락하다) – 전화 또는 편지를 쓰는 등의 연락하는 행위

connect(연결하다) – 두 사람이나 사물이 어떤 대상에 관련되어 있거나 연결되는 것

8. 우리는 내일 우리 전시장에서 새로운 기계를 시연할 예정이다.

def. demonstrate(설명하다, 시연하다) – 사람들이 이해하기 쉽도록 어떤 대상의 기능 등을 설명하는 것

show(전시하다, 나타내다) – 어떤 대상을 한 장소에 놓고 사람들이 쉽게 볼 수 있도록 진열하는 것

9. 음식물 쓰레기와 쓰레기를 분리하는 것을 숙지해 두세요.

def. separate(나누다, 분리하다) – 서로 붙어 있거나 엉켜 있는 것을 하나하나 떼어 놓는 것

divide(나누다) – 집합체를 두 가지 이상으로 분할하기 위해 나누는 것

10. 저는 당신의 광고를 보고 이력서와 자기소개서를 동봉했습니다.

def. encircle(둘러싸다, 에워싸다) – 사람이나 사물을 둥글게 에워싸는 행위 자체에 중점을 둔 것

enclose(둘러싸다, 에워싸다, 동봉하다) – 편지 같은 것을 봉투 안에 넣는 것이나 담, 울타리, 벽 같은 것으로 둘러 싸여 분리되는 것

Step 3 이론 적용해 보기

1. 인사부는 마케팅부에 인원을 충원하기 위해 추가로 세 명을 더 뽑을 것이다. 정답 (B)

2. 사람들은 그들이 차를 선택할 때 대여 차량을 철저히 검사할 필요를 충분히 알지 못한다. 정답 (B)

3. 비록 국내시장에서는 성공적이었음에도 불구하고, 이 회사는 해외에 지사를 설립하는데 어려움을 겪었다. 정답 (B)

4. 그들은 지난 34개월간 그들이 시행착오를 경험한 이후 좋은 결과가 있을 것이라고 예상할 수 있었다. 정답 (A)

5. 인터뷰 전에 긴장을 완화하기 위해 밤에 잠을 충분히 자고 비타민 C를 섭취하는 것이 필수적이다. 정답 (B)

6. 현 인사부장이 다음 달 퇴직하면, Jone Cage가 인사부장을 맡기로 예정되어 있다. 정답 (B)

7. 회사는 시스템을 하나의 종합적인 네트워크로 단순화시키고 강화하기 위해 컴퓨터 장비를 구입했다. 정답 (B)

8. 취사도구로부터 오븐에 이르기까지 여러 주방제품 회사의 인수가 제품군을 다각화시켜 줄 것이다. 정답 (A)

9. 우리는 새로 업그레이드된 모델 CDI-2000을 12월 1일에 출시할 예정이다. 정답 (A)

10. 승무원들은 승객에게 착륙과 이륙을 하는 동안 장치를 끄고 안전벨트를 매라고 지시한다. 정답 (B)

Unit 77. 동사 ②

Step 2 헷갈리는 기출 어휘 정리

1. 회사는 외국인 고용자들에게 법을 준수할 것을 촉구했다.

def. insist(주장하다) – 어떤 내용이나 어떤 일을 하겠다는 강력한 주장

adhere(고수하다) – 어떤 규칙이나 협의 내용을 따르는 행동 또는 이에 전념하거나 지지하는 것

2. 당신의 커피테이블을 조립하기 위하여 사용설명서를 주의 깊게 읽고 따르세요.

def. follow(따라가다) – 위치상으로 뒤를 따라서 걷거나 이동하는 것

precede(앞서다) – 어떤 일이 있기 전에 먼저 일어나는 행동이나 어떤 일이 발생하는 것

3. 떠나기 전에 설문지에 응답한 후 제출해 주세요.

def. answer(대답하다) – 타동사로서 제안이나 질문에 대한 응답

respond(응답하다) – 자동사로서 어떤 것에 대해 반응하는 행동이나 서면으로 응답하거나 말하는 것

4. 검사는 그를 사기죄로 고소하기를 거부했다.

def. indict(기소하다) – 검사 등이 정식으로 고발할 때 사용

sue(소송하다) – 손해배상 소송을 제기할 때 사용

5. 일부 광팬이 공연자들의 진행을 막았다.

def. impede(방해하다) – 어떤 것이 개시되기 전에 일을 지연시켜서 막는다는 의미

prevent(방해하다) – 어떤 일이 발생할 것을 미리 예방하여 막는다는 의미

6. 부장은 인건비를 줄이기 위하여 400명의 근로자를 해고해야 했다.

def. fire(해고하다) – 해고 당사자의 잘못에 대해 책임을 묻기 위해 내보내는 것

　　lay off(해고하다) – 회사 사정상 구조조정 차원에서 부득이하게 내보내는 것

7. 공장을 방문한 뒤, 그는 회사의 최종 제안을 받아들이기로 결정했다.

def. agree(동의하다) – 동의하는 대상이 구체적으로 나오며 그 대상에 대해 의견이나 생각이 일치하는 것

　　accept(받아들이다) – 제안, 요청, 신청, 초대 등을 받아들이거나 인정하는데 동의

8. Mr. Seo의 연구는 줄기세포에 관한 최근 결과물을 밝혀줄 것이라고 사람들은 믿고 있다.

def. reveal(밝히다, 알리다) – 이전에는 알려져 있지 않은 정보나 사실을 밝히는 것

　　admit(인정하다) – 이미 알려져 있는 사실에 대해 옳다고 인정하는 것

9. 저는 귀하의 불만사항이 조사원에게 즉시 보내질 것이라고 확실히 말할 수 있습니다.

def. assume(추정하다) – 사실이라고 믿는 것

　　assure(단언하다) – 사람을 목적어로 취하여 확신을 가지고 말하는 것

10. 우리는 우리의 연구 활동 규모를 넓히고, 새로운 프로그램 개발을 지속할 것이다.

def. multiply(늘리다) – 수치를 배로 늘린다는 의미

　　broaden(넓히다) – 넓이, 규모를 증가시킨다는 의미

Step 3 이론 적용해 보기

1. 그들은 사업기회를 촉진하기 위해 4번째 연례 사업박람회를 개최할 것이다. **정답 (B)**

2. 교육의 목적은 직원들 간 협력을 증진하기 위함이다. **정답 (B)**

3. 그들은 노동자와 경영진 사이의 분쟁을 해결하는 것을 돕는다. **정답 (B)**

4. 더 효율적으로 운영하기 위해 매장 매니저는 영업시간을 전략적으로 바꾸었다. **정답 (A)**

5. 만약 당신이 원예업계에서 사업목표를 이루고자 한다면 특별한 장비와 도구가 필요할 것입니다. **정답 (B)**

6. Fitzerland Inc.는 새 정책들과 절차들을 지금부터 엄격히 시행하겠습니다. **정답 (B)**

7. 만약 당신이 어떠한 특정 역할을 선호하는지 알려준다면, 우리 매니저가 고려할 것입니다. **정답 (B)**

8. 공급업체는 다음 영업일까지 상품 배송을 거절할 것으로 예상된다. **정답 (B)**

9. 더 많은 기업들이 현재 그들의 상품과 서비스를 홍보해 달라고 광고회사에 요청하고 있다. **정답 (A)**

10. 임원들은 작년에 모금된 자금의 사용을 허락할 것이다. **정답 (B)**

Unit 78. 동사 ③

Step 2 헷갈리는 기출 어휘 정리

1. 악천후가 제품 배송을 지연시킬 수 있다.

def. result(결과로서 생기다) – 자동사로서 결과적으로 어떤 일이 생긴 것

　　cause(~의 원인이 되다) – 좋지 않은 결과의 원인이 되는 것

2. 당신이 실험실에 도착하면, 규칙을 따르도록 요청을 받을 것이다.

def. comply(~에 따르다) – 요구, 규칙에 따른다는 자동사로 with를 동반

　　observe(~을 지키다) – 타동사로서 전치사 없이 목적어를 취함

3. 우리는 기증받은 옷을 여아 옷과 남아 옷으로 분리할 필요가 있다.

def. cut(자르다) – 나누어진 부분이 완전히 없어져 버릴 때 사용

　　divide(나누다) – 나누어진 부분들이 여전히 남아 있을 때 사용

4. 그는 자격요건이 충분해 높은 연봉을 받을 만하다.

def. earn(얻다) – 노동, 서비스의 대가로 돈 등을 얻는 것

　　gain(획득하다) – 노력을 통해 얻는 것

5. 그들은 회원자격이 곧 만료될 것이라는 것을 그에게 알릴 것이다.

def. notify(알리다) – 사람을 목적어로 사용하여 개인에게 알리는 통지

　　announce(발표하다) – 다수에게 동시에 알릴 때 사용

6. 원자재 비용이 다음 회계 분기 동안 급격히 상승할 것으로 예상된다.

def. rise(오르다) – 자동사로 목적어를 취하지 않는다.

　　raise(올리다) – 타동사로 목적어를 취한다.

7. 연장된 협상 후에 그들은 오늘 마침내 합의에 이를 것으로 보인다.

def. arrive(도착하다) – 자동사로서 전치사 at이나 in을 취한다.

　　reach(~에 도달하다) – 타동사로서 목적어를 취한다.

8. 그는 4시까지 은행에 수표를 입금할 것이다.

def. amount(합이 ~가 되다) – 수가 합쳐져 합계에 이른다는 의미

　　deposit(예금하다) – 주로 돈을 맡기거나 예금한다는 의미

9. 당신이 이 제품을 사용할 때는 아이들이 혼자 남겨지지 않도록 주의하십시오.

def. assure(단언하다) – assure는 '사람+that/of'를 취한다.

　　ensure(보증하다) – ensure는 사람이 없는 that절을 취한다.

10. 이 특별 가격 제공 기간 동안, 우리는 무료로 지갑에 이름을 새겨드리겠습니다.

def. enclose(동봉하다) – 봉투 등에 넣는다는 의미

　　engrave(새기다) – 표면 등을 깎아서 새겨 넣는다는 의미

Step 3 이론 적용해 보기

1. 안전 조사관들은 우리 관리자에게 위험한 폐기물을 없애는 문제를 해결하라고 조언했다.   **정답 (B)**

2. 만약 당신이 프로젝트에 가입하고 싶다면, 망설이지 말고 우리에게 이메일을 보내주세요.   **정답 (B)**

3. 관찰 체크리스트를 개별적으로 만들어 매일 안전을 평가하십시오.   **정답 (B)**

4. 회사는 직원들이 근무 중에 스마트폰을 사용하는 것을 4월 1일부터 금지할 예정이다.   **정답 (A)**

5. 우리 팀은 전략을 수립하고, 문제를 해결할 방법을 배우기 위해 세미나에 참석할 예정이다.   **정답 (B)**

6. 당신은 다른 도시로 전근가고 싶다는 것을 먼저 직속상사에게 알려야 한다.   **정답 (A)**

7. 뉴델리에 당신의 공장을 갖는 것은 칭다오에 공장을 둔 당신의 라이벌보다 경쟁우위를 유지할 수 있다.   **정답 (A)**

8. 어떤 서점은 대학서적을 전문화하여 학생들에게 더 많은 할인을 제공해준다.   **정답 (B)**

9. 오리엔테이션 패키지는 당신의 임무를 수행하기 위한 절차를 요약한 지침서를 포함하고 있다.   **정답 (B)**

10. 새로운 소프트웨어 프로그램 교육 과정이 6월 1일 오후 6시 30분에 시작될 것이다.   **정답 (B)**

Unit 79. 형용사 ①

Step 2 헷갈리는 기출 어휘 정리

1. 자동 갱신은 이전의 계약서와 같은 조건들을 가집니다.

def. **early**(초기의, 일찍이) – 특별히 정해진 시간 중에 첫 부분으로 그 시간대의 앞쪽이라는 의미

    previous(이전의, 사전의) – 특별한 사건이 순서상으로 미리 존재하는 것

2. 직원들은 그 소식에 관하여 오직 미미한 관심을 가졌다.

def. **marginal**(한계의, 중요하지 않은) – 어떤 것이 매우 작아 중요하지 않거나 이익이 거의 없는 상태

    pretty(사소한, 소규모의) – 문제나 사건이 작고 중요하지 않다는 의미

3. 식당은 빨리 채워지기 때문에 저녁 6시에는 몇 개의 자리만 남아 있다.

def. **discarded**(버려진) – 어떤 대상이 버려진 상태

    unoccupied(비어 있는, 한가한) – 집, 방, 의자 등이 아무도 사용하지 않고 비어 있는 상태로 남겨져 있는 것

4. 우리는 새로 가입한 회원들을 위해 기초 과정을 개설할 것이다.

def. **connected**(연결된, 연루된) – 서로 연결된 상태로 시스템이나 네트워크에 연결되어 있는 것

    joined(합류된, 가입된) – 어떤 단체나 그룹에 가입되어 있는 것

5. 당신이 3년 동안 근무를 하게 되면 상당한 보너스가 제공될 것이다.

def. **considerable**(상당한) – 크기가 크고 중요한 것을 나타내며 impact, bonus, cost 등과 어울려 출제된다.

    considerate(사려 깊은) – 주로 전치사 of를 동반하여 남을 배려하는 마음이 깊다는 의미

6. 파손된 제품이 있는지 확인을 하기 위해 그는 트럭 밖으로 나왔다.

def. **injured**(손상된, 상처 입은) – 사고로 인해 부상을 당하는 것

    damaged(손상된, 파손된) – 어떤 사물이 물리적으로 손상되거나 신체의 일부분이 상처를 입은 상태

7. 상환을 받으려면 당신은 지정된 호텔을 이용해야만 한다는 것을 알고 계십시오.

def. **designated**(지정된, 임명된) – 특정한 목적을 달성하기 위해 선택된 사람이나 사물을 나타낸다.

    restricted(제한된, 한정된) – 법률이나 규칙에 의해 제한되거나 금지되는 것

8. 회사가 효율적인 전략을 개발했기 때문에 막대한 이윤을 낼 수 있었다.

def. **enormous**(막대한, 엄청난) – 수, 양, 크기, 규모, 정도에 있어서 엄청나다는 것

    dramatic(감동적인, 극적인, 인상적인) – 어떤 것이 감동적이거나 인상적인 것을 나타낸다.

9. 불필요한 정보를 당신의 보고서에 포함시키지 마시오.

def. **irrelevant**(관련성이 없는) – 특정 대상과 관련이 없어 중요하지 않은 것

    irrespective(상관없는) – 특정한 상황 속에서 어떤 대상에 대해 영향을 주지 않는 것

10. 스타디움에서 열리는 콘서트는 아마도 기상상태 때문에 연기될지 모른다.

def. **possible**(가능한, 할 수 있는) – 달성될 수 있고, 할 수 있을 가능성이 있는 것

    likely(~일 것 같은) – 어떤 대상이 틀림없는 사실일 가능성이 높다는 의미

Step 3 이론 적용해 보기

1. 월간 보고서는 꾸준한 매출 증가가 있어왔다는 것을 보여준다.   **정답 (B)**

2. 금요일과 일요일 강습회를 위한 티켓이 아직 남아 있다.   **정답 (B)**

3. 이사회 구성원들은 마침내 더욱 효율적인 방법을 선택하자는 결론에 도달했다.   **정답 (A)**

4. Mark Jones는 뛰어난 업무성과로 승진할 자격이 있다.   **정답 (A)**

5. Arendel Finance가 자격을 갖춘 은행직원 후보자를 찾고 있습니다.
   정답 (A)

6. Kevin Anorld는 프로젝트 활동을 조정하고, 모든 단계를 감독하는 책임이 있다.
   정답 (A)

7. 저희 매장 관리인에 지원하려면, 당신은 컴퓨터 시스템의 종합적인 지식을 갖추고 있어야만 합니다.
   정답 (B)

8. 여러분도 아시다시피 Fine Painting은 저렴한 가격으로 믿음직한 서비스를 제공하는 것으로 유명합니다.
   정답 (A)

9. Mr. Irving은 마케팅 전략 협회의 신세대 멤버 중 가장 유망한 회원으로 간주된다.
   정답 (B)

10. 당신이 물건을 반품할 때, 우리가 파손된 물건에 대해 전액 환불해 줄수 있는지, 부분 환불해 줄 수 있는지 먼저 문의해 주세요.
    정답 (B)

Unit 80. 형용사 ②

Step 2 헷갈리는 기출 어휘 정리

1. Herne Technology System은 세계적인 선두기업 중 하나로 독일 Essen에 본사를 두고 있다.
   def. prevalent(유행하는, 널리 퍼진) – 특정 장소나 특정인들 사이에 공통적인 것으로 특정한 양식이나 현상이 있음을 나타내는 것
   leading(일류의, 선도적인) – 가장 성공적이고, 가장 좋은 부류로 뛰어나고 주도적인 위치에 있다는 것

2. 만약 당신이 이 일을 위한 요건에 부합한다면, 우리에게 이력서를 보내주세요.
   def. required(필수적인) – 어떤 것을 하기 위해 필수적으로 필요로 하는 전제조건
   obliged(의무적인) – 법이나 의무적인 상황에 의해 반드시 해야 하는 것

3. Carroll 역사학회는 카운티가 보호하는 역사적인 건물들을 감독할 것이다.
   def. preserved(보존된) – 오염되거나 파괴되는 것으로부터 보호되는 것
   reserved(예약된) – 특별한 목적이나 특정한 사람들을 위해 어떤 상태로 계속 유지되는 것

4. 에너지 효율 면에서 어떤 것도 우리가 현재 사용하는 시스템과 비교할수 없다.
   def. superior(우수한) – 어떤 사람이나 사물보다 효과적이고 더 힘이 있다는 의미
   incompatible(비길 데 없는) – 다른 것들에 비해 특별히 좋아서 비교할 필요가 없다는 것

5. 구매부는 카트리지를 대량 주문함으로써 상당한 지출을 줄일 수 있기를 기대한다.
   def. outdated(시대에 뒤떨어진) – 시대에 뒤떨어져 구식이라 사용할 수 없다는 의미

---

overdue(지불 기한이 지난) – 제출 또는 지불하기로 한 기한을 넘겼다는 의미

6. 최근 병원 평가에서 Boston Hospital이 1위를 차지했다.
   def. modern(현대의) – 시대적 현상이나 유행 등을 반영하는 개념
   recent(최근의) – 발생 시점에 중점을 둔 개념

7. 우리는 문제에 접근하는 새로운 방법을 연구하는 상상력이 풍부하고 혁신적인 매니저를 보유하고 있다.
   def. imaginative(상상력이 풍부한) – 상상하기를 좋아해서 창작할 수 있는 능력까지 가진 상태
   imaginary(상상의, 가상의) – 어떤 사물이 상상으로만 존재하거나 비현실적인 것

8. 당신이 건강과 다이어트 조언을 찾을 때, 인터넷은 편리하지만 믿을 만한 정보출처가 되지는 못한다.
   def. dependable(신뢰할 수 있는) – 남 또는 어떤 것의 힘이나 원조에 의지한다는 뜻
   reliable(믿을 수 있는) – 과거의 경험이나 객관적인 판단에 의거하여 의지한다는 뜻

9. 신약을 복용한 사람들로부터 여러 역효과가 보고되었다.
   def. averse(반대하는, 싫어하는) – 자동사로서 전치사 to를 취한다.
   adverse(반대의, 불리한) – 명사 weather, comment, conditions 등과 어울려 쓴다.

10. 시간제 근무 직원들은 종종 주말에 연장근무를 한다.
    def. expanded(확장된) – 크기, 수, 양 등이 넓어진, 확장된 이란 뜻
    extended(연장한, 뻗은) – 기간 등을 연장하거나 시간이나 공간이 펼쳐진다는 의미

Step 3 이론 적용해 보기

1. 우리는 매우 내구성 있는 자재와 흠집에 저항력이 매우 강한 코팅을 사용하는 유명한 공급업체입니다.
   정답 (A)

2. 회사는 원자재와 에너지 가격의 급등에도 불구하고, 지난 분기에 만족스러운 이익을 냈다.
   정답 (A)

3. 우리 기술자 전원은 공학 분야의 경험을 갖고 있고, 최고의 서비스를 위해 폭넓은 교육을 합니다.
   정답 (B)

4. 기존의 기계를 업그레이드 하는 것은 효율성을 상당히 증진시킬 것이다.
   정답 (A)

5. 구매부는 카트리지를 대량 주문함으로써 상당한 지출을 줄일 수 있기를 기대한다.
   정답 (B)

6. 스키용품점 판매 점원은 연장 근무를 하고, 특별 보너스를 받는데 동의했다.
   정답 (B)

7. 당신이 필터를 정기적으로 교체해 주기만 한다면, 우리 정수기는 당신에게 믿을 만한 서비스를 제공해 줄 것이다.
   정답 (A)

8. 객원 조사관이 우리 공장을 관찰하기 위해 초대됐고, 그들은 우리에게 안전 조치를 취할 것을 권했다. 정답 (B)

9. 만약 당신이 800-946-5956로 전화해 Travel4U 사로 연락주시면, 우리는 전 세계 모든 나라의 구체적인 정보를 제공해 드릴 수 있습니다. 정답 (A)

10. 우리는 이메일을 통해 자세한 세미나 일정을 포함한 당신의 예약을 확인해 드리겠습니다. 정답 (B)

Unit 81. 부사 ①

Step 2 헷갈리는 기출 어휘 정리

1. 공장은 호수에 계속해서 오염물질을 배출하고 있다는 것을 인정했다.

def. lastingly(영구적으로) – 일단 시작된 것이 오랜 기간 동안 끝없이 계속되는 것

continually(계속적으로) – 장기간에 걸쳐 꾸준히 반복되는 것

2. 고객을 만난 후에 고객 정보를 정보 데이터베이스에 정확하게 입력하세요.

def. accurately(정확하게) – 모든 세부적인 내용에 있어서 정확하고 사실과 다르지 않음을 의미

assuredly(확실히, 틀림없이) – 의심할 여지없이 확실하고 틀림없다는 의미로 문장 전체를 수식할 때 사용

3. 서비스센터 직원이 질문에 즉시 대답했다.

def. abruptly(갑자기) – 주의나 신호, 징후가 없는 예상치 못한 상황

promptly(즉시, 바로) – 주저함이나 지체 없이 신속하게 어떤 행동을 하는 것

4. 금과 은 가격이 최근 급격히 떨어졌다.

def. recently(최근에) – 가까운 과거에 일어난 일을 나타내며 주로 현재완료와 어울림

soon(곧) – 지금을 기준으로 짧은 시간 안에 일어나거나 바로 나타날 것에 대한 의미로 주로 미래와 어울림

5. 우리 클럽에 새로 가입하신 모든 회원들을 직접 환영합니다.

def. personally(직접, 개인적으로) – 행위가 개개인에게만 영향을 미친다는 것을 강조

respectively(각각, 각자) – 어떤 행위를 개개인이 다르게 한다는 것을 강조

6. 지난번의 고객서비스 교육은 매우 유익했다.

def. high(높이) – 가격이나 정도가 높다는 의미

highly(매우, 아주) – 강조부사인 very와 같은 뜻으로 형용사나 동사를 강조할 때 사용

7. 승무원은 승객들에게 안전벨트가 단단히 채워졌는지를 확인하라고 요청했다.

def. adequately(충분히, 적당히) – 적당한 정도 표현

tightly(단단히, 정확하게) – 단단히 묶는 행위를 취하는 모양을 나타내므로 wrap, fasten과 어울림

8. 버스 정류장은 우리가 머무는 호텔로부터 멀리 떨어져 있다.

def. apart(떨어져) – 거리, 위치 등이 둘 또는 그 이상의 것들 사이에 거리가 있다는 의미

distance(멀리 떨어진) – 거리가 멀다는 의미의 형용사임에 주의

9. 공장은 인구 밀도가 낮은 지역에 위치해 있다.

def. sparsely(희박하게, 드문드문) – 분포도가 극히 낮다는 의미

barely(겨우, 간신히) – 거의 없다는 부정적인 의미

10. 우리 회사는 6월 초까지 수익이 상당히 증가할 것으로 예상한다.

def. numerously(아주 많이) – 수적으로 많다는 의미

dramatically(확연히, 현격하게) – 변화 또는 증감의 차이가 대단하다는 의미

Step 3 이론 적용해 보기

1. 당신은 1시 정각에 시작하는 Career Development Seminar를 위해 일찍 도착해야 합니다. 정답 (A)

2. 그는 기획부 부장직을 위한 자격요건을 충분히 갖추고 있음에 틀림없다. 정답 (B)

3. 제조회사는 제품을 직접 소비자에게 팔고 배송할 수 있다. 정답 (B)

4. 광고회사가 유명 인사를 광고에 사용한 이래 우리 매출이 상당히 증가했다. 정답 (A)

5. 당신의 컴퓨터를 바이러스로부터 보호하기 위해 당신은 이 프로그램을 즉시 설치해야 한다. 정답 (A)

6. Ms. Kim은 과장이 출산휴가를 떠난 자리를 메우기 위해 잠시 전근 갈 예정이다. 정답 (B)

7. 버스회사가 더욱 효율적으로 운영될 수 있도록 시 교통당국은 일부 버스 노선을 수정하는 것을 허락했다. 정답 (A)

8. 만약 당신이 설명서를 꼼꼼히 읽었음에도 불구하고 여전히 CLS250에 문제가 있다면 우리에게 연락을 주십시오. 정답 (A)

9. 그들은 증가하는 문의사항에 응대하기 위해 약 30명의 새로운 직원을 채용할 예정이다. 정답 (B)

10. 주최 측은 World Water Forum의 행사를 적극적으로 홍보할 책임이 있다. 정답 (B)

Unit 82. 부사 ②

Step 2 헷갈리는 기출 어휘 정리

1. 드레스는 당신의 정확한 치수를 측정한 후, 당신만을 위하여 특별히 제작될 것이다.

def. exclusively(독점적으로) – 특정 사람이나 단체에게만 제한됨을 의미

extremely(극도로) – 형용사나 부사 앞에서 정도의 의미를 강조

2. 우리는 점점 더 경쟁적인 시장에서 살아남기 위해 경영시스템을 바꿀 필요가 있다.

def. consecutively(연속적으로) – 어떤 행위가 순차적으로 이어지는 것
increasingly(점점 더) – 양이나 정도가 점차적으로 늘어나는 것

3. 회사에 있는 대부분의 근로자는 차로만 통근한다.

def. **only**(오직) – 그것만 해당한다는 의미로 주로 the 최상급, 전치사구, 명사구 앞에 어울림
exceptionally(이례적으로) – 다른 대상과 비교할 수 없을 정도로 특별하다는 것을 강조

4. 회사 이벤트가 예산 문제로 인해 연기되었다.

def. **primarily**(주로) – 다수를 차지한다는 의미로 이유접속사, 이유전치사, depend on 등과 자주 어울림
firstly(무엇보다도, 첫째로) – 순서상 우선한다는 의미

5. 비록 비가 심하게 내렸지만, 회의는 제시간에 시작되었다.

def. quite(꽤, 상당히) – 정도나 수량이 대단하다는 의미
heavily(아주, 심하게) – 정도나 부담이 감당하기 힘들 정도로 심하다는 의미

6. 사무 공간의 공급이 도쿄에서 빠른 속도로 줄어들고 있다.

def. **rapidly**(빠르게) – 상황이나 행동이 빠르게 진행되는 속도
extremely(극도로) – 형용사나 부사 앞에서 정도를 강조

7. 안전 예방책은 엄격하게 준수돼야 한다.

def. strongly(강력히) – 행위의 강도가 높다는 의미
stringently(엄밀하게, 엄중하게) – 법이나 규칙, 규정 등을 철저히 시행한다는 의미

8. 당신이 주문한 파란색 신발은 지금 재고가 없습니다만 고객님 사이즈로 검은색은 가능합니다.

def. but(그러나) – 등위접속사로 문중에서 단어끼리, 구끼리, 절끼리 이어줄 때 사용
however(그러나) – 부사로 세미콜론(;) 뒤, and 뒤, 마침표 뒤에 위치

9. 그들은 많이 기대해 온 테스트 결과를 아직 발표하지 않았다.

def. yet(아직) – 부정문에서는 부정 뒤에 위치
still(아직도, 여전히) – 주로 긍정문에 쓰지만 부정문에서는 부정어 앞에 위치

10. 이 의견 조사는 보통 정규 세미나를 마친 후 시행된다.

def. **normally**(보통) – 현재시제와 어울림
once(한때) – 과거시제와 어울림

Step 3 이론 적용해 보기

1. 매니저는 중국에서 북미로 보내는 귀하의 소포와 관련된 불평 사항을 적절히 처리할 것입니다. **정답 (B)**

2. 만약 당신이 우리 회원으로 가입하면, 우리로부터 새로운 자료를 정기적으로 받아 보실 수 있습니다. **정답 (B)**

3. 당신이 통계 분석 연구의 결론에 다다르기 전에, 데이터를 면밀히 살펴보시길 권합니다. **정답 (A)**

4. Neppia Company는 예산이 부족해 전적으로 기술 향상에만 초점을 맞추고 있다. **정답 (B)**

5. 지시설명서를 철저히 읽어보는 것을 확실히 하는 것이 중요하다. **정답 (A)**

6. 높은 품질 기준에 대한 꾸준한 노력은 MagMag 사를 일류회사로 남아 있게 했다. **정답 (A)**

7. 비록 Alan Paradise Hotel은 상대적으로 더 비싸지만 그들은 훨씬 더 나은 서비스를 제공한다. **정답 (A)**

8. 우리는 잠재고객들이 즉시 식별할 수 있는 로고를 만들어 달라고 회사에 요청했다. **정답 (B)**

9. 판매점원의 복장 규정은 전문적으로 보이고, 고객만족을 확실히 하고자 엄격히 시행된다. **정답 (A)**

10. 몇몇 부품만 교체된다면, 그들은 파손된 문을 확실히 수리할 수 있다. **정답 (B)**

유형 분석 15 REVIEW TEST

1. 동사를 고르는 문제

해설 전치사구 혹은 부사 앞 빈칸은 자동사 자리이다. 빈칸 뒤에 부사 (competently)가 왔으므로 (D) function이 정답이다. (A), (B), (C) 모두 타동사이므로 오답이다. **정답 (D)**

해석 남성 중심적인 새 회사 정책 하에서는 일부 여직원들이 그들의 능력을 십분 발휘할 수 없을 것이라고 생각하는 직원들이 있기 때문에 모든 직원들이 만족해하지는 않는다.

표현 정리 function 기능하다, 작용하다 competently 유능하게 male-centered 남성 중심적인

2. 동사를 고르는 문제

해설 동사 어휘 문제이다. 타동사 어휘 문제의 경우 목적어와의 어울림으로 판단한다. 목적어(regulations)와 어울리는 동사는 '규정 등을 준수하다, 따르다'는 뜻을 가진 (B) follow가 정답이다. **정답 (B)**

해석 모든 직원들은 사내 평화와 질서를 유지하기 위해 규정을 준수해야 합니다.

표현 정리 **be required to** ~이 요구되다

3. 명사를 고르는 문제

해설 빈칸 앞뒤에 전치사가 등장할 경우 빈칸에 들어갈 명사는 전치사와 어울리는 명사를 선택한다는 것을 기억한다. subscription은 전치사 to와 어울려 '~의 구독'이라는 의미로 쓰이므로 (D) subscription이 정답이다.
정답 (D)

해설 귀하의 잡지구독을 갱신하기 위해 웹사이트를 이용하는 것이 양식을 사무실로 보내는 것보다 훨씬 수월합니다.

표현 정리 **renew** 갱신하다 **subscription** 구독 **form** 양식, 서식

4. 동사를 고르는 문제

해설 선택지 모두 타동사이므로 목적어와의 어울림으로 판단한다. 목적어(the database)와 어울리는 동사는 '입수/이용/접근하다'는 뜻을 가진 (C) access이다. (A)는 자동사로 빈칸에 쓸 수 없고, (B) 새롭게 하다, (D) 제한하다는 모두 타동사지만 문맥상 빈칸에 올 수 없다.
정답 (C)

해설 재택근무를 하는 사람은 회사 데이터베이스를 집에 있는 컴퓨터와 연결함으로써 접근이 가능하다.

표현 정리 **teleworking** 재택근무 **link-ups** 연결

5. 형용사를 고르는 문제

해설 빈칸 뒤 전치사(with)와 어울리는 형용사는 (A) consistent이다. be consistent with는 '~와 일치하다'라는 뜻이다. (B)는 '바람직한', (C)는 '예측할 수 있는', (D)는 '보통의'라는 뜻이다.
정답 (A)

해설 Carlson Health의 새로운 영양보충제는 고객들의 요구에 부합하고, 그것을 전 세계로 수출할 목표를 가지고 있다.

표현 정리 **dietary supplement** 영양보충제 **be consistent with** ~와 일치하다 **aim to** ~할 것을 목표로 하다 **export** 수출하다 **all over the world** 전 세계로

6. 부사를 고르는 문제

해설 시점(at 2:30) 앞 빈칸에서 promptly는 '정각'이라는 뜻으로 쓰인다. 따라서 (D) promptly가 정답이다.
정답 (D)

해설 회의는 지체 없이 2시 30분에 시작할 것이므로 Brooks 씨께서는 반드시 회의실에 적어도 10분 전에 도착할 수 있도록 해 주세요.

표현 정리 **promptly** 지체 없이, 즉시 **conference room** 회의실

7. 부사를 고르는 문제

해설 빈칸 뒤에 전치사구(for children)가 왔으므로 (A) specifically가 정답이다. '특별히'라는 뜻을 가진 부사는 전치사구를 강조할 때 사용한다. 특히 'to + 명사, for + 명사'와 자주 어울려 출제된다.
정답 (A)

해설 이 프로그램은 특별히 아이들뿐만 아니라 ADHD 증상을 보이는 어른들을 위해서도 제작되었다.

표현 정리 **design** 고안하다, 설계하다 **specifically** 특별히 **symptom** 증상

8. 부사를 고르는 문제

해설 부사 어휘 문제는 특수 부사가 있는 경우 특수 부사가 정답일 가능성이 아주 높다. highly는 특수 부사로서 형용사, 부사를 수식하는 부사이다. 빈칸 뒤 형용사(unusual)와 어울려 '매우 드문'이라는 의미를 만드는 (B) highly가 정답이다.
정답 (B)

해설 회사 설립 이후, 그녀가 상대적으로 경험이 부족한 사람을 고용하는 일은 극히 드물다.

표현 정리 **foundation** 설립 **highly** 극히, 매우 **unusual** 드문 **hire** 고용하다 **relatively** 상대적으로 **inexperienced** 미숙한, 경험이 부족한

9. 형용사를 고르는 문제

해설 빈칸 뒤 전치사(to)와 어울리는 형용사는 (B) accessible이다. be accessible to는 '이용할 수 있다'라는 뜻으로 쓰인다. (A)는 '조심스러운', '신중한', (C)는 '필요한', (D)는 '전국적인'이라는 뜻이다.
정답 (B)

해설 AKL Station에서 방송되는 일부 비디오 자료들은 상업적인 용도만 아니라면 간단한 절차를 통해 누구나 쉽게 이용할 수 있다.

표현 정리 **video footage** 비디오 자료 **air** 방송하다 **easily** 쉽게 **accessible to** ~에게 이용 가능한 **through** ~를 통해 **process** 절차 **commercially** 상업적으로

10. 명사를 고르는 문제

해설 '임무'라는 뜻을 가진 명사는 동격인 'be + to부정사'와 어울려 출제된다. 따라서 (A) mission이 정답이다.
정답 (A)

해설 Food Project의 임무는 다양한 배경을 가진 공장 직원들을 배려심이 있고 생산적인 공동체로 만드는데 있다.

표현 정리 **thoughtful** 사려 깊은, 배려심이 있는 **productive** 생산적인, 결실 있는 **community** 공동 사회, 공동체 **diverse** 다양한

Part 6. 연결어 넣기 & 알맞은 문장 고르기
Unit 83. 연결어 넣기

해설 선택지 모두 연결어로 빈칸 앞뒤 문장의 관계를 따져야한다. 빈칸 앞에서는 고객이 산 제품을 12개월 간 보증한다는 내용과 12개월 안에는 제품을 무상으로 수리 및 교체가 가능하다는 내용이 있는 반면에 빈칸 뒤에는 고객의 부주의한 행동으로 인한 내용은 보증할 수 없다는 내용으로 보아 대조 관계임을 알 수 있다. 따라서 (C) However(그러나)가 정답이다. (A) Therefore는 '그러므로', (B) Thus는 '그래서', (C) However는 '그러나', (D) as a result는 '그 결과'의 뜻이다. **정답 (C)**

해석 고객님께,
Gusto Espresso Coffee Machine ITL200을 구입해 주셔서 감사합니다. 이 제품은 유효한 영수증이 있을 경우 구매일로부터 12개월 동안 보증됩니다. 보장 조건에 따라 우리는 고객님의 제품을 무상으로 수리하거나 교체해 드릴 것입니다. 그러나 고객님에 의한 부주의한 사용, 올바르지 않은 관리, 원래 제품에 대한 허가받지 않은 변경으로 생기는 결함은 보증 사항에 해당하지 않습니다.

표현 정리 purchase 구매하다 accompany 동반하다 valid 유효한 receipt 영수증 warranty 보증하다 the date of purchase 구입 날짜 according to ~에 따르면 the terms of the warranty 보증 조항 repair 수리하다 replace 교체하다 free of charge 공짜로 warranty 보증(서) cover 다루다, 포함시키다 defect 결함 cause 야기시키다 improper 부적절한 maintenance 관리 unauthorized 허가받지 않은 modification 변경 original 원래의

Unit 84. 알맞은 문장 고르기

해설 접속부사 in fact가 키워드이다. 빈칸 앞에서는 전기차 판매가 두 배 이상 늘 것이라고 예측하였는데, 그 다음 내용과 연결되는 접속부사의 의미를 확인하면 정답을 찾을 수 있다. 빈칸 앞에서 전기차가 두 배 이상 증가할 것이라고 예측한 뒤, 앞으로는 전기차들만 팔릴 것이라고 믿는다고 하는 것은 논리적으로 타당한 연결이므로 (B)가 정답이다. **정답 (B)**

해석 Bath (5월 7일) – 비록 Bath 도시 거리에 있는 자동차의 20%가 전기 차들이지만 이 수치는 빠른 속도로 변화하고 있습니다. 이것은 전기 자동차 운전자에게 제공되는 도시의 관대한 세금 혜택 때문입니다. Bath Green Business의 Martin Freeman 사장에 따르면 더 매력적인 디자인과 오래 가는 배터리가 차이를 만들어 낸 것 같습니다. Freeman 씨는 Bath의 전기 자동차 수가 앞으로 두 배 이상 증가할 것으로 예측합니다. 사실, 그는 20년 후에는 전기차들만 팔릴 것이라고 믿는다.

Q. (A) 게다가, 그는 고속도로에 설치되는 충전소의 편리함을 좋아합니다.
(B) 사실, 그는 20년 후에는 전기차들만 팔릴 것이라고 믿습니다.
(C) 따라서, 그는 전기 자동차의 가격이 너무 높다고 생각합니다.
(D) 그는 Bath의 인구가 꾸준히 감소하고 있다고 언급합니다.

표현 정리 at a rapid pace 빠른 속도로 due to ~ 때문에 generous 관대한, 후한 tax 세금 benefit 혜택 according to ~에 따르면 attractive 매력적인 longer-lasting 오래 가는, 오래 지속되는 make a difference 차별을 두다, 차이를 만들다 predict 예측하다 in the coming years 향후 몇 년 안에 moreover 더욱이 convenience 편리 recharging station 충전소 highway 고속도로 in fact 사실상 therefore 그러므로 note 주목하다 population 인구 decrease 줄다, 감소하다 steadily 꾸준히

Part 6 REVIEW TEST

문제 1~4번은 다음 이메일을 참조하시오.

수신: Frances McDormand
발신: Max Lloyd-Jones
답장: 식품 업계 전문가 회의 등록
날짜: 8월 2일

친애하는 McDormand 씨,

8월 19~22일 밴쿠버에서 개최되는 식품업계 전문가 회의에 등록해 주셔서 감사합니다.

대략 150명의 식품업계 직원들이 새로운 식품 조리와 포장 기술뿐만 아니라 식품 안전에 관한 그들의 의견을 나눌 것으로 예상됩니다. 행사 최소 2주 전에는 모든 참가자에게 보다 더 상세한 정보를 보내드릴 겁니다.

유감스럽게도 귀하가 선택한 세미나 중 하나인 'Advances in Food Packaging'이 취소되어 같은 시간대의 세미나인 'Safe Food Preservation'으로 임시 등록을 해 드린 상태입니다. **여기에 만족하지 않으신다면 저희에게 연락하시어 다른 주제의 세미나를 선택하시기 바랍니다.**
나는 8월에 당신을 만날 것을 고대하고 있습니다.

안녕히 계십시오.
Max Lloyd-Jones
이벤트 주최자

표현 정리 approximately 대략 representative 대표 share 나누다, 공유하다 safety 안전 technology 기술 packaging 포장 participant 참석자 for the same time slot 같은 시간대에 look forward to ~하기를 고대하다

1. 어휘 – 명사

해설 문맥상 컨퍼런스 등록에 감사하는 의미를 완성하는 (D) registering이 정답이다. register for는 '~에 등록하다'는 표현으로 묶어서 암기해야 한다. **정답 (D)**

2. 어형 – 시제

해설 동사 시제문제로 이메일의 보낸 날짜는 8월 2일이고 행사는 첫 문장에서 8월 19~22일이라고 했으므로 '보다 더 상세한 정보는 최소한 2주 전에 보내드릴 것이다.'는 미래 시제인 (A) will send가 정답이다. **정답 (A)**

3. 연결어 넣기

해설 앞서 선택한 세미나가 취소를 되었다는 정보를 주었고, 빈칸 뒤의 내용은 그 다음의 조치를 취한 것이므로 빈칸에 들어갈 연결어는 (C) For this reason '그러한 이유로'가 적합하다. **정답 (C)**

4. 알맞은 문장 고르기

해설 선택지에 사용된 지시어 this가 단서인 문제이다. 빈칸 앞의 내용은 세미나 취소에 따른 임시 조치를 설명하고 있는데 이러한 조치(this)에 만족하지 않으면 연락을 달라는 내용의 (B)가 이어지는 것이 바람직하다. **정답 (C)**

(A) 호텔에 귀하가 등록된 회의 참석자임을 알리십시오.

(B) 귀하의 등록비를 확인하는 이메일을 곧 받게 될 것입니다.
(C) 여기에 만족하시지 않는다면 저희에게 연락하시어 다른 주제의 세미나를 선택하시기 바랍니다.
(D) 따라서 이번 컨퍼런스는 밴쿠버의 세 곳에서 개최 될 예정입니다.

문제 5-8번은 다음 이메일을 참조하시오.

> 받는 사람 : 공개되지 않은 수신자
> 보낸 사람 : robert.sheehan@maxmedia.com
> 날짜 : 9월 1일
> 제목 : 지불 정책
>
> 친애하는 작가 분들께,
>
> 우리는 프리랜서 작가들에게 그들에 기사에 관해 돈을 지불하는 과정을 변경하려 합니다. 각 기사에 대해 지불하는 대신, 한 달에 한 번만 지불하려 합니다. 불편을 끼쳐 드려 죄송합니다. 그러나 매주 개인 송장을 처리하는 데 너무 많은 시간이 소요되었습니다. 지금부터는 작성한 각 기사에 대해 송장을 제출하지 마십시오. 대신 해당 달에 작성된 모든 기사에 대해 매월 한 항목의 송장을 제출하십시오. 첨부된 양식에 서명하고 9월 7일 금요일까지 저에게 반송하십시오. **이는 귀하가 새로운 절차를 이해하고 있음을 인정하는 것입니다.**
>
> 이 문제에 협조 해 주셔서 감사합니다.
>
> Robert Sheehan, 인사부
> Max Media

표현 정리 undisclosed 공개되지 않은 recipient 수신자 payment 지불 policy 정책 process 과정 pay 지불하다 however 그러나 time-consuming (많은) 시간이 걸리는 process 처리하다 invoice 송장 starting now 지금부터 itemize 항목별로 적다, 명세서를 작성하다 attached 첨부된 cooperation 협조

5. 어형 – 시제

해설 전체적인 내용은 프리랜서 작가들에 대한 지급을 건별에서 월별로 전환하게 되었다는 내용의 이메일로 지불 방식이 바뀌게 될 것이라는 사실을 전달하고 있으므로 시제는 미래가 맞다. 정해진 가까운 미래는 현재 진행형이 대신하므로 정답은 (A) are changing이다.　　　　**정답 (A)**

6. 어휘 – 명사

해설 문맥상 지불 방식이 바뀌는 것에 대한 불편에 죄송하다는 내용이 이어져야 하므로 정답은 (D) inconvenience(불편)이다.　　　**정답 (D)**

7. 연결어 넣기

해설 '각 기사에 대해 송장을 제출하지 말고 ———, 매월 한 항목의 송장을 제출하십시오'로 연결이 되어야 하므로 정답은 (B) instead(대신)이다.　　　　**정답 (B)**

8. 알맞은 문장 고르기

해설 선택지의 'This'가 힌트이다. 앞 문장에서 양식에 서명해 달라는 요구를 하고 있는데, 이러한 절차가 왜 필요한 설명하고 있는 (A)가 정답이 된다.　　　**정답 (A)**

(A) 이것이 필요한 이유는 여러분들이 새로운 절차에 대해 동의하는지 확인하고 싶기 때문입니다.
(B) 기사는 편집 팀에서 검토할 겁니다.
(C) 당신이 기사를 제출한 직후 지불금이 송금될 것입니다.
(D) 간과한 작은 세부 사항이 있습니다.

문제 9~12번은 다음 메모를 참조하시오.

> 받는 사람 : 박스 오피스 직원
> 보낸 사람 : Jaremy Ray Taylor, 이사
> 일시 : 11월 15일
> 제목 : 정책 업데이트
>
> 저는 바로 시행이 될 예정인 클래식 연주회의 좌석 배치 정책 변경을 알려 드리고자 글을 씁니다.
> 콘서트 당일에 고객들이 다리를 좀 더 뻗을 수 있는 공간이 있는 통로에 앉기를 원하는 많은 요청이 있었습니다. 그래서 이제부터는 표를 구매할 당시에만 그 요청을 받겠습니다. 따라서 공간이 더 필요하면 자리가 많이 비는 뒤쪽의 두 줄을 요청할 수 있습니다. **이 자리는 무대에서는 더 멀리 떨어져 있지만, 더 편합니다.** 이 정책은 연주회가 시작된 후에 불만의 발생을 막으려는 목적입니다.

표현 정리 subject 주제, 제목 policy 정책 inform 알리다 effective 효력을 발휘하는 immediately 즉시 request 요청 patron 고객 prefer to ~을 더 선호하다 aisle 통로 at the time ~때 subsequently 그 후, 뒤에, 계속해서 audience 청중 extra 여분의 space 공간 ask for 요청하다 row 열, 줄 avoid 피하다 performance 공연

9. 문법 – 복합명사

해설 빈칸이 들어간 문장만으로는 답을 구할 수 없으며, 전체적인 내용을 파악해야 정답의 단서를 얻을 수 있다. 전체적인 내용은 극장 자리 배정 정책 변경 안내에 관한 글임을 알면 정답을 (C) seating(좌석)으로 선택할 수 있다.　　　**정답 (C)**

10. 어형 – 부사

해설 부사절(at the time tickets are purchased)을 수식하는 부사자리로 문맥상 '표 구매 당시에만'을 완성하는 (A) only(오직)가 정답이다.　**정답 (A)**

11. 문법 – 관계대명사

해설 문장의 주어(audience members)를 수식하는 형용사절 접속사의 자리로 선행사는 사람이며, 문맥상 '여분의 공간을 필요로 하는 청중'의 의미를 완성하는 (B) who need가 정답이다.　　　**정답 (B)**

12. 알맞은 문장 고르기

해설 지시어(This policy)를 활용해 빈칸 내용을 찾는 문제이다. 앞에서 뒤쪽의 두 줄의 자리를 권고하는 내용이 나오므로. 이 자리가 무대와 거리가 멀다는 것을 알 수 있고, 자리가 많이 빈다고 하는 말에서 그 공간을 이용하면 발이 편하다는 것을 유추할 수 있다. 그러므로 두 가지를 합쳐보면 (D)가 빈칸에 가장 적절한 내용이다. 연주회가 시작된 후에 불만을 막기 위한 정책이라는 빈칸 다음 문장을 보고 (C)를 고르기 쉽지만, This policy는 앞에 나

온 내용을 정리하는 것으로, 이 정책은 공간을 더 원하는 사람은 뒤쪽의 두 줄 자리를 이용하라는 것이다. 그러므로 연주회가 시작된 후에 들어올 수 없다는 내용은 This policy에 해당하지 않는 내용으로 오답이다. 두 문장만 보면 마치 (C)가 그럴 듯해 보이지만 전체 내용상 어울리지 않는 다소 어려운 오답 선택지이다.   정답 (D)

(A) 많은 사람들이 오케스트라 근처에 앉아있는 것을 선호합니다.
(B) 토요일 저녁 공연은 가장 많은 관중을 유치합니다.
(C) 입장권 소지자는 연주회가 시작된 후에 입장하지 못할 수 있다.
(D) 이 자리는 무대에서는 더 멀리 떨어져 있지만, 더 편합니다.

Step 1 실전 문제 먼저 풀기

문제 1~2번은 다음 이메일을 참조하시오.

받는 사람: 로라 파커
보내는 사람: 스타 부티끄
제목: 세 번째 스타 부티끄에서의 바겐세일

고객님께 저희 Star Boutique의 세 번째 분점이 Park Avenue에 오픈하게 된 것을 알리게 되어 기쁩니다. 완전히 새롭고 다양한 파티복, 예복과 그에 따른 액세서리들이 구비되어 있습니다. 저희 매장은 디자이너들이 직접 디자인한 옷으로 유일한 디자인의 정장을 만나보실 수 있습니다.

오늘 7월 7일, 저희는 새로운 아이템으로 할인 행사와 함께 칵테일 파티를 개최할 예정이며, 검은색의 정장을 입는 파티가 될 것입니다. 할인하는 품목은 액세서리, 정장, 여성복과 남성복을 포함하며, 20%까지 할인될 것입니다.

저희가 이메일에 첨부한 초대장을 출력하시고, 검은색 아이템을 입거나 가져와 주십시오.

파티에 참여하시기를 기대하겠습니다. 감사합니다.

피터 스테이시

표현 정리 inform 정보를 제공하다 whole 완전한 bridal 신부의 hence 따라서, 그러므로 exclusive 독점적인, 한정된 formal 격식을 차린 dress affair 정장이 필요한 행사 print 출력하다 be attached to ~에 첨부되다

1. 왜 파커 씨에게 이메일을 보냈는가?
   (A) 새로운 지점으로 초대하려고
   (B) 신부 드레스를 설명하려고
   (C) 새로운 물건에 대해 정보를 제공하려고
   (D) 어떤 액세서리에 대해 물어보려고
                                                    정답 (A)

2. 파커 씨는 무엇을 하도록 요청 받는가?
   (A) 이메일을 출력하라고
   (B) 오전 10시 전에 도착하라고
   (C) 콘서트에 참석하라고
   (D) 검정색 정장을 입고 오라고
                                                    정답 (D)

Step 5 이론 적용해 보기

문제 1~2번은 다음 이메일을 참조하시오.

받는 사람: 윌리엄 마흐
보내는 사람: 엘리자베스 스완
날짜: 10월 5일
1 제목: 추천서

마흐 교수님께,

저는 지난 4년 동안 교수님의 수업을 통해 많은 것을 즐기고 배웠습니다. 교수님께서 저에 대해 잘 아실 것이라 생각하며, 제 능력을 높이 평가하여 **1 추천서를 써 주시기를 희망합니다.**

첨부한 자기소개서를 보시면 아시다시피, 저의 그림과 편집기술을 필요로 하는 디자인 업계를 목표로 하고 있습니다. **2 교수님께서 저의 기억을 되살리실 수 있도록 저의 논문들을 포함한 핵심 졸업논문에 관한 요약문을 첨부하였습니다.** 또한 교외에서의 업적이 담긴 이력서를 같이 첨부합니다.

저에게 해 주신 모든 것들과, 저의 요청을 검토하시는데 시간을 내 주셔서 감사합니다.

엘리자베스 스완

표현 정리 benefit 혜택을 입다 regard ~로 여기다, 평가하다 recommendation 추천 attach 첨부하다 industry 산업 editing 편집 summary sheet 요약문 refresh ~의 기억을 되살리다 thesis 학위 논문 accomplishment 업적, 성취 review 검토하다

1. 주제 찾기 문제

해설 이메일을 작성한 목적을 묻고 있으므로 제목을 포함한 첫 단락을 잘 읽는다. 제목은 'Letter of Recommendation'이고 첫 단락 마지막 문장 'write a general recommendation'에서 추천서를 써 달라고 요청하고 있으므로 (D)가 정답이다. **정답 (D)**

이메일의 목적은 무엇인가?
(A) 새로운 자리를 요청하려고
(B) 새로운 수업에 대해 문의하려고
(C) 업적에 대해 보고하려고
(D) 추천서를 요청하려고

2. 세부사항 문제

해설 'be sent with'는 동봉 문제라는 것을 기억한다. 질문의 'be sent with, be enclosed, be attached, be included' 등은 동봉 문제이다. 따라서 두 번째 단락이 동봉을 언급한 단락이고, 이 단락에 'be sent with, be enclosed, be attached, be included' 중 한 개가 등장하는데 이 동사가 등장한 문장이 단서이다. 두 번째 단락 두 번째 문장 include가 포함된 'I have included a summary sheet to refresh your memory about some of my key papers, including my senior thesis.'에서 '졸업 논문'을 첨부했다고 언급하였으므로 (B)가 정답이다. **정답 (B)**

이메일에 동봉된 것은?
(A) 업무 설명서
(B) 논문 요약문
(C) 입사 지원서
(D) 추천서

문제 3-5번은 다음 이메일을 참조하시오.

받는 사람: 애나 문
보내는 사람: 포춘 컴퍼니
날짜: 7월 3일
제목: 저희 Fortune에 오신 것을 환영합니다!

애나 씨께,

Fortune Company 팀의 일원이 되신 것을 진심으로 환영합니다. 저희는 귀하를 저희 팀원으로 맞이하게 되어 기쁘며, 귀하께서 저희 회사에서 즐겁게 일하기를 바랍니다. 우리 팀에 참여하기 전에 신입사원 교육에 참석해야 합니다. **3, 4, 5 신입사원 트레이닝 프로그램은 7월 21일 시작될 예정이며, 일주일 동안 회사 내 기숙사에서 지내게 될 것입니다.** 8월 1일 일을 시작하기 전까지 귀하께서는 회사 사칙과 사내 시스템을 원하는 만큼 배우실 수 있습니다.

매달 마지막 토요일에는 저희 회사의 신입사원들을 환영하기 위한 특별한 파티가 있습니다. 기존 사원들과 이번 달에 저희 Fortune에서 함께 하게 될 신입사원들을 만나러 다음 주에 꼭 오시기 바랍니다.

혹시 트레이닝 기간 중 질문이 있으면, 주저하지 말고 연락 주십시오. 이메일 주소나 회사전화 000-0001로 연락 가능합니다.

레베카 브라운, 매니저

표현 정리 participate 참석하다 be held 열리다 hostel 기숙사 new employee 신입사원 senior 상급자 hesitate 망설이다, 주저하다

3. 주제 찾기 문제

해설 주제를 묻고 있으므로 첫 단락을 잘 읽어야 한다. 첫 단락 세 번째 문장 이후에 '교육기간'(The program will be held on July 21), 1주일 동안 기숙사 생활(you will stay at our company's hostel for one week), 회사 사칙과 사내 시스템에 관한 정보(There, you can learn more about our company's rules and working systems) 등이 언급되었다. 따라서 사원 교육 프로그램에 대한 정보가 제공되었으므로 (B)가 정답이다. **정답 (B)**

이메일의 목적은 무엇인가?
(A) 회사 정책을 설명하려고
(B) 사원 교육 프로그램에 대한 정보를 제공하려고
(C) 회사 위치를 언급하려고
(D) 회사 제품을 소개하려고

4. 세부사항 문제

해설 시점을 묻고 있으므로 지문에서 신속하게 시점을 찾아 단서를 찾는다. 직원교육이 끝나는 시점을 묻고 있다. 첫 번째 단락에 시점이 언급되었으므로 이곳에서 정보를 찾는다. 우선 교육시작은 7월 21일로 명시되었고(will be held on July 21), 이어서 1주일 동안 기숙사에 머물러 있을 것(you stay at our company's hostel for one week.)이라고 했으므로 7월 27일에 교육이 끝난다는 것을 알 수 있다. 따라서 (C) July 27th가 정답이다. **정답 (C)**

직원교육은 언제 끝날 예정인가?
(A) 8월 1일
(B) 7월 30일
(C) 7월 27일
(D) 7월 21일

5. 추론 문제

해설 암시(is implied about) 문제는 매월 출제되지는 않지만 토익 문제 중 가장 까다로운 문제에 속한다. 따라서 지문과 선택지를 꼼꼼하게 잘 읽어

야 한다. 첫 번째 단락 'you will stay at our company's hostel for one week.'에서 '1주일 동안 회사 내 기숙사에서 지낼 것이다'고 하므로 출퇴근을 할 수 없음이 암시되었다. 따라서 (B)가 정답이다. 　　　　정답 (B)

문 씨에 대해 암시된 것은?
(A) 회사에서 매니저가 될 것이다.
(B) 그녀는 프로그램 기간 동안 출퇴근을 할 수 없을 것이다.
(C) 이메일과 관련하여 같은 내용의 팩스를 받을 것이다.
(D) 7월 21일부터 일을 시작할 것이다.

UNIT 86. 기사 & 보도자료 Article & News Report

Step 1 실전 문제 먼저 풀기

문제 1-2번은 다음 보도 자료를 참조하시오.

> **브리트니 윌슨의 신간 드디어 베스트셀러에 등극**
>
> 런던 – 마침내 Amazon.com에서 구입할 수 있다는 점에서 브리트니 윌슨의 가장 최근 소설이 베스트셀러 리스트에 빠르게 오르고 있다.
>
> 브리트니의 연애소설 True Love는 늦은 월요일 활자본과 전자책에서 모두 100위를 차지했다. 그녀가 사용한 필명은 Olive Gratel이다.
>
> 월요일은 공식적인 출판일이었으나, 온라인 소매업자와 브리트니의 U.K. 출판사인 Suria Book Group과의 전자책 계약조건에 대한 논쟁으로 Amazon을 통해서는 주문을 할 수 없었다. 게다가 True Love를 실제 책으로 구매하기에는 아직 불만이 없지는 않다: 배송이 2~4주 정도 걸린다고 고객들이 얘기했다.
>
> 현재 Ronnie의 웹사이트에서 True Love의 순위는 활자본이 1위, 그리고 전자책이 5위이다.

표현 정리 novel 소설 climb up ~에 오르다 purchase 구매하다 e-book 전자책 official 공식적인 publication 출판, 발행 retailer 소매업자 publisher 출판인, 출판사 argue 논쟁하다 frustration 불만

1. 기사의 목적은 무엇인가?
　(A) 소설을 온라인상에서 살 수 있다는 것을 알리기 위해
　(B) True Love가 홈페이지에서 1등한 것을 보고하기 위해
　(C) 소설이 사람들에게 베스트셀러로 올라간 것을 알려주기 위해
　(D) 새로운 책에 대한 정보를 제공하기 위해
　　　　　　　　　　　　　　　　　　　　　　　정답 (A)

2. Olive Gratel은 누구인가?
　(A) 디자이너
　(B) 작가
　(C) 감독
　(D) 조사관
　　　　　　　　　　　　　　　　　　　　　　　정답 (B)

3. [1], [2], [3] 그리고 [4]로 표시된 것 중에서 다음 문장이 들어가기에 가장 적절한 곳은 어디인가?
　"게다가 True Love를 실제 책으로 구매하기에는 아직 불만이 없지는 않다."
　(A) [1]

(B) [2]
(C) [3]
(D) [4]
　　　　　　　　　　　　　　　　　　　　　　　정답 (C)

Step 5 이론 적용해 보기

문제 1-3번은 다음 기사를 참조하시오.

> 보통 6월에는 날씨가 따뜻하지 않았던 반면, 올해에는 일본에 여름이 일찍 찾아왔습니다. 1 따뜻한 날씨는 야외 활동과 스포츠를 위한 기회를 제공하지만, 여름에 유행하는 병을 증가시키기도 합니다.
>
> 보건부에서는 눈병과 모기에게 감염되는 질병뿐 아니라 음식으로 인한 질병까지 특별히 조심해야 한다고 전했습니다. 3 경우에 따라, 간단한 초기증상이 잇달아 마비와 같은 심각한 증상으로 이어질 수 있습니다.
>
> 눈병과 음식으로 인한 질병을 피하는 가장 좋은 방법은 2(A) 손을 올바르게 주기적으로 씻는 것입니다. 질병을 막기 위해서는, 2(C) 반드시 음식을 철저히 익혀야 한다고 보건부는 말했습니다.
>
> "음식, 특히 육류와 해산물을 완전히 익히세요." 보건부에서는 말했습니다. 2(D) "요리를 시작하기 전에는 반드시 손을 씻으세요."

표현 정리 unusually 평소와 달리 opportunity 기회 engage in ~에 참여하다 outdoor 야외의 prevalence 유행, 보급 disease 병, 질환 particularly 특히 aware 알고 있는, 지각하고 있는 illness 병 infection 감염 borne ~로 전달됨(전염병) initial 처음의, 초기의 symptom 증상, 징후 serious 심각한, 진지한 paralysis 마비 properly 알맞게, 적절히 regularly 규칙적으로 ensure 반드시 ~하다, 보장하다 thoroughly 완전히, 철저히

1. 주제 찾기 문제

해설 기사의 주제를 묻고 있으므로 첫 단락을 잘 읽는다. 첫 단락 두 번째 문장 'While it provides more opportunities for people to engage in outdoor activities and sports, the warm weather also increases the prevalence of summer diseases.'에서 '따뜻한 날씨는 야외 활동과 스포츠를 위한 기회를 제공하지만, 여름에 유행하는 병을 증가시키기도 합니다.'라고 언급되었으므로 (C)가 정답이다. 　정답 (C)

기사의 주제는?
(A) 야외 활동의 위험성
(B) 모기 감염에 대한 위험
(C) 여름 유행병에 대한 인식
(D) 일본의 일기예보

2. 사실파악 문제

해설 (NOT) TRUE 문제이고 선택지가 절로 구성되면 단서가 흩어져 있다는 것을 기억한다. 두 번째 미래(will) 문제는 마지막 단락 또는 미래문장(will)에 단서가 있다는 것을 기억한다. 마지막 단락이 질병을 예방하기 위한 방법들이 제시된 단락이다. (A) Washing one's hands on a regular basis는 첫 문장 'wash your hands properly and regularly'에 언급되었고, (C) Cooking meat until it isl completely done은 두 번째 문장 'ensure that food is cooked thoroughly'에 언급되었고, (D) Washing one's hands before starting to cook은 마지막 문장 'wash your hands before you start cooking'에 언급된 사실이지만 (B)는 (C)와 정반대로 기술하고 있으므로 잘못된 정보이다. 따라서 (B)가 정답이다.　　**정답 (B)**

기사에 따르면, 어떤 행동이 여름 질병을 예방하려는 조치가 아닌가?
(A) 손을 제대로 규칙적으로 씻는다.
(B) 고기가 설익을 때까지 요리한다.
(C) 고기가 완전히 익을 때까지 요리한다.
(D) 요리를 시작하려면 손을 씻는다.

3. 문장 넣기 문제

해설 주어진 문장을 지문의 네 곳 중 한 곳에 넣는 문장 넣기 문제다. 주어진 문장은 경우에 따라 나중에 심각한 증상으로 이어질 수 있다는 내용이므로 특정한 질병을 조심해야 한다고 주의를 주는 두 번째 단락의 내용 다음으로 이어지는 것이 가장 적합하다. 따라서 (C) [3]이 정답이다.　　**정답 (C)**

[1], [2], [3] 그리고 [4]로 표시된 것 중에서 다음 문장이 들어가기에 가장 적절한 곳은 어디인가?
"경우에 따라, 간단한 초기증상이 잇달아 마비와 같은 심각한 증상으로 이어질 수 있습니다."
(A) [1]
(B) [2]
(C) [3]
(D) [4]

문제 4-6번은 다음 기사를 참조하시오.

Sutera가 한국에 영업 사무소를 개장하다

4 Sutera Hotel 기업이 세계 전역에 있는 Sutera Hotel과 한국으로의 비즈니스, 그리고 여가를 계획하고 있는 여행객을 연결시켜 줄 영업 사무소를 서울에 열었다. 6(C) 중국, 일본, 홍콩과 싱가포르에 이어 이번 영업 사무소는 아시아에서 다섯 번째이다. 서울 지사는 주로 대기업과 대규모의 여행사를 상대로 거래할 것이다.

5 아시아 태평양 지역의 국제 영업부 부사장인 Jason Pang에 따르면, 6(B) 한국 지사는 이미 다음 달에 목표한 10퍼센트의 판매신장을 달성할 것이다.

"한국은 우리 회사의 다섯 개 아시아 태평양 시장 중 최고예요. 6(D) 우리는 이 시장에서 큰 가능성을 보고 있습니다."라고 Pang이 말했다.

Pang에 따르면, 아시아태평양 지역이 숙박과 매출 면에서 같은 기간 동안 10퍼센트의 신장을 보인 반면, 6(A) 한국으로 들어오고 나가는 여행객은 2012-2013년에 숙박이 25퍼센트 성장했다.

표현 정리 leisure 여가　regional 지방의　enterprise 기업 wholesale 도매의, 대규모의　vice president 부회장, 부사장　global 세계적인　be expected to ~이 예상되다　reach 다다르다　inbound 국내　outbound 국외　in terms of ~면에서　revenue 수익, 매출

4. 주제 찾기 문제

해설 기사의 주제를 묻고 있으므로 첫 단락부터 잘 읽어야 한다. 'The Sutera Hotel Corporation has opened a sales office in Seoul'에서 '서울에 영업 사무소를 열었다'고 언급되었으므로 (C)가 정답이다.　**정답 (C)**

기사의 목적은 무엇인가?
(A) 새로운 호텔 개업을 광고하기 위해
(B) 수트라 호텔 사업을 설명하기 위해
(C) 영업 사무소의 새로운 지점을 알리기 위해
(D) 경영자들에게 호텔의 새로운 계획을 알리기 위해

5. 세부사항 문제

해설 기사문에서 대상 파악문제는 주로 두 번째 단락 특히 동격의 콤마를 찾으면 된다. 즉 '사람 + comma + 신분' 구조에서 콤마가 동격의 콤마이다. 동격의 문장 'Jason Pang, the vice president of global sales for the Asia-Pacific region'에서 Pang은 '영업부 부사장'이라는 것을 알 수 있으므로 (A) A sales manager가 정답이다.　**정답 (A)**

Jason Pang은 누구인가?
(A) 판매 관리자
(B) 부지배인
(C) 고객 서비스 관리자
(D) 총지배인

6. 사실파악 문제

해설 (A) It has attained a growth rate of 25%.는 네 번째 단락 'inbound and outbound markets have grown 25 percent'가 단서이다. 문제는 한국지사에 관한 사실을 묻는 문제이고 25% 성장은 국내외 시장에 관한 내용이므로 잘못된 정보이다. 따라서 (A) It has attained a growth rate of 25%.가 정답이다. (B) It will reach its sales goal next month. 는 두 번째 단락 'said the Korean office is expected to reach its goal of 10-percent sales growth in the coming month'에, (C) It is the company's fifth office in Asia.는 첫 단락 'The regional sales office is the fifth in Asia, following ones located in China, Japan, Hong Kong, and Singapore.'에, (D) It is in a market with a huge amount of potential.은 세 번째 단락 'We see huge potential in the country'에 각각 언급되었다.　**정답 (A)**

한국 지사에 대해 언급된 것이 아닌 것은?
(A) 25%의 성장을 달성했다.
(B) 다음 달에 판매 목표를 달성할 것이다.
(C) 아시아에서 다섯 번째 영업 사무소가 되었다.
(D) 큰 잠재 가능성이 있다고 여긴다.

UNIT 87. 광고 Advertisement

Step 1 실전 문제 먼저 풀기

문제 1-2번은 다음 광고를 참조하시오.

럭셔리 인테리어 스튜디오의 스튜디오/프로젝트 관리자

Luxury Interiors Studio에서 조직적이고, 성실한 스튜디오 코디네이터를 찾습니다. 저희는 고급호텔, 레스토랑과 바, 그리고 주택의 브랜드화, 실내 건축과 디자인, 그리고 개발을 전문으로 하는 스튜디오입니다.

스튜디오/프로젝트 관리자는 모든 프로젝트를 예산, 일정, 업무 개요에

맞춰 진행해야 하며, 담당 업무는 다음과 같습니다.

- 스튜디오 내의 일정관리와 외부 작업 예약을 지원한다.
- 프로젝트에 사용된 시간을 확인하고, 그 시간이 예산에 맞는지 확인한다.
- 모든 작업은 프로젝트의 단계에 맞춰 항상 보고한다.

귀하의 업무 스타일에 맞는지의 여부, 건축학 또는 실내디자인 분야의 경험이나 지식은 필수입니다. AutoCAD, MS Project, Photoshop, Illustrator와 Excel의 사용에 능숙해야 합니다.

위 조건에 부합한다면, 웹사이트 www.STUDIO.com으로 지원해 주세요.

표현 정리 luxury 고급의 look for ~을 찾다 specialize in ~을 전문으로 하다 architecture 건축 residence 주택 ensure ~을 확실히 하다, 보증하다 budget 예산 schedule 일정 assist in ~을 돕다 scheduling 일정(관리) at all times 항상 adaptable 적응의 essential 필수의 proficient 능숙한 apply 지원하다, 신청하다

1. 광고의 목적은 무엇인가?
　(A) 개업식에 초대하기 위해
　(B) 자리에 지원하기 위해
　(C) 신제품을 소개하기 위해
　(D) 직원을 찾기 위해
　　　　　　　　　　　　　　　　　　　　　　정답 (D)

2. 이 직책의 담당 업무로 언급된 것이 아닌 것은?
　(A) 프로젝트를 예산에 맞추는 것
　(B) 스튜디오의 작업을 계획하는 것
　(C) 프로젝트의 완성 시에 보고하는 것
　(D) 외부 작업 예약을 돕는 것
　　　　　　　　　　　　　　　　　　　　　　정답 (C)

Step 5 이론 적용해 보기

문제 1–2번은 다음 광고를 참조하시오.

---

1 대학 교수직

시간: 전임
급여: 매년 £28K–36K

1 교수님에게 런던에 있는 우수한 사립전문대학에 입사할 좋은 기회가 생겼습니다. 학생들 사이의 인지도와 높은 과학 성취도가 저희 대학이 과학에 진정한 기여를 하고 있다는 것을 보여주고 있습니다.

학교 내에서 사용 가능한 자원과 시설에 있어서는 흡족하실 것입니다. 또한 친절하고 쾌활한 분위기의 학교 생활과, 참여 가능한 광범위한 스포츠와 기타 동아리 활동들이 있습니다.

2 (A), (B), (D) 매우 높은 수준의 물리, 화학, 과학을 가르치셔야 합니다. 모든 학교 생활과 교내 커뮤니티 활동에 적극적으로 참여하신다면 유리하실 것입니다. 이 역할에 제일 필요한 것은 과학에 대한 열정과 헌신으로 이 과목을 흥미롭고 보람있는 과목으로 만드는 것입니다.

역할에 대해 더 자세히 알고 싶으시면 이력서를 아래 주소로 보내주세요.

표현 정리 opportunity 기회 professor 교수 outstanding 뛰어난 independent 독립적인 college 대학 commitment to ~에 대한 전념, 헌신, 약속 science 과학 popularity 인기 achievement 업적 available 이용 가능한 excellent 훌륭한 in addition to ~외에도 friendly 우호적인 atmosphere 분위기 a wide range of 매우 다양한 extracurricular 과외의, 정식과목 이외의 activity 활동 involve 포함하다 applicant 지원자 desire 희망 contribute 기여하다, 공헌하다 community 공동체 advantage 장점 requirement 요구 사항 passion 열정 rewarding 보람 있는 submit 제출하다

1. 주제 찾기 문제

해설 'What position is being advertised?(어떤 일자리가 광고되고 있는가?)'는 광고의 주제 문제이다. 광고 주제 문제는 제목을 포함한 첫 단락에서 단서를 찾는다는 것을 기억한다. 구인광고의 제목은 '대학 교수직(A Teaching Post at a University)'이고 첫 단락 'A great opportunity has arisen for a professor to work at an outstanding independent college in London.'에서 '교수님에게 런던에 있는 우수한 사립전문대학에 입사할 좋은 기회가 생겼습니다.'라고 했으므로 (B)가 정답이다.
　　　　　　　　　　　　　　　　　　　　　　정답 (B)

어떤 일자리가 광고되고 있는가?
(A) 기술자
(B) 교수
(C) 과학자
(D) 사서

2. 사실파악 문제

해설 자격조건을 묻고 있다. 자격조건 단락은 주로 세 번째 단락에 언급되므로 이곳에서 단서를 찾는다. 선택지 (A), (B), (D) 모두 첫 문장 'The successful applicant will teach either physics or chemistry at a very high level.'에 등장하지만 생물학에 대한 언급은 없으므로 (C)가 정답이다.
　　　　　　　　　　　　　　　　　　　　　　정답 (C)

이 직책의 자격조건으로 언급되지 않은 것은?
(A) 화학 전공
(B) 과학 전공
(C) 생물학 전공
(D) 물리학 전공

문제 3–5번은 다음 광고를 참조하시오.

저희 exhibition and event sales에서 직장생활을 시작하거나 경력을 쌓으시겠습니까?

3 저희 회사에서는 6–12개월 경험이 있는 판매책임자를 찾고 있습니다. 저희가 제일 관심 있어 하는 부분은 판매기술과 능력이며, 판매와 관련 있는 경험이 필수 요구사항은 아닙니다. 만약 직업을 바꾸려 생각해 봤다면 이번이 완벽한 기회입니다.

고가의 전시회 패키지를 판매하는 것은 당신의 판매기술에 흥미로운 도전이 될 것입니다.

우리가 필요로 하는 것은?
– 4(A) 획기적인 판매기술

- 4(B) 이상적으로는, 6-12개월 판매경력을 원합니다.
- 4(D) 유능한 의사소통 기술
- 4(C) A 레벨 교육을 받고, 학위 소지자를 우대하나 필수는 아님

급여는 경력에 따라 18,000파운드에서 시작하여 35,000파운드까지이며, 기본급은 수당을 포함하지 않습니다.

5 지금 홈페이지 www.eae.co.uk에서 지원하세요.

표현 정리 build ~을 쌓다, 구축하다 career 경력 exhibition 전시회 executive 이사, 임원 experience 경험 skill 기술 ability 능력 interested 관심 있는 requirement 필요, 요구 relevant 관련된 perfect 완벽한 consider 고려하다 career 경력 value 가치 있는 challenge 도전 innovative 혁신적인 ideally 이상적으로 competent 유능한 preferred 선호된 essential 필요한 dependent on ~에 달려 있는 commission 커미션, 수수료

3. 주제 찾기 문제

해설 광고의 주제를 묻고 있으므로 첫 단락에서 단서를 찾아야 한다. 첫 단락 도입부 'We are looking for sales executives with 6-12 months of sales experience.'에서 '저희 회사에서는 6-12개월 경험이 있는 판매책임자를 찾고 있습니다.'라고 언급되었으므로 (B)가 정답이다. **정답 (B)**

어떤 일자리가 광고되고 있는가?
(A) 회계사
(B) 영업사원
(C) 협상가
(D) 계산원

4. 사실파악 문제

해설 NOT 문제이므로 기호나 문자가 언급된 곳에서 단서를 찾아야 한다. 문제는 자격조건을 묻고 있다. 주로 두 번째 단락이 자격조건 단락이고 동시에 이곳에 문자나 기호가 언급되었으므로 단서로 가장 적합한 단락이다. (A) An ability to make sales(판매 능력)는 'Innovative sales skills(획기적인 판매기술)'에 언급된 사실이고, (B) Experience in sales(판매 경력)는 'Ideally, 6-12 months of sales experience(이상적으로, 6-12개월 판매 경력을 원합니다)'에 언급된 사실이고, (D) Proficiency in communication skills(의사소통 능력)는 'Competent communication skills(능숙한 대화기술)'에 언급된 사실이다. (C) A degree(학위)는 'An A-level education; a degree is preferred but not essential.'에서 필수사항은 아니라고 언급되었으므로 (C)는 사실이 아니다. 따라서 (C)가 정답이다. **정답 (C)**

이 일자리의 자격조건으로 언급되지 않은 것은?
(A) 판매 능력
(B) 판매 경력
(C) 학위
(D) 의사소통 능력

5. 세부사항 문제

해설 지원 방법을 묻고 있다. 지원 방법은 마지막 단락에서 단서를 찾는다. 맨 마지막 문장 'Apply now by visiting our website at www.eae.co.uk.'에서 웹사이트를 통해 지원하라고 요청하고 있으므로 (C)가 정답이다. **정답 (C)**

지원자는 이 일자리에 어떻게 지원해야 하는가?
(A) 지원서를 보낸다.
(B) 담당자를 만난다.
(C) 온라인 사이트를 방문한다.
(D) 사무실에 전화한다.

Unit 88. 편지문 Letter

Step 1 실전 문제 먼저 풀기

문제 1-2번은 다음 편지를 참조하시오.

J&J 매장
가야 42번가, 사바
연락처: 755-4254

6월 20일

스텔라
피트 20번가, 사바

스텔라 씨께,

저희 회사의 기록에 따르면 귀하는 작년 저희 개업일로부터 J&J의 고객이 되셨습니다. 격려에 감사드리며 다가오는 6월 25일 개업하는 저희의 2번째 매장으로 고객님을 초대합니다.

아시다시피 저희 매장은 개인이나 기업용 응용프로그램을 위해 완벽하고 다양한 계통의 컴퓨터, 소프트웨어, 그리고 하드웨어 패키지를 제공하고 있습니다. 전자기기, 하드웨어 & 소프트웨어 패키지를 포함한 모든 저희 제품을 30-50%까지 할인합니다. 또한, 200달러 이상 구매 시 동봉된 20달러 할인권을 사용하시기 바랍니다.

다가오는 25일 J&J의 새로운 매장에서 뵙기를 기대합니다. 개업 할인 행사는 초대장을 소지하신 분에 한해 진행됩니다. 문 앞에서 초대장을 제시해 주세요.

릴리 로한
매장 매니저

표현 정리 record 기록 customer 손님, 고객 since ~부터 opening 개막식, 개원식 offer 제공, 제안 complete 완벽한 diverse 다양한 application 응용프로그램(컴퓨터) mark down 가격인하 in addition 또한 enclose 동봉하다 voucher 할인권 look forward to -ing ~을 기대하다 present 보여주다, 제시하다

1. 편지의 목적은 무엇인가?
(A) 회사 사업을 설명하기 위해
(B) 매장 개업에 초대하기 위해
(C) 고객의 의견을 요청하기 위해
(D) 고객에게 감사하기 위해

정답 (B)

2. 편지에 동봉된 것은 무엇인가?
(A) 200달러 지폐
(B) 20달러 지폐
(C) 할인권

(D) 초대장

정답 (C)

Step 5 이론 적용해 보기

문제 1~2번은 다음 편지를 참조하시오.

스텔라 씨께,

2 저희 J&J를 선택하고 노트북을 구매해 주신 것에 대해 감사 말씀을 드립니다. 저희 직원들도 고객님을 만나게 되어 기뻤습니다. 고객님의 새 노트북에 대한 편리함과 양질에 만족하셨길 바랍니다.

1 고객님이 구입한 노트북을 산 어느 분에게나 특별 선물을 드리고 있다고 다시 한번 알려드립니다. 노트북 부속품인 파우치 가방, 보호 필름, 그리고 마우스 패드가 도착했습니다. 이 부속품들은 고객님께 드리는 선물입니다. **1** 이번 달 어느 때라도 들러서 가져가세요.

그리고 저희가 노트북용 베드 테이블을 판매 중인 것을 알고 계셨나요? 예쁘고 다양한 색상에 우아한 스타일의 새로운 제품이 지금 막 도착했습니다. 와서 구경하세요. 저희가 고객님께 가장 완벽하고 노트북과 잘 어울리는 테이블을 찾아드리겠습니다.

문의 사항이 있으시면 755-4254로 전화주세요.

마이클 존스
영업 이사

표현 정리 delighted 아주 기뻐하는 convenience 편의 quality 품질, 특성 remind 상기시키다 accessory 부속품, 장신구 mousepad 마우스 패드 drop by 잠깐 들르다 pick up ~을 찾다, 찾아오다 shipment 선적, 발송 elegant 우아한, 멋진 selection 재고품, 보유 제품 match 아주 잘 어울리다

1. 주제 찾기 문제

해설 주제 문제는 첫 단락에서 단서를 찾는다고 배웠다. 첫 단락에 주제에 대한 단서를 제공하는 경우가 90% 정도 된다. 나머지는 동사(remind, inform, announce) 등의 동사가 속한 문장 또는 단락이 주제 문장 또는 주제 단락이라는 것도 추가로 알아두어야 한다. 이 문제의 경우 두 번째 단락에 remind가 등장하는 것을 볼 수 있다. 따라서 두 번째 단락이 주제 단락이 되는 것이다. 첫 문장 'Let us also remind you that we are offering some special gifts for anyone who buys the laptop you did.'와 마지막 문장 'Drop by any time this month to pick them up.'을 종합해 볼 때 매장에 들를 것을 상기시켜 주고 있다는 것을 알 수 있다. 따라서 (B)가 정답이다.

정답 (B)

편지의 주된 목적은?
(A) 제품 특징을 설명하려고
(B) 고객에게 가게를 방문하라고 상기시키려고
(C) 고객의 의견을 물어보려고
(D) 새로운 노트북에 대한 정보를 제공하려고

2. 사실파악 문제

해설 'is indicated about'는 사실파악 문제이다. 사실파악 문제는 about 뒤 명사(구)를 찾아 그 주변에서 단서를 찾아야 한다. 스텔라는 수신자이고,

---

수신자는 you로 나타내고 있으므로 you를 찾아 그 주변을 확인한다. 첫 단락 도입부 'We are pleased that you chose J&J's for your laptop purchase.'를 통해 laptop을 최근에 구매했음을 알 수 있으므로 (C)가 정답이다. laptop을 electric equipment로 표현했다.

정답 (C)

스텔라 씨에 대해 언급된 것은 무엇인가?
(A) 그녀는 새로운 노트북에 필요한 부속품을 샀다.
(B) 그녀는 곧 J&J를 방문할 예정이다.
(C) 그녀는 최근에 전자기기를 구입했다.
(D) J&J는 그녀에게 노트북 탁자를 제공할 것이다.

문제 3~5번은 다음 편지를 참조하시오.

애니타 영
514 메인 스트리트
에릭 파크
인사부, 퍼시픽 호텔

박 씨께,

3, 5(D) 저의 자격과 경력이 귀사의 취업 광고에서 언급한 적격 기준에 적합한 듯하여 Pacific Hotel 프런트 데스크 매니저 자리에 지원합니다. **5(A)** 요청하신대로 완성된 입사지원서와 자격증, 그리고 이력서를 동봉하였습니다.

저는 Los Angeles University에서 호텔경영학과를 석사학위로 졸업하였습니다. 그 이후로, **4, 5(B)** 1년 동안 호주에 있는 BAC 호텔에서 인턴 과정을 거쳤습니다. 현재는 LA에 있는 Khan's 호텔에서 5년째 근무 중입니다. 게다가 8명의 팀을 이끄는 충분한 경험도 지녔습니다. 또한 훌륭한 커뮤니케이션 기술도 보유하고 있습니다. 귀사의 구인 광고에서 언급하는 책무들이 지금 제가 관여하는 업종과 많은 관련이 있습니다.

저의 다른 경력 사항에 대해서는 이력서를 봐 주시길 바랍니다. **5(C)** 혹시 연락이 필요하시면 오후 1시부터 7시 사이에 첨부된 이력서에 있는 연락처로 연락바랍니다.

시간과 배려에 감사합니다. 이 일의 기회에 대해 대화할 수 있기를 기대합니다.

애니타 영

표현 정리 apply for ~에 지원하다 position 자리, 직위 qualification 자격, 능력 work experience 근무경력 satisfy 충족시키다 eligibility 적격, 적임 criteria 기준 mentioned 언급된, 언급한 requested 요청된 certification 자격증 resume 이력서 degree 학위 hospitality management 호텔 경영 internship 인턴직, 실습 훈련기간 in addition 게다가, 덧붙여 job advertisement 구직광고 currently 현재 consideration 사려, 숙고

3. 주제 찾기 문제

해설 'Why was ~ written?'은 주제 문제라는 것에 주의한다. 따라서 첫 단락에서 단서를 찾는다. 도입부에서 '저의 자격과 경력이 귀사의 취업광고에서 언급한 적격기준에 적합한 듯하여'라고 말한 뒤, 이어 'I wish to apply for the position of front desk manager at the Pacific Hotel'에서 'Pacific Hotel 프런트 데스크 매니저 자리에 지원합니다.'라고 밝히고 있으므로 구직신청서를 제출하려고 한다는 것을 알 수 있다. 따라서 (C)가 정답

이다.   정답 (C)

편지를 쓴 이유는 무엇인가?
(A) 구직 면접 일정을 정하려고
(B) 구직 제안을 거절하려고
(C) 구직 신청서를 제출하려고
(D) 구직 요건을 설명하려고

4. 세부사항 문제

해설 'How long ~ ?' 문제는 자주 출제되는 문제는 아니다. 기간이나 시점을 묻는 문제는 지문에서 신속히 기간이나 시점이 언급된 곳을 찾아 그 주변에서 단서를 찾는다. 문제는 BAC 호텔에서의 근무기간을 묻고 있으므로 두 번째 단락 두 번째 문장 'I have a year of experience doing an internship at the BAC Hotel in Australia.'를 참조해야 한다. 이곳에서 1년간 인턴으로 근무했으므로 (A)가 정답이다.   정답 (A)

Anita Yong 씨는 BAC 호텔에서 얼마 동안 일했나?
(A) 1년
(B) 5년
(C) 8년
(D) 2년

5. 사실파악 문제

해설 첫 단락 마지막 문장 (A)는 'As requested, I am enclosing a completed job application form, my certification, and my resume.'에, (C)는 세 번째 단락 두 번째 문장 'In case you need to get in touch with me, please feel free to contact me at the phone number listed on my resume anytime between 1 p.m. and 7 p.m.'에, (D)는 첫 단락 첫 문장 'I wish to apply for the position of front desk manager at the Pacific Hotel'에 각각 사실이 언급되었다. 두 번째 단락 두 번째 문장 'I have a year of experience doing an internship at the BAC Hotel in Australia.'에서 인턴사원으로 근무했다고 했고, manager로 근무한 경험은 없으므로 (B)가 사실이 아니다. 따라서 (B)가 정답이다.   정답 (B)

Anita Yong 씨에 대해 언급된 것이 아닌 것은?
(A) 그녀는 입사지원서를 보냈다.
(B) 그녀는 BAC에서 매니저로 일했었다.
(C) 그녀는 오후 3시 경에 통화가 가능하다.
(D) 그녀는 안내데스크 매니저에 지원했다.

Unit 89. 회람 Memo

Step 1 실전 문제 먼저 풀기

문제 1-2번은 다음 회람을 참조하시오.

> 받는 사람: 마케팅 팀
> 보내는 사람: 리처드 피커
> 날짜: 7월 25일
> 제목: 변경된 마케팅 계획 회의
>
> 7월 28일, 오후 1시부터 5시까지 매니저 회의실에서, 8월 15일 사장님께 제출할 변경된 전략적 마케팅 계획을 논의하기 위해 부서 회의가 열릴

예정입니다.

이 서류들을 주의 깊게 검토하여 다음 사항에 따라 여러분의 첫 프레젠테이션을 준비해 주시기 바랍니다.

상품 개발 부장: 헬스케어 회사들과 그 회사들의 만족과 위험 수준에 대한 평가가 필요합니다.

마케팅 부장: 제품, 가격, 홍보, 그리고 중심 경쟁사에 대한 유통전략이 필요합니다.

해외 영업 부장: 다른 헬스케어 문제들과의 관련 사항에 대한 개선을 포함한 영업 조직과 전략이 필요합니다.

표현 정리 **hold** 개최하다 **conference room** 회의실 **discuss** 논의하다 **revised** 수정된 **strategic** 전략적인 **submit** 제출하다 **closely** 면밀히 **examine** 점검하다 **document** 문서, 서류 **prepare** 준비하다 **initial** 처음의 **presentation** 발표 **following** 다음의 **present** 현재의 **pricing** 가격 **distribution** 유통 **competitor** 경쟁자 **including** ~을 포함한 **improvement** 향상, 개선 **relationship** 관계

1. 회람의 목적은?
(A) 직원을 세미나에 초대하기 위해
(B) 새로운 직원을 소개하기 위해
(C) 정확한 미팅 날짜에 대해 알리기 위해
(D) 미팅에 대한 자세한 내용을 제공하기 위해
                                          정답 (C)

2. 회람에 따르면, 매니저들은 무엇을 하도록 요청받는가?
(A) 미팅 시간을 엄수하라고
(B) 프레젠테이션을 준비하라고
(C) 미팅 전에 서류를 제출하라고
(D) 미팅에 대한 설문지를 작성하라고
                                          정답 (B)

Step 5 이론 적용해 보기

문제 1-2번은 다음 회람을 참조하시오.

> 받는 사람: 모든 비서들
> 보내는 사람: 경영 팀
> 날짜: 6월 5일
> 제목: 규정된 유니폼을 입지 않을 경우, 해고 사유가 됩니다.
>
> 지난주에 해외 협력업체 소속의 각각 다른 관리자들이 참석한 간부 회의가 있었습니다. 우리는 회의에 적절한 유니폼을 입고 참석해야 했습니다. 그렇지만 사장님께서는 우리 중 일부만 유니폼을 착용한 것에 대해 실망하셨습니다. **1 사장님께서는 7월 1일부터 새로 정해진 유니폼을 입을 것을 재차 지시하셨습니다.**
>
> 또한, 지시에 따르지 않는 직원에게는 이에 상응하는 징계를 할 것이라고 상기시키셨습니다. **2 첫 번째 위반 시, 개인적인 질책이 있을 것입니다. 두 번째 위반 시에는 1일에서 30일까지 정직 처분을 받을 것이고, 세 번째 위반 시, 해고될 것입니다.**
>
> 우리 모두에게 작은 부주의가 해고의 원인이 될 수 있다는 사실을 상기시켜드립니다. 좋은 하루 되십시오!

표현 정리 executive conference 간부회의 supervisor 관리자, 감독관 overseas 해외에 cooperation 협력 participate in ~에 참석하다 proper 적절한 disappoint 실망시키다 uniform 유니폼 boss 사장 wear 입다 remind 상기시키다 corresponding 상응하는 reprimand 징계 suspend 정지시키다 dismiss 해고시키다 negligence 부주의, 태만

1. 주제 찾기 문제

해설 'Why was ~ written?'은 주제 문제이다. 따라서 첫 단락을 잘 읽는다. 마지막 문장 'Our boss has therefore ordered all of us to wear our new uniforms starting on July 1.'에서 '사장님이 7월 1일부터 새로 정해진 유니폼을 입을 것을 반복하여 지시했다.'는 내용으로 보아 '직원들에게 지정된 유니폼을 입을 것을 상기시키기 위한' 회람이라는 것을 알 수 있다. 따라서 (C)가 정답이다. 정답 (C)

회람이 작성된 이유는?
(A) 직원들에게 일부 직원이 해고당한 것을 알리기 위해
(B) 새로운 유니폼이 도착한 것을 알리기 위해
(C) 직원들에게 지정된 유니폼을 입을 것을 상기시키기 위해
(D) 직원 방침에 대한 정보를 주기 위해

2. 사실파악 문제

해설 NOT 문제는 등위접속사(and, but, or)로 병렬시켜 단서를 주는 문제들도 출제된다. 두 번째 단락 두 번째 문장 등위접속사(and)로 열거된 'For the first offense, a reprimand shall be given. For the second offense, the offending person will be suspended anywhere from 1 to 30 days. And a person will be dismissed from the job for the third offense.'에 처벌에 대한 규정이 언급되었다. (B)는 'the offending person will be suspended anywhere from 1 to 30 days.'에 속한 사실 문장이고, (C)는 'And a person will be dismissed from the job for the third offense.'에 언급된 사실 문장이며, (D)는 'For the first offense, a reprimand shall be given.'에 언급된 사실 문장이다. 감봉에 대한 내용은 본문에 없으므로 (A)가 정답이다. 정답 (A)

처벌에 대해 언급된 내용이 아닌 것은?
(A) 직원급여가 감봉될 것이다.
(B) 직원이 정직을 받을 것이다.
(C) 직원이 해고될 것이다.
(D) 직원이 질책을 받을 것이다.

문제 3-5번은 다음 회람을 참조하시오.

> 받는 사람: 판매 사원
> 보내는 사람: 경영진
> **4 날짜: 7월 1일, 월요일**
> 제목: 새로운 분기 보고 시스템
>
> 월요일 특별 미팅에서 상의했던 새로운 분기 판매 보고시스템에 대해 빠르게 검토하겠습니다. 우선, 다시 한 번 강조하자면, 이 새로운 시스템이 앞으로 여러분의 판매보고 시간을 많이 절약해 드릴 것입니다.
> **3 다음 절차를 보시고, 여러분의 고객리스트를 완료하셔야 합니다:**
> 1. 회사 웹사이트에 접속하십시오. http://www.salesandgoods. com.

> 2. ID와 비밀번호를 입력하십시오. **4 ID와 비밀번호는 다음 주에 생성될 것입니다.**
> 3. 접속 후, "New Client"를 클릭하십시오.
> **4. 5 적절한 고객 정보를 입력하십시오.**
> 5. 모든 고객을 입력할 때까지 3번과 4번을 반복하십시오.
>
> 보시는 것처럼, 필요한 고객의 정보를 한 번 입력하면, 주문 과정에서 더 이상 여러분의 작업을 요구하지 않습니다.

표현 정리 quickly 빨리 quarterly 분기의 discuss 논의하다 stress 강조하다 log on 접속하다 enter 치다, 입력하다 password 비밀번호 issue 발행하다, 발급하다 appropriate 적절한 paperwork 서류작업

3. 주제 찾기 문제

해설 회람을 작성한 목적을 묻고 있다. 새로운 시스템에 대한 절차가 5가지 나온다. 1번 절차 바로 앞에는 'Here is a look at the procedure you will need to follow to complete your area's client list:' 문장이 있다. 이 문장에 follow가 보일 것이다. 회람의 주제를 묻는 문제에서 이와 같이 어떤 절차가 언급된 바로 앞 문장에 follow가 언급되면 이 문장이 주제 문장이라는 것을 기억한다. 이 주제 문장에서 '다음 절차를 보시고 여러분의 고객리스트를 완료하셔야 합니다.'라고 언급된 것으로 보아 '새로운 보고 시스템의 사용법을 알려주기 위해' 작성된 회람임을 알 수 있으므로 (B)가 정답이다. 정답 (B)

회람의 목적은 무엇인가?
(A) 새로운 보고 시스템을 광고하기 위해
(B) 새로운 보고 시스템의 사용법을 알려주기 위해
(C) 새로운 보고 시스템을 소개하기 위해
(D) 회사 홈페이지에 대한 정보를 주기 위해

4. 세부사항 문제

해설 시점(When) 문제이다. 시점 문제는 지문에 언급된 시점을 찾아 풀어야 한다. 특히 날짜를 묻는 문제에서는 좌측 상단에 명시된 회람 작성 날짜를 참고해야 한다는 것을 기억한다. 문제는 '직원은 언제 아이디와 비밀번호를 받을 수 있는가?'라고 묻고 있고, 회람을 작성한 날짜는 '7월 1일, 월요일'이고, 절차 2번 항목 'These will be issued by next week.'에서 'ID와 비밀번호는 다음 주에 생성될 것'이라고 했으므로 선택지에서 가장 적합한 (B) On July 8가 정답이다. 정답 (B)

회람에 따르면, 직원은 언제 아이디와 비밀번호를 받을 수 있는가?
(A) 7월 1일
(B) 7월 8일
(C) 7월 18일
(D) 7월 28일

5. 요청 문제

해설 요청 문제이므로 지문 후반부 명령문에서 단서를 찾는다. 절차 4번 항목 'Enter the appropriate client information.'에서 적절한 고객의 정보를 입력하라고 했으므로 (A)가 정답이다. 정답 (A)

직원들은 무엇을 하도록 요청받는가?
(A) 새로운 시스템에 고객 리스트를 입력한다.
(B) 스스로 아이디와 비밀번호를 만든다.

(C) 모든 고객들의 정보를 종이에 써서 완성한다.
(D) 새로운 시스템에 대한 의견을 제공한다.

Unit 90. 공지 Notice

Step 1 실전 문제 먼저 풀기

문제 1-2번은 다음 공지를 참조하시오.

사무실 복장에 대한 공지

직원 유니폼에 대해 전 직원에게 알립니다. 모든 직원들은 지난주에 언급한 바와 같이 적절한 유니폼을 입고 회사에 나와야 합니다. 그러나 대부분의 직원들은 위의 지시를 따르는 반면, 아직도 일부 직원들은 올바르지 않은 옷차림으로 회사에 나오고 있습니다.

제대로 된 직원 유니폼은 회사의 평판과 품위를 더하고, 직원 개인에게도 마찬가지입니다.

모든 직원들은 다시 한 번 위의 복장 규정을 준수해 주시기 바랍니다. 다음 달 초부터 위반자를 대상으로 징계조치를 취할 것입니다. 모든 관리자들은 부서에서 올바르지 않은 복장으로 출근하는 직원들의 이름을 비밀 보고를 통해 매일 관리부로 보내야 합니다.

도움에 감사드립니다.

문의 사항이 있으면 인사부 386-2678로 연락 주십시오.

표현 정리 attention 주목, 관심 regarding ~에 관한 be required to ~이 요구되다 comply with ~을 준수하다 however 그러나 proper 적절한 reputation 평판 dignity 품위 strictly 엄격히 adhere to ~을 준수하다 dress code 복장규정 disciplinary 징계의 supervisor 감독관 administration 행정 state 언급하다 inquiry 문의

1. 공지의 목적은 무엇인가?
(A) 직원들에게 적절한 복장으로 출근하도록 알리기 위해
(B) 회사 유니폼 구입에 대한 정보를 제공하기 위해
(C) 직원들에게 회사의 정책에 대해 알리기 위해
(D) 새로운 유니폼에 대해 광고하기 위해
정답 (A)

2. 이 공지에서 언급된 것은 무엇인가?
(A) 모든 직원들은 반드시 행정부에 보고서를 보내야 한다.
(B) 대부분의 직원들이 회사에 올바르지 않은 복장으로 나온다.
(C) 복장 규정에 반하는 직원들은 처벌을 받을 것이다.
(D) 일부 직원들은 적절한 복장차림을 요구받았다.
정답 (C)

Step 5 이론 적용해 보기

문제 1-2번은 다음 공지를 참조하시오.

직원 감봉에 대한 공지

1 회사는 직원들의 급여를 줄이도록 결정했음을 공지하게 되어 유감스럽게 생각합니다. 2 이 삭감은 1월 1일부터 적용될 것입니다.

잘 알려진 것처럼, 불경기로 인해 회사는 수익에 대한 손실과, 지난 2년간 목표치를 달성할 수 없었습니다. 회사는 또한 큰 고객을 잃었습니다. 이러한 이유로 직원급여가 삭감되었습니다. 선임 매니저는 솔선수범하여 급여의 20%가 삭감될 것입니다. 관리직이 아닌 분들은 10%가 삭감될 예정입니다.

이사회에서는 계속하여 상황을 주시할 것이며, 2 회사의 재무성과가 올해 향후 2분기 동안 개선되면 급여를 다시 원상회복시킬 것입니다.

이 사항에 대해 더 알고 싶거나 질문에 답을 원하시면 채용부로 연락바랍니다.

표현 정리 announce 알리다 decide 결정하다 reduce 줄이다 reduction 삭감 take effect 시행되다 due to ~때문에 recession 침체 management 경영진 situation 상황 restore 원상복구하다 improve 향상되다, 나아지다 quarter 분기 recruitment 채용

1. 주제 찾기 문제

해설 'Why was ~ written?'은 주제 문제이다. 공지문에 자주 나오는 동사(announce, inform, confirm)는 주제문에 쓰인다. 따라서 첫 단락 도입부 announce가 언급된 'It is with regret that our company needs to announce that we have decided to reduce staff members' salaries.'에서 단서를 찾는다. '회사는 직원들의 급여를 줄이도록 결정했음을 공지하게 되어 유감스럽게 생각한다.'는 내용이다. 따라서 (A)가 정답이다.
정답 (A)

공지를 작성한 이유는?
(A) 직원들에게 급여가 대폭 삭감될 것이라는 것을 알리기 위해
(B) 급여 삭감에 관한 미팅에 초대하기 위해
(C) 회사의 재정난에 대해 설명하기 위해
(D) 직원을 위한 몇 가지 혜택을 제공하기 위해

2. 세부사항 문제

해설 시점을 묻고 있다. 시점 문제는 시점을 찾아서 풀어야 한다. 시점이 언급된 첫 번째 단락 'These reductions will take effect on January 1'에서 '감봉은 1월 1일부터 적용될 것'이라고 언급했고, 세 번째 단락 시점이 언급된 'Salaries will be restored to their previous levels if the company's financial performance improves in the next 2 quarters.'에서는 '회사의 재무성과가 올해 향후 2분기 동안 개선되면 급여를 다시 원상회복시킬 것'이라고 했으므로 3분기 시점부터는 회복될 수 있다. 따라서 (D)가 정답이다.
정답 (D)

공지에서는 회사가 언제 직원들의 급여를 원상회복시킬 수 있다고 제안하는가?
(A) 4월 1일
(B) 5월 1일
(C) 6월 1일
(D) 7월 1일

문제 3-5번은 다음 공지를 참조하시오.

직원 교육에 대한 공지

3, 4 계속해서 고객을 향한 우리의 서비스를 향상시키고, 기술을 발전시키기 위하여 **직원교육기간 일정을 잡았습니다.** 이 교육은 9월 10일부터 13일까지로 정해졌고, 교육기간은 오전 10시부터 반복되어 시작될 것입니다.

저희 7 Days 사의 소중한 회원이 되어 주셔서 감사합니다. 우리는 꽤 오랫동안 이 사업을 해 왔고 경쟁업체들 사이에서 항상 최고를 유지해 왔습니다. 이것은 우리 사업에 대한 모든 여러분들의 지지가 없다면 불가능할 것입니다.

5 여러분이 이 교육에 참석해 배우는 것을 메모한다면, 우리 조직의 생산성을 증가시키는데 큰 도움이 될 것입니다. 한편, 7 Days 사를 대신하여 여러분들이 해 주신 모든 것에 대해 다시 한 번 감사의 말씀을 드립니다. 교육 기간에 뵙기를 기대합니다.

부서장

표현 정리 in order to ~하기 위해 **improve** 향상시키다 **expand** 확장하다 **training** 교육 **take place** 일어나다, 실시하다 **stay ahead of** ~에 앞서 있다 **support** 지원 **attend** 참석하다 **take notes** 메모하다 **boost** 신장시키다 **productivity** 생산성 **organization** 조직, 단체 **in the meantime** 한편 **on behalf of** ~을 대표해서

3. 주제 찾기 문제

해설 주제 문제는 첫 단락을 잘 읽어야 한다. 첫 문장 'In order to continue improving our customer service and to expand your skills, an employee training session has been scheduled.'에서 '계속해서 고객을 향한 우리의 서비스를 향상시키고 기술을 발전시키기 위하여, 직원교육 일정을 잡았다.'는 것을 공지하고 있다. 따라서 (C)가 정답이다.   **정답 (C)**

이 공지의 목적은 무엇인가?
(A) 직원 교육에 관한 의견을 물어보려고
(B) 직원들에게 휴가 날짜에 대해 알려주려고
(C) 직원 교육이 시작될 것이라는 것을 알려주려고
(D) 회사에 새로운 직원이 왔다고 알려주려고

4. 사실파악 문제

해설 사실(is indicated about) 파악 문제이다. employee training에 대한 사실을 묻고 있으므로 employee training을 찾아 그 주변에서 단서를 찾아야 한다. 첫 단락 주제 문장에 언급되었다. 'In order to continue improving our customer service and to expand your skills, an employee training session has been scheduled.'에서 '교육을 시키는 이유는 고객을 위한 서비스를 향상시키기 위한 것'이라 하므로 (B)가 정답이다.   **정답 (B)**

직원교육에 대해 언급된 것은?
(A) 1월 10일과 13일에 개최될 것이다.
(B) 직원들이 고객에게 서비스를 향상시키기 위한 것이다.
(C) 오직 매니저들만 참석이 가능하다.
(D) 반복해서 정오에 시작할 것이다.

5. 요청 문제

해설 요청사항 문제이다. 따라서 마지막 단락 if절 또는 명령문에서 단서를 찾는다. 마지막 단락 if가 언급된 'If you attend this training session and take notes, the things you learn will be a huge help'에서 교육 기간 동안 배운 것들이 우리 조직의 생산성을 증가시키는데 큰 도움이 될 것이므로 받아 적으라고 요청하고 있으므로 (D)가 정답이다.   **정답 (D)**

직원들은 무엇을 하도록 요청받는가?
(A) 프레젠테이션을 준비하라고
(B) 교육 마지막 날에 일찍 떠나라고
(C) 교육에 시간에 맞춰 도착하라고
(D) 교육 기간 동안 메모를 하라고

Unit 91. 메시지 대화문 text message chain

Step 1 실전 문제 먼저 풀기

문제 1-2번은 다음 문자 메시지 대화를 참조하시오.

| Sarah Paulson | [오전 11:23] |
브루스, 난 다음 주 금요일 암스테르담에 있을 겁니다.

| Bruce Greenwood | [오전 11:25] |
무슨 일 있어요?

| Sarah Paulson | [오전 11:26] |
암스테르담 사무소에서 직원들을 위한 안전교육을 요청해 왔습니다. 강사 중 한명이 갑작스러운 출장을 가야 되서 대체할 사람이 필요하다고 합니다.

| Bruce Greenwood | [오전 11:26] |
비행기는 예약하셨어요?

| Sarah Paulson | [오전 11:27] |
너무도 급하게 요청받은 거라 운전해서 가려고요.

| Bruce Greenwood | [오전 11:28] |
알겠습니다. 조심히 다녀오세요!

표현 정리 request 요청하다 safety training 안전 교육 instructor 강사 unexpected 예상치 못한 business trip 출장 substitute 대리인, 대체 manage to 간신히 ~하다 book a flight 비행 편을 예약하다

1. Paulson 씨는 다음 주 금요일에 무엇을 할 것인가?
(A) 교육 과정을 가르친다.
(B) 강사를 만난다.
(C) 휴가를 간다.
(D) 취업 원서를 낸다.

정답 (A)

2. 오전 11시 27분에 Paulson 씨가 "Not on such short notice."라고 썼을 때, 그녀가 의도한 것은?
(A) 그녀는 정시에 도착하지 않을 것이다.
(B) 그녀는 비행기로 이동하지 않을 것이다.
(C) 그녀는 초대를 거절할 것이다.
(D) 그녀는 비용을 지불하지 않을 것이다.

정답 (B)

Step 5 이론 적용해 보기

문제 1-2번은 다음 문자 메시지 대화를 참조하시오.

Karen Gillan [2:14 P.M.]
당신 아직도 인쇄소에 있나요?

Bobby Cannavale [2:15 P.M.]
교통은 정말 끔찍했기 때문에 이제 막 여기에 왔습니다.

Karen Gillan [2:16 P.M.]
다행이네요. Pyle 양이 저에게 내일 이사회에 12명이 아니라 20명이 참석할 것이라고 이메일을 보냈습니다.

Bobby Cannavale [2:17 P.M.]
네, 알겠습니다. 내가 여기 있는 동안 가져갈 필요가 있는 다른 것이 있나요?

Karen Gillan [4:18 P.M.]
괜찮습니다.

표현 정리 still 여전히 printing office 인쇄소 traffic 교통(량)
terrible 심한, 지독한 actually 사실상 relief 안심 board meeting 이사회

1. 의도 파악 문제

해설 Karen Gillan이 첫 메시지에서 아직 인쇄소에 있냐고 물었고 그에 대한 Bobby Cannavale의 답변은 교통은 정말 끔찍했기 때문에 이제 막 여기에 왔다라고 했다. "That's a relief."는 "다행이다."라는 뜻으로 그에 대한 Karen Gillan의 답변이다. 바로 이어지는 내용에서 참석자의 변경을 이야기한 것으로 보아 아직 Bobby Cannavale이 추가적인 정보를 더 줄 수 있는 여유가 있다는 의미를 포함하는 (B)가 정답이다.

정답 (B)

오후 2시 16분에서 Gillan은 "That's a relief."란 글을 쓸 때 어떤 의미일까요?
(A) 더 이상 교통 체증을 겪지 않아서 다행이다.
(B) 아직도 Cannavale 씨에게 약간의 정보를 줄 시간이 있다.
(C) 결국 이사회에 참석할 수 있다고 생각한다.
(D) 가장 최근의 재무제표에 만족한다.

2. 추론 문제

해설 Bobby Cannavale의 2시 15분 메시지를 통해 지금 인쇄소에 여전히 있다는 것을 알 수 있고, Karen Gillan이 2시 16분에 보낸 메시지에서 이사회의 참가 인원이 늘었다는 것을 통해 Cannavale 씨는 인쇄소에서 문서

사본을 추가할 것으로 예상할 수 있다. 따라서 (A)가 정답이다. 정답 (A)

Cannavale 씨가 다음에 할 일은 무엇인가?
(A) 더 많은 문서 사본 주문하기
(B) 바인더 및 메모장 구매하기
(C) 이사회 일정 잡기
(D) 동료에게 이메일 보내기

문제 3-6번은 다음 온라인 채팅 토론을 참조하시오.

Adam Driver [10:15 A.M.]
안녕, 라일리. 저에게 온 소포가 있나요? 제가 오늘 몇 개의 물건을 배달받기로 했는데 실수로 다른 사람에게 보내진 것 같습니다. Tatum's Financial Times 사에서 온 것이고 "긴급"이라고 표시되어 있을 겁니다.

Seth MacFarlane [10:17 A.M.]
접수처에는 귀하의 소포가 없습니다. 2층에 있는 편집부서에 알아보세요.

Riley Keough [10:18 A.M.]
여기 우편함에 Tatum's Financial Times 사에서 온 소포는 하나 있는데 받는 사람의 이름이 없네요.

Adam Driver [10:18 A.M.]
그것이 저를 위한 것일 겁니다. 배송 라벨을 다시 한 번 봐 주실 수 있습니까?

Riley Keough [10:19 A.M.]
죄송합니다. 이름이 있군요. 그것은 내가 그것을 알아차리지 못할 정도로 작네요.

Adam Driver [10:20 A.M.]
다행이네요! 내 사무실로 그 소포 좀 가져다주시겠습니까?

Riley Keough [10:20 A.M.]
문제없습니다. 곧 위층으로 올라갔습니다.

표현 정리 parcel 짐, 소포 arrive 도착하다 be supposed to ~하기로 예정되다 delivery 배달 article 물건 by mistake 실수로 urgent 긴급의 reception desk 안내처 editorial department 편집부 shipping label 배송 라벨 notice 알아차리다 upstairs 위층으로 in a minute 즉각, 당장

3. 주제 찾기 문제

해설 Adam Driver가 오전 10시 15분 메시지에서 소포를 받기로 했지만 받지 못해서 다른 사람에게 보내진 것 같다는 내용을 통해 (C)가 정답인 것을 알 수 있다. 정답 (C)

Driver 씨가 왜 온라인 채팅 토론을 시작했는가?
(A) 그는 파손된 소포를 받았다.
(B) 그는 곧 고객과 회의를 가질 것이다.
(C) 그는 몇 가지 중요한 짐들을 기다리고 있다.
(D) 그는 다른 사람에게 소포를 배달했다.

4. 요청 문제

해설 Seth MacFarlane의 오전 10시 17분 메시지에서 'You might want to check with the editorial department on the second floor.'를 통해 다른 곳을 알아보라는 (D)가 정답이라는 것을 알 수 있다. **정답 (D)**

MacFarlane 씨는 무엇을 권하고 있는가?
(A) Tatum's Financial Times 사에 전화하기
(B) 회의 장소를 변경하기
(C) 접수처로 가기
(D) 다른 장소를 알아보기

5. 의도 파악 문제

해설 Adam Driver가 오전 10시 18분에 보낸 메시지 'Could you look at the shipping label again?'의 Riley Keough의 답변으로 'Sorry'라고 했고 바로 이어 너무 작아서 알아볼 수 없다고 메시지를 이어갔으므로 "Sorry"는 배송 라벨을 읽는 것을 실수했다는 의미를 나타내는 (A)가 정답이다. **정답 (A)**

오전 10시 19분에, Keough 양이 "Sorry"라고 썼을 때, 그녀가 의도한 것은?
(A) 그녀는 배달 전표를 잘못 놓았다.
(B) 그녀는 오늘 늦게 출근했다.
(C) 그녀는 Driver 씨가 설명을 다시 해주길 바란다.
(D) 그녀는 배송 라벨을 읽는 것을 실수했다.

6. 추론 문제

해설 Adam Driver의 오전 10시 20분 메시지, 'Could you have the parcel sent up to my office please?'에 대한 Riley Keough의 10시 20분 답변, 'No problem, I was going upstairs in a minute anyway.'를 통해 Adam Driver에게 소포를 가져갈 것이라는 것을 알 수 있다. 따라서 (A)가 정답이다. **정답 (A)**

Keough 양은 소포를 가지고 무엇을 할 예정인가?
(A) 소포를 Driver 씨에게 가져간다.
(B) 소포를 속달 우편으로 보낸다.
(C) 소포를 접수처에 둔다.
(D) 소포에서 물건을 옮긴다.

Step 1 실전 문제 먼저 풀기

문제 1-2번은 다음 편지를 참조하시오.

관계자 분께,

저는 그동안 Vitra Furnishings에서 여러 차례 제품을 구입해 왔습니다. 그리고 제품의 품질에 계속 만족해 왔습니다. 그러나, 제가 주문한 것 중에 한 가지 상품(#39293)은 설명서가 함께 오지 않았습니다. 제 주문 ID는 39290이고, 고객 ID는 2324입니다. 이 편지에 제 송장 사본을 첨부했습니다.

제 이메일 주소 aperry@bmail.com으로 알맞은 설명서를 보내주시면 감사하겠습니다.

감사합니다.

Amanda Perry

Vitra Furnishings

859번지, Maplethorpe가, 시카고

고객 송장

주문 일자 : 5월 4일
주문 ID : 39293
날짜 : 5월 10일

구입 제품

제품 번호	제품 설명	수량	개당 가격	전체 가격
12421	침대 옆 테이블	1	$150	$150
34789	테이블 램프	2	$70	$140
39293	옷장	1	$350	$350
72648	제도용 책상	1	$280	$280

표현 정리 purchase 구입물 consistently 지속적으로 the high level of quality 고품질 order 주문하다 instructions 사용설명서 invoice 송장 enclosed 동봉된 appropriate 적절한 direction 사용법 appreciate 감사하다 description 설명 quantity 수량 bedside 침대 곁에 있는 clothing 의류 chest 장롱

1. 편지에 따르면 Perry 씨가 구입한 물건으로 특별히 언급된 것은?
(A) 침대 옆 테이블
(B) 테이블 램프
(C) 옷장
(D) 제도용 책상

정답 (C)

Step 3 이론 적용해 보기

문제 1-5번은 다음 이메일들을 참조하시오.

발신: Miriam Chance ⟨chancem@stjudithmedassociation.com
수신: Daniella Poisson ⟨dpoisson@1medsupplies.com⟩
날짜: 4월 7일
주제: Pre-OP 시리즈

친애하는 Poisson 씨,

5 Riverbank에서 있었던 지난주 회의에서 당신을 만난 시간은 정말 굉장한 경험이었습니다. 당신의 발표는 매우 인상적이었고, 당신의 회사의 새로운 의료장비인 Pro-OP 시리즈에 대해 많은 것을 배울 수 있었습니다.

4 이러한 이유로, 저는 당신이 San Andreas로 오셔서 저희에게 그 제품에 대해 더 상세한 발표를 해 주실지 여부를 묻고 싶습니다. 저는 현재 그곳에 없지만 4월 17일에 다시 돌아갈 것이고, 4월 23일이 저희가 만나는 가장 이상적인 날이 될 것 같습니다. 1 왜냐하면 Burbank에 모든 병원 직원들이 분기별 직원회의를 위해 San Andreas로 오기 때문입니다.

좋은 하루 보내시고 귀하의 답변 기다리겠습니다.

Miriam Chance, 의사
Judith Medical Association

발신: Daniella Poisson (dpoisson@1medsupplies.com)
수신: Miriam Chance (chancem@stjudithmedassociation.com)
날짜: 4월 8일
주제: 답장: Pre-Op 시리즈
첨부: Pre-Op 시리즈 설명서

친애하는 Chance 씨,

귀하의 초대에 감사드립니다. 유감스럽게도, 2 저는 귀하가 말씀해주신 날에 Markstown에서 Medical Tech Forum에 선약이 있습니다. 그러나 4월 26일 Golden Bay에서 회의가 있어서 귀하의 지역으로 갈 수 있을 것 같습니다. 그래서 전 4월 26일 전날이나 그 이후에 가능합니다.

Pre-Op 시리즈가 귀하의 관심을 끌었다는 것을 알고 매우 흥분했습니다. 3 그래서 전 이 의료장비의 치수를 보여주는 파일을 첨부했습니다. 제가 귀하와 귀하의 동료들을 위해 귀하의 사무실에서 이 장비들을 설명해 줄 수 있다면 너무 기쁠 것 같습니다. 언제든지 연락주세요. 그래서 적절한 날짜를 정합시다.

감사합니다,

Daniella Poisson, 의사

표현 정리 wonderful 놀라운 experience 경험 presentation 발표 impressive 인상적인 medical instrument 의료장비 wonder 궁금하다 whether ~인지 아닌지 be willing to 기꺼이 ~하다 detailed 상세한 currently 현재 ideal 이상적인 MD (Doctor of Medicine) 의학박사, 의사 invitation 초대 prior arrangement 선약 specific date 특정날짜 mention 언급하다 attach 첨부하다 dimension 치수 present 발표하다 colleague 직장 동료

1. 사실파악 문제

해설 첫 번째 이메일의 후반부에서 보낸 사람의 이름(Miriam Chance)과 소속(Saint Judith Medical Association)을 알 수 있다. 따라서 이 문제는 첫 번째 이메일에서 정답을 찾는다. 이 메일 두 번째 단락 마지막 부분 '~ since all hospital staff in Burbank are asked to come to the San Andreas office on the 23rd for a quarterly staff meeting.'에서 Burbank 지역에 병원 직원들이 분기별 직원회의를 위해 San Andreas로 온다는 내용을 통해 정답이 (A)임을 알 수 있다. **정답 (A)**

Saint Judith Medical Association에 대해 언급된 것은?
(A) 한 곳 이상의 사무실이 있다.

(B) 그곳의 치과 의사 중 한 명이 의료 기기들의 설계자이다.
(C) 그곳의 치과 의사들은 최근에 Riverbank에서 회의를 준비했다.
(D) 그곳의 직원회의는 한 달에 한 번 있다.

2. 세부사항 문제

해설 두 지문을 모두 봐야 해결이 가능한 연계문제이다. 우선 첫 번째 이메일의 두 번째 단락에서 'April 23 would be an ideal date for us ~'를 통해 Chance 씨가 4월 23일에 발표를 부탁했다는 것을 알 수 있고, Poisson 씨가 쓴 두 번째 이메일의 첫 번째 단락에서 'Unfortunately, I have a prior arrangement with Medical Tech Forum in Markstown on the specific date you mentioned.'를 통해 4월 23일(the specific date you mentioned)에는 Markstown에서 포럼에 간다는 것을 알 수 있으므로 (C)가 정답이 된다. **정답 (C)**

Poisson 씨는 4월 23일에 어디에 있을 예정인가?
(A) San Andreas에
(B) Burbank에
(C) Markstown에
(D) Golden Bay에

3. 세부사항 문제

해설 두 번째 단락 '~ so I have attached a file that shows the dimensions of the instruments.'를 통해 의료기기의 dimensions(= sizes)를 첨부했다고 했으므로 (B)가 정답이다. **정답 (B)**

두 번째 이메일에 어떤 내용이 포함되었는가?
(A) Poisson 씨의 전문 업적 목록
(B) 치과 의료기구의 크기를 보여주는 문서
(C) 다가오는 포럼을 위한 의제 초안
(D) Poisson 씨의 발표 자료 녹음

4. 주제 찾기 문제

해설 첫 번째 이메일을 쓴 목적을 묻는 문제로, Riverbank에서 Poisson 씨의 특정 의료장비에 관한 발표를 듣고, 두 번째 단락 "For this reason, I am wondering whether you would be willing to travel to San Andreas and give us a more detailed presentation about the item."을 통해 직접 의료기기에 관해 발표를 해줄 것을 원하는 글이라는 것을 알 수 있다. 따라서 정답은 (D)가 적절하다. **정답 (D)**

첫 번째 이메일은 왜 쓰였는가?
(A) 새로운 장비를 주문하기 위해
(B) 의사의 서비스를 홍보하기 위해
(C) 전문 회의를 알리기 위해
(D) 안내 회의를 제안하기 위해

5. 세부사항 문제

해설 첫 번째 이메일의 첫 번째 단락 'It was a wonderful experience to have met you at last week's conference in Riverbank. Your presentation was very impressive and I could learn much about your company's new Pro-OP series of medical instruments.'에서 Poisson 씨의 발표를 보게 된 것이 Pre-Op 시리즈를 알게 된 계기라고 알 수 있으므로 정답은 (C)가 된다. **정답 (C)**

Chance 씨는 Pre-Op 시리즈에 대해 처음 알게 된 계기는 무엇인가?

(A) 다른 주에서의 의료 시설을 방문하면서
(B) 그녀의 의료 시설에서 다른 의사의 이야기를 듣고
(C) Poisson 씨의 발표회에 참석하면서
(D) 의사들을 위한 설문 조사에 참여를 통해

Unit 93. 삼중 지문 Triple Passages

Step 1 실전 문제 먼저 풀기

문제 1-2번은 다음 편지와 송장을 참조하시오.

주방 유토피아 식품 가공 업체 - 모델 C3

당사의 베스트셀러 모델인 C3는 고품질의 플라스틱과 세척이 용이한 스테인리스 강으로 만들어졌습니다.

특징 : 독특한 날 디자인과 강력한 모터를 가진 전문가 등급의 가전제품이며, 모든 규모의 분주한 레스토랑에 이상적입니다.

보증 : 당사는 모든 부품 및 인건비에 대해 7년의 보증 기간을 포함하고 있습니다.

일반 구매 가격 : $319.00 / KU 클럽 회원 : $299.00

---

www.kitchenwareutopia/review/c3/454			
HOME	PRODUCTS	REVIEW	FAQ

등급 : ★★★★★

이 제품은 훌륭합니다. 저는 요리사이고, 많은 조리 기구를 사용했는데, 이것은 단연 최고입니다. 가격은 조금 비싸지만 투자할 가치가 있습니다. 전 회원이기 때문에 할인 혜택을 받았습니다. 제가 가지고 있는 유일한 불만은 그것이 무겁다는 것입니다. 그래서 내가 기대했던 만큼 휴대성이 없었습니다. 그러나 전반적으로 이 제품에 매우 만족하고 있습니다.

Ellis Perls 씨에 의해 게시

3월 27일

---

www.kitchenwareutopia/review/c3/CR121			
HOME	PRODUCTS	REVIEW	FAQ

저희는 귀하가 C3 식품 조리 기구에 만족한다는 소식을 듣고 기쁘게 생각합니다. 귀하의 불만 사항에 답변하고 귀하의 우려 사항에 대한 제안을 해드리고 싶습니다. 우리의 C2 조리 기구는 귀하의 전문적인 요구에 더 적합할 수 있습니다. C2는 C3와 동일한 모터 크기를 제공하지만 C3보다 훨씬 작습니다. 그러나 이 모델은 C3보다 약간 더 비쌉니다.

3월 28일에 Kitchen Utopia 고객 서비스에 의해 게시

표현 정리 feature 특징 blade 날 appliance 가전제품 ideal 이상적인 warranty 보증 part 부품 labor 인건비 regular purchase price 정상가 amazing 놀라운 caterer 요리사 by far 단연코 a little 조금 expensive 비싼 worth ~의 가치가 있는 investment 투자 complaint 불만 heavy 무거운 portable 휴대 가능한 overall 대체로 respond to ~에 응답하다 regarding ~에 관한 concern 우려, 걱정 slightly 다소, 약간

Q. 왜 C2 조리기구가 Perls 씨에게 더 적합한 것으로 추천될 수 있는가?

(A) 그것은 싸다.
(B) 그것은 식기 세척기의 증거이다.
(C) 조립이 쉽다.
(D) 그것은 가볍다.

정답 (D)

Step 3 이론 적용해 보기

문제 1-5번은 다음 기사, 스케줄, 이메일을 참조하시오.

노후화된 가스관을 개량하는 도시

(9월 1일) – 10월 한 달 동안 Nairobi Energy Services 사는 도시의 에너지 기반 시설을 유지하기위한 노력의 일환으로 2킬로미터의 주철로 만든 지하 파이프를 플라스틱 코팅 파이프로 대체할 계획입니다.

"1 새로운 파이프에 의한 기압의 증가는 오늘날의 고효율 난로, 온수기, 의류 건조기 및 기타 가스 기기를 더 잘 지원할 것입니다."라고 가스 회사 부회장인 Esther Cheptumo는 말했습니다. "이 새로운 시스템은 앞으로 수년 간 안전하고 신뢰할 수 있는 가스 공급을 보장할 것입니다."

3 파이프가 교체되는 동안 나이로비의 일부 거리는 오전 11시에서 오후 4시까지 폐쇄될 예정입니다. 2 가스 회사는 불편을 최소화할 일정을 수립하기 위해 시 공무원과 협력하고 있습니다. 일정은 회사의 웹 사이트와 모든 지역 신문에서 매일 업데이트됩니다. 작업 일정으로 인해 심각한 문제를 겪게 되는 고객들은 가스 회사에 문제를 문의해야 합니다.

가스 서비스 업그레이드 작업일정

월요일	10월 16일	3 Wallastone Street
화요일	10월 17일	4 Moringa Street
수요일	10월 18일	Blackstone Avenue
목요일	10월 19일	Stainwood Street
금요일	10월 20일	작업 일정 없음 (국가 공휴일)

5 당신이 살고 있는 거리에 작업이 완료되면 NESI 기술자가 집으로 와서 서비스 라인을 연결할 것입니다.

수신: Peter Abonyo 〈pabonyo@mailergrip.com〉
발신: Judith Kamau 〈jkamau@nesi.co.ke〉
답장: Account No. A0194
날짜: 10월 12일

친애하는 Abonyo 씨,

4 당신의 거리는 10월 17일 화요일에 가스 파이프라인 교체가 예정되어 있습니다. 5 기술자들이 오후 3시에서 8시 사이에 가스 라인을 다시 연결할 수 있습니다. 작업할 시간을 지정하시려면 555-0181로 전화 주십시오. 재연결 작업이 진행되는 동안 당신의 집에 대한 가스 서비스가 약 1시간 동안 중단됩니다.

감사합니다.

Judith Kamau

표현 정리 plan to ~할 계획이다 replace 교체하다 cast-iron 주철로 만들어진 underground 지하 plastic-coated 플라스틱으로 코팅된 steel pipes as a part of ~의 일환으로 maintain 유지하다 infrastructure 하부구조 pressure 기압 high-efficiency

고효율적인 furnace 난로 appliance 가전 기기 city official 시
공무원 minimize 최소화하다 inconvenience 불편 significant
상당한 technician 기술자 replacement 교체

1. 사실파악 문제

해설 질문의 according to the article을 통해 첫 번째 지문인 article(기
사)에서 정보를 찾는다. 질문이 사실 여부를 묻는 (NOT) TRUE 문제인 경
우에는 지문에 내용과 일치하지 않는 것을 지워 나가야 한다. 지문의 내용과
일치하는 내용은 가스 회사 부사장인 Esther Cheptumo 씨가 이야기한 내
용 중에 'The increase in pressure provided by the new pipes will
better support today's high-efficiency furnaces, water heaters,
clothes dryers, and other gas appliances.'를 통해 (A)가 정답이라
는 사실을 알 수 있다. 참고로 문장 중에 있는 'better support today's
high-efficiency furnaces, water heaters, clothes dryers, and other
gas appliances'는 (A)로 패러프레이징된 표현임을 알아두자.   **정답 (A)**

기사에 따르면, 파이프에 대한 사실은?
(A) 새로운 가전제품이 더 잘 실행될 수 있도록 도와줄 것이다.
(B) 주철로 만든 파이프보다 더 빨리 설치될 것이다.
(C) 파이프들은 몇 년 안에 대체될 것이다.
(D) 밤에 설치될 것이다.

2. 사실파악 문제

해설 역시 첫 번째 지문인 article(기사)에서 정답을 찾을 수 있다. 마지막
단락 'The gas company is working with city officials to develop a
schedule that will minimize the inconvenience. The schedule will
be updated daily on the company's website as well as in all local
newspapers.'를 통해 시 공무원과 협의 중이며, 매일 업데이트할 계획이라
는 내용을 통해 최종 결정이 된 것이라고는 볼 수 없으므로 (D)가 정답이 된
다.   **정답 (D)**

기사를 통해 작업 일정에 대해 알 수 있는 것은?
(A) 시 공무원의 승인을 받지 않을 것이다.
(B) Cheptumo 씨가 게시했다.
(C) 몇 가지 오류가 있다.
(D) 최종 결정되지 않았다.

3. 세부사항 문제

해설 두 지문을 참조해야 하는 연계 문제이다. 문제에서 10월 16일이 언급
되었으므로 먼저 두 번째 지문을 참조한다. 작업 일정표를 보면 10월 16일
에는 Wallastone Street에서 작업이 있을 것이라는 것을 알 수 있다. 또
한 첫 번째 지문의 세 번째 단락에서 'Some streets in Nairobi will be
closed to traffic between 11:00 A.M. and 4:00 P.M. while pipes are
replaced.'를 통해 작업이 진행되는 동안 도로를 폐쇄한다는 언급이 있으므
로 (C)가 정답이 된다.   **정답 (C)**

10월 16일에 무슨 일이 일어나는가?
(A) NESI 임원 회의가 개최된다.
(B) 국경일을 기념할 것이다.
(C) 도로가 폐쇄될 것이다.
(D) NESI 고객의 불만이 해결될 것이다.

4. 추론 문제

해설 두 개의 지문을 참조해야 하는 연계 문제이다. Abonyo 씨에 관한 질문
이므로 먼저 Abonyo 씨가 언급된 세 번째 지문을 참조한다. Abonyo 씨에게
쓴 글을 보면 10월 17일 화요일 Abonyo 씨가 살고 있는 지역에 작업이 있을
것이라고 했고, 두 번째 지문의 작업 일정을 통해 10월 17일은 Moringa Street
에서 작업이 진행된다는 정보를 알 수 있으므로 (B)가 정답이 된다.   **정답 (B)**

Abonyo 씨에 관해 추측할 수 있는 것은?
(A) 그는 정보를 요구했다.
(B) 그는 Moringa Street에 산다.
(C) 그는 최근 Kamau 여사와 이야기했다.
(D) 그는 저녁에 집에 없다.

5. 추론 문제

해설 두 개의 지문을 참조해야 하는 연계 문제이다. 문제에서 Kamau 씨
가 언급이 되었으므로 먼저 Kamau 씨가 언급된 세 번째 지문을 참조한
다. 세 번째 지문의 'Please call us at 555-0181 to schedule a time for
the work to be completed.'를 통해 작업할 시간을 지정하려면 전화를 달
라고 하고 있고, 두 번째 지문의 'When work on your street has been
completed, a NESI technician will come to your house to connect
your service line.'을 통해 NESI 기술자가 집에 와서 서비스 라인을 연
결할 것이라 하고 있다. 이 두 정보를 유추해볼 때 Kamau 씨는 NESI 직원
임을 알 수 있다.   **정답 (B)**

Kamau 씨는 누구인 것 같은가?
(A) 시 공무원
(B) NESI 직원
(C) 가전기기 기술자
(D) 공장 임원

Part 7 REVIEW TEST

문제 1-2번은 다음 회람을 참조하시오.

> **회람**
>
> 받는 사람: 모든 직원
> 보내는 사람: 영업부 매니저
> 제목: 7월 18일 회의
>
> 7월 18일 금요일 오전 10시에 직원회의가 있을 예정입니다. **1 영업부의
> 모든 직원들은 의무적으로 회의에 참석해야 합니다.** 회의는 3시간 동안
> 계속될 것이며, 다가오는 달 고객 불만을 줄이는 것에 대한 논의가 있
> 을 예정입니다. 직원회의에 대한 자세한 내용은 아래를 참고하시기 바
> 랍니다.
>
> 장소: 드림 회의장, 본관
> 시간: 오전 10시부터 오후 1시
> 회의는 빌 윌리엄 씨가 진행할 것입니다.
>
> 반드시 회의 시간을 엄수해야 합니다. 참석 여부는 사장님의 개인비서
> 인 앨리스 스미스 씨가 기록할 것입니다. 직원회의에서 뵙기를 기다리
> 며, 어떻게 고객 불만을 줄일 것인지에 대해 논의하겠습니다. **2 반드시
> 태블릿 피시를 지참하셔서 논의할 안건에 대한 모든 제안과 추천을 메
> 모하시기 바랍니다.**

표현 정리 staff 직원 attendance 참석 compulsory 의무적인 last 지속하다, 계속하다 discussion 논의, 토의 regarding ~에 관한 complaint 불만, 불평 detail 세부사항 below 아래에 ensure 보장하다 assistant 비서, 보조자 look forward to ~을 기대하다 reduce 줄이다 make sure 확인하다 take note 메모하다 suggestion 제안

1. 주제 찾기 문제

해설 주제를 묻고 있으므로 첫 단락을 잘 읽는다. 도입부에서 '7월 18일 금요일 오전 10시에 직원회의가 있을 예정'이라고 말한 뒤, 두 번째 문장 'Attendance at this meeting is compulsory for all employees in the Sales Department.'에서 '영업부의 모든 직원들은 의무적으로 회의에 참석해야 한다.'고 언급하고 있으므로 (C)가 정답이다. (B)는 정반대로 언급한 오답이다. 정답 (C)

회람의 목적은 무엇인가?
(A) 영업부에 대한 정보를 주기 위해
(B) 직원들에게 자발적인 미팅을 알리기 위해
(C) 직원들에게 의무적인 미팅에 대해 알리기 위해
(D) 미팅에 대한 안건을 요청하기 위해

2. 요청 문제

해설 요청 문제이므로 마지막 단락에서 if절 또는 명령문을 찾는다. 명령문이 언급된 마지막 문장 'Please make sure that you bring your tablet PCs to the meeting so that you can take notes on all of the suggestions and recommendations regarding the items that are discussed.'에서 '반드시 태블릿 피시를 지참해서 논의할 안건에 대한 모든 제안과 추천을 메모하라.'고 했으므로 (B)가 정답이다. 정답 (B)

직원들은 무엇을 하도록 요청받는가?
(A) 미팅을 위해 노트북을 휴대하도록
(B) 메모하기 위해 휴대용 컴퓨터를 가져오도록
(C) 각자 적어도 한 개의 안건을 제시하도록
(D) 출석 명단을 직접 기록하도록

문제 3-4번은 다음 공지를 참조하시오.

모든 직원들에 대한 공지

3 폴 씨에게 경의를 표하는 은퇴식은 7월 30일 오후 9시에 식당 내의 직원 룸에서 열릴 것입니다. 샌드위치가 칵테일과 함께 준비될 것입니다. 4 7월 31일부로 메인 주방장 자리에서 은퇴한 폴 씨를 축하하기 위해 모여 주십시오. 은퇴한 후, 폴 씨는 그의 이탈리안 식당을 개업한다고 합니다. 그가 인생에서 새로운 단계로 들어갈 때 우리의 정성을 담아 환영해 줍시다.'

4 폴 씨는 우리 메이 호텔에 있는 리틀 이탈리아 식당에서 1984년 하급사원으로 시작하였고, 결국 메인 주방장까지 올라갔습니다. 나는 지난 수년간 그와 함께 일하는 것을 즐겼고, 많은 경우에서 그의 우정과 지원에 대한 소중함을 느꼈습니다. 모두가 똑같이 말할 것이라 믿습니다. 이 멋진 동료이자, 친구이자, 선배이며, 우리 모두가 그리워할 이 사람을 축하해 주기 위해 여러분 모두를 볼 수 있기를 기대합니다. 폴 씨는 우리가 항상 그리워할 사람입니다.

표현 정리 hold 개최하다 retirement ceremony 은퇴식 in honor of ~에 경의를 표하여 along with ~와 함께 congratulate 축하하다 retire 은퇴하다 extend 전하다 junior 하급의 eventually 마침내 value 소중하다, 아끼다 occasion 경우, 행사 co-worker 동료

3. 주제 찾기 문제

해설 'What is being announced?'는 주제 문제이다. 따라서 첫 단락을 잘 읽는다. 'We will be holding a retirement ceremony in the staff room at our restaurant in honor of Mr. Paul on July 30 at 9 p.m.'에서 '은퇴 파티'가 있음을 전 직원을 대상으로 공지하고 있으므로 (D)가 정답이다. 정답 (D)

무엇이 공고되고 있는가?
(A) 직원들을 위한 다과회
(B) 칵테일 파티
(C) 새로운 식당의 개업 파티
(D) 은퇴 파티

4. 사실파악 문제

해설 'What is indicated about'는 사실파악 문제로 명사(Mr. Paul)에 대한 사실을 묻고 있다. 따라서 Mr. Paul을 찾아 그 주변에서 단서를 찾는다. 첫 단락 세 번째 문장(Mr. Paul, who is retiring from his position as head chef on July 31)과 두 번째 단락 도입부(Mr. Paul started at the Little Italy Restaurant at the May Hotel in 1984, where he was hired as a junior staff member.)를 종합해 볼 때 '폴 씨는 1984년에 하급사원으로 시작하여 7월에 은퇴하는 것이므로 20년 이상 근무했다'는 것을 알 수 있다. 따라서 (B)가 정답이다. 정답 (B)

폴 씨에 대해 언급된 것은 무엇인가?
(A) 그는 1984년부터 메인 주방장으로 일하기 시작했다.
(B) 그는 식당을 위해 20년 이상 일해 왔다.
(C) 그는 이탈리아 식당을 열기 위해 은퇴한다.
(D) 그는 리틀 이탈리아 식당에서 하급직원으로 시작하고 싶어 한다.

문제 5-6번은 다음 문자 메시지 대화를 참조하시오.

Spencer Walton [1:15 P.M.]
5 안녕, Betty. Wellinton 씨가 일정이 겹쳐서 다음 달 회의에 참석할 수 없다고 말했습니다.

Betty Stone [1:18 P.M.]
조직위원회에 대체할 사람을 찾아달라고 부탁해 주시겠습니까?

Spencer Walton [1:20 P.M.]
Ford Association의 Lane 박사님을 추천합니다. 6 그녀는 훌륭한 연설가이지만, 그녀가 그렇게 짧은 시간에 응할 수 있는지는 모르겠습니다.

Betty Stone [1:21 오후]
6 내가 알아보겠습니다.

Spencer Walton [1:22 P.M.]
좋습니다. 그녀가 가능하지 않다면 제가 주변에 물어보고 알아보겠습니다.

Betty Stone	[1:23 P.M.]
좋습니다.	

표현 정리 make it 해내다 conference 회담 because of ~때문에 scheduling conflict 스케줄이 겹침 organizing committee 조직 위원회 replacement 대체자, 후임 recommend 추천하다 at such short notice 그렇게 짧은 시간에 find out 알아보다

표현 정리 regarding ~에 관한 summit 정상회담 organize 계획하다, 준비하다, 조직하다 corporation 기업 in order to ~하기 위해 announce 알리다 discuss 논의하다 possibility 가능성 expansion 확장 attached 첨부된 take part in ~에 참석하다 innovative 혁신적인 finalize 완성하다, 확정하다 strategy 전략 spread 확산시키다 furthermore 더욱이 along with ~와 함께 fruitful 유익한

5. 주제 찾기 문제

해설 Spencer Walton이 1시 15분에 말한 내용으로 비추어 볼 때 Wellinton 씨가 사정으로 참석을 못한다고 했으므로 메시지의 목적은 선택지 중 (B)가 적절하다. **정답 (B)**

Walton 씨는 왜 메시지를 보냈는가?
(A) 연락 정보를 요청하기 위해서
(B) 취소를 알리기 위해서
(C) 행사의 위치를 확인하기 위해서
(D) 업데이트된 일정을 요청하기 위해서

6. 의도 파악 문제

해설 해설 Spencer Walton이 1시 20분에 질문한 내용에 대한 답변으로 Spencer Walton이 Ford Association의 Lane 박사님을 추천한다고 했으며 훌륭한 연설가이지만, Lane 박사님이 그렇게 짧은 시간에 응할 수 있는지는 모르겠다고 한 내용에 Stone 양이 "I'll find out."(내가 알아볼게.)라고 했으므로 Lane 박사의 참석 여부를 확인한다는 내용인 (C)가 정답이다. **정답 (C)**

1시 21분에, Ms. Stone이 "I'll find out."이라고 썼을 때, 그녀가 의도한 것은?
(A) 회의 일정이 재조정될지 물을 것이다.
(B) 그녀는 조직 위원회와 만날 수 있는 시간을 알아볼 것이다.
(C) Lane 박사님이 가능하신지 확인할 것이다.
(D) Ford Association에 관한 정보를 얻을 것이다.

문제 7-9번은 다음 이메일을 참조하시오.

받는 사람: 댄슨 씨
보내는 사람: 에릭 왓슨
날짜: 9월 17일
제목: 사업회의 초대

댄슨 씨께,

이 이메일은 JBC 사에서 계획한 사업 확장에 관한 거래 가능성을 알리고 논의하기 위한 비즈니스 회담에 관한 것입니다. **7, 8** 저희는 모든 사업 파트너들을 초대했습니다. 이 사업 확장 회의에 참석하기 위해 첨부된 초대편지를 확인하시기 바랍니다.

초대 편지와 함께 첨부된 두 번째 목록에서 찾을 수 있는 모든 필요한 서류들을 지참하셔야 합니다. **9** 사업을 해외로 확장하는 전략들을 마무리 지을 필요가 있으므로 획기적인 아이디어와 계획을 갖고 참석해 주시기 바랍니다. 게다가, 저희는 관련 파트너들에게 책임과 의무를 가지고 새로운 사업체를 신경 쓰라고 알릴 것입니다. JBC 사는 유익한 만남을 가져올 귀하의 참석을 기다리고 있겠습니다.

만약 질문이 있으시면, 근무시간 내에 공식 번호로 편하게 연락 주십시오.

7. 주제 찾기 문제

해설 'Why was ~ sent?'는 주제 문제이다. 따라서 첫 단락을 잘 읽는다. 두 번째 문장 'We are inviting all of our business partners to the event. Kindly find the attached invitation that will allow you to take part in this meeting.'에서 '모든 사업 파트너들을 초대했고, 이 사업 확장 회의에 참석하기 위해 첨부된 초대편지를 확인해 보라'고 했으므로 수신자인 Mr. Danny도 초대 대상이라는 것을 알 수 있다. 따라서 초대하기 위한 이메일 작성으로 볼 수 있으므로 (B)가 정답이다. **정답 (B)**

이메일이 보내진 이유는?
(A) JBC 사에 합류시키기 위해
(B) 사업 회의에 그를 초대하기 위해
(C) 사업 확장에 대해 알리기 위해
(D) 사업 파트너에 대해 논의하기 위해

8. 추론 문제

해설 첫 단락 두 번째 문장 'We are inviting all of our business partners to the event'에서 '동반자(partners)'라는 말을 썼다. 따라서 이들의 관계는 협력자 관계이므로 (B)가 정답이다. **정답 (B)**

이메일에 따르면, 댄슨 씨는 누구인 것 같은가?
(A) 경쟁자
(B) 협력자
(C) 납품자
(D) 회사 동료

9. 요청 문제

해설 요청 문제이므로 마지막 단락에서 명령문을 찾는다. 명령문이 언급된 두 번째 단락 두 번째 문장 'Please join us with the innovative ideas and plan as we need to finalize certain strategies to spread business on the international platform.'에서 '사업을 해외로 확장하는 전략들을 마무리지을 필요가 있으므로 획기적인 아이디어와 계획을 갖고 참석해 주시기 바란다.'고 요청하고 있으므로 (D)가 정답이다. **정답 (D)**

댄슨 씨는 무엇을 하도록 요청받았는가?
(A) JBC에 부장으로 합류하라고
(B) JBC 사를 확장하기 위해 투자하라고
(C) 필요한 장비를 가져오라고
(D) 참신한 아이디어를 제공하라고

문제 10-12번은 다음 정보를 참조하시오.

10 아몬드 호텔은 고객이 호화 호텔로부터 기대하는 모든 시설을 갖추고 있습니다. 고객님이 사업이나 여가를 위해 머물든, 행사 참석 또는

행사 개최를 하든 다양한 최상의 편의시설과 서비스를 힘들지 않게 이용하고, 즐겁게 머무르실 수 있습니다.

- 11(A) 호텔에서 이용 가능한 무선 인터넷 접속으로 집, 회사, 그리고 더 넓은 세상과 쉽게 소통할 수 있습니다.
- 11(D) 매일 24시간 동안 모든 저희 고객들에게 제공하는 다양한 범위의 식사와 음료가 객실에서 가능합니다.
- 11(B) 아몬드 호텔은 무료로, 이용에 제한이 없는, 고객을 위한 체육관이 있습니다.
- 11(C) 호텔과 공항간의 이동을 지하철이나 택시 대신, 리무진으로 스스로의 품격을 높이는 것은 어떻습니까?

12 리무진 서비스에 관한 자세한 사항은 호텔의 안내원에게 문의해 주십시오. 고객님이 아몬드 호텔에서 조금 더 편하게 머무르실 수 있도록 저희가 할 수 있는 것이라면 무엇이든, 주저하지 말고 저희 팀 직원에게 얘기해 주십시오.

표현 정리 facility 시설 luxury 사치, 호화로움 leisure 여가 superb 최상의, 훌륭한 amenity (호텔의) 편의시설 effortless 쉬운, 노력이 필요 없는 access 접근, 접속 concierge (호텔의) 안내원 hesitate 주저하다

10. 주제 찾기 문제

해설 주제를 묻고 있으므로 첫 단락을 잘 읽는다. 'The Almond Hotel has all the facilities you expect from a luxury hotel. Whether you're staying with us for business or leisure or if you are attending or organizing an event, you will have access to a range of superb comforts and amenities to provide you with an effortless, enjoyable stay.'에서 호텔 시설과 다양한 최상의 편의시설과 서비스에 대한 정보를 주고 있으므로 (C)가 정답이다. (A)는 '새로운 호텔'에 대한 언급은 없으므로 오답이고, (B)는 새로운 시설에 대한 정보는 아니므로 오답이다.
정답 (C)

이 정보의 목적은 무엇인가?
(A) 새로운 호텔의 개업을 홍보하기 위해
(B) 호텔의 새로운 시설을 알리기 위해
(C) 호텔 시설에 대한 정보를 주기 위해
(D) 직원들에게 새로운 혜택에 대해 알리기 위해

11. 사실파악 문제

해설 NOT 문제는 기호, 문자 등이 있는 곳이 단서이다. 'With free Wi-Fi Internet access available'은 (A)에 언급된 사실이고, 'In-room dining is available 24 hours a day for all our guests.'는 (D)에 언급된 사실이고, 'The Almond Hotel has its own gym, and, as a guest, you will have free, unlimited access.'는 (B)에 언급된 사실이다. 하지만 'Instead of taking the subway or a taxi, why not treat yourself to a limousine ride between the Almond Hotel and the airport?'에서 '호텔과 공항간의 이동을 지하철 혹은 택시 대신, 리무진으로 스스로를 대우하시는 것은 어떻습니까?' 즉 투숙객이 지불하라고 되었으므로 (C)가 잘못된 정보이다. 정답 (C)

안내에 따르면, 호텔에서 이용할 수 있는 것 중 언급되지 않은 것은?
(A) 무료 인터넷 서비스
(B) 무료, 무제한의 체육관 사용
(C) 호텔에서 시내까지 리무진 서비스
(D) 매일 24시간 동안 룸서비스

12. 요청 문제

해설 요청 문제이므로 마지막 단락에서 if절 또는 명령문을 찾는다. 명령문이 언급된 'Please ask the concierge for more details about our limousine service.'에서 '리무진 서비스에 관한 자세한 사항은 호텔의 안내원에게 문의해 주십시오.'라고 요청하고 있으므로 (D)가 정답이다.
정답 (D)

고객들은 무엇을 하도록 요청받았는가?
(A) 무선인터넷에 연결하기 위해 아이디와 비밀번호를 만들라고
(B) 객실 식사 서비스 비용을 지불해 달라고
(C) 예약하려면 호텔에 연락하라고
(D) 교통 서비스에 대해 문의하라고

문제 13-16번은 다음 보도 기사를 참조하시오.

라마다 호텔에서 전용 요트를 출시하다

13, 15 라마다 호텔에서 호화로운 여행 경험을 찾는 고객들을 위해 전용 요트 서비스를 시작했다. 14 전용 요트는 승객수를 20명에서 10명으로 줄이는 개조 작업을 했다. 좌석수를 줄이는 대신, 라마다 호텔은 몇 개의 푹신한 매트리스를 두어 고객들이 바다 한가운데서 여행을 즐길 수 있도록 하였다.

요트는 라마다 호텔을 상징하는 시설과 서비스를 반영하여 개조되었다. 개별적으로 손으로 세공한 가죽 좌석, 국제적인 요리, 그리고 특별한 라마다의 서비스를 자랑한다. 호텔은 요트를 출시하는 동시에 두 가지의 여행 패키지를 발표했다.

노을 유람선 패키지 여행은 다섯 곳의 이국적인 섬에 정박한다. 패키지는 두 잔의 레드와인, 또는 두 잔의 마티니와 몇 가지 간식을 포함하여 아름다운 노을을 선상에서 즐길 수 있다. 무제한 와인 패키지 여행은 한 곳의 이국적인 섬에 멈춰, 작은 뷔페, 무제한의 와인과 생맥주를 선상에서 제공한다.

질문과 예약은 전화 000-1456 또는 홈페이지 www.lamadahotel.com을 방문하면 된다.

표현 정리 launch 개시하다, 출시하다 private yacht 전용 요트 renovate 개조하다, 보수하다 seating capacity 좌석수, 수용력 reflect 반영하다 iconic ~의 상징이 되는 boast 뽐내다, 자랑하다 handcrafted 수공예품인, 손으로 만든 leather 가죽 cuisine 요리 significant 중요한, 특별한 coincide 동시에 일어나다 destination 목적지 exotic 이국적인 sunset 일몰, 노을 draft beer 생맥주

13. 주제 찾기 문제

해설 기사의 주제를 묻고 있다. 따라서 제목과 첫 단락을 잘 읽는다. 제목 (Lamada Hotel Launches Private Yacht)과 첫 단락(The Lamada Hotel has launched a private yacht service for customers who are looking for a luxury travel experience.)을 통해서 호텔이 요트 여행을 시작했음을 알리는 보도 기사이다. 따라서 '호텔의 새로운 시설이 출시된 것을 알리기 위한 것'이므로 (B)가 정답이다.
정답 (B)

기사의 목적은 무엇인가?
(A) 무료 여행 패키지를 제공하기 위해
(B) 호텔의 새로운 시설이 출시된 것을 알리기 위해
(C) 새로운 호텔의 개업을 광고하기 위해

(D) 새로운 온라인 예약 시스템을 설명하기 위해

14. 사실파악 문제

해설 'is indicated about'는 사실 파악 문제로 the yacht에 대해 묻고 있다. 두 번째 문장 'The private yacht was renovated to have its seating capacity reduced from 20 passengers to 10.'에서 '전용 요트는 승객수를 20명에서 10명으로 줄이는 개조 작업을 했다.'고 했으므로 (C)가 정답이다.　　　　　　　　　　　　　　　정답 (C)

요트에 대해 언급된 것은?
(A) 이국적인 섬을 반영하여 개조되었다.
(B) 호텔이 제작한 완전히 새로운 요트이다.
(C) 10명을 수용할 정도로 적당한 크기이다.
(D) 호화로운 여행을 원하는 고객만을 위한 것이다.

15. 추론 문제

해설 추론 문제(most likely)이다. 제목과 첫 단락을 통해 요트 출시에 관한 보도 기사라는 것을 알 수 있으므로 호텔은 바다 근처에 위치해 있음을 추론할 수 있다. 따라서 (C)가 정답이다.　　　　　　정답 (C)

기사에 따르면, 호텔은 어디 근처에 위치해 있는 것 같은가?
(A) 강 근처
(B) 산 근처
(C) 바다 근처
(D) 들판 근처

16. 문장 넣기 문제

해설 주어진 문장을 지문의 네 곳 중 한 곳에 넣는 문장 넣기 문제. 주어진 문장은 요트는 라마다 호텔을 상징하는 시설과 서비스를 반영하여 개조되었다는 내용으로 바로 다음에 시설과 서비스의 변경사항이 나열되는 게 문맥상 적합하므로 (B)가 정답이다.　　　　정답 (B)

[1], [2], [3] 그리고 [4]로 표시된 것 중에서 다음 문장이 들어가기에 가장 적절한 곳은 어디인가?
"요트는 라마다 호텔을 상징하는 시설과 서비스를 반영하여 개조되었다."
(A) [1]
(B) [2]
(C) [3]
(D) [4]

문제 17-21번은 다음 메모와 이메일을 참조하시오.

수신 : Dylan O'Brien
발신 : Kaya Scodelario
제목 : 법률보조원

우리에게 새로운 법률보조 서비스가 절실히 필요한 것 같습니다. 지원자를 찾는데 어려움이 있다면 **17, 18 제 오랜 동료가 Pados 법률보조 서비스를 시도해 보라고 하더군요.** 우리가 직접 채용한 법률보조원들은 제대로 일하고 있는 것 같지 않습니다. 그들은 절차에 전혀 익숙지 않거나 꽤 오랫동안 우리가 일해 오고 있는 빠른 속도의 환경을 감당할 수 없는 것 같습니다.

19 제대로 일할 사람을 고용하지 못한 것에 대해 비난하려는 것은 전혀 아닙니다. 단지, 한동안 우리 회사에서 일할 수 있는 법률보조원을 꼭 찾아야만 한다는 것입니다.

답변을 기다리겠습니다.

수신 : Kaya Scodelario
발신 : Dylan O'Brien
답장 : 법률보조원

Kaya 씨,

최근 고용한 사람들은 받아들일 수 없다는 것에 전적으로 동의합니다. **21 우리는 Goldsmith 법률보조 서비스를 오랫동안 이용해 왔고 가장 뛰어난 후보만을 보내곤 했습니다. 20 하지만 9월 이후 그들이 보내는 후보들이 질이 떨어지고 있어요.**

Pados 법률보조 서비스를 검토해 보고 최대한 찾아보도록 하겠습니다. 그들이 우리를 도울 수 있기를 바랍니다. 이 사안을 최우선으로 해서 가능한 빨리 해결하도록 하겠습니다.

안녕히 계세요,

Dylan

표현 정리 latest 최근의　unacceptable 받아들일 수 없는　top priority 최우선　take care of ~을 처리하다

17. 주제 찾기 문제

해설 메모의 목적을 묻고 있으므로 첫 지문 앞부분을 잘 읽어야 한다. 'an old colleague of mine recommended that we try Pados legal assisting'에서 동료 중 한 사람이 Pados 법률보조 서비스를 추천해 주었다는 내용이므로 (D)가 정답이다.　　　　　　정답 (D)

메모의 목적은 무엇인가?
(A) 회의 발표
(B) 새 가이드라인 알림
(C) 미팅 요청
(D) 서비스 추천

18. 사실파악 문제

해설 Pados 법률보조 서비스에 대해 묻고 있으므로 첫 번째 지문에서 정답을 찾는다. 첫 지문 앞부분에서 Pados 법률보조 서비스를 추천하고 있으므로 (A)가 정답이다.　　　　　　　　　　정답 (A)

Pados 법률보조 서비스에 대해 언급된 것은?
(A) 신뢰할 만하다.
(B) 믿을 수 없다.
(C) 확장하고 있다.
(D) 불만족스럽다.

19. 추론 문제

해설 암시문제이다. 첫 번째 지문의 발신자에 Kaya Scodelario가 언급되었으므로 첫 번째 지문에서 단서를 찾는다. 지문 끝부분 'I'm in no way blaming you for these unsuccessful hires, but we really need to

find legal assistants that will be able to stay with our company for a while.'과 두 번째 지문 도입부 'I will look into ~'에서 우리 회사와 당분간 제대로 일할 법률보조원을 고용해야 한다고 했으므로 (B)가 정답이다.
정답 (B)

Scodelario 양에 대해 제시된 내용은?
(A) 그녀는 병원에서 일한다.
(B) O'Brien 씨의 상사이다.
(C) 마케팅 부서에서 일한다.
(D) 법률보조원이다.

20. 세부사항 문제

해설 9월에 무슨 일이 있었는지를 묻고 있으므로 두 번째 지문 첫 단락 끝부분에서 정답을 찾는다. 보통 According to로 시작하는 문제의 경우 정답 선택지가 본문에 나와 있는 내용을 거의 그대로 사용한다. 'Since September, though, there has been a decline in the quality of those they've sent.'라고 언급되었으므로 (B)가 정답이다.
정답 (B)

Dylan O'Brien 씨에 의하면, 9월에 무슨 일이 있었나?
(A) O'Brien 씨가 채용되었다.
(B) 업무의 질이 떨어졌다.
(C) Scodelario 양이 승진하였다.
(D) Goldsmith 법률보조 서비스를 이용하기 시작했다.

21. 추론 문제

해설 추론문제와 대상파악 문제가 합쳐진 문제이다. 두 번째 지문이 Dylan O'Brien이 쓴 이메일이므로 두 번째 지문에서 추론해야 한다. 첫 단락 앞부분 'We've been using Goldsmith Legal Assisting Services for a long time, and they used to send us only the best people.'에서 Goldsmith 법률보조 서비스를 오랫동안 이용했으며, 가장 뛰어난 후보들만을 보냈다고 했으므로 O'Brien 씨는 고용담당자임을 추론할 수 있다.
정답 (B)

O'Brien 씨는 누구인가?
(A) 영업사원
(B) 고용담당자
(C) 컨설턴트
(D) 엔지니어

문제 22-26번은 다음 이메일, 확인서 그리고 설문조사를 참조하시오.

발신:	Pavel Sebastian ⟨psebastian@swanhotel.com⟩
수신:	Liu Kang ⟨lkang@mkmail.com⟩
날짜:	2월 3일
제목:	스완 호텔에서의 숙박

확인 번호 : 5889500
VIP 회원 번호 : 245094FT

친애하는 Mr. Kang,

22 스완 호텔을 선택해 주셔서 감사합니다! 호텔 예약의 세부 사항은 첨부했습니다. 귀하의 예약에 있어 필요한 변경사항이 있으시면 reservations@swanhotels.com으로 메일을 보내주십시오. 모든 취소는 보증금을 잃지 않도록 적어도 일주일 전에 하셔야합니다.

티켓주문, 관광예약 또는 운송 요청과 같은 서비스는 services@

swanhotel.com에서 프론트 데스크로 문의하십시오.

확인서

호텔 장소	55 Tulegatan St. 114 98 Stockholm
방	Two double-size beds, 10층
23 체크 인	**2월 18일 금요일 오후 4시 이후**
체크 아웃	2월 20일 일요일 오후 1시 까지
숙박 인원	2명
24 VIP 회원 가격	1박에 $270 (정상가: $350)

저희는 귀하가 숙박을 즐기시길 바랍니다!
저희는 귀하께서 잠시 시간을 내주시어 이 설문지를 작성해 주시길 바랍니다.

1. 스완 호텔은 어떻게 접하게 되셨나요?
티비___ 잡지___ 여행사 직원___ 인터넷 X 기타___

2. 여행의 목적은 무엇이었나요? ___ 휴가 ___

25 3. 혹 Frantzen 식당에서 식사를 하셨다면, 어떻게 평가하시겠어요?
굉장하다___ 좋다 X 그럭저럭 괜찮다___ 불만족하다___

26 4. 하우스 키핑 서비스(가사 서비스)의 질은 어떠하셨나요?
뛰어나다 X 좋다___ 그럭저럭 괜찮다___ 불만족하다___

5. **이름과 주소를 남겨주세요.(선택 사항)** Liu Kang,lkang@mkmail.com
스완 호텔 VIP 회원이 아니라면, 오늘 가입하십시오! 모든 VIP 회원들은 객실 요금의 20% 할인을 받고 VIP 회원만을 위한 특별 혜택을 누릴 수 있습니다. 자세한 내용은 전화 717-7755-5775로 문의하거나 웹 사이트 www.swanhotel.com을 방문하십시오.

표현 정리 confirmation 확인 details 세부사항 reservation 예약 attach 첨부하다 necessary 필수적인 change 변경사항 cancellation 취소 at least 최소한 in advance 미리 avoid 피하다 deposit 예치금 such as ~와 같은 take a moment 잠시 시간을 내다 complete 작성을 완료하다 survey 설문조사 be eligible for ~의 자격이 되다 benefit 혜택

22. 주제 찾기 문제

해설 주제 문제이므로 첫 번째 지문 첫 단락을 읽는다. 도입부 'Thank you for choosing Swan Hotel! Details of your hotel reservation are attached. Please e-mail us at reservations@swanhotels.com if you need to make any necessary changes to your reservation.'에서 호텔 예약의 사실과 예약 세부사항을 첨부한 것으로 보아 (D)가 정답임을 알 수 있다.
정답 (C)

이메일의 목적은 무엇인가?
(A) 여행 보상 프로그램 홍보하기 위해서
(B) 더 큰 방을 호텔 손님에게 제공하기 위해서
(C) 설문 조사 참가를 요청하기 위해서
(D) 숙박 예약을 확인하기 위해서

23. 추론 문제

해설 두 번째 지문 confirmation(확인서)에서 체크인 시간을 통해 2월 18일이라는 것을 유추해 볼 수 있다. 따라서 (C)가 정답이다.
정답 (C)

Kang 씨는 Swan 호텔에 언제쯤 도착할 것 같은가?
(A) 2월 3일

(B) 2월 11일
(C) 2월 18일
(D) 2월 20일

24. 추론 문제

해설 Kang 씨에 대한 사실 파악 문제로 두 번째 지문 예약 확인서를 통해 객실 요금 정상가 $350에서 할인된 가격인 $270로 예약한 것을 통해 (B)가 정답임을 알 수 있다.　　　　　　　　　　　　　　　　　　**정답 (B)**

Kang 씨에 대해 알 수 있는 것은?
(A) 그는 극장 티켓을 주문했다.
(B) 그는 할인된 객실료를 받았다.
(C) 그는 여행사의 서비스를 이용했다.
(D) 그는 출발 일자를 변경했다.

25. 사실파악 문제

해설 세 번째 지문 설문서를 통해 정보를 얻을 수 있으며, 설문지 3번 질문에서 호텔에 식당이 있다는 것을 알 수 있다. 그 밖에 다른 선택지들은 언급되어 있지 않으므로 정답은 (A)이다.　　　　　　　　　　　　　**정답 (A)**

스완 호텔에 대해 언급된 것은?
(A) 레스토랑이 있다.
(B) 2월에 개장했다.
(C) 주로 비즈니스 여행객에게 서비스를 제공한다.
(D) 라디오에 광고를 한다.

26. 추론 문제

해설 Kang 씨가 작성한 설문 조사서에서 정보를 얻을 수 있다. 설문 조사 4번에서 Kang 씨는 housekeeping service(가사 서비스)에 표시한 내용으로 볼 때 정답은 (B)가 되며, 다른 선택지들은 지문에서 확인할 수 없는 내용이다.　　　　　　　　　　　　　　　　　　　　　　　**정답 (B)**

설문 조사서에서 Kang 씨에 대해 알 수 있는 것은?
(A) 그는 안내인을 통해 도움이 되는 정보를 받았다.
(B) 그는 그의 방의 청결 상태에 매우 만족했다.
(C) 그는 무료 인터넷 이용을 한 것에 대해 감사했다.
(D) 그는 스톡홀름을 자주 방문한다.

2007년~2016년 <파트별 실전문제집> 분야
부동의 누적 판매 1위!

시나공 혼자서 끝내는 토익
NEW 파트 1·2·3·4
실전문제집

토미 지음 | 532쪽 | 18,000원
특별 부록 : 독학용 학습 노트, 파트2 200문제,
다양한 버전의 MP3 제공

시나공 혼자서 끝내는 토익
NEW 파트 5·6
실전문제집

강진오, 강원기 지음 | 392쪽 | 15,000원
특별 부록 : 독학용 학습 노트(MP3포함)
고득점용 어휘 문제 2회분

시나공 혼자서 끝내는 토익
NEW 파트 7
실전문제집

강진오, 강원기 지음 | 516쪽 | 18,000원
특별 부록 : 독학용 학습 노트,
고난도 100문제, 패러프레이징 암기장

무료! 자세한 해설집 + 독학용 학습 노트 + 추가 학습 자료

- 파트 1·2·3·4 : 받아쓰기 훈련, 어려워진 파트 2 추가 200문제!
- 파트 5·6 : 문장분석 훈련, 고득점용 어휘 문제 추가 2회분!
- 파트 7 : 직독직해 훈련, 고난도 추가 100문제!

권장하는 점수대	400	500	600	700	800	900

이 책의 난이도	쉬움	비슷함	어려움

딱 750점이 필요한 당신을 위한 책!

시나공 혼자서 끝내는 토익

750 완벽대비

김병기, 이관우 지음 | 728쪽 | 21,000원

········ 빈출 문제 유형 + 실전 모의고사 3회로 750점 달성! ········

 초보자도 이해하기 쉬운 친절한 단계별 해설집

 주요 LC 문제 받아쓰기 훈련

 파트 5 핵심 문제 문장분석 훈련

 파트 7 어려운 문장 직독직해 훈련

 MP3 5종 세트

- 실전용 MP3
- 받아쓰기용 MP3
- 1.2 배속 MP3
- 영국 | 호주 발음 MP3
- 고사장용 MP3

권장하는 점수대	400	500	600	700	800	900

이 책의 난이도	쉬움	비슷함	어려움

10만 독자가 열광한
토익스피킹 분야의 베스트셀러!

시나공 혼자서 끝내는 토익

TOEIC SPEAKING 단기완성

김주우 지음 | 296쪽 | 15,000원

특별 부록 : ① 컴퓨터용 모의고사 2회 ② 저자 음성강의 MP3
③ 예문 워크북 ④ 예문 워크북 & 대본 및 해설 MP3

·········· <토익스피킹 단기완성> 만의 특별 노하우! ··········

❶ 저자의 친절한 음성 강의!
학원 강의보다 더 자세한 1대 1 음성강의를 들으며 시험의 노하우를 쌓을 수 있습니다.

❷ 친절한 피드백을 통한 자세한 해설!
음성 강의로도 부족한 부분을 쉽고 자세한 설명으로 책에 실어 놓았습니다.

❸ 12개 공략 포인트로 모든 스피킹 답변과 요령을 정리!
최신 기출문제와 유형을 철저하게 분석해 만점 답변을 구성하는 포인트를 딱 12개로 정리하였습니다.

❹ 실제 시험 환경에서 모의 테스트!
테스트는 꼭 학원에서만 할 수 있는 게 아닙니다. 실제 시험 화면을 구현한 '컴퓨터용 모의고사(2회분)'로
직접 본인의 실력을 테스트해볼 수 있습니다.